THÉOPHILE GAUTIER

HISTOIRE

DE

L'ART DRAMATIQUE

EN FRANCE

DEPUIS VINGT-CINQ ANS

(5ᵉ série)

BRUXELLES
ÉDITION HETZEL
MELINE, CANS ET COMPAGNIE, LIBRAIRES-ÉDITEURS
Boulevard de Waterloo, 35

1859

HISTOIRE

DE

L'ART DRAMATIQUE

DÉPOSÉ AUX TERMES DE LA LOI

BRUXELLES. — TYP. DE VEUVE J. VAN BUGGENHOUDT
Rue de Schaerbeek, 12

I

JANVIER 1847. — Opéra : *Robert Bruce*, paroles de MM. Alphonse Royer et Gustave Vaëz, musique de Rossini. — Pièce nouvelle, partition d'emprunt. — Une incartade de madame Stoltz. — Rossini plus muet que jamais. — Vaudeville : reprise de *Pierre le Rouge*. — Rentrée de mademoiselle Suzanne Brohan. — Engagement de mademoiselle Darcier. — Théâtre-Français : *l'Ombre de Molière*, par M. Jules Barbier. — A-propos inopportun. — Reprise du *Don Juan* de Molière. — Le fantastique sur la scène française. — Le type de don Juan aux mains des poëtes. — Les pièces de Molière et leurs intermèdes. — Comment devrait être jouée la tragédie. — Opéra-Comique : *Ne touchez pas à la reine !* paroles de MM. Scribe et Gustave Vaëz, musique de M. Boisselot. — La pièce, la partition et l'exécution. — Gymnase : *Maître Jean, ou la Comédie à la cour*, par MM. Scribe et Dupin. — Théâtre des Funambules : *Pierrot pendu*, par M. Champfleury. — Décadence et régénération de la pantomime. — Contre-sens admis sous l'autorité de Debureau. — Arlequin et Polichinelle. — Recherches sur les origines de Pierrot. — La pièce de M. Champfleury. — Querelle à propos de poissons rouges.

4 janvier 1847.

Opéra. *Robert Bruce*. — Bien avant la représentation, on savait que *Robert Bruce* n'était point une œuvre nouvelle. C'est une sorte de pastiche, presque entièrement composé de *la Dame du Lac*, sauf quelques morceaux de *Zelmira*, de *Torwaldo et Dorliska*, de *Bianca et Faliero*, et autres opéras de la jeunesse de Rossini.

L'insouciance italienne peut bien admettre, dans un même ouvrage, ces mélanges et ces interpolations; mais, quoique la musique n'ait pas de signification précise, il nous semble que des morceaux faits sur des sujets si divers doivent immanquablement, et quel que soit l'art avec lequel on les ait cousus, produire l'effet des losanges bariolées d'un habit d'arlequin.

Le défaut d'unité aurait pu être masqué par une exécution supérieure; malheureusement, la tradition de la musique de Rossini est depuis longtemps perdue à l'Opéra. Cette musique vive, hardie, brillante, exige une grande légèreté de vocalise, une souplesse de gosier, une habitude du trille et de la roulade que ne possèdent; à l'heure qu'il est, aucun artiste de la rue Lepelletier, à l'exception de mademoiselle Nau, qui a reçu de madame Cinti-Damoreau la pure méthode du chant italien. L'habitude des cris et des violences prétendues dramatiques, prise par les chanteurs actuels, leur a rendu le larynx rebelle à ces délicatesses; ils ont, d'ailleurs, de si triomphants souvenirs à surmonter, tant d'échos charmants vibrent encore dans toutes les oreilles, qu'il est difficile de ne pas se laisser aller à de fâcheuses comparaisons.

Après une ouverture adroitement arrangée sur des motifs de *Zelmira* et de *la Donna del Lago*, la toile se lève et découvre un beau décor de M. Thierry, jeune peintre, frère du charmant critique de ce nom; sur le devant se hérissent des genêts, des bruyères et de petits arbres tordus et déchiquetés par l'âpre vent des hauts lieux; les feuillages, d'un ton vivace, se détachent sur les eaux argentées du lac; au milieu s'élève, comme un écueil, le sombre château de ce terrible Douglas le Noir, qui empilait dans la citerne du château de ses pères les cadavres de toute garnison qui osait occuper cette enceinte vénérée; au fond se dressent des montagnes à pic, baignées à leur cime par un ciel nuageux plein d'air et de vapeur et qui rend à merveille la pâle lumière du Nord. — C'est là un beau début, car c'est la première fois, à notre connaissance du moins, que M. Thierry signe une décoration à l'Opéra.

Le jour commence à poindre, des soldats blessés et des monta-

gnards, derniers débris de l'armée écossaise, attendent Robert Bruce, qu'on croit mort; il paraît, et des cris de joie éclatent de toutes parts; Robert relève le courage de ses troupes abattues. Douglas le Noir arrive avec ses guerriers, et conseille à Robert Bruce de venir prendre quelques jours de repos nécessaire, dans son château au milieu du lac. Une barque les y conduira. En ce moment résonne une fanfare de chasse. Douglas et Robert Bruce se cachent dans une chaumière, les montagnards se dispersent. La fanfare se rapproche, Arthur Morton et les chevaliers anglais cherchent le roi, leur maître, qui s'est égaré; ils craignent qu'il ne soit tombé dans une embuscade, et s'éloignent pour battre les environs. Arthur laisse partir ses compagnons, et, resté seul sur la rive, jette un regard mélancolique sur le château du lac, et soupire le nom de Marie.
— Cet honnête jeune homme, bien qu'au service d'Édouard, aime la fille de Douglas le Noir, qui le paye de retour; mais sa position n'en est pas moins embarrassante, et, juste au moment où Marie débarque sur la rive, conduite par Nelly, qui a la délicatesse de se retirer aussitôt, il prononce ces deux vers :

  Esclave de l'honneur, mais à l'amour fidèle,
  Fuyons, fuyons ces lieux, où tout me parle d'elle !

Marie a la place libre pour chanter l'air délicieux *O matutini albori*, qui est une des plus suaves inspirations de Rossini, et sous lequel MM. Alphonse Royer et Vaëz ont écrit de charmantes paroles.

La cavatine achevée, Arthur rentre, ce qui amène tout naturellement un duo, après l'explication obligée. Les deux amants se disent vingt fois qu'ils vont être surpris, et ils se le disent jusqu'à ce qu'ils le soient.

Robert Bruce, caché sous le tartan d'un montagnard, et accompagné de Douglas, sort de la chaumière où l'avait fait entrer le vacarme de la chasse. — Marie affirme à son père que le hasard seul est cause de sa rencontre avec Arthur; Douglas répond que jadis il aurait vu cette alliance avec plaisir, mais que maintenant un autre hymen attend Marie. Cela dit, il fait placer sa fille et Robert Bruce dans la barque, et il regagne son château aquatique.

Les jeunes filles, dont la voix s'est mêlée précédemment au duo, envahissent la scène et célèbrent la Saint-Valentin dans un chœur plein de cette allégresse mélodique qui n'appartient qu'à Rossini. Ce chœur sert d'introduction à de charmants couplets.

> Alerte, fillette!
> Celui qui te guette,
> Dans l'ombre discrète,
> Attend sa conquête.

Mademoiselle Nau les a chantés à ravir, d'une voix fraîche, légère, argentine et avec une méthode parfaite. — Si tout l'opéra eût été exécuté de cette manière, *Robert Bruce* allait aux étoiles.

Le roi Édouard, qui a retrouvé ses chevaliers, entre suivi d'Arthur; son apparition fait taire les chants, bien qu'il se prétende ami de la joie et du plaisir. Morton lui apprend que Douglas était là le matin; Édouard, furieux, offre des monceaux d'or à qui lui livrera Douglas. Tout le monde se tait; alors il donne au pauvre Arthur l'ordre d'attaquer le château du redoutable lord.

> ... Va! que ton zèle
> Nous délivre du rebelle.
> Aux créneaux de la tourelle
> Que le traître soit pendu!

Arthur accepte la commission de peur qu'un autre ne s'en charge et ne l'exécute plus strictement que lui, et l'acte se termine par le finale de *Zelmira*.

Au second acte, nous sommes transportés dans une salle du château de Douglas. De lourdes voûtes retombent pesamment sur les piliers trapus; d'étroites barbacanes coupent les murailles épaisses et teignent à leurs vitraux le mince filet de soleil qui filtre dans cette sombre chambre. Des cottes de mailles sont accrochées çà et là; un casque surmonté d'une branche de chêne est posé sur la table à côté d'un manteau.

Marie est triste et pensive; Douglas, pendant que Robert Bruce est endormi, sort pour aller recruter des partisans au héros. Marie, oppressée par sa mélancolie, se lève et commence le bel *O quante lagrime*. A ce moment, soit que l'émotion de chanter un air si célèbre troublât madame Stoltz, soit qu'elle se ressentît encore de l'indisposition qui avait retardé la représentation de la pièce, sa voix se mit à baisser et descendit d'un quart de ton.

Le public de Paris, qui est, certes, le plus doux et le plus poli de tous les publics, faisant sans doute la réflexion que madame Stoltz, à peine relevée d'une fluxion de poitrine, ne péchait que par excès de zèle, n'eût donné aucune marque de désapprobation, et n'eût protesté que par un froid silence, si les enthousiastes du lustre ne fussent venus tout gâter par des applaudissements intempestifs ; quelques *chut*, adressés plutôt aux optimistes gagés qu'à la cantatrice, provoquèrent, de la part de ceux-ci, de nouvelles salves de la plus bruyante impertinence; les *chut* redoublèrent, des sifflets vinrent s'y mêler. Pendant ce temps, madame Stoltz, pâle, hors d'elle-même, arpentait le théâtre avec des pas et des gestes convulsifs ; elle paraissait vouloir quitter la scène; quelques injures, de la plus abjecte espèce, lui avaient été, dit-on, jetées à bout portant de l'orchestre; outrée de colère, elle dit assez haut, pour être entendue de toute la salle, tournée vers la loge directoriale : « Mais vous entendez bien qu'on m'insulte... C'est intolérable ! Je suis brisée !... » Puis, en se dirigeant vers la porte du fond, elle déchira son mouchoir dans un accès de rage silencieuse, et en jeta violemment les morceaux par terre.

Nous vous laissons à penser la stupeur du public, qui n'avait pas entendu les interpellations et ne pouvait mesurer la colère à l'offense, en face de ces étranges équipées. Toutefois, le calme se rétablit tant bien que mal, et Arthur, fort effaré d'avoir une amante si nerveuse, au lieu de pendre le traître Douglas au créneau de sa tourelle, comme Édouard le lui a recommandé, facilite la fuite de Robert Bruce et reçoit de lui, comme sauvegarde, le rameau de chêne de son casque. Douglas, ainsi que vous l'avez vu tout à l'heure, était sorti pour aller chercher une armée; il la ramène.

La décoration change, et le théâtre représente l'extérieur du château. Sur les rochers qui lui servent de base sont étagés des soldats et des Highlanders armés de haches et de piques et portant des bannières aux couleurs et aux armes des divers clans. Un groupe de bardes guerriers cuirassés de mailles de fer, vêtus de tuniques blanches, la hache pendue à la ceinture et le front ceint de chêne et de verveine s'avancent, tenant à la main des harpes d'or, et alors éclate glorieusement, comme une trombe d'harmonie, ce magnifique finale, une des plus sublimes inspirations de Rossini. Quelle puissance, quelle ampleur, quel élan et quelle majesté tout à la fois!

Les spectateurs, électrisés, malgré les impressions fâcheuses précédemment reçues, ont applaudi à outrance ce splendide finale! — La pompe du spectacle contribuait encore à l'effet de la musique!

Au troisième acte, il fait nuit; le château de Stirling découpe sa silhouette sombre dans les vapeurs bleuâtres du clair de lune, et domine de ses hautes murailles les roches à pic de la gorge.

Robert Bruce cherche à pénétrer dans la place; des bohémiens appelés pour une fête, et auxquels se mêle un de ses partisans dévoués, lui en faciliteront l'entrée.

Le théâtre change et représente une salle construite pour la fête dans la cour d'armes du château de Stirling. Le roi Édouard, qui n'est pas ennemi de la joie et du plaisir, comme il l'a dit au premier acte, se livre avec ses chevaliers à toutes les voluptés d'une orgie d'opéra, c'est-à-dire il chante une chanson bachique reprise en chœur, tend une coupe de carton doré à un page, qui ne lui verse rien, et s'assied sur une banquette le plus près possible de la coulisse, pour voir se démener le corps de ballet.

Avez-vous fait attention à ce rideau richement armorié qui ferme la scène dans toute sa largeur? Le dénoûment doit être caché là derrière. On ne tend pas une si grande draperie pour rien.

Morton vient troubler la fête en annonçant que Robert Bruce et Douglas sont libres, que les Écossais se soulèvent et qu'Arthur est un traître.

Le pauvre jeune homme passerait un mauvais quart d'heure si le grand rideau du fond ne s'ouvrait avec fracas pour laisser voir le château de Stirling en flammes, Robert Bruce, Douglas et les Highlanders qui se sont emparés de la place forte.

Arthur, au moyen du rameau de chêne, préserve Édouard de la fureur des chevaliers écossais.

Robert crie:

Écosse, à toi l'indépendance!

Tous répondent à Robert : « A toi l'immortalité! » et la toile tombe sur ce tableau, éclairé par des feux de Bengale rouges.

Il ne nous semble pas très-nécessaire de faire la critique musicale de morceaux connus de tout le monde et appréciés à leur juste valeur. Rossini s'est assis définitivement les mains sur les genoux, sur ce trône de marbre blanc et d'or des dieux de l'intelligence.

Aucun pastiche, fait avec ou sans sa volonté, ne peut le faire descendre de cette position sereine ; vivant, il assiste à sa gloire et, vis-à-vis de lui-même, fait partie de la postérité.

Il ne veut plus travailler, et se repose, — comme Dieu après avoir fait un monde, — il en a le droit ; — pourquoi l'aller troubler dans son indolence sublime ?

Les honneurs de la soirée ont été pour mademoiselle Nau, qu'on a rappelée avec une instance extrême.

Ne finissons pas sans louer MM. Alphonse Royer et Vaëz du soin et de l'adresse avec lesquels ils se sont acquittés de leur ingrate besogne. Ajuster des syllabes sous des notes est un vrai travail de casse-tête chinois ; et ce qu'il faut d'esprit pour n'être pas stupide dans un livret ainsi fabriqué est vraiment prodigieux. Le poëme de *Robert Bruce* est sensé, intelligible et se compose de mots qui ne hurlent pas trop entre eux ; — c'est un grand éloge.

11 janvier.

VAUDEVILLE. Reprise de *Pierre le Rouge*. — *Rentrée de mademoiselle Suzanne Brohan*.—Mademoiselle Suzanne Brohan est une des plus spirituelles actrices de ce temps-ci, sur la scène et hors de la scène ; elle est vive, fine, d'un enjouement moqueur, détachant bien le mot et lui donnant de la valeur sans s'appesantir dessus ; son talent ne serait peut-être pas assez large pour la franche comédie ; mais il est parfaitement à sa place dans la comédie de fantaisie et le vaudeville, où l'espèce de brutalité indispensable pour forcer le rire n'est pas nécessaire.

Retirée depuis longtemps de la scène et tout à fait prématurément, mademoiselle Suzanne Brohan vient de rentrer au Vaudeville dans *Pierre le Rouge*, un des ouvrages où elle a obtenu le plus de succès. Très-émue dans le premier acte, les applaudissements du public lui ont bientôt fait recouvrer l'assurance, et elle a joué les deux actes suivants avec cette verve étincelante qui la caractérise.

Félix a mis dans son rôle beaucoup de rondeur et d'entrain. Madame Doche était charmante; le spencer, la robe de mousseline et les bandelettes de velours rouge dans les cheveux lui allaient à merveille. Nous voudrions bien la complimenter sur autre chose que sa grâce, mais elle n'avait à dire que quelques *bredouilles*. (On appelle ainsi en argot dramatique les phrases de peu d'importance.)

La rentrée de mademoiselle Suzanne Brohan est un heureux événement pour le Vaudeville.

L'habile directeur vient d'engager aussi mademoiselle Darcier, de l'Opéra-Comique, à des conditions qui risqueraient d'être onéreuses avec toute autre. Mademoiselle Darcier a pris rang parmi nos plus habiles actrices; elle a de la grâce, de la finesse, de l'esprit, un instinct admirable de la scène, toutes les qualités de la comédienne et plusieurs de celles de la chanteuse.

N'ayez pas peur que sa transplantation de l'Opéra-Comique au Vaudeville n'amène à sa suite des pièces à grands airs, à morceaux prétentieux. Si elle se retire de l'Opéra-Comique, c'est pour ne pas chanter; elle aime mieux décocher un mot que de filer un son. Quand un couplet se présentera, elle le dira juste au lieu de détonner, voilà tout.

THÉATRE-FRANÇAIS. *L'Ombre de Molière.*—Reprise de *Don Juan.*
— L'événement littéraire de la semaine a été la reprise, au Théâtre-Français, du *Don Juan* de Molière, sous sa forme originelle. On ne pouvait mieux célébrer l'anniversaire du grand poëte, et son ombre a dû se réjouir de ne plus se sentir opprimée par les pesants hexamètres de Thomas Corneille;—car vous n'ignorez pas que, jusqu'ici, on avait joué le *Don Juan* mis en vers par Thomas Corneille. Singulière idée, de poser sur une phrase nette, bien coupée, d'un tour original et vif, un vers flasque, filandreux et plat, le vers du frère de Corneille enfin. — Cela se conçoit à l'époque où cette profanation eut lieu : on avait l'opinion qu'une comédie n'était pas achevée si elle était en prose; mais il est étrange qu'on l'ait continuée jusqu'à nos jours.

Les classiques, il faut le dire, n'aiment pas les chefs-d'œuvre qu'ils font semblant d'adorer; ils ne peuvent supporter Corneille que retouché par Andrieux et Planat, et Molière que versifié par Thomas. Dans l'œuvre de ces génies, ils choisissent cinq ou six pièces et s'en tiennent là; et encore ne sont-elles jouées qu'après avoir subi les mutilations les plus bizarres : on retranche à Corneille des rôles et des actes entiers; on supprime à Molière les intermèdes et les ballets.

Pour donner plus de solennité à la représentation dont nous allons rendre compte, on a joué une espèce d'églogue alternée, où figuraient la Comédie légère sous les traits de mademoiselle Brohan, et la Comédie sérieuse sous ceux de mademoiselle Rachel. Mercure, conducteur des âmes, l'Ombre de Molière, un poëte, formaient les autres personnages.

L'auteur de cet à-propos est M. Barbier, non pas le vigoureux chantre du *Pianto* et des ïambes, mais un autre Barbier, prénommé Jules, dont le Théâtre-Français vient de recevoir une comédie intitulée le *Poëte*.

Ce jeune écrivain nous paraît appartenir à l'école ou plutôt à la coterie du bon sens. Son dialogue contient plusieurs attaques contre les gloires littéraires de notre époque, dont devrait s'abstenir tout esprit poétique ou seulement compréhensif.—A l'époque où rayonne au ciel de la France une pléiade formée de Chateaubriand, de Lamartine, de Victor Hugo, d'Alfred de Musset, d'Alexandre Dumas, de Béranger, de Balzac, de George Sand, et tant d'autres étoiles d'un éclat vif et scintillant, le moment est-il bien choisi pour s'écrier piteusement :

> Les vivants n'ont plus la lumière;
> Allons la demander aux morts?

Les morts n'ont pas la lumière, hélas! ils ont l'ombre, le froid, le silence et l'oubli. C'est frapper à une porte qui ne peut vous répondre que de demander au tombeau la vie et le rayon.

Quand finira donc ce fétichisme du passé? Le présent est à nous, l'avenir est à Dieu, mais le passé est au néant : ses images impalpables flottent dans les pâles brouillards de l'Hadès, et nul ne peut les y saisir, hors le poëte aux puissantes évocations; mais, pour cela, il faut que le magicien ait dans les veines la pourpre de la vie : un mort ne peut en ressusciter un autre.

Certes, nous ne rejetons pas les traditions et l'étude des grands maîtres ; les idées ont leur généalogie et leur filiation comme les familles ; on a des aïeux d'esprit connus et inconnus comme on a des aïeux de chair : l'âme a un père comme le corps ; mais est-ce une raison pour croire que les descendants de ces hauts génies soient devenus des êtres incapables, ineptes, absurdes, n'ayant plus une idée, ne sachant pas écrire une phrase ou tourner un vers?

Donnons aux bustes la couronne de marbre qui leur revient, mais ne refusons pas le laurier vert au front que baigne encore la sueur du travail : habitons les palais de nos ancêtres, non pas leurs caveaux ; notre pieux hommage une fois rendu à leur mémoire, lançons-nous dans la vie sous les chauds rayons du soleil, à travers les cris et les chants de la foule et tout le joyeux tumulte de l'existence. — Jetant de côté les exemplaires grecs et latins qu'il suffit de feuilleter d'une main nocturne (la main diurne est de trop), étudions aussi l'œuvre de Dieu, contemplons les grands spectacles de la nature profitons des ailes de la vapeur pour visiter la création ; faisons nos vers avec notre âme et notre esprit, avec nos souffrances et nos joies ; colorons-les des images aperçues par nos yeux et non avec des centons des auteurs anciens. C'est ce qu'ont fait admirablement les trois ou quatre grands poëtes de ce temps-ci, égaux, sinon supérieurs, à tous les morts possibles.

M. Jules Barbier croit à la décadence, nous croyons au progrès. Quand on a cette persuasion que les morts seuls ont du talent, pourquoi écrire?

Nous n'aimons pas le vers libre adopté par M. Barbier pour les discours des deux Muses, malgré l'heureux parti que Molière en a su tirer dans *Amphitryon;* il inquiète l'oreille et la trompe à chaque instant. Sans doute, nous ne voulons pas borner le vers dramatique au seul alexandrin, les vers décasyllabiques et octosyllabiques peuvent fournir des ressources au dialogue, mais il faut les employer purs de tout mélange.

Mademoiselle Rachel et mademoiselle Brohan, parfaitement costumées, réalisaient les deux statues de la fontaine Molière ; on aurait dit qu'elles étaient habillées au ciseau par Pradier. Provost représentait le grand Poquelin avec une incroyable fidélité d'illusion.

Quelle pièce étrange que le *Don Juan* tel qu'il a été exécuté l'autre soir, et comme on conçoit bien que les classiques n'aient pu la supporter dans son état primitif ! *Don Juan*, auquel Molière a donné le titre de comédie, est, à proprement parler, un drame et un drame moderne dans toute la force du terme. Le génie indépendant de l'Espagne, qui donne tant de fierté d'allure au *Cid*, se fait également sentir dans le *Don Juan ;* car l'Espagne, chevaleresque et chrétienne, a le plus complétement secoué le joug des idées du paganisme ; sa littérature est romantique par excellence et d'une originalité profonde.

Jamais Molière n'a rien fait de plus franc, de plus libre, de plus vigoureux, de plus hardi ; le fantastique, cet élément d'un emploi si difficile pour le Français sceptique et qui ne veut pas avoir l'air d'être dupe un instant du fantôme qu'il fait apparaître, est traité avec un sérieux et une croyance bien rares chez nous. La statue du Commandeur produit un effet d'épouvante qu'on n'a pas surpassé au théâtre. Le bruit de ses talons de marbre fait courir un frisson sur la chair comme le souffle de la vision de Job : rien n'est plus effrayant que ce convive de pierre avec son habit d'empereur romain et son aigrette sculptée ; aucune tragédie n'arrive à cette intensité d'effroi. — Parlez-nous des poëtes comiques pour être terribles !

Don Juan, tel que l'a compris Molière, est encore plus athée que libertin ; il délaisse dona Elvire, cajole Charlotte et Mathurine, qu'il séduit avec son moyen banal. Mais ce ne sont pas là ses plus grands méfaits ; il raille la paternité, se joue du mariage, brave la colère céleste, invite à dîner les statues de ses victimes, se moque de l'enfer et même de la dette et du bourgeois dans la personne de M. Dimanche, et, pour comble d'horreur, jette un instant sur son riche habit de satin, le manteau noir de Tartufe ; tout le reste eût pu lui être pardonné, excepté cette parade sacrilége.

De nos jours, le caractère de don Juan, agrandi par Mozart, lord Byron, Alfred de Musset et Hoffmann, est interprété d'une façon plus large, plus humaine et plus poétique ; il est devenu, en quelque sorte, le Faust de l'amour ; il symbolise la soif de l'infini dans la volupté. — Le poëte de *Namouna* a fait, à ce sujet, deux cents des plus beaux vers de la langue française. — Don Juan, dans Tirso de Molina et dans Molière, n'est pas encore passé à l'état de type. C'est un impie, un débauché, presque un scélérat, chez lequel on ne rencontre que de faibles traces de cette aspiration amoureuse, de cette recherche de l'idéal féminin, de l'innomée, de l'introuvable, de la Béatrix, qu'on poursuit à travers les cercles de lumière, qui sont aujourd'hui les traits caractéristiques de cette grande figure.

Cependant on voit que Molière a un certain penchant pour ce mauvais garçon de don Juan Tenorio; il le fait beau, riche, spirituel, brave, bon prince; s'il ne fait pas l'aumône au pauvre qui la demande au nom du ciel, il lui donne un louis par amour de l'humanité. Il délaisse doña Elvire; mais, pour atténuer ce crime, Molière a eu soin de la faire insupportable comme la femme qu'on n'aime plus, et, quant à la séduction de Charlotte et de Mathurine, c'étaient deux gaillardes déjà passablement déturées.

Les choses sont arrangées de façon que, si don Juan cédait aux avertissements de la femme voilée qui prend la figure du Temps avec sa faux, et reculait devant l'invitation du Commandeur, on ne pourrait se défendre de le mépriser un peu. On l'aime mieux Titan révolté, qui proteste encore, au milieu des flammes de l'enfer, que pécheur pénitent et contrit; c'est que don Juan avait le droit d'obtenir son idéal et d'apaiser cette immense soif d'amour qui dévorait ses larges veines, car tout désir doit être satisfait.

Louons le Théâtre-Français d'avoir repris cette admirable pièce et de l'avoir mise en scène avec les soins et l'éclat qu'elle mérite. Mais en même temps, disons à MM. les comédiens ordinaires du roi qu'ils la jouent trop en comédie et pas assez en drame, et c'en est un véritable, avec mélange du comique et du tragique, du burlesque et du terrible, — spectres, apparitions, changements à vue, fantaisie espagnole, profondeur shakspearienne, ironie française, tout s'y trouve.

Geoffroy remplissait le rôle de don Juan; sa nature ne s'y prête guère; mais c'est là un de ces personnages qui exigent, de la part de l'acteur, tant de qualités, que leur réunion dans le même sujet est impossible. Nous ne dirons donc pas qu'il n'est pas assez beau, assez jeune, assez triomphant, assez invincible pour représenter ce prototype des séducteurs : il le sait bien ; mais il aurait pu, ce nous semble, le jouer moins en Almaviva, lui donner quelques nuances de rêverie, le rendre moins superficiel, y faire sentir le souffle de l'interprétation moderne.

Samson a nasillé assez agréablement Sganarelle, et rendu ses terreurs d'une manière comique.

Mademoiselle Brohan est charmante sous le costume de paysanne ; nous lui conseillons seulement d'ôter les bagues de diamants qui scintillent à ses jolis doigts roses : Pierrot ne fait que des cadeaux de mercerie et d'épingles, et ce luxe ne s'explique pas trop dans une simple villageoise. Maubant a été superbe de roideur et d'immobilité dans le rôle de la Statue.

Pour que l'ensemble fût aussi parfait que possible, Ligier a bien voulu se charger d'un tout petit bout de rôle, celui du mendiant ; — il n'y a que quatre mots à dire, mais quatre mots suffisent à un acteur de talent pour composer une physionomie et produire de l'effet.

Les costumes et les décorations étaient d'une richesse rare au Théâtre-Français ; l'enfer final est très-beau. — La musique, tirée de *Don Juan* et du *Requiem* de Mozart, et arrangée avec beaucoup de goût par M. Georges Bousquet, a été jouée très-convenablement par l'orchestre du théâtre, peu accoutumé à de pareilles fêtes.

Maintenant, nous demanderons pourquoi l'on ne joue pas tout Molière tel qu'il est imprimé, avec ses intermèdes de Polichinelles, de Trivelins, de Scaramouches, de Pantalons et de Matassins ? Nous regrettons fort tout ce monde bizarre et charmant qui traverse ses comédies avec des entrechats, des chansons et des éclats de rire, comme de folles lubies passant par une sage cervelle. Combien nous les aimons, ces bohémiens et ces égyptiennes, qui dansent en s'accompagnant des gnacares ; — ces Mores extravagants, ces Basques et ces Poitevins exécutant des pas et des courantes ; — ces Espagnols et ces Italiennes chantant, dans leur langue sonore et flexible, l'éternelle complainte de l'amour ; — ces bergers et ces bergères qui, pour ne pas ressembler à ceux de Théocrite et de Virgile, n'en alternent pas moins agréablement le madrigal ! — Entre chaque acte d'une pièce de Molière, se trouve une petite pièce délicieuse qu'on coupe comme inutile. Quelle drôle de manière de respecter l'œuvre du plus grand homme que la nature ait produit!

Molière, sous sa vraie physionomie, est, pour ainsi dire, inconnu au théâtre, et la Comédie-Française accomplirait un devoir pieux en le représentant avec les accessoires qu'il a lui-même jugés nécessaires au succès de ses pièces. Qu'on ressuscite ainsi toutes ses comédies-ballets, en y joignant le chant, la danse, les décorations, les costumes, et l'on aura un spectacle du plus vif attrait et de la plus grande nouveauté. Qu'on nous rende toutes ces charmantes pièces, *le Sicilien, ou l'Amour peintre, la Princesse d'Élide, les Fâcheux, l'Impromptu de Versailles, Mélicerte, Don Garcie de Navarre,* qu'on ne nous fait jamais voir.

De même il faudrait, ce nous semble, jouer les tragédies en costumes de l'époque, avec des casques à panaches, des tonnelets et des perruques in-folio. Ce serait tout aussi vrai que de les représenter avec des rideaux drapés, et l'harmonie y gagnerait.

Nous nous souvenons d'avoir vu, à une représentation à bénéfice de madame Dorval, un acte de la *Phèdre* de Pradon, mis en scène de la sorte.

Hippolyte avait des cothurnes ornés de feuillages, pour désigner son caractère agreste et farouche, un tonnelet de satin, une petite peau tigrée sur le coin de l'épaule, une perruque blonde et un carquois doré.

Phèdre était vêtue d'une superbe robe à queue, en damas vert-pomme, glacé d'argent. Sa coiffure à carcasse formait un édifice majestueux, c'était charmant. Les vers que débitaient le prince et la princesse s'accordaient parfaitement avec le style de leurs costumes et celui de la décoration. Il n'y manquait que deux ou trois banquettes de marquis, sur les côtés, et le moucheur de chandelles venant couper les mèches au moment le plus pathétique!

OPÉRA-COMIQUE. *Ne touchez pas à la reine.* — Cette représentation excitait d'avance un intérêt singulier. Quoi! un théâtre royal s'est ouvert enfin sincèrement, franchement, à un compositeur nouveau, français et lauréat de l'Institut! On lui a donné trois actes tout d'un coup, des acteurs convenables, des costumes riches et des décors frais, et M. Scribe a daigné semer dans le poëme la finesse et l'esprit de ses bons jours! Cela renverse toutes les idées reçues au théâtre. Il est vrai d'ajouter que M. Boisselot, l'élève favori et le gendre de Lesueur, a dû attendre douze ou quinze ans la représentation à laquelle donne droit tout grand prix de Rome; mais cette observation ne peut peser sur le nouveau directeur de l'Opéra-Comique, qui a surmonté le préjugé vulgaire, et qui comprend désormais que, pour avoir des talents nouveaux, il faut leur permettre de se produire largement, ne pas se contenter de leur offrir un acte, et ne pas exiger d'eux qu'ils se soient fait un nom à écrire des romances, des quadrilles et des fantaisies brillantes.

Et maintenant parlons du gracieux poëme de MM. Scribe et Vaëz. Il est fondé sur une légende espagnole fort connue, qui suppose qu'une ancienne loi d'un royaume quelconque des Espagnes prononçait la peine de mort contre quiconque osait toucher à la reine, fût-ce même pour la sauver. Un jeune cavalier, don Fernand d'Aguilar, passant par une forêt, sauve une belle dame emportée par son cheval; un bouquet est le seul gage qui lui reste de cette aventure. Il arrive à la cour, fait connaissance d'un argentier, dont la femme l'accueille avec un vif intérêt, et attend le passage de la reine pour lui demander un emploi.

Or, la reine est encore mineure et sous la tutelle d'un rude seigneur, nommé don Fadrique, qui ne s'adoucit par instants qu'en faveur de l'aimable Estrella. Toutefois, la protection de cette dernière ne peut rien pour don Fernand près du soupçonneux régent, et il n'y a plus d'espoir que dans la reine elle-même.

La reine passe; don Fernand présente sa supplique; mais, en levant les yeux, il reconnaît la belle chasseresse qu'il a sauvée. Enthousiasmé, ravi, il tire de son sein le bouquet mystérieux; mais la reine semble le méconnaître et passe avec fierté, laissant le pauvre Fernand dans le désespoir. Elle songe à la loi fatale qui frapperait son sauveur, mais se réserve en secret de le récompenser plus tard.

Cependant don Fernand, déchu de ses espérances, veut s'éloigner de la cour, et Estrella parvient enfin à lui faire obtenir du régent un brevet de capitaine qui l'envoie aux frontières; mais la reine croit le moment venu de faire quelque chose pour don Fernand et l'attache à sa personne comme écuyer.

Le régent, mal disposé pour ce muguet, qui, des deux parts, lui porte ombrage, cherche les moyens de lui nuire : l'occasion ne tarde pas à se présenter. Pendant qu'il entretient la reine de graves affaires d'État, celle-ci s'endort sans qu'il s'en aperçoive et il la laisse un instant seule pour aller chercher un papier important. Don Fernand entre peu après, et trouve la reine endormie. Il l'admire et ne peut résister au plaisir de lui déclarer, sans qu'elle s'en doute, cet amour impossible d'un ver de terre à une étoile. A force de jouer ce jeu terrible, il perd la tête, s'approche et dérobe un baiser sur le front royal : c'est l'inverse de la scène d'Alain Chartier.

Le régent rentre en ce moment dans la salle ; il se récrie d'indignation, appelle les gardes, et fait saisir l'imprudent Fernand. Dès lors s'instruit un procès terrible où la reine, selon la loi, doit perdre même son droit de grâce. Cependant, elle désire bien vivement sauver le coupable, et se concerte dans ce but avec Estrella. Le régent est inflexible, et l'aimable épouse de l'argentier ne peut rien gagner elle-même sur sa résolution. Toutefois, il lui demande un rendez-vous, et c'est après l'heure du couvre-feu qu'elle le lui accorde.

Le mari d'Estrella, instruit par hasard de ce qui doit se passer, se glisse dans la chambre et se cache ; le régent arrive à son tour, puis Estrella ; mais celle-ci s'est fait accompagner de la reine, et, pendant qu'elle répond favorablement aux galanteries du régent, c'est la reine qui se substitue matériellement à elle, de sorte que le régent lui prend la main pour la baiser. En ce moment, la chambre s'éclaire, et le flagrant délit s'établit pour lui comme pour Fernand, avec la circonstance obligée de deux témoins.

De ce moment, l'on tient le juge par la loi même qui faisait sa force ; mais Fernand n'est pas sauvé encore. Le régent a recommandé aux juges d'être inflexibles, dût-il les supplier lui-même, et il se voit pris dans ses propres engins comme l'enchanteur Merlin. Mais la reine possède un moyen victorieux de sauver Fernand en lui posant sa couronne sur la tête, — et le régent, qui, autrement, se serait opposé à cet unique moyen de dénouer l'affaire, se voit forcé d'y consentir sous peine d'être dénoncé comme coupable, — un peu à la manière de M. Olozaga.

Ce poëme est plein de jolis détails et même de traits poétiques où certainement il faut reconnaître la touche de M. Vaëz, le collaborateur de M. Scribe.

La musique de M. Boisselot est de la vieille école française et se colle étroitement au vers, de façon à n'en pas supporter la médiocrité! Les maîtres italiens nous ont habitués à nous soucier peu des paroles rimées, ceci est un malheur selon nous. Avant M. Boisselot, le pauvre Monpou a eu, l'un des derniers, ce mérite que les gens de l'art jugeront puéril, mais qui éclatait pourtant dans les chefs-d'œuvre de l'ancien opéra. Lui seul savait dignement rendre les vers de Victor Hugo et d'Alfred de Musset; mais la poésie des vaudevillistes glaçait son inspiration.

Et maintenant, disons que la partition de M. Boisselot a produit un égal effet sur les connaisseurs et sur la masse du public. Il y a eu là ce double succès, caractère des belles choses, qui ajoute aux couronnes noblement méritées, l'éclat radieux de la popularité, quelquefois si trompeur et toujours si doux.

Les morceaux les plus applaudis ont été l'ouverture, le chœur des seigneurs à l'entrée de la reine, les couplets d'Estrella au second acte; le duo des affaires d'État, qu'on a fait *bisser*, et le finale du même acte, morceau grandiose qui ne déparerait aucun chef-d'œuvre des premières scènes lyriques. L'air de la reine et le quatuor de la scène de nuit ont été ensuite les morceaux les plus remarqués.

Mademoiselle Lavoye s'est fait vivement applaudir dans le rôle de la reine : c'est un des plus heureux de son répertoire. Audran a fort bien chanté, surtout l'air de la scène du baiser, si plein d'expression et de charme. Mademoiselle Lemercier, Ricquier et Hermann Léon ont très-bien joué et chanté des rôles d'un caractère semi-bouffe très-franc. Ce dernier, qui est doublement artiste, a joué le tyrannique régent avec un de ces costumes flamboyants et sévères du moyen âge, que les peintres flamands prêtaient à Hérode dans les tableaux de sainteté; — ce type farouche et comique s'adaptait merveilleusement à l'action.

GYMNASE. *Maître Jean, ou la Comédie à la cour.*—Nous sommes à la cour de Weimar, où se brassent deux choses fort compliquées : une conspiration et une comédie où doivent jouer les personnes de la cour. La comédie est du jeune Gœthe ; la conspiration, d'une certaine grande dame qui ne voudrait pas que le grand-duc se mariât avec la princesse de Hesse-Darmstadt.

Maître Jean Wolfgang, grand-père de Gœthe, autrefois tailleur, et maintenant aubergiste, vient au château pour se faire payer un bon sur le trésor, que lui ont donné la veille trois inconnus, en payement de la dépense qu'ils ont faite chez lui. Il reconnaît son petit-fils, et lui demande ce qu'il fait maintenant ? « Des pièces de théâtre, répond le jeune poëte, et je suis venu à la cour pour monter une de mes comédies ; je vous ferai voir une répétition. —Ah ! oui, à dix heures, dans l'orangerie, je sais cela, » répond maître Jean Wolfgang, qui a pris, en entendant causer les courtisans, l'heure du rendez-vous des conspirateurs pour celle de la répétition. Gœthe, qui vient pour faire jouer une comédie, n'a pourtant pas l'âme très-gaie, il est éperdument amoureux d'une jeune fille, de Marguerite, qu'il avait laissée à Strasbourg, et qui vient de disparaître.

Au même moment passe au fond du jardin une jeune fille charmante, en compagnie de la grande dame qui ne veut pas que le grand-duc se marie. « Marguerite ! s'écrie Gœthe, comment ! elle ici ! — C'est la favorite du prince, » insinue d'un air ironique et narquois un courtisan officieux.

En voyant Gœthe, la jeune fille accourt toute joyeuse et va se jeter à son cou ; mais celui-ci la reçoit d'une façon glaciale et lui tourne le dos. « Vengez-vous d'un pareil procédé, murmure la comtesse à l'oreille de la jeune fille ; le prince vous aime, il est charmant : montrez à ce petit grimaud de Gœthe qu'on peut parfaitement se passer de lui. » Marguerite écoute ces sages conseils, à la grande joie des courtisans conspirateurs, qui espèrent que cet amour nouveau éloignera le prince de toute idée de mariage et fortifiera leur influence.

On commence la répétition. Marguerite a dans la pièce une scène d'amour avec le prince, qui tombe à genoux et lui baise passionnément la main. Gœthe, qui entre à cet instant, loue la chaleur du jeu, la vivacité de la pantomime, et les engage à recommencer. Le prince ne se le fait pas dire deux fois. Alors Gœthe, interlocuteur à son tour, entame avec Marguerite une scène qui n'est pas sur le manuscrit : il lui reproche sa perfidie; Marguerite fond en larmes, et, poussée à bout par le prince, qui ne comprend rien à tout cela, avoue que Gœthe est son amant. — Consternation générale. — Le prince, désappointé, revient, au grand désespoir de la comtesse, à l'idée d'épouser la princesse de Hesse-Darmstadt, dont un courrier lui apporte le portrait.

O ciel, quel nez a la princesse! — un nez en pied de marmite, un nez à faire fuir les amours à tire-d'ailes!

A la vue de ce nez, le prince retombe dans sa mélancolie; la comtesse, le ministre et le trésorier reprennent leur belle humeur, qui ne dure pas longtemps; car maître Jean Wolfgang, qui arrive de l'orangerie, où il était allé, croyant assister à la répétition de la pièce de son petit-fils, découvre innocemment le pot aux roses.

Il a pris la conspiration pour une pièce et en trouve l'invention assez pauvre; il s'agit d'un financier qui donne de l'argent à un ministre pour arrêter un courrier porteur d'une miniature à laquelle on fait un nez camard. — Ce récit éclaire le prince, qui renvoie le ministre, exile la comtesse et fait dégorger le financier. « Mes enfants, dit-il à Marguerite et à Gœthe, mariez-vous; moi, je vais épouser la princesse de Hesse-Darmstadt, qui a un fort joli nez, en dépit de son portrait. »

Cette pièce, où le talent fin et délicat de M. Dupin se combine heureusement avec l'habileté de M. Scribe, est très-bien joué par Numa, Tisserant, Deschamps, mademoiselle Sauvage, l'intelligente, et mademoiselle Melcy, la belle.

25 janvier.

FUNAMBULES. *Pierrot pendu.* — C'est une grave épreuve à subir que de reparaître dans la lice après un succès inespéré, inouï, comme celui du *Désert*, de *Lucrèce* ou de *Pierrot, valet de la Mort.* — On craignait pour Champfleury, l'auteur de cette magnifique pantomime, un *Moïse*, une *Agnès*, ou quelque mésaventure analogue. Plus fort que Félicien David et que Francis Ponsard, Champfleury est descendu de la montagne vainqueur, et n'a pas eu son Pierrot de Méranie ! sa gloire est sortie pure de ce creuset terrible, auquel peut seul résister l'or le plus pur d'alliage.

La mission que s'est imposée Champfleury est vraiment belle et digne d'un poëte. Il veut renouveler la pantomime ou plutôt lui rendre son ancien attrait; car il faut avouer cette triste vérité, la pantomime s'en va comme toutes les grandes choses ! On joue maintenant aux Funambules des vaudevilles identiquement pareils à ceux des Variétés, du Vaudeville, du Gymnase et du Palais-Royal. La seule différence qu'on y pourrait trouver, c'est qu'ils sont meilleurs, étant faits par de jeunes auteurs pleins de poésie et de verve adolescente.

— Ces vaudevilles dégénèrent souvent en opéras-comiques, ce qui est triste; le peuple, dont le goût s'est corrompu à la longue, regarde la pantomime, comme une chose frivole, et traduit son opinion à l'endroit d'Arlequin et de Colombine, par cette phrase peu académique. « Tout ça, c'est des bêtises. » — O Béotiens en blouses et en casquettes de loutre ! qui préférez le bruissement fêlé des grelots de Momus au silence éloquent de Pierrot et de Cassandre, qui parlent à coups de pieds et chantent à coups de poing !

La foule a perdu le sens de ces hauts symboles, de ces mystères profonds qui rendent rêveurs le poëte et le philosophe; elle n'a plus l'esprit assez subtil pour suivre et comprendre ce rêve éveillé, ce voyage à travers les événements et les choses, cette agitation perpétuelle, cette turbulence sans but qui peint si bien la vie.

La pantomime est la vraie comédie humaine, et, bien qu'elle n'emploie pas deux mille personnages, comme celle de M. de Balzac, elle n'en est pas moins complète. Avec quatre ou cinq types, elle suffit à tout. Cassandre représente la famille; Léandre, le bellâtre stupide et cossu, qui agrée aux parents; Colombine, l'idéal, la Béatrix, le rêve poursuivi, la fleur de jeunesse et de beauté; Arlequin, museau de singe et corps de serpent, avec son masque noir, ses losanges bigarrées, sa pluie de paillettes, l'amour, l'esprit, la mobilité, l'audace, toutes les qualités et les vices brillants; Pierrot, pâle, grêle, vêtu d'habits blafards, toujours affamé et toujours battu, l'esclave antique, le prolétaire moderne, le paria, l'être passif et déshérité qui assiste, morne et sournois, aux orgies et aux folies de ses maîtres.

— Ne voilà-t-il pas, en admettant les nuances nécessaires et que chaque type comporte, un microcosme complet et qui suffit à toutes les évolutions de la pensée, surtout si, comme l'a fait Champfleury, on y ajoute le Polichinelle aux favoris blancs, à la figure écarlate, à la double bosse qui symbolise les appétits grossiers, les penchants immondes, la jovialité brutale; le Polichinelle, qui est à l'Arlequin ce que Mayeux est à don Juan, le vice à la passion, le cynisme à l'esprit, l'aplomb du parvenu à l'aisance du grand seigneur?

A propos de ce type si brillamment remis en lumière, faisons cette remarque que la supériorité de Debureau avait insensiblement repoussé dans l'ombre plusieurs figures importantes de la pantomime. Avec lui, le rôle de Pierrot s'était élargi, agrandi; il avait fini par occuper toute la pièce, et cela, soit dit avec tout le respect qu'on doit à la mémoire du plus parfait acteur qui ait jamais existé, par s'éloigner de son origine et se dénaturer. Pierrot, sous la farine et la casaque de l'illustre Bohémien, prenait des airs de maître et un aplomb qui ne lui convenaient pas; il donnait des coups de pied et n'en recevait plus; c'est à peine si Arlequin osait lui effleurer les épaules de sa batte; Cassandre y regardait à deux fois avant de le souffleter. Il embrassait Colombine et lui prenait la taille comme un séducteur d'opéra-comique; il menait l'action à lui tout seul et il en était arrivé à ce degré d'insolence et d'audace, qu'il battait même son bon génie.—Oui, Pierrot, enivré de gloire, d'applaudissements et de triomphes, tirait la savate avec Arimane et donnait des renfoncements à Oromaze, sans respect pour la flamme bleue de son diadème; il traitait comme on traite de simples gamins les symboles de la cosmogonie de Zoroastre et les mythes du Zend-Avesta. Le génie a ses priviléges! Mais l'ancien Pierrot, lui, si timide, si poltron, eût été bien effrayé de semblables hardiesses!

La personnalité si forte du grand acteur débordait le type,

> Et, du Pierrot blafard souvent par maint endroit,
> Le front de Debureau perçait le masque étroit.

Debureau mort, l'usage s'est continué. Champfleury n'a pas cru devoir s'y soustraire, et Pierrot, dans ses pièces, occupe encore la première place. C'est une faute, bien qu'autorisée par un grand nombre d'exemples. Que diriez-vous d'un don Juan que primerait Sganarelle?

En voyant annoncer *Pierrot pendu*, notre imagination avait travaillé ; ce titre nous ramenait à des souvenirs de jeunesse, communs à tous ceux qui ont miroité les bancs d'un collége quelconque. Qui n'a remarqué le soin religieux avec lequel tous les écoliers dessinent au premier folio de leur rudiment, de leurs dictionnaires et de leurs *Gradus ad Parnassum*, un hiéroglyphe mystérieux représentant un Pierrot accroché à une potence, sous laquelle on lit, en manière d'avertissement, cette légende significative en latin macaronique :

> *Aspice* Pierrot pendu
> *Quod librum* n'a pas rendu ;
> Si *librum reddidisset*
> Pierrot pendu *non fuisset*.

Qui a fait ce quatrain bizarre, dont le style rappelle celui de Merlin Coccaie, et accuse une origine ancienne? — L'auteur en est inconnu, comme le sont toujours les auteurs des choses éternelles ; car les enfants de l'avenir, jusqu'au refroidissement complet de notre planète, qui s'éloigne du soleil dans une proportion mathématique, écriront sur leurs livres de classe cette poésie impérissable.

De ce quatrain, il résulte une chose, c'est qu'à une époque que nul ne peut fixer, et qui se perd dans la nuit des temps, Pierrot a volé un livre ou tout au moins n'a pas rendu un livre prêté : le texte n'est pas très-explicite ; les deux derniers vers semblent indiquer que, sans son opiniâtreté dans le mal, Pierrot aurait pu éviter le supplice. La phrase est tout à fait facultative :

> Pierrot pendu *non fuisset*.

D'autre part, c'est une peine bien rigoureuse que la hart pour un bouquin non rendu ; surtout avec cette circonstance atténuante que Pierrot devait avoir pris un *Epitome*, un *De viris illustribus*, un *Jardin des Racines grecques*, ou quelque autre production de même farine, — *ejusdem farinæ*, puisque ce sont les seuls livres permis au collége. — Il est plus croyable qu'il a volé ce volume, cause de sa perte, et qu'il l'aura vendu pour acheter des friandises. Mais qu'allait-il faire au collége ? Sans doute conduire les petits de Léandre. Les traditions ne nous représentent pas Pierrot comme lettré ; nous ne voyons nulle part qu'il ait fait ses études ; il est ignorant quoique rusé, crédule bien que sceptique, et sa position sociale consiste à recevoir des soufflets de Cassandre. Cependant un couplet d'une ballade, bien connue, contient les renseignements suivants :

> Au clair de la lune,
> Mon ami Pierrot,
> Prête-moi ta plume
> Pour écrire un mot.

De cette strophe, il résulte que Pierrot possédait une plume et qu'il était connu pour cela, puisque, lorsqu'un amoureux avait besoin de griffonner un billet au clair de la lune, il s'adressait à l'ami Pierrot.

S'il avait une plume, c'est qu'il savait écrire ; et, s'il savait écrire, il savait lire.

Du couplet macaronique et de la sérénade, on peut inférer que le pâle valet de Cassandre, n'était pas dénué de toute instruction. Le vol du livre prouve le désir de s'instruire, la volonté de connaître. Mais, hélas ! Pierrot est le symbole du prolétaire, le type du peuple ; il n'a pas plus d'argent pour acheter le pain de l'esprit que pour acheter le pain du corps ; s'il écrit, c'est au clair de la lune, pendant que son maître est endormi ; il prend sur son repos et cultive son âme au seul moment où s'arrête la grêle des giffles et des calottes. De ce travail nocturne vient peut-être la couleur livide de son teint ; quel dommage que ses élucubrations se soient perdues ! et comme les œuvres de Pierrot, reliées en vélin blanc, eussent produit un bon effet sur les rayons des bibliothèques !

Serait-ce une témérité, d'après ces différents textes, de croire que Pierrot a été cuistre de collége et ensuite grimaud et barbouilleur de papier ?

Il est difficile, nous l'avouons, de concilier ces diverses manières d'être dans le même personnage, à moins de supposer qu'il y a eu plusieurs Pierrots comme il y a eu plusieurs Jupiters et plusieurs Hercules. Les figures typiques sont ordinairement collectives ; une foule d'individualités se résument et se fondent en elles. L'humanité entière palpite sous une demi-douzaine de noms.

Nous voilà un peu loin du *Pierrot pendu* de Champfleury ; mais à propos de quoi fera-t-on de l'esthétique et se livrera-t-on à des pensées philosophiques, si ce n'est à propos de pantomime. L'origine de Pierrot n'est-elle pas aussi intéressante que tous les arcanes qui ont excité la curiosité des Bochart, des Père Kircher, des Cluverius, des Champollion, des Franck ? — Une histoire bien faite d'Arlequin, de Pierrot, de Polichinelle, serait des plus instructives et des plus intéressantes. L'érudition n'a-t-elle pas retrouvé le roi des Elfes dans Arlequin ? Maintenant, laissons parler le poëte lui-même ; le libretto d'un ballet ou d'une pantomime est un compte rendu fait d'avance.

Cassandre désire marier sa fille, Colombine, au plus offrant et dernier enchérisseur, — image de la civilisation actuelle. Un écriteau, portant la légende suivante : « Celui qui apportera 1,000 francs épousera Colombine, » formule à tous les yeux le désir du père Cassandre, plus avare encore qu'Harpagon, qui se contentait du *sans dot*.

Arlequin, Pierrot et Polichinelle aspirent au glorieux hymen de Colombine ; mais chacun des membres de ce trio a la bourse tellement vide, qu'on y ferait tenir un salon de cent cinquante couverts ou une écurie de cinquante chevaux. Arlequin, à la bonne heure ! Mais la main de cette charmante Colombine peut-elle s'unir aux phalanges enfarinées de Pierrot et aux griffes de bois de Polichinelle ?

Pierrot fait rencontre d'un certain capitaine inconnu, qui n'a pas l'air en demi-solde, à flairer le sac d'écus qu'il porte fièrement sous son manteau. — Celui-là ferait un gendre admirable, avec sa sacoche enflée d'une hydropisie d'argent. — Pierrot lui propose une partie de cartes dans le cabaret du père Cassandre ; mais Pierrot perd des sommes qu'il n'a pas, et laisse en nantissement sa blanche casaque, ses blancs souliers et aussi ses blanches culottes ; il reste dans un déshabillé de tableau vivant, lorsque arrive le seigneur Polichinelle, faisant claquer ses sabots et siffler son éternel *brr brr*, à travers le fer-blanc de la pratique.

Ce turbulent personnage renverse les chaises, monte sur les tables, et, comme le renard tournant autour de l'arbre sur lequel sont perchés les dindons, éblouit l'homme qu'il veut duper par sa pétulance affectée. Comment se défier d'un gaillard qui ne peut tenir une minute en place et passe à travers l'existence en cabriolant comme une chèvre? Polichinelle remplace Pierrot à la table de jeu, et, comme ce gentilhomme à double bosse a pour maxime que tous les moyens sont bons, aidé de Pierrot, il se livre à un honnête trafic qui a pour résultat de gagner à coup sûr, cas que les tribunaux ont prévu.

Planté derrière l'inconnu, Pierrot indique à Polichinelle, par une pantomime expressive, les cartes de son adversaire. L'inconnu est détroussé de son argent avec autant de facilité qu'au coin d'un bois. Malgré ce compérage, Pierrot ne profite pas de son vol, et l'inconnu lui jette, en fuyant, cette prédiction, qui revient plusieurs fois comme un refrain sinistre, comme le cri de la conscience : « Pierrot, tu seras pendu ! »

L'effet de cette phrase, la seule qui soit parlée dans tout l'ouvrage, est immense.

Arlequin, qui s'est procuré de l'argent avec l'aide de la fée protectrice, va épouser Colombine. Tout est prêt pour la noce ; Cassandre, enrubanné de la tête aux pieds, va et vient, tapant joyeusement la terre de sa canne à pomme d'ivoire ; les joueurs de violon passent de la colophane sur le crin de leur archet ; les filles d'honneur posent l'oranger virginal sur le front de la fiancée ; le notaire est arrivé avec tout ce qu'il faut pour instrumenter. On avait compté sans Polichinelle et sans Pierrot. Ces deux mauvais sujets jettent le trouble dans la noce. Pierrot surtout ne respecte rien, ni les violons, ni les rubans joyeux de Cassandre, ni les victuailles, ni les emblèmes d'innocence de Colombine, ni même le notaire : le drôle avale le contrat.

Tous ces méfaits n'ont qu'un but, le retard du mariage de Colombine, et Pierrot réussit jusque-là. Il ose toujours espérer se marier avec la fille de Cassandre, désir insensé, ambition folle, amour d'Ixion embrassant la nuée, et dont le Pierrot primitif eût été incapable. Un fiancé doit se vêtir décemment ; aussi rien ne coûte à Pierrot pour s'habiller, ou plutôt ses habillements ne lui coûtent rien. Par des procédés à lui connus, il se procure une magnifique paire de bottes à l'écuyère qui tranche d'une manière bizarre sur son pâle vêtement ; il a trouvé aussi le moyen de se nourrir de la façon la plus économique, en mangeant beaucoup et souvent ; — il est vrai qu'il boit encore davantage. Cela ne peut durer. — L'inconnu apparaît de temps à autre, prononçant d'un ton impassible sa sentence funèbre. — Pierrot, poussé par Polichinelle, le Bertrand de ce Raton, n'écoute pas la voix qui lui crie : « Arrête ! » et s'engage de plus en plus dans la voie fatale.

Reposons nos yeux sur un tableau plus doux, et entrons, s'il vous plaît, dans la mansarde de Colombine. C'est l'asile du bonheur et de l'innocence, comme toutes les mansardes possibles. La fenêtre est encadrée de cobæas et de capucines ; un rosier y sourit à l'aurore, un serin gringotte dans une cage l'air du *Postillon de Longjumeau*. La charmante fille réunit à elle seule Fleur-de-Marie et Rigolette. Si Arlequin pénètre dans ce joli nid de fauvette, croyez que c'est en tout bien tout honneur. Arlequin est galant, mais il respecte sa maîtresse, et ce Grandisson à museau noir ne veut pas déshonorer celle qui doit être sa femme.

Quant à Polichinelle, qui, lui aussi, fréquente chez Colombine, prenez-y garde ! ce double bossu, avec son nez aviné, tout fleureté de bubelettes, tout bourgeonnant de rubis, sa figure cramoisie, allumée d'instincts brutaux, n'indique pas un homme bien délicat et bien scrupuleux. Polichinelle a l'air d'un de ces anciens traitants qui aiment la bonne chère, plus encore les belles filles, et qui emploient tout pour satisfaire leurs penchants.

Pierrot, quoique maigre et blême, ne vaut pas mieux que Polichinelle. Les passions bouillonnent aussi bien dans ce corps de Rossinante que sous le ventre de Falstaff de son pair et compagnon. Pour pénétrer auprès de Colombine, Pierrot, toujours un peu timide à l'endroit du beau sexe, se sert des moyens les plus ténébreux, de moyens de ramoneur ; — profond symbole ! car, pour arriver au crime, il souille de suie la blancheur immaculée de ses vêtements : de blanc, il devient noir ; ce que l'on gagne à s'introduire dans le sein des familles, à la façon de don César de Bazan. Colombine le trouve affreux ; Cassandre arrive, et alors a lieu entre Pierrot, Arlequin, Polichinelle et le vieillard un de ces combats prodigieux, une de ces homériques mêlées où les coups de pied, les coups de poing, les soufflets tombent dru comme grêle. Arlequin, mieux avisé que tous, attrape, au milieu de tout ce désordre, un baiser de Colombine ; Pierrot reçoit le plus beau de la volée sur ses maigres épaules, qui ne sont pas protégées par une bosse rembourrée comme celle du difforme Polichinelle.

Le malheureux, assommé de coups, traqué de toutes parts, en est réduit à vivre dans la gaîne d'une horloge ; comme le Misanthrope :

> Il cherche un endroit écarté
> Où d'être une canaille on ait la liberté.

Vous pensez bien que l'addition de Pierrot aux rouages et aux contre-poids du coucou produit les plus singuliers désastres. Le cadran roule des yeux terribles par les deux trous de ses clefs ; les heures extravaguent, le timbre sonne à chaque minute ; on ne sait qu'imaginer de cette horloge folle qui éternue et qui soupire.

Cependant Pierrot est relancé dans cette boîte, et, pour se soustraire à la justice, il se sauve chez un peintre et se déguise en mannequin, ainsi que Polichinelle, son ami, qui se coiffe d'un casque à la romaine et se vêt d'un manteau de pourpre. Le naturel malicieux des gredins ne tarde pas à se réveiller, le premier effroi passé, et l'atelier du peintre semble habité par des myriades de ces farfadets que M. Berbiguier de Terre-Neuve du Thym poursuivait avec tant d'acharnement et saisissait entre deux brosses.

Les vessies de couleur éclatent comme des bombes, les portraits de femme sont généralement ornés de moustaches et de barbes de sapeur ; les appuie-mains vous donnent des coups tout seuls ; les mannequins, si inoffensifs autrefois, vous soufflettent au passage ; des têtes bizarres se montrent inopinément à travers les toiles crevées.

Colombine vient chez ce malheureux peintre poser pour son portrait. Pierrot et Polichinelle en font tant, qu'ils sont reconnus et obligés à fuir.

Ne sachant plus où donner de la tête, Pierrot se déguise en matelas. Vous dire toutes les terreurs qu'il fait naître et toutes les tribulations qu'il éprouve sous cette nouvelle forme, cela serait trop long.

Arlequin et Colombine, devisant d'amour, viennent s'asseoir sur lui, il se retourne subitement à leur grand effroi. Un instant après, des cardeuses paraissent et font passer au pauvre Pierrot un mauvais *quart d'heure;* être cardé, quel sort! c'est à en perdre *l'haleine.* Excusez ces calembours qui ne peuvent pas être dans la pantomime, ce qui prouve la supériorité de ces sortes d'ouvrages sur tous les autres.

On le découvre encore, et il recommence sa course désespérée, poursuivi par des remords moraux et des remords physiques appelés communément gendarmes.

Dans sa fuite, il noie une innocente créature qui en réchappe miraculeusement, puis il tâche de traverser les mers sur son matelas. Son voyage n'est pas un voyage au long cours; car, quelques instants après, nous le voyons dans un cachot, comme Piranèse les entendait, piliers trapus, voûtes surbaissées, murailles vertes d'humidité par le bas, escaliers plongeant dans de mystérieux abîmes. Une cruche et un pain noir sont posés à côté de lui par un geôlier au bonnet de peau d'ours. Une dalle se soulève, et l'inconnu paraît, répétant la phrase sacramentelle : « Pierrot, tu seras pendu! » Pierrot, furieux, se jette sur le spectre, aussi hardiment que don Juan sur la femme voilée, et le fait rentrer sous terre, image ingénieuse du criminel endurci étouffant le remords.

Le dénoûment approche : Pierrot est conduit devant les juges, qu'il insulte avec le cynisme le plus révoltant.—O Pierrot! honnête, candide Pierrot, pourquoi as-tu connu cet infâme Polichinelle? Avant lui, les plus grands vols étaient des vols de fruits ou de tartelettes!

Tous les témoins sont des témoins à charge; le pauvre Pierrot est condamné sans pouvoir invoquer le bénéfice d'aucune circonstance atténuante. Comme il n'a ni coupé sa sœur en petits morceaux, ni scié son père en deux, ni donné treize coups de couteau dans le même trou, il n'intéresse pas l'auditoire féminin. Ses crimes — de simples vols — n'ont rien de romanesque, de passionné, de séduisant ; nulle voix ne s'élève en sa faveur, et il s'achemine piteusement vers le lieu du supplice, un Tyburn ou une grève fantastique.

Dans le lointain, sur un fond de ciel lapis-lazuli, se dessine un affreux coude en bois qu'on appelle la potence. Quoi qu'on en dise, la nature ne s'occupe guère de nos petites méchantes actions, de nos petits malheurs et de nos petits événements : certes, la nature sait que Pierrot, un charmant garçon malgré ses fredaines, doit être pendu, puisque la potence est plantée depuis ce matin ; eh bien, le rossignol perle ses roulades, le lézard fuit joyeusement dans l'herbe avec un éclair de soleil sur le dos, les buissons embaument sous leur neige d'aubépine ; tout est joie, parfum et rayon ; le temps pousse la beauté jusqu'à l'ironie.

Désolé de quitter cette belle nature, Pierrot allonge la ficelle tant qu'il peut ; il demande du poulet, une bouteille de bordeaux et une omelette soufflée ; il dit avoir des révélations à faire, dénonce son complice Polichinelle et mord l'oreille du juge ; puis il veut haranguer le peuple. Enfin il faut se décider à sauter le pas. Il se remet en marche, portant son panier de provisions sous son bras, sans doute pour ne manquer de rien dans ce voyage de l'éternité, dont il va faire la première étape. Bref, le mariage funèbre de Pierrot et de la potence s'accomplit. La légende est justifiée : « *Aspice* Pierrot pendu. »

Tout est fini — pour le corps du moins ; — quant à l'âme, c'est autre chose ! Un génie apparaît et emporte la tremblante Psyché du défunt Pierrot dans les profondeurs d'un enfer demi-chrétien, demi-païen, tout rouge de flamme et tout noir de fumée. Là, les tribulations de l'infortuné recommencent : il reçoit des soufflets de mains griffues ; des ailes onglées de démons lui fouettent la figure, et il est en proie à une variété de supplices à lasser Dante le nomenclateur.

Tout à coup, une douce lueur scintille à la voûte ; la fée bienfaisante paraît et tire Pierrot repentant de ce séjour de pleurs et de grincements de dents.

Puis la pièce se termine par le mariage obligé de Colombine et d'Arlequin, à la lueur bleue des feux de Bengale, au milieu de soleils à lames métalliques qui tournent en sens inverse, de génies dont les ailes roses palpitent et battent l'air, blanchi par la fumée des cassolettes.

Paul, qui joue Pierrot, est admirable de mimique dans les dernières scènes. Cossard nous a paru un peu lourd dans l'Arlequin ; mais Vauthier est un Polichinelle admirable : on le croirait vraiment de bois et pris dans une baraque des Champs-Élysées. Nodier en eût été content ; Guignol s'avouerait vaincu.

Mademoiselle Béatrix, qui représente Colombine, est une jeune personne charmante, dont la grâce et la décence ne seraient déplacées sur aucun théâtre de Paris.

Espérons que le grand succès de *Pierrot pendu*, à la première représentation duquel assistaient toutes les notabilités de l'art et de la critique, fera rentrer les Funambules dans la voie de la pantomime, spectacle traditionnel, instructif et philosophique, digne de tout l'intérêt des gens sérieux.

Champfleury a écrit des pantomimes de grand style comme *Pierrot, valet de la Mort* et *Pierrot pendu;* il fait aussi de charmantes petites nouvelles ; celle qui porte le nom bizarre de *Chien-Caillou, ou Ceci n'est pas un conte*, et qui renferme l'histoire de Chien-Caillou, d'un lapin blanc, d'amourette et de mademoiselle Nin, est un vrai chef-d'œuvre ; on dirait un brouillon de Sterne. C'est de la fantaisie, de la sensibilité dans le réalisme le plus vrai ; il y a vingt pages en tout qui valent bien vingt tomes.

Dans le même volume, se trouve un autre morceau à propos duquel nous chercherons un peu chicane à Champfleury. Comment, lui qui comprend le lapin blanc, a-t-il été si injuste à l'égard du poisson rouge ? Sa pièce sur les misères du peuple qui grelotte pendant qu'on retire les poissons du bassin des Tuileries, de peur qu'ils ne meurent de froid, est faite à un point de vue un peu étroit ; soyons philanthropes, mais soyons aussi icthyophyles. Le poisson rouge a sa valeur comme l'homme ; donnons du bois au pauvre, et tirons le poisson de la glace.

Ces jolies bêtes amusent l'enfance et retiennent le rêveur et l'artiste à regarder sous l'eau les éclairs d'or, d'argent et de pourpre de leurs dos ; d'ailleurs, l'homme peut être coupable et jamais l'animal ; ces pauvres poissons rouges n'ont pas demandé à être dans le bassin des Tuileries.

II

FÉVRIER 1847. — Vaudeville : *Trois Rois, trois Dames*, par M. Léon Gozlan. — Réhabilitation de l'esprit. — Pièce à l'appui. — Félix, Bardou, mesdames Figeac et Doche. — Opéra-Comique : *le Sultan Saladin*, paroles de M. Dupin, musique de M. Bordèse. — L'ex-*Fou de Péronne*. — Théâtre-Historique : ouverture. — *La Reine Margot*, drame de MM. Alexandre Dumas et Auguste Maquet. — Précaution oratoire. — Architecture et décoration du nouveau théâtre. — Coupe nouvelle de la salle. — Le plafond de MM. Séchan, Diéterle et Despléchin. — Neuf heures de spectacle. — Cours populaire d'histoire de France. — Les acteurs.

1er février.

VAUDEVILLE. *Trois Rois, trois Dames*. — Nous sommes heureux, pour l'honneur du peuple français, qui se proclame lui-même le peuple le plus spirituel de la terre, que cette pièce de M. Léon Gozlan ait obtenu un succès franc, complet, incontestable; car M. Léon Gozlan est un des hommes les plus spirituels de ce temps-ci. Il n'est donc pas vrai que le style, la verve, le trait, les mots fins et choisis, les vérités neuves, les paradoxes brillants, les antithèses ingénieuses, la phrase nette, vive et juste, les jolies parties de raquette où la plaisanterie ne tombe jamais à terre, tout ce qui fait le penseur, le poëte et l'écrivain, soient un bagage inutile qu'il faille laisser à la porte des coulisses. — Tant mieux! car, sans cela, le théâtre serait la dernière et la plus infime traduction de la pensée; un composé d'entrées et de sorties, une pantomime grossière soutenue çà et là de quelques mots conventionnels; une littérature à l'usage de ceux qui ne savent pas lire, et qui ont besoin de ces brutales réalités de l'acteur et de la décoration pour comprendre une fable.

On avait tant répété ces sottises, qu'on avait fini par les faire croire, même aux hommes d'esprit, qui, lorsqu'ils approchaient du théâtre, jetaient à la mer toutes leurs qualités comme un lest inutile, sans réfléchir qu'en se débarrassant de leurs dons naturels, ils n'acquéraient pas l'habileté mécanique des faiseurs.

Enfin, voici un directeur plein de tact et de goût qui a osé jouer une pièce fine, vive, étincelante, sans jeter sur les épaules de l'auteur la chape de plomb d'une collaboration abrutissante. Il n'a pas pensé qu'il fallût, pour que l'oiseau volât, lui couper les ailes et lui clouer les pattes contre une planche.

Aussi, il fallait voir l'enchantement du public d'entendre un langage humain, au lieu de l'affreux charabia dont on le sature habituellement. On éprouvait des voluptés de syntaxe à écouter ces phrases bien assises sur leurs hanches, cheminant d'une allure preste, sans chopper, sans se prendre les jambes dans les plis de leurs robes, sans piquer du nez en terre, au lieu des périodes bancales, des affreux tortillards, enchevêtrant leurs pivots de mandragore, qui se démènent hideusement dans le style de ces messieurs.

Au lever de la toile, nous voyons un petit salon partagé en deux cabinets de travail par un double paravent.

Deux jeunes femmes, assises chacune devant un bureau, se penchent sur d'énormes colonnes de chiffres que leurs maris leur ont données à vérifier; l'une est madame Mathieu, l'autre, madame Blanchard. Mariées depuis peu à d'estimables négociants, elles ne connaissent d'autre plaisir que celui de recopier des correspondances commerciales, de tenir des livres en partie double, etc., etc. C'est bien austère pour des esprits et des cœurs de vingt ans; aussi madame Mathieu et madame Blanchard poussent-elles quelques soupirs rêveurs, qui, sans vouloir calomnier leur vertu, ne sont pas précisément à l'adresse de leurs maris. Elles chantent ensemble une jolie romance, paroles et musique d'un Arthur quelconque. Mathieu et Blanchard rentrent, regardent les totaux, les trouvent justes, et montrent la satisfaction grave, convenable à des hommes établis ayant des comptoirs dans les deux mondes.

Mathieu rayonne d'une joie contenue; il a une bonne nouvelle à dire à sa femme. « Nous allons aux Italiens, au bal, en soirée ? s'écrie la jeune femme, toute joyeuse déjà. — Non, ce n'est pas cela ma bonne nouvelle : j'espère avoir une concession de chemin de fer ! » Arrivent plusieurs invitations de bal, entre autres celle du prince russe Kourakin, que Mathieu refuse avec un luxe de vertu et d'humilité plébéiennes qui désespère madame Mathieu. Blanchard serait plus humain ; il conçoit qu'une jeune femme a besoin des distractions de son âge, mais il n'ose contredire son terrible associé, qui n'a que deux mots à la bouche : « Travail et fortune ! »

Les jeunes femmes, qui avaient espéré un bal, sont assez tristes lorsque arrive, tourbillonnant dans sa joie, Dumartel, le lion émérite, l'homme heureux, le vainqueur, le triomphateur, le Polycrate moderne, qui ne jette pas de bagues à la mer, parce qu'il les retrouverait dans le ventre des turbots du café de Paris. Il rit, il est enchanté ; sa bouche se retrousse en cœur, ses yeux s'écarquillent ; il est si aise d'être précisément dans sa peau et non dans celle d'un autre ! Il ronronne dans tous les coins comme une toupie d'Allemagne, se tapant contre les meubles, pouvant à peine faire tenir sa gaieté dans un salon si petit. Tel que vous le voyez, cet heureux mortel a eu la charmante, l'ingénieuse idée d'aller au bal de l'Opéra avec la dame de ses pensées ; il lui a fait arranger le plus joli domino de satin rose et de dentelles blanches qu'on puisse voir : ce domino, sa création à lui, il le porte dans un carton, il le montre et veut recueillir les louanges bien dues à un pareil chef-d'œuvre. Les pauvres recluses essayent tour à tour le charmant domino ; mais, hélas ! à quoi bon ? Leurs maris sont inflexibles et se hérissent sauvagement quand ils entendent parler du bal de l'Opéra. Dumartel les blâme de professer une morale si farouche ! Pour lui, la liberté la plus complète règne dans son ménage : madame s'amuse de son côté, et lui du sien, ce qui fait qu'ils s'amusent beaucoup tous les deux.

Dumartel s'en va, emportant le domino rose et laissant aux jeunes femmes un désir inextinguible d'aller au bal masqué ; car, dès que le satin damné d'un de ces frocs du plaisir a touché une blanche épaule, il la brûle, comme la tunique de Nessus, d'un feu qui ne peut s'éteindre que dans le foyer de l'Opéra.

Désespérant de fléchir leurs tyrans, madame Mathieu et madame Blanchard complotent d'aller ensemble au bal de l'Opéra, accompagnées seulement d'un vieux domestique, sur la discrétion duquel elles peuvent compter. Précisément, Mathieu et Blanchard, ces travailleurs féroces, doivent passer la nuit à préparer le mémoire sur la ligne du chemin de fer; il n'y a donc à redouter aucune invasion dans la chambre conjugale.

Au moment où les deux piocheurs, leurs lampes dûment approvisionnées d'huile, se mettent à l'œuvre, enfermés dans leur paravent, on voit glisser, dans le fond du théâtre, deux jolis dominos gris-perle, le doigt sur la bouche, le corps suspendu sur la pointe du pied.

Au second acte, nous retrouvons nos deux enragés travailleurs toujours accoudés à leur pupitre. Mathieu griffonne avec une ardeur furieuse; Blanchard, assoupi, efface avec le bout de son nez la ligne qu'il vient de tracer. — Les lumières pâlissent comme au souper de Lucrèce Borgia; les mèches charbonnent, et par les rideaux commence à filtrer la blanchâtre clarté de l'aube.

Mathieu se lève et fait quelques tours par la chambre. Il confie à Blanchard que, malgré ses apparences froides et ses manières rudes, il est amoureux fou de madame Mathieu, et qu'il vient d'acheter pour elle une superbe parure de diamants. Blanchard admire l'écrin et voudrait faire un cadeau semblable à sa femme. « Qu'à cela ne tienne; prends celui-ci; le bijoutier en a un pareil. » Blanchard, tout joyeux, entre dans sa chambre conjugale, pensant qu'il n'est jamais trop matin pour offrir des diamants à sa femme; ô surprise! ô terreur! madame Blanchard n'est pas chez elle. « Va voir, Mathieu, chez ta femme, si la mienne n'y serait pas, » s'écrie le malheureux. Un instant après, Mathieu rentre effaré, stupide : il a trouvé la chambre déserte. Les nids sont vides : les colombes ont déniché.

Vous vous représentez aisément la fureur des deux maris, surtout celle de Mathieu le despotique. Pendant qu'ils se lamentent, les fugitives sont revenues toutes tremblantes sur les suites de leur équipée; leurs maris se sont-ils aperçus de leur absence?

Presque aussitôt qu'elles, entre Dumartel, qui, n'ayant pu trouver la dame de ses pensées, a été tout seul au bal, revêtu du domino rose qu'il lui destinait. — Au bal, il a rencontré deux délicieux petits dominos gris-perle, auxquels il a fait toutes sortes de galanteries et de déclarations, et qui sont entrés dans la maison même. Bref, il a été si aimable, qu'il a un duel sur les bras. Un jeune homme, qui semblait protéger les deux dominos, lui a cherché querelle. Il y a eu échange de cartes.

Il vient chercher des témoins. Blanchard, qui craint quelque malheur de l'emportement de Mathieu, substitue à la vraie carte celle d'un certain Dupont, demeurant autrefois cité Vindé, et maintenant à l'île Maurice, à deux mille lieues de Paris.

Avec cette précaution, l'affaire s'arrangera. Par malheur, la cité Vindé est pleine de Dupont. Mathieu monte successivement chez plusieurs Dupont, qui affirment ne rien comprendre à ce qu'il dit. Le dernier, un militaire qui vient ouvrir vêtu de manière à faire voir qu'on le dérange dans son sommeil, lui répond qu'il a été au bal de l'Opéra, qu'il a soupé avec deux dominos gris, et que, s'il n'est pas content, il aille à tous les diables. L'affaire s'engage, et le militaire reçoit une balle dans le bras.

Pendant que Mathieu se chamaille avec le farouche Dupont de la cité Vindé, Blanchard s'explique avec les coupables repentantes. Il est assez porté à l'indulgence en sa qualité de mari constitutionnel qui admet dans les ménages la pondération des pouvoirs. Sa femme commence à reprendre un peu d'espoir ; mais la pauvre madame Mathieu est folle de terreur ; elle n'ose affronter la vue de son despote, de son tzar, de son autocrate. Elle a trouvé tout cassé, tout brisé, tout ravagé dans sa chambre ; elle supplie M. de Blécourt, son soupirant, de l'emmener au Mexique ; mais un tel éclat ne fait pas l'affaire du jeune diplomate : il aime madame Mathieu, sans doute ; cependant il recule devant cette extrémité. Il contient madame Mathieu par de belles phrases.

M. de Blécourt, vous l'avez déjà deviné, est le monsieur qui a donné sa carte à Dumartel. Il est fort surpris de le trouver chez Blanchard et lui reproche de s'être fait attendre deux heures au rendez-vous. Nouvelle provocation. — Madame Mathieu se trahit ; l'intérêt qu'elle porte à M. de Blécourt est assez visible pour que Mathieu découvre tout et dise au jeune homme : « Vous aimez ma femme ; eh bien, prenez-la. Ce sera votre punition et ma vengeance. » La chose tourne au drame, comme vous voyez.

Survient une lettre du colonel Dupont, qui, après avoir subi le feu de son adversaire, pense pouvoir donner des explications. Ce n'est pas avec madame Mathieu qu'il a soupé, c'est avec madame Duplessis et madame Dumartel. « Aïe ! » soupire le pauvre Dumartel décontenancé. — Madame Mathieu ira passer six mois chez sa mère et rentrera au giron conjugal, car, après tout, elle n'a pas commis de faute grave. Blanchard a déjà pardonné. De tout cela, il résulte qu'il vaut mieux rester garçon.

L'analyse que nous venons de faire de la pièce de Léon Gozlan, bien qu'exacte, n'en donne pas plus l'idée qu'un squelette ne donne l'idée d'une jolie femme. — Il faut la voir et l'entendre, c'est ce que tout Paris fera.

Trois Rois, trois Dames sont très-bien joués. — Félix est prodigieux dans son grand récit de la cité Vindé. Montalant a montré de la sensibilité vraie et de la dignité dans le rôle de Blanchard. Bardou, en lion gentilhomme, est une délicieuse caricature.

Mademoiselle Figeac a les plus beaux yeux du monde; madame Doche, toujours charmante et toujours si bien mise, nous permettra de lui faire une petite observation sur sa toilette, qui est celle d'une jeune pensionnaire. Une nouvelle mariée se dédommage des robes blanches qu'on lui a fait subir par toutes sortes d'étoffes et d'ajustements splendides. L'exagération dans ce sens eût été naturelle.

OPÉRA-COMIQUE. *Le Sultan Saladin.* — A ce nom de sultan Saladin, l'imagination vous transporte en pleine croisade; on rêve de Malek-Adel et de Richard Cœur-de-Lion ; on voit voltiger dans un nuage de sable, avec sa cuirasse de coton piqué et son damas courbé, le fauve sultan, autour du pesant cavalier à moitié cuit dans son armure de fer... Mais ce n'est pas de cela qu'il s'agit. Le sultan Saladin est un fou de Marseille qui s'appelait autrefois *le Fou de Péronne,* disent les savants du feuilleton. Ce fou est amoureux de toutes les femmes, qu'il prend pour sa fiancée : comme il est doux et tranquille, on le laisse vaguer à travers les rues et suivre les noces. — Un jeune homme, pour empêcher sa maîtresse d'être épousée par un imbécile, prend les habits et le nom du sultan Saladin, et fait si bien, qu'il se marie tout de bon avec la jeune fille, tout en ayant l'air de se livrer à mille extravagances. — Cette pièce, qui avait amusé autrefois, n'a pas déplu sous son nouveau costume. M. Bordèse a cousu à ce frêle canevas une musique vive et spirituelle.

22 février.

Théâtre-Historique. — *Ouverture.* — *La Reine Margot.* — Avant de commencer notre compte rendu, nous réclamerons humblement l'indulgence du lecteur. Sans être le bon Homère, il pourrait nous arriver de sommeiller quelquefois pendant notre feuilleton et de laisser tomber notre plume au beau milieu d'une phrase. La représentation de *la Reine Margot,* commencée hier à six heures, a fini ce matin à trois heures : trois heures ne sont pas une manière de parler, une emphase de rhétorique pour signifier très-tard, mais trois heures en style de Bréguet ou de Lepaute, ce qui veut dire qu'avec le temps du retour et du souper, — car aucun des spectateurs n'avait dîné, — nous nous sommes couché quand l'aurore se levait.

Oui, Alexandre Dumas a opéré ce prodige, de retenir sur les banquettes, tout un public à jeun, pendant neuf heures de suite; seulement, vers la fin, dans les courts entr'actes, on se regardait comme sur le radeau de la *Méduse,* et les spectateurs un peu potelés n'étaient pas sans quelque inquiétude.

Grâce à Dieu, l'on n'a cependant à déplorer aucun crime d'anthropophagie; mais, pour l'avenir, quand on donnera des drames en quinze tableaux précédés de prologue et suivis d'épilogue, il faudra ajouter sur l'affiche : *Entremêlés de collations.*

Plus de dix mille personnes se pressaient aux abords du nouveau théâtre pour regarder entrer les mortels privilégiés; car c'est déjà un spectacle que des gens qui vont voir quelque chose.

La façade du Théâtre-Historique jaillit, étroite et triomphante, entre deux énormes maisons, aux lieux où furent l'hôtel Foulon et le célèbre estaminet de l'Épi-Scié, dont l'enseigne, calembour peint, a réjoui notre enfance.

L'aspect en est original et saisissant. Le premier mérite que nous lui trouvons, c'est de ne ressembler ni à une bourse, ni à un temple, ni à un corps de garde, ni à un musée, comme la plupart des monuments en style classique, dont il est presque impossible de déterminer l'appropriation à première vue ; cette façade, chose étonnante, aujourd'hui que le sens de l'architecture est complétement perdu, ne peut être que celle d'un théâtre, et pas autre chose. — Pourquoi cela ? Parce qu'elle est construite logiquement, et réalise, avec des matériaux plus nobles et des ornements plus riches, les tréteaux où l'art dramatique primitif faisait la parade devant la baraque qui lui servait de sanctuaire. Seulement, au lieu de deux tonneaux ou de deux poutres soutenant des planches transversales, deux magnifiques cariatides de Klagmann supportent une galerie en forme de balcon à balustrades élégantes, et, au lieu du tableau grossièrement barbouillé pendu à la muraille, sur lequel frappait la baguette du démonstrateur, s'arrondit, sur une voûte en cul de four, une belle peinture de M. Guichard, représentant l'Élysée des poëtes dramatiques ; au lieu d'un grossier auvent, un gracieux fronton, dominé par le génie des arts, termine la construction ; mais la forme génératrice est si bien conservée, que, des portes du foyer, Paillasse et son maître n'auraient qu'à s'avancer pour débiter leur harangue au bord de la balustrade et que l'aboyeur n'aurait qu'une lettre à changer au mot écrit au-dessus de la porte pour crier le sacramentel : « Entrez ! prenez vos billets ! »

Ceci paraîtra à beaucoup de gens un médiocre éloge et peut-être une ironie ; car, en France, où l'on pousse si loin l'aversion du mot propre, on n'aime pas davantage la chose propre, et la première idée d'un architecte à qui l'on demande une maison ou un théâtre, c'est de vous faire le Parthénon ou le temple d'Agrigente ; — ses efforts tendront à dissimuler les portes, les fenêtres, les cheminées, les toits, tout ce qui pourrait donner à la construction un caractère significatif. C'est, au contraire, dans la mise en saillie et l'ornementation des parties nécessaires que l'architecture moderne trouvera les formes nouvelles qu'elle cherche en vain.

Cette idée, si simple en apparence, et si fertile dans ses développements, a fourni à MM. Séchan et de Dreux le thème d'une façade charmante, bien qu'ils fussent placés dans les conditions les plus défavorables par la bizarrerie du terrain et le peu d'espace à leur disposition.

Quatre colonnes ioniques couplées, engagées dans le mur, cannelées et ceintes jusqu'à mi-corps de bracelets avec fleurons et bossages, auxquelles sont adossées deux cariatides se faisant face et se présentant de profil du côté du boulevard, forment les avant-corps et laissent au public une entrée large et facile.

Les cariatides représentent, l'une la Tragédie, l'autre la Comédie ; ces figures, bien composées, drapées largement et sculptées en pierre, font honneur au talent de M. Klagmann, l'auteur de la charmante fontaine de la place Louvois, la plus belle de Paris sans contestation. La Tragédie, coiffée du diadème, tient un poignard dans sa main nerveusement contractée ; la Comédie, couronnée de lierre, joue avec un masque antique à bouche de bronze. Bien que ce soient là les emblèmes traditionnels, on sent parfaitement que l'on n'a pas devant soi une Melpomène et une Thalie ordinaires. Les têtes, quoique du goût le plus noble, n'ont pas le type grec, et montrent une interprétation moderne du symbole ancien ; cela devait être dans un théâtre de drame et de fantaisie. La Tragédie est plus pensive et la Comédie moins rieuse, comme il convient au seuil d'un temple dont Shakspeare est le dieu.

Au dessus de l'entablement que soutiennent les colonnes et les cariatides et qui compose le premier étage, s'ouvre une arche immense, de chaque côté de laquelle, sur la corniche arrangée en console d'un large pilastre, sont posés deux autres groupes en pierre aussi de M. Klagmann, représentant, celui de droite, Hamlet et Ophélia, celui de gauche, le Cid et Chimène. Sur le pilastre qui porte le premier de ces groupes sont inscrits les noms de Shakspeare, de Schiller et de Lope de Vega ; sur l'autre, on lit : « Corneille, Racine, Molière. »

Hamlet, un crâne à ses pieds, sans doute celui du pauvre Yorick, la tête penchée, une main languissamment affaissée sur le pommeau de son épée, l'autre ouverte par un geste indécis, paraît débattre en lui-même la question insoluble et laisser tomber un à un de sa lèvre les vers de l'impérissable monologue.

Près de lui, et comme adossée à son épaule, la belle Ophélia, les nattes défaites, les cheveux pleins de joncs, de folle avoine et de brins de paille, laisse échapper du pli de sa robe sa cueillette de fleurs sauvages. — Ils s'aiment et ne se regardent pas, absorbés l'un par son rêve, l'autre par sa folie.

Un mascaron sinistre, enclavé dans le piédouche, rappelle la figure du spectre entrevue, aux rayons bleus d'un clair de lune glacial, sur les murs de la forteresse, par Horatio, Bernardo et Marcellus.

Le Cid, le regard ferme et droit, appuyé résolûment sur la garde de sa lourde épée, prêt à disputer à tous sa Chimène éplorée, par sa prestance héroïque et son air chevaleresque, symbolise l'homme d'action et le génie du Midi, comme Hamlet symbolise l'homme du rêve et le génie du Nord. La charmante tête de Chimène, couronnée des roses blanches de la fiancée, sert de mascaron à la console.

L'intérieur de la demi-coupole est couvert de peintures de M. Guichard, que la lueur des candélabres posés sur la balustrade rendra visibles du boulevard. Cette peinture se compose d'un groupe central et voltigeant au milieu d'un ciel d'un azur limpide ; la Poésie lyrique, ou, si vous l'aimez mieux, l'Inspiration, vêtue de blanc, donne la main à la Tragédie et à la Comédie.

Ce groupe aérien plane au-dessus d'un autel où sont déposées une lyre d'ivoire, des couronnes et des palmes.

A droite et à gauche, sont distribués, dans une ordonnance heureuse, les plus anciens placés auprès de l'autel central : d'une part, Sophocle, Eschyle, Euripide, Sénèque, Shakspeare, Corneille, Racine, Schiller, Voltaire, Gluck, Méhul, Talma, Nourrit ; de l'autre, Aristophane, Méandre, Plaute, Térence, Molière, Gœthe, Cervantès, Lope de Vega, Mozart, Grétry, Regnard, Marivaux et mademoiselle Mars. Ces figures, plus grandes que nature et vues jusqu'aux genoux, se détachent d'un fond de bocages et de collines d'une verdure tendre et baignés d'un jour élyséen ; elles sont peintes avec beaucoup de finesse — trop peut-être — et ne sentent en rien la négligence heurtée de la décoration. M. Guichard a fait, autant que possible, des portraits lorsque les documents ne lui manquaient pas.

Maintenant que nous avons examiné la façade à loisir, pénétrons dans l'intérieur de la salle.

La première chose dont on est frappé en y entrant, c'est sa coupe toute nouvelle. Figurez-vous un ovale en travers, un arc détendu dont la rampe serait la corde. Cette forme est diamétralement opposée à celle que l'on a employée jusqu'ici dans les théâtres, où la scène se trouve au bout de l'ovale tronqué, disposition qui oblige les spectateurs placés sur les flancs de la courbe à se tenir assis de côté, et les empêche de voir ce qui se passe au delà de la rampe. La salle, grâce à cette innovation, a beaucoup de largeur, comparativement à sa profondeur, en sorte que le public est placé presque partout, parallèlement à la scène, qu'il embrasse dans toute son étendue. L'effet a pourtant été diversement jugé.

Les avant-scènes, coupées seulement en deux étages (plus une baignoire dans le socle), forment des espèces de façades, et comme deux monuments élevés, l'un à Corneille, l'autre à Molière.

Un immense balcon-galerie à trois rangs de fauteuils arrondit sa courbe gracieuse et projette hardiment au-dessus du parterre sa balustrade, coupée de loin en loin par des cartouches. Derrière sont les loges, précédées de salons, comme celles de l'Opéra-Comique. — La seconde et la troisième galerie, offrent la même disposition, et se divisent en loges, stalles, amphithéâtre.

Il y a deux lustres; mais ils sont placés sur les côtés. Les habiles architectes n'ont pas voulu ouvrir au milieu du plafond ce gouffre noir et béant, qui produit un effet si disgracieux. On ne pourra pas appeler les claqueurs du Théâtre-Historique *chevaliers du lustre*. D'ailleurs, cette énorme girandole de bronze et de cristal eût obstrué la perspective de l'amphithéâtre supérieur. Débarrassés de cette lourde machine, MM. Séchan, Diéterle et Despléchin ont eu tout l'espace nécessaire pour composer leur plafond, qui est un des plus beaux qu'on puisse rêver.

Une couronne d'architecture splendide, entremêlée de groupes, de statues, de guirlandes, de draperies et d'urnes, s'enfonce, par un prodige de perspective, dans un ciel léger, transparent, d'un ton vaporeux, dont le centre est occupé par un Phœbus-Apollon, dieu du soleil et de la poésie, conduisant son quadrige, précédé de l'Aurore, escorté par la ronde des Heures et une foule de petits génies qui gambadent dans l'azur avec un enjouement tout mythologique. La fresque du Guide a fourni le thème de cette vaste composition : ce plafond, appliqué à la voûte de quelque salle du palais de Versailles, n'y jurerait en aucune manière.

Le rideau est or et rouge. C'est le plus riche qui existe. De la pourpre et de l'or véritables seraient moins éclatants. Le rideau de manœuvre, c'est-à-dire celui qu'on baisse dans l'intervalle des tableaux, représente une draperie qui s'entr'ouvre et laisse voir un escalier monumental, conduisant à un élégant portique, au fond duquel une blanche statue se détache sur l'outre-mer. Ces sortes de rideaux sont communs dans les théâtres de Londres, où nous en avons vu de charmants.

A six heures et demie, Son Altesse royale le duc de Montpensier est arrivé et a été salué à son entrée par de nombreux applaudissements; le public remerciait ainsi le jeune prince de la protection qu'il accorde aux arts et au Théâtre-Historique. La représentation a commencé aussitôt.

La Reine Margot n'est pas une pièce dans l'acception étroite du mot : c'est un roman mis en scène, une période historique dialoguée et dramatisée. On ne pourrait la juger au point de vue d'aucune poétique ; c'est dans Shakspeare, le maître souverain, qu'on en retrouverait l'analogue ; ses grands drames chroniques seraient parfaitement admissibles et jouables sur le théâtre où viennent de se dérouler les quinze tableaux de l'œuvre de MM. Alexandre Dumas et Auguste Maquet; *le Roi Jean, Henri IV, Henri V, Henri VI, Henri VIII, Richard II* et *Richard III* seraient, pour le nouveau théâtre, le fond classique du répertoire.

Dans ces grandes pièces historiques, tout n'est pas sacrifié au mariage de M. Arthur et de mademoiselle Henriette; l'étude des caractères, la reproduction des types y tient une large place. C'est une espèce d'évocation magique du passé, où ce que les yeux ont vu et ne reverront plus, se relève un moment de sa tombe d'oubli, et apparaît avec les couleurs d'une vie fantasmatique. Sans doute, l'histoire n'est pas textuellement respectée, et le chronologiste surprendrait à chaque instant le poëte en faute; mais, grâce aux dialogues, aux costumes et aux décorations si soigneusement étudiés aujourd'hui, on prend d'une époque une idée nette et vive qui ne ressort pas toujours des livres pour les érudits et les savants. — L'histoire telle qu'on l'a faite jusqu'à ces dernières années, n'est guère qu'une suite de dates et une maigre énonciation de faits. Il y manque seulement les mœurs, les habitudes, les physionomies des personnages, le milieu où ils vivaient, le fond étincelant ou sombre sur lequel leurs têtes se détachaient en vigueur ou en clair, — peu de chose en vérité! Les livres ainsi faits s'appellent livres sérieux et sont lus par les hommes graves dans le silence du cabinet.

La Reine Margot a obtenu, comme roman, une vogue qui rend inutile toute analyse de la pièce. Personne n'a oublié les aventures de Henri de la Mole et de son ami Annibal de Coconnas, les vaillants amoureux de Marguerite et d'Henriette de Nevers; les sombres figures de Charles IX, de Catherine de Médicis, du duc d'Alençon, de Henri de Béarn, ce Gascon si véridique, ce fourbe si franc, cet audacieux si plein de prudence, cet ennemi si dévoué, restent gravées dans toutes les mémoires. Aussi exacte que le pinceau de Janet ou de Porbus, la plume d'Alexandre Dumas les a dessinées en traits ineffaçables.

L'immense drame tiré de cette composition immense a, comme nous l'avons dit, tenu, pendant neuf heures, le public en haleine; il s'est déroulé jusqu'au bout devant un auditoire frémissant, palpitant, applaudissant à tout rompre.

Rouvière s'est montré comédien de première ordre dans le rôle de Charles IX. Mélingue a joué celui de Henri de Béarn avec son talent ordinaire. Lacressonnière, Bignon, représentaient à merveille la Mole et Coconnas. Mesdames Périer et Rey ont été charmantes dans les personnages de Margot et de la duchesse. Quant à mademoiselle Person, qui faisait Catherine de Médicis, on ne peut lui reprocher qu'un défaut dont on se corrige tous les jours, — la jeunesse.

III

MARS 1847. — Théâtre-Français : reprise du *Mariage d'argent* de M. Scribe. — Mérites et défauts de cette comédie. — La salle du Théâtre-Français. — Urgence d'une restauration. — Avantages des petites salles de spectacle. — Le confort que réclame le temps présent. — Vaudeville : *les Collaborateurs*, comédie en vers, de M. Jousserandot. — Les prétendus martyrs de la collaboration. — D'où vient la nécessité des œuvres collectives. — La pièce de M. Jousserandot. — La versification. — Les acteurs. — Odéon : l'*Alceste* d'Euripide, arrangé par M. Hippolyte Lucas. — L'œuvre du poëte grec. — Son but religieux. — L'hospitalité antique. — De la peur de la mort chez les anciens. — La traduction de M. Hippolyte Lucas. — Les chœurs de M. Elwart. — Théâtre-Français : *Notre fille est princesse*, comédie de M. Léon Gozlan. — Nécrologie : mademoiselle Mars, Grandville.

1ᵉʳ mars.

THÉATRE-FRANÇAIS. Reprise du *Mariage d'argent.* — Le Théâtre-Français vient de reprendre *le Mariage d'argent*, la première comédie en cinq actes de M. Scribe. La reprise, après une si longue interruption, était une épreuve dangereuse ; M. Scribe l'a subie sans trop de désavantage. *Le Mariage d'argent* est la pièce du spirituel et fécond vaudevilliste qui se rapproche le plus de la haute comédie, — non pas dans le sens où l'entend Bilboquet, — de la comédie humaine et sérieuse ; l'idée qui en fait le fond est triste comme une vérité ; il y a de l'observation, des caractères assez bien tracés, des mots fins. Comment se fait-il, cependant, que cette pièce, avec tant de qualités remarquables, ne s'empare pas plus impérieusement de l'admiration ? On l'écoute, on s'y amuse, on la trouve bien, et l'on n'y pense plus. Que manque-t-il donc au *Mariage d'argent?* Une toute petite chose : le style.

Nous savons bien que les grands fournisseurs dramatiques s'en soucient fort peu, et ne conçoivent guère qu'on perde à changer un mot, à éviter une consonnance le temps qu'on aurait pu employer plus lucrativement à griffonner un acte ; mais le style, c'est la trempe de l'acier, c'est l'émail sur la dent, la goutte d'ambre sur le brin d'herbe, c'est le marbre au lieu du plâtre, l'airain au lieu de la cire ; c'est la durée, c'est l'éternité !

En écoutant la comédie de M. Scribe, dont l'intérêt, pour nous, n'était pas des plus vifs, nous faisions cette réflexion qu'on devrait bien restaurer la salle du Théâtre-Français, et même la reprendre de fond en comble.

En effet, il est difficile d'en trouver une plus incommode et dans de plus mauvaises conditions de sonorité. Il faudrait d'abord la diminuer de moitié. Les petites salles, qu'on se le persuade bien, sont les meilleures ; les petites salles ménagent les acteurs, laissent voir les actrices, les jeux de physionomie, tout ce travail fin et délicat qui est l'art du comédien, et se perd à une trop grande distance ; elles dispensent les personnages en scène de crier pour se faire entendre, permettent aux spectateurs d'apprécier les nuances les plus fugitives de la diction, ce qui est de toute importance dans un théâtre littéraire où chaque mot a sa valeur, où la perte de tout hémistiche est regrettable, où l'on écoute la tragédienne de prédilection récitant son *couplet* comme une diva du Théâtre-Italien chantant sa cavatine à fioritures. Les petites salles, en cas de succès, le font durer, et, en le faisant durer, elles l'accroissent. — Mais où mettre tout ce public qui s'empresse et fait émeute aux bureaux et au contrôle ? nous objectera-t-on. — Eh ! parbleu ! il reviendra demain, et après-demain encore, s'il n'y a pas de place. Le public renvoyé revient avec furie ; fermez la porte, il s'introduira par la fenêtre. S'il y avait une salle de spectacle louée d'avance pour l'éternité, on payerait les stalles mille francs à leurs locataires favorisés. Ce n'est pas de l'encombrement qu'il faut avoir peur, c'est du vide. Pas de vide, à aucun prix ! La petite salle, en cas d'insuccès, dissimule plus aisément l'absence de public, et bouche ses brèches avec facilité.

N'allez pas croire, d'après cela, que nous réclamions des bonbonnières toujours et partout. La proportion d'une salle doit se régler sur le genre qu'on y exploite, sur le quartier où elle est bâtie, sur les spectateurs qui la fréquentent.

S'il s'agit d'un théâtre situé dans un quartier populeux, où l'on joue devant le public amateur de fortes émotions, des pièces peu littéraires, comme les places devront être à très-bon marché, il en faudra évidemment un nombre très-considérable pour couvrir les frais ; la salle sera grande.

Dans ces théâtres, les acteurs, payés peu cher généralement, ont de robustes poumons qu'ils ne craignent pas de fatiguer. Des places les plus éloignées de la scène, on les entend toujours suffisamment, et quelquefois trop ; les décorations éraillées, les costumes flétris, les maillots déteints, et les comparses malpropres, gagnent à n'être pas vus de trop près. — Il n'y a donc pas d'inconvénient pour les théâtres de mélodrame, mimodrame, hippodrame, ballet, dans le genre de la Porte-Saint-Martin, à ce que la salle soit spacieuse. Il faut même qu'elle le soit ; car, sans cela, le prix des places, nécessairement plus élevé, deviendrait inabordable pour le public spécial, accoutumé, le seul sur lequel on puisse compter. Mais, s'il en est ainsi des théâtres de second ou de troisième ordre placés dans les quartiers populeux et populaires, il en doit être autrement pour les théâtres de premier ordre, les deux Théâtres-Français, les Italiens, l'Opéra-Comique, et même le grand Opéra, qui fait, des chanteurs et des chanteuses, une consommation effrayante, sans rapport avec la production, et dont l'énorme salle a brisé mademoiselle Falcon, usé prématurément Duprez, fait prendre la fuite à Mario et à Gardoni, et mis tout le monde sur les dents.

Les ballets mêmes perdent beaucoup de leur charme et de leur intérêt à être épiés dans les brumes du lointain, à travers le cristal d'un télescope ou d'une jumelle monstre. Mademoiselle Elssler, mademoiselle Taglioni, dans leur temps, et, aujourd'hui, mesdemoiselles Carlotta Grisi, Adèle Dumilâtre et Adeline Plunkett n'ont pas besoin de ce recul immense pour paraître ce qu'elles sont, toutes belles et toutes charmantes.

Les décorations, vues de plus près, auront besoin d'être plus soignées, dira-t-on ; mais ce n'est pas un mal, et les toiles, peintes par MM. Séchan, Diéterle et Despléchin, affrontent parfaitement, au Théâtre-Historique, les regards et les lorgnettes des spectateurs, jetés en avant par cette large galerie qui obombre le parterre. — Quand les *figurants* seraient obligés d'avoir une figure, des pieds et des mains vraisemblables, quand les actrices seraient forcées d'être jolies et jeunes, quand il faudrait renoncer au taffetas gommé, à la serge, au calicot, à tous les haillons douteux qui cherchent l'ombre et les derniers plans, où serait le mal? Nous vous le demandons; et, d'ailleurs, il s'agit de théâtres riches où tous ces détails sont soignés ou peuvent l'être.

Le prix élevé des places n'est pas une objection, car la classe aisée, le monde fashionnable va au théâtre, non pour faire des économies, mais pour s'amuser, pour se rencontrer sur un terrain neutre, causer de plaisirs ou d'affaires, se rendre des visites dans les loges.

Tous les efforts doivent donc tendre à retenir ce public élégant, à lui procurer toutes les aises et le confort dont il jouit chez lui, à faire naître des habitués, à créer des abonnés. Que chaque rang de loges ait un salon ou foyer spécial, orné avec goût, avec luxe, bien chauffé, bien éclairé; que les tapis s'étendent partout sous les pieds; que les fleurs corrigent par leurs aromes pénétrants l'âcre odeur du gaz; que chacun soit bien assis, sans fâcheux voisinage, sans servitude de circulation, sans être rivé dans sa stalle pour toute la soirée.

Il faut qu'une femme, habillée pour aller dans le monde, puisse sortir de sa loge avec une toilette intacte et fraîche, ce qui est impossible aujourd'hui, vu la mauvaise disposition et la malpropreté des salles. Pourquoi n'y aurait-il pas, comme dans tout hôtel ou tout appartement un peu complet, un fumoir à l'usage des amateurs de cigare, c'est-à-dire de tous les hommes, car qui est-ce qui ne fume pas maintenant?

A l'attrait du spectacle joignez celui du salon et du club; que l'entr'acte soit aussi agréable que la représentation même.

En restreignant le nombre des places, vous les rendez plus commodes et vous ne faites pas d'un plaisir une torture; en rapprochant les spectateurs des acteurs vous créez des dilettantes, car il est bien difficile de s'enthousiasmer à cinquante pieds de distance; les finesses disparaissent et les effluves magnétiques se perdent en route.

8 mars.

VAUDEVILLE. *Les Collaborateurs.* — S'il y a quelque chose de difficile à faire, c'est assurément, nous l'avons déjà dit, la comédie contemporaine; non pas que notre société soit aujourd'hui plus dépourvue de ridicules et de vices qu'au temps d'Aristophane, de Plaute et de Molière; — grâce au diable, ce n'est pas cela qui nous manque; mais la censure et l'hypocrisie générale ne permettent guère de s'attaquer aux véritables travers actuels. Les vérités les plus triviales, et que personne ne songe à contredire dans la conversation, tant elles semblent d'une banalité évidente, révolteraient tout le monde si on les laissait seulement soupçonner sur la scène.

Les vaudevillistes seuls, grâce au peu d'importance que l'on attache à leur bouffonnes esquisses, ont pu, avec toutes les exagérations de la charge, crayonner la caricature des physionomies de leur temps : la comédie de notre époque se retrouverait, au besoin, dans le répertoire du Palais-Royal, des Variétés, du Vaudeville ou du Gymnase; malheureusement, en art, les œuvres privées de style n'existent pas, et ce n'est pas, comme on sait, par le style que ces messieurs se distinguent.

Il faut donc louer M. Jousserandot d'avoir cherché dans les mœurs du jour un sujet de comédie. Rien de plus difficile que de voir ce qui est à côté de soi, et tel savant, parfaitement renseigné sur le piléus d'Ulysse ou d'Oreste, ignore la forme du chapeau qu'il a sur la tête.

Les Collaborateurs, tel est le titre de la pièce de M. Jousserandot. On y voit un entrepreneur de littérature qui fait travailler plusieurs jeunes gens sous ses ordres, et signe des romans qu'il n'a pas écrits, des pièces de théâtre dont il n'a pas composé une scène. Ce travers est-il assez général pour faire le sujet d'une comédie! Nous en doutons. Ou bien ne faut-il voir là qu'une fantaisie aristophanique où serait personnifié un écrivain d'une célébrité incontestable et méritée? Nous ne pensons pas que telle ait été l'intention de M. Jousserandot, jeune homme de trop bonnes habitudes littéraires pour chercher le succès par de semblables moyens.

Disons ici, avant d'aller plus loin, ce que nous pensons de l'idée de M. Jousserandot, et sur la collaboration et sur les collaborateurs. Il paraît croire qu'il existe une foule de jeunes gens pleins de génie, dont un vampire littéraire suce la cervelle et la moelle, et qui, pour quelques écus, livrent des chefs-d'œuvre à un entrepreneur intellectuel. Nous sommes loin de partager cet avis; le contraire serait plus vrai, et, ce qui le prouve, c'est que jamais un de ces martyrs de la collaboration n'a pu rien faire de bon tout seul : aucun n'a employé ce moyen si facile de prouver qu'il était un grand poëte ou un dramaturge émouvant.

Le signataire de ces œuvres collectives a dû d'abord, chose qu'on oublie, se faire un nom, estampille universelle, et il n'y est parvenu qu'à force de travail, de talent, de patience, de misère supportée héroïquement, de privations et de luttes de toutes sortes, au bout de quinze ou vingt ans de veilles opiniâtres ; il a supporté les attaques de la critique, les invectives de l'envie ; sa poitrine a été la cible lumineuse où se sont plantées en tremblant les flèches lancées la nuit par des archers invisibles ; on l'a injurié dans son talent, dans sa vie, dans son cœur ; car lui n'a pas abrité sa pensée hardie sous la gloire d'un autre : il a subi les rebuffades des libraires et des directeurs de théâtre ; il a accepté pour des chefs-d'œuvre des prix infimes et dérisoires.

Maintenant, le voilà parvenu au faîte. Toutes les mains se tendent vers ses manuscrits, dédaignés jadis. « Donnez-moi un roman ! crie celui-ci. — Donnez-moi un drame ! » crie celui-là. Les demandes se multiplient : on paye d'avance afin d'avoir le droit d'exiger. Pour suffire à cette besogne disproportionnée, il faut des collaborateurs qui fassent les recherches, qui prennent les notes, qui élucident un plan confus, et comblent les lacunes par ces lieux communs qui ne font jamais défaut à la médiocrité. Sans doute, il vaudrait mieux que, dans un ouvrage d'esprit, tout fût de l'auteur lui-même, et le travail d'élèves ou de talents inférieurs venant suppléer le maître se conçoit moins en littérature qu'en peinture. Mais c'est une nécessité que les moyens de publicité moderne forceront bientôt d'admettre, encore que les délicats y répugnent. Il faudra, sans nul doute, accepter, pour les écrivains comme pour Rubens, Raphaël, Titien et les grands faiseurs, l'intervention de l'école dans les peintures monumentales ou de décoration, sauf à mettre au bas des œuvres pures de tout mélange : *Propriâ manu pingebat*.

L'antique esprit d'individualisme se révolte à cette idée ; cependant la civilisation, par les développements qu'elle prend, pousse aux œuvres et aux entreprises collectives.

v. 5.

M. Jousserandot a senti cela lui-même; car, dans sa pièce, en regard du jeune poëte avide de gloire et regrettant les belles pensées qu'il donne pour de l'argent à son patron littéraire, il a placé un certain Varembel, fort content de son sort, qui trouve on ne peut plus commode de palper de belles espèces, sans le moindre risque, contre une certaine quantité de lignes dont un autre est l'éditeur responsable. — Là est la vérité, car jamais un poëte véritable n'a consenti à laisser écrire un autre nom que le sien au bas de son ode ou de son poëme. S'ils sont pauvres, ils meurent comme Malfilâtre, Gilbert, ou Hégésippe Moreau; ils boivent du poison comme Chatterton, ou s'asphyxient comme Escousse; mais pas un seul, depuis que ce vieux monde tourne dans le sombre éther, n'a renoncé à son génie pour de l'or.

Ce sont donc les travailleurs anonymes et non le signataire qu'il faut blâmer; car Scribe et Alexandre Dumas seront toujours eux sans leurs collaborateurs, et il n'est pas sûr que, sans eux, leurs collaborateurs soient Alexandre Dumas ou Scribe.

Il y a bien, nous le savons, quelques honteuses araignées dramatiques qui tendent leur toiles à la porte des théâtres pour intercepter les mélodrames et les vaudevilles qui se présentent et pour lever une dîme sur eux; quelques moucherons s'enchevêtrent l'aile dans ces rosaces poussiéreuses; l'oiseau passant emporte le frêle tissu, il n'en faut pas tant : une guêpe, une mouche un peu vive et brusque suffisent et au delà.

Assez de considérations comme cela, et louons M. Jousserandot d'avoir fait parler en vers des personnages revêtus du frac moderne, sans emphase et sans platitude, double écueil également difficile à éviter, Charybde et Scylla de la comédie actuelle versifiée.

Les acteurs du Vaudeville, quoique n'ayant pas l'habitude de l'alexandrin, ou peut-être à cause de cela, ont débité leurs rôles fort convenablement. Munié dit bien celui du poëte martyr; Félix a de la verve dans le personnage de Florensac; madame Guillemin déploie une toilette d'une excentricité on ne peut plus comique : elle représente un bas bleu de l'époque antédiluvienne, de la façon la plus drôle du monde. Montalant prête au collaborateur satisfait de son sort une mine agréablement épanouie; Bardou exprime avec son grotesque accoutumé la fureur d'un habitué de la Cannebière qui s'est reconnu dans une peinture ridicule d'un des romans de Florensac.

22 mars.

ODÉON. *Alceste.* — L'*Alceste* d'Euripide est, de tous les sujets antiques, le plus séduisant pour les poëtes modernes. Il y règne une sentimentalité assez rare dans les œuvres fortes et naïves des tragiques grecs et qui doit plaire à notre public bourgeois. Les maris peu soucieux de mourir proposent Alceste pour modèle à leurs femmes, et leur disent d'un air de reproche : « Ce n'est pas toi qui t'offrirais pour prendre ma place en pareille circonstance ! » Euripide, qui était, dit-on, un grand détracteur de la plus belle moitié du genre humain, a bien racheté ses fautes par cette peinture splendide de dévouement conjugal. Cependant ce n'est pas là l'idée principale de son œuvre.

La fable de la pièce grecque est des plus simples. On ne cherchait pas, en ce temps-là, les complications à la Bouchardy. Admète, roi de Phères, en Thessalie, a bien reçu Apollon lorsque, chassé du ciel par Jupiter, le dieu déchu errait sur la terre, cherchant un asile. Pour récompenser la généreuse hospitalité d'Admète, Apollon veut le soustraire à la mort prématurée dont le Destin le menace : il descend chez les Parques, et obtient d'elles que le fil de la vie du roi ne sera pas tranché, à la condition toutefois qu'une autre existence s'offrira volontairement aux fatals ciseaux. Mais cette condition n'est pas aisée à remplir. Personne ne veut mourir pour Admète, ni son vieux père, ni sa vieille mère, bien que chargés d'ans et tout cassés par l'âge ; personne, excepté Alceste, belle, jeune, aimée, victime à jamais regrettable. Pâle, languissante, l'œil vague, les mains froides, elle se sent entraînée dans les noires profondeurs de l'Hadès par des bras invisibles. Apollon, bien à regret, est forcé de quitter la demeure royale pour ne pas souiller ses yeux divins par l'aspect d'un cadavre.

En sortant, il rencontre sur le seuil le Trépas (la mort, en grec, est du masculin) qui vient prendre sa proie, et il le fait reculer en lui annonçant l'approche d'Hercule, le héros dompteur de monstres.

Le chœur fait ses évolutions et se lamente sur la fin prochaine d'Alceste ; car le jour où elle doit descendre dans les sombres demeures est arrivé. La pauvre femme fait à la vie les adieux les plus déchirants ; elle embrasse son fils et sa fille, et se répand en élégies. Admète se désole de ce que le sacrifice accepté ne soit plus révocable. Sans Alceste, l'existence n'a plus de prix à ses yeux.

Pendant toutes ces déplorations, Hercule arrive et demande l'hospitalité. Il va enlever pour le compte d'Eurysthée les féroces chevaux de Diomède, accoutumés à se nourrir de chair humaine.

On emporte Alceste agonisante dans une autre chambre. Admète essuie ses larmes, ordonne à ses esclaves de prendre un visage riant, s'empresse au-devant de son hôte, commande de verser l'eau tiède dans le bain, de préparer le repas et de remplir les coupes, car le deuil de la maison ne doit pas déteindre sur la joie de l'étranger.

Cependant Hercule trouve quelque chose de singulier et de contraint dans tout cela ; il demande s'il est arrivé un malheur dans le palais d'Admète ; on lui fait une réponse vague dont il se contente, car l'honnête colosse a les biceps plus développés que le cerveau, et un très-petit nombre d'idées habitent à l'aise sous son crâne aplati. Le voilà donc qui se met à manger, à boire et à faire un vacarme d'athlète en belle humeur, jusqu'à ce que les révélations d'un officier du palais mettent fin à cette hilarité énorme. Touché d'avoir été si bien reçu dans une si triste circonstance, Hercule veut tenter l'impossible en faveur d'Admète. Il conçoit le projet de se mettre en embuscade auprès du tombeau d'Alceste, de guetter le Trépas, au moment où, son filet sur l'épaule et sa large épée à la main, il viendra se rassasier des gâteaux trempés de sang et prendre possession de la morte en lui coupant le bout de la chevelure, d'engager une lutte avec lui, et de le rouer de coups jusqu'à ce qu'il lâche sa proie. — C'est l'ivresse de la force physique poussée jusqu'au lyrisme, jusqu'à l'idéal !

Le convoi d'Alceste passe et se dirige vers le tombeau des rois. Phérès, le père d'Admète, vient pour déposer des présents funèbres sur le corps de la pauvre femme ; mais Admète, en fureur, le repousse et lui reproche fort amèrement de n'avoir pas voulu mourir à sa place, comme c'était son devoir, et non celui d'Alceste. Le père se défend de son mieux, et répond que, malgré son âge, il aime l'existence de toutes ses forces, et veut jouir, le plus longtemps qu'il pourra, de la douce lumière du soleil. Phérès et Admète continuent sur ce ton pendant une longue scène qui est un chef-d'œuvre d'égoïsme naïf et de vérité hideuse. La querelle va si loin, que le chœur est obligé d'intervenir pour mettre le holà.

Bientôt Hercule paraît, soutenant une femme voilée, qu'il recommande aux soins d'Admète, qui, tout à sa douleur, refuse d'abord de l'accueillir. Cette femme voilée, c'est Alceste, qu'Hercule, après une lutte corps à corps avec le Trépas, a ramenée à la vie. Quoique pénétrée de la joie la plus pure en revoyant son Admète et la lumière du jour, elle se tait, et ce silence, elle le gardera trois jours, jusqu'à ce qu'elle soit purifiée de la souillure du tombeau.

Voilà le scenario de l'œuvre d'Euripide en raccourci, mais cependant sans que rien y manque. Il n'y a là ni surprises, ni préparations, ni graduation d'intérêt, ni rien, excepté la reconnaissance de la fin, qui ressemble à ce que nous appelons un ressort dramatique. Dès les premiers mots de la pièce, on sait tout; et, néanmoins, l'impression est grande et l'effet saisissant.

Alceste, c'est la glorification de l'hospitalité, encore plus celle du dévouement féminin. Montrer l'hospitalité récompensée par les dieux, tel est le but religieux de la pièce. Admète, pour avoir bien reçu Apollon, est dispensé de mourir lui-même; pour avoir bien reçu Hercule, il récupère la victime offerte; l'hospitalité, aux yeux des anciens et des peuples primitifs, était la première et la plus haute de toutes les vertus. Aussi, cet Admète si poltron, si lâche, si irrévérent envers son père, et qui nous paraîtrait, à nous autres, un assez misérable drôle, est-il posé dans la pièce comme un être digne de la faveur des dieux et un exemple à proposer aux mortels à cause de l'empressement et de la magnificence avec lesquels il traite les étrangers, divins ou non, qui se présentent à son palais.

Dans un temps où il n'y avait que peu ou point de routes, où les auberges n'existaient pas, où les communications de peuple à peuple étaient lentes, difficiles, où le moindre voyage paraissait une entreprise héroïque, la vertu suprême était l'hospitalité. Sans ce foyer, que l'étranger trouvait partout, la civilisation eût péri. Grâce à l'hospitalité, le héros et le poëte allaient de contrée en contrée, l'un tuant les monstres, l'autre semant les idées. Sous ce rapport, la pièce d'Euripide avait une haute portée morale ; l'amour d'Alceste donne à la conception sévère du poëte un charme extrême, un côté pathétique et qui parle au cœur. Aussi la plus grande récompense que puisse recevoir Admète pour ses vertus hospitalières, c'est de serrer vivante dans ses bras celle qui s'était dévouée pour lui et qu'il avait crue morte.

Les gens qui se font une idée de l'antique d'après les tragédies modernes seraient étrangement surpris d'entendre les personnages de l'*Alceste* d'Euripide exprimer leur amour de la vie, leur crainte de mourir, avec des expressions d'une force et d'une réalité qui ne sentent en rien les conventions ; ils ne sont pas si beaux parleurs que ces messieurs de l'hôtel de Bourgogne ou de la Comédie-Française, il s'en faut de beaucoup ; mais ils ont l'accent de la nature, le mot vrai, le cri de la chair, tout ce qui fait horreur aux esprits académiques. La bravoure, comme les modernes l'entendent, était inconnue des anciens ; ils ignoraient le point d'honneur, et avouaient ingénument, même les héros, qu'ils avaient peur de la mort ; ils n'avaient là-dessus aucune espèce de forfanterie. Admète, au point de vue français, fait lever le cœur de dégoût, et, au point de vue athénien, il n'a rien que de fort acceptable. Les Grecs, sous le plus beau ciel du monde, entre leurs temples de marbre blanc et leurs touffes de lauriers-roses, bercés par la plus poétique et la plus enchanteresse des religions, ne pouvaient avoir pour la vie ce mépris stoïque des âpres races du Nord.

Parmi les auteurs modernes, Alexandre Dumas est le seul qui ait eu l'audace de mettre en scène un homme lâche. Monaldeschi, dans le drame de *Christine à Fontainebleau*, a franchement envie de n'être pas tué, et il le dit. De toutes les choses risquées par l'aventureux poëte, ce n'est pas, à notre gré, la moins hasardeuse.

M. Hippolyte Lucas a fort adroitement adapté la pièce grecque à la scène française. Il a conservé assez fidèlement l'ordonnance de la tragédie, sauf la rencontre d'Apollon et de la Mort, par où elle commence, et qu'il a supprimée sans doute pour ménager l'effet du tombeau ; quelques passages du récit ont été mis en action ; quelques chœurs élagués rendent la marche du drame plus rapide. Tout en la reconnaissant très-difficile, peut-être impossible, nous eussions désiré une traduction tout à fait littérale; mais, telle qu'elle est, *Alceste* a parfaitement réussi. La versification de M. Lucas est élégante et facile; nous y souhaiterions çà et là plus de nerf, des tons plus incisifs, des rimes plus rares. M. Lucas nous semble avoir pris, comme poëte, quelques habitudes de négligence depuis qu'il travaille pour les musiciens. Les chœurs de M. Elwart nous ont paru un peu bruyants et d'une instrumentation par trop rossinienne, pour des chœurs de Thessaliens du temps d'Hercule; ce reproche fait, on peut y louer sans réserve des mélodies heureuses, un bon sentiment dramatique et une science véritable.

24 mars.

THÉATRE-FRANÇAIS. *Notre fille est princesse.* — *Notre fille est princesse*, titre un peu maniéré au premier abord, mais qui rend parfaitement l'idée fondamentale de la pièce, est l'inverse de *Georges Dandin*. Il s'agit ici, non plus d'un imbécile épousant une fille noble, mais de bourgeois parvenus qui veulent donner un prince pour mari à leur fille.

M. Léon Gozlan, avec cette finesse d'observation qui le caractérise, a très-bien saisi ce ridicule de notre temps.

Roger est un gros négociant, possesseur d'usines et de fabriques nombreuses, riche à millions, descendu, il y a vingt ans, sur Paris, des montagnes de l'Auvergne, en veste rapiécée et en sabots fourrés de paille.

Pour rehausser encore sa fortune présente, il raconte, à qui veut l'entendre, cette veste et ces sabots avec une humilité orgueilleuse et des plus insupportables. Certes, il n'est pas bien de rougir de ses modestes commencements; mais les rappeler à tout propos est une vanité d'une autre sorte, tout aussi répréhensible.

Cet Auvergnat cossu, moitié par enivrement de sa richesse, moitié pour se venger de ces fameux sabots dont il parle tant, veut avoir un prince pour gendre; cela le ragoûte d'être le grand-père de petits princes; en conséquence, il veut marier sa fille à un certain prince de Charlemont qui n'a guère plus que son titre à vendre. Ce gentilhomme devait épouser au faubourg Saint-Germain, dans une famille noble, une dot de huit cent mille francs; mais, comme le lui fait fort judicieusement observer un certain M. Brunville, son âme damnée, huit cent mille francs, c'est juste de quoi payer ses dettes, et qui paye ses dettes s'appauvrit. Mademoiselle Roger la roturière a douze cent mille francs, plus un père exploitable !

Le prince, convaincu par les raisonnements de Brunville, sans tenir la parole qu'il avait donnée à mademoiselle Roger de ne pas conclure ce mariage, car la jeune personne aime son cousin Octave, se présente à l'heure indiquée pour aller à la mairie, au lieu de partir pour un long voyage ainsi qu'il l'avait promis. Mademoiselle Roger, cédant à la volonté de ses parents, marche à l'autel, et dit à M. de Charlemont : « Je ne vous dois que de la soumission, et j'exige de vous du respect. »

Le prince de Charlemont, grâce aux écus du papa Roger, recommence à mener grand train et joyeuse vie, et se sent des recrudescences amoureuses pour une mademoiselle Aline, jeune chanteuse qui n'a pas de voix, mais qui est douée de la plus charmante figure.

Octave, le cousin d'Isabelle, a d'abord voulu tuer le prince; puis, calmé par Michel, le frère et l'associé de Roger, il est parti pour diriger une affaire dans laquelle Brunville a fait mettre un million au négociant : il sauvera au moins ce million pour celle qu'il aime toujours.

Le prince, soulevé un instant par le flot d'or de la dot d'Isabelle, ne tarde pas à se retrouver à sec; le steeple-chase de Berny approche, et M. de Charlemont, qui est un des plus intrépides gentlemen riders, cherche de l'argent, vingt mille francs, une misère, pour acheter un cheval qui doit lui faire remporter immanquablement le prix, et dont un maquignon très-bien représenté par Got lui récite les qualités et la généalogie.

Le beau-père, qui commence à trouver son gendre cher, fait la sourde oreille : « Ne faut-il pas monter une maison pour votre petit-fils, pour l'enfant qui héritera de mon nom et de mon titre ? » dit le prince d'un air majestueusement paternel. — Ceci, comme vous le pensez bien, n'est qu'un mensonge. Isabelle, veuve, pourrait encore mettre à son front la couronne d'oranger. A cet espoir charmant, M. et madame Roger se pâment d'aise : ils ont fait souche noble, et leur sang va couler pour moitié dans des veines princières !

Le père Roger, dans son enthousiasme, signe une foule de billets en blanc, que le prince se hâte de remplir et de mettre en circulation. C'est un si bon papier que celui de M. Roger !

Les billets tombent dru comme grêle à la caisse de Michel, qui, rempli d'épouvante et craignant pour cette échéance déjà trop chargée, vient supplier Isabelle de retirer les blancs seings des mains de son mari.

Le prince de Charlemont est chez Aline. Isabelle y court, et réclame impérieusement les signatures de son père. Le prince, furieux, lève la cravache sur sa femme, en vrai gentilhomme d'écurie ; Octave, qui est reçu chez Aline, et que l'entrée de nouveaux personnages a fait se cacher dans une autre pièce, en sort et provoque le prince en duel. — Avant de partir, il confie aux mains d'Aline un portefeuille dans lequel est renfermé le million qu'il a sauvé de la grande affaire emmanchée par Brunville.

Des scènes terribles ont lieu entre le beau-père et le gendre. M. Roger, qui a bien pu voir manger sa fortune, se révolte quand on insulte sa fille. Le prince, ennuyé comme don Salluste de tout ce bruit à propos

> D'un méchant million plus ou moins dévoré,

quitte la place et, laissant les billets arriver, s'en va à son steeple-chase avec un flegme parfait. La maison Roger ne pourra pas satisfaire à ses engagements. Ces soucis bourgeois préoccupent peu M. de Charlemont. Heureusement, Octave, qu'on croyait à Londres, et qui était revenu à Paris en cachette pour surveiller les allures du prince et de Brunville, arrive pour le rendez-vous du duel. « Et le portefeuille ? s'écrie Michel éperdu. — Le voici, répond Aline ; je l'ai ouvert ; et, voyant qu'il ne contenait que des billets de banque, je l'ai rapporté. »

L'honneur de la maison Roger est sauvé ; mais, au dehors, un cri d'effroi se fait entendre. Le prince a disparu avec son cheval dans un étang glacé, qu'il voulait lui faire franchir. Il n'y a pas grand mal à cela. Octave pourra épouser Isabelle, car M. Roger est désormais dégoûté des unions aristocratiques.

Saupoudrez cette analyse « d'infiniment de traits d'esprit, » et vous aurez une idée, sinon complète, du moins plus juste de la pièce de M. Gozlan, écrite d'un bout à l'autre avec cette verve et ce feu qu'on lui connaît. Un mot charmant a été fort applaudi : « Nous autres roturiers, nous n'avons pas d'aïeux, nous n'avons que des grands-pères. »

Nécrologie. *Mademoiselle Mars.* — Mademoiselle Mars n'est plus ! Tout Paris a suivi son convoi ; les journaux sont pleins d'anecdotes et d'éloges nécrologiques sur son compte. On récite des vers en son honneur sur les théâtres ; une petite brochure improvisée, qui raconte les particularités de la vie de l'illustre comédienne, se vend chez Hetzel à des milliers d'exemplaires ; nous n'avons donc pas à revenir sur ce sujet, auquel nous ne pourrions ajouter aucun détail nouveau. — A peine connaissions-nous mademoiselle Mars et, par les dernières rougeurs de son déclin, pouvons-nous présumer quelles furent les splendeurs de son midi.

Elle vivait encore, et déjà son talent n'existait plus que dans la mémoire d'admirateurs fidèles. Les jeunes gens secouaient la tête d'un air incrédule en écoutant le récit de succès qu'ils avaient peine à comprendre, et souriaient aux transports de ces hommes d'âge : c'est là, en effet, l'inquiétude de ces existences d'artistes si fêtées, si heureuses, si splendides, et qui semblent avoir eu toutes les fées à leur baptême ; on a beau les combler d'or et de couronnes, ces idoles d'un jour, l'oubli les attend ; elles sentent l'eau, qui ne garde aucun pli, monter silencieuse et noire autour du piédestal que l'amour des contemporains leur élève ; elles savent qu'elles mourront tout entières ; aussi comme elles se cramponnent à la jeunesse ! quelle lutte vaillante elles soutiennent contre le temps, qui, parfois a la galanterie de se laisser vaincre ! comme elles disputent, cheveu par cheveu, l'ébène de leurs tresses, perle par perle l'émail de leurs dents, œillet par œillet la finesse de leur taille ! quelle défense héroïque elles font de leur beauté ! Non moins courageuses que la garde, elles meurent, mais ne se rendent pas !

Hélas ! ce charmant sourire, d'où jaillissait l'esprit avec un éclair de nacre, ces yeux furtifs et pleins de séductions dont chaque étincelle tombait sur de la poudre ; ce langage si doux, si rhythmé, si mélodieux, qu'il faisait demander à quoi pouvait servir la musique ; cette intelligence qui semblait comprendre tout, qui ajoutait à tout et surprenait le poëte par les sens nouveaux et les percées inattendues qu'elle lui révélait dans son œuvre, rien de tout cela n'a laissé de trace, pas plus que la barque sur l'eau, que le vol du papillon dans l'air ; et encore le papillon colore-t-il les doigts qui le poursuivent de la poussière de ses ailes. Personne n'a pu écrire ce geste, peindre cette intention, noter cette inflexion de voix. Les comédiens sont semblables à ce personnage d'un conte fantastique d'Hoffmann, qui, assis devant une toile blanche, donnait avec un pinceau sans couleur toutes les touches nécessaires pour réaliser un tableau. Ils dessinent et peignent en l'air, et leurs compositions s'évanouissent à mesure qu'ils les créent.

Un jour peut-être, lorsque la critique, perfectionnée par le progrès universel, aura à sa disposition des moyens de notation sténographique pour fixer toutes les nuances du jeu d'un acteur, n'aura-t-on plus à regretter tout ce génie dépensé au théâtre en pure perte pour les absents et la postérité. De même qu'on a forcé la lumière à moirer d'images une plaque polie, l'on parviendra à faire recevoir et garder, par une matière plus subtile et plus sensible encore que l'iode, les ondulations de la sonorité, et à conserver ainsi l'exécution d'un air de Mario, d'une tirade de mademoiselle Rachel ou d'un *couplet* de Frédérick Lemaître : on conserverait de la sorte, suspendues à la muraille, la *serenata* de don Pasquale, les imprécations de Camille, la déclaration d'amour de Ruy Blas, daguerréotypées un soir où l'artiste était en verve. — Quel dommage pour Talma et Malibran d'être venus si tôt ! Quant à Malibran, elle vivra : le cœur d'un poëte a fait ce miracle en sa faveur ; les vers immortels d'Alfred de Musset ont retenu et fixé les chants sublimes de Rosine et de Desdemona.

Du moins, nous autres humbles poëtes, qui, tous ensemble, depuis que la terre, accompagnée de son pâle satellite, tourne autour de ce vieux soleil, n'avons pas gagné autant qu'un ténor, une danseuse ou une comédienne, nos rêves et nos pensées, réunies en in-8° ou en in-18, peuvent durer après nous, et nous avons la chance que, dans cent ans, quelque jeune fille ouvre notre volume poudreux et sente tressaillir son cœur aux soupirs du nôtre; notre art n'est pas fugitif et vain. Homère et Virgile excitent les mêmes extases qu'au temps où ils vécurent, et, prodige étrange! ils ont empêché le monde d'oublier la langue qu'ils parlaient.

Si quelquefois une jalousie secrète a pu nous prendre à la vue de tant d'applaudissements frénétiques, de tant d'ovations folles, de tant de bouquets et de couronnes, de tant de sommes exorbitantes jetés à la comédienne pour avoir bien récité les vers du poëte, cette seule pensée du silence qui doit suivre tout ce bruit, nous en a guéri instantanément. Mademoiselle Mars, morte hier, est aussi loin de nous que Roscius ou Bathylle; Phidias, Virgile et Raphaël sont nos amis et nos contemporains. Ils sont aussi vivants aujourd'hui qu'au temps de Périclès, d'Auguste ou de Léon X.

GRANVILLE. — Puisque nous sommes en train de parler de nos morts, ne laissons pas la terre s'étendre sur Grandville sans accorder à cet artiste intelligent et laborieux quelques lignes en manière d'épitaphe.

Grandville, qui jouissait d'une réputation populaire et dont les dessins, les caricatures et les illustrations sont connus de tout le monde, est mort à quarante-cinq ans. Il laisse, dit-on, des œuvres posthumes; nous ne les connaissons pas, mais nous doutons qu'elles puissent ajouter beaucoup à sa renommée, à moins qu'il ne se soit fait dans la manière de l'artiste une révolution complète. Depuis *les Animaux peints par eux-mêmes*, son vrai chef-d'œuvre, parce qu'il n'y a peint que les bêtes, depuis cette œuvre, qui restera comme une des plus curieuses de notre temps, Grandville avait dit son dernier mot. Grandville, quand il abandonnait la critique de l'homme par l'animal, était un esprit plus bizarre qu'original, plus chercheur que primesautier, d'une étrangeté laborieuse et d'une fantaisie compliquée; nature à la fois craintive et audacieuse, hardie dans la pensée, timide dans l'exécution, il s'est souvent mépris sur la portée et les moyens d'expression de son art. Il a voulu faire parler au crayon le langage de la plume; mais, n'ayant pas la ressource des piquantes légendes qui servent d'âme aux croquis de Gavarni, il manque souvent de clarté et ne présente aux yeux que des rébus difficiles à deviner.

Les conséquences excessives tirées d'une idée heureuse et qui a fait sa réputation — les animaux jouant la comédie humaine — ont donné au talent de Grandville quelque chose de contraint, de pénible et de peu naturel. On se prête volontiers à cette fantaisie momentanée de la vision qui fait retrouver le profil humain dans le mufle du lion, la hure du sanglier, le groin du porc, le museau du singe, le rostre de l'aigle; mais que cette hallucination dessinée se poursuive à travers des formes complétement différentes comme des arbres, des fleurs et des pincettes, c'est ce qu'on ne saurait comprendre.

Grandville a perdu à ce jeu beaucoup de talent, d'esprit et de patience; comme il ne représentait guère que des choses impossibles et chimériques, il lui fallait, pour les rendre probables, une étude et un soin extrêmes. Que de peines il a prises pour culotter convenablement un crocodile, pour cravater un pélican, coiffer une girafe et faire tenir un archet à un hanneton mélomane; car toutes ces extravagances, Grandville ne les entendait pas à la façon des songes drolatiques de Rabelais, des tentations de Callot ou des caprices de Goya; il voulait, dans ce monde de son invention, une clarté prosaïque, une netteté bourgeoise; il n'escamotait aucune difficulté. Un dessinateur du jardin des Plantes n'aurait rien trouvé à redire aux tarses de ses insectes, aux dents de ses quadrupèdes, aux pennes de ses oiseaux.

Il apportait l'exactitude du naturaliste dans les folies de la caricature et de la métempsycose; aussi que d'efforts pour tordre en pleine lumière, à la forme humaine, un animal dont il eût suffi d'éclairer les portions d'une ressemblance caractéristique en baignant de l'ombre du rêve et du cauchemar les portions purement bestiales! Souvent cette gêne est si grande, que, malgré tout le soin et toute la précision de Grandville, l'homme et l'animal se confondent dans une création hybride dont il est difficile de démêler les types, surtout dans ses dernières œuvres, où il a essayé de plier à sa méthode des formes rebelles et des physionomies tout à fait réfractaires.

Ses chefs-d'œuvre sont *les Métempsychoses du jour*, les illustrations des *Fables de la Fontaine*, et, en première ligne la *Vie privée et publique des animaux ;* il est là tout à fait dans le milieu naturel de son talent et digne de la vogue dont il a joui. En dépit d'un peu de lourdeur dans l'exécution, Grandville, moins coloriste que Daumier, moins fin que Gavarni, moins poëte surtout que Tony Johannot, tiendra une place éminente parmi les dessinateurs humoristes et fantasques, journalistes du crayon qu'on dédaigne pour des talents prétentieux qui ne les valent pas. Ses dessins originaux, faits à la plume, sont exquis de finesse, de verve et de *bien rendu*, et gagneront de valeur, d'année en année. On pourra singer Grandville, mais non le refaire ou le continuer.

IV

AVRIL 1847. — Théâtre-Français : reprise d'*Athalie*. — Beautés de la mise en scène. — Les soldats de Dieu et les joueurs de théorbe. — Mademoiselle Rachel. — Ligier. — La petite Dinah dans le rôle d'Éliacin. — La pépinière Félix. — Un professeur expert pour le Conservatoire. — Odéon : *le Paquebot*, comédie de M. Méry. — Mauzin, Delaunay, mesdames Delvil et Blonval. — Porte-Saint-Martin : *Palma, ou la Nuit du vendredi saint*, drame de MM. Octave Feuillet et Paul Bocage. — Théâtre-Français : *le Poëte*, drame en vers, de M. Jules Barbier. — Clémence de la saison théâtrale. — Succès géminés. — La pièce et le style de M. Barbier. — Mademoiselle Judith, Geffroy.

12 avril.

Théâtre-Français. Reprise d'*Athalie*. — La reprise d'*Athalie* a été un triomphe pour mademoiselle Rachel et une honte pour le Théâtre-Français. Tant que mademoiselle Rachel est en scène, on est sérieux, on admire, on tremble, on applaudit ; mais, sitôt qu'elle disparaît, la salle entière éclate de rire. Rien ne peut donner une idée de la mise en scène d'*Athalie*. C'est de la pompe comique, du Racine travesti. La figure des lévites, la tournure des lévites, le costume des lévites, la désinvolture des soldats de Dieu, c'est certainement la chose la plus plaisante qu'on ait jamais vue. Les soldats du pape seraient bien fiers s'ils voyaient ces soldats de Dieu. En vain, Ligier leur dicte les ordres divins d'une voix grave et sonore; dès qu'ils obéissent, c'est-à-dire dès qu'ils remuent, les rires recommencent, et la tragédie s'engloutit. Et ceux qui jouent du théorbe et de la harpe, dans le tabernacle, sur les marches de l'autel, qu'ils sont amusants, ceux-là! quelle activité! comme ils se démènent! les poëtes de Dieu valent bien les soldats de Dieu. Chose étrange! ils jouent de la harpe, on ne voit que des harpes, et l'on n'entend que des contre-basses! mais aussi ils ont une manière de tirer les cordes qui doit produire des sons tout particuliers.

Eh bien, la superbe Athalie parvient à jeter l'épouvante sur cette scène livrée au ridicule et dans cette salle en proie à la plus vive gaieté. Son entrée, au second acte, est admirable. Mademoiselle Rachel possède ce don suprême qui fait les grandes tragédiennes : l'autorité. A sa vue seule, on comprend sa puissance; dans son maintien, dans son geste, dans son regard, on reconnaît une reine: Mademoiselle Rachel a trouvé, dans le récit du songe, des effets nouveaux ; elle ne dit pas : « Je l'ai vu ! » comme le disait mademoiselle Raucourt; mais les amateurs qui ont entendu les deux actrices prétendent que la manière dont mademoiselle Rachel dit ce mot est plus naturelle, et ils lui donnent la préférence. La scène de l'interrogatoire est comprise avec une rare intelligence. Quel calme! quelle simplicité! mais que ce calme est menaçant, que cette simplicité est effrayante! La composition de ce rôle si important, si difficile, fait le plus grand honneur à la jeune tragédienne. C'est une étude savante qui la place très-haut dans l'estime des artistes consciencieux.

Mademoiselle Rachel se fait franchement vieille dans *Athalie;* elle porte de longs cheveux gris et affecte la démarche à la fois assurée et chancelante des femmes respectables; mais, malgré sa bonne volonté, elle paraît jeune, et très-jeune. Athalie semble avoir réalisé le rêve de Jesabel : elle a su réparer des ans l'irréparable outrage.

Ligier est souvent applaudi dans le rôle de Joad; peut-être met-il, au cinquième acte, un peu trop de finesse dans son jeu; sans doute, le piége qu'il tend à Athalie est un piége malin; mais, quand le secret est terrible, le voile qui le cache ne doit pas être si léger. Le sphinx est mystérieux, il n'est pas finot.

Mademoiselle Dinah Félix, actrice consommée, âgée de deux lustres, a obtenu un succès fou dans le rôle d'Éliacin. Elle vient d'être reçue premier rôle pour l'emploi des enfants. En comptant Raphaël et Rébecca, cela ne fait pas moins de quatre Félix au Théâtre-Français, une vraie tribu que viendront bientôt renforcer un tragédien et une comédienne, élevés à la brochette par le père Félix, qui devrait être nommé professeur au Conservatoire; car, à en juger par ses élèves, sa méthode est excellente.

Odéon. *Le Paquebot.* — *Le Paquebot* a fait la plus heureuse traversée du monde; cela n'a rien de surprenant, pour un navire monté par le brave capitaine Méry. Il a trouvé de tièdes brises, un ciel rayonnant de soleil, une mer bleue où sautaient les marsouins en belle humeur, ces précurseurs du beau temps, pris de toute antiquité, par les myopes, pour des néréides et des sirènes : nul écueil n'a dressé sous la coque du vaisseau sa crête de rochers anguleux.
— La seule tempête que *le Paquebot* ait eue à subir n'existe que dans la pièce dont elle sert à presser le dénoûment.

Des rires bienheureux ont accompagné d'un bout à l'autre cette folle comédie, et le débarquement des personnages à bon port s'est opéré au milieu d'une hilarité énorme, olympienne, dont tremblent tous les soirs les échos ordinairement plus mélancoliques du théâtre de l'Odéon.

Voici le dénombrement des passagers du *Paquebot* et les motifs qui les font voyager :

Nous avons, d'abord, un Bartholo bourgeois, un brave homme très-mûr, qui garde soigneusement une pupille charmante, une Rosine appelée Herminie, qu'il veut marier comme il faut, c'est-à-dire dont il veut faire sa femme, ne trouvant pas, à son gré, de meilleur époux que lui.

Un Almaviva nommé Saint-Marcel, très-amoureux, très-vif, très-pressant, très-subtil, très-fertile en ressources, sans qu'il ait besoin d'un Figaro pour les lui suggérer. Tous les personnages de M. Méry sont si spirituels, que, dans ses comédies, les jeunes premiers, ordinairement si bêtes, se tirent des mauvais pas, et réussissent dans leurs amours quoiqu'ils n'aient pas à côté d'eux le valet qui sert de cervelle aux Lélie et aux Léandre de l'ancienne comédie.

Un deuxième Almaviva, ami du premier, Mario, gaillard à l'œil plein de flamme, aux moustaches noires, à la parole chaleureuse.

Un capitaine Roger, très-inflammable aussi pour un homme de mer.

Plus, mademoiselle Herminie, « un ange, une fée, une grâce accomplie, » que les galants suivraient non-seulement en paquebot, mais en ballon.

Ce pauvre M. Lorrain, ne sachant comment soustraire Herminie aux hasards inexplicables qui mettent toujours Saint-Marcel sur ses pas, conçoit l'idée d'emmener sa pupille en Italie; cette idée triomphante n'est pas si heureuse qu'elle en a l'air au premier abord. La première personne qu'aperçoivent M. Lorrain et mademoiselle Herminie, sur l'escalier de l'hôtel, à Marseille, où ils se sont rendus pour prendre le paquebot de Naples, c'est Saint-Marcel, qui se confond en excuses auprès de l'homme mûr, et promet de s'expatrier pour éviter de pareilles rencontres.

A peine le malheureux Lorrain est-il sur le paquebot, que le capitaine Roger, affectant une sévérité toute puritaine à l'endroit des mœurs, sépare Herminie de M. Lorrain, envoyant l'une dans la cabine des femmes, séquestrant l'autre dans la cabine des hommes. Alors apparaissent Saint-Marcel et Mario, au grand désespoir de Lorrain. Mario se prend d'une belle passion pour Herminie, et Saint-Marcel, garçon timide et réservé, se retire devant l'amour de son ami; mais, ne pouvant supporter la vue d'un rival même si cher, il se fait descendre dans un canot pour gagner la terre, dont on n'est pas éloigné.

Herminie, qui aime en secret Saint-Marcel, accueille Mario de telle façon, que celui-ci demande un autre canot et tire à la côte; Lorrain triomphe; il est rayonnant, phosphorescent de bonheur; le paquebot est nettoyé de galants et de galanteries. Mais ne voilà-t-il pas ce damné capitaine qui, lui aussi, se met à faire la cour à mademoiselle Herminie. Autre malheur : Saint-Marcel et Mario, menacés de quarantaine, ont regagné le navire, dont ils préfèrent le séjour à celui du lazaret, dussent-ils être calcinés par les yeux brûlants d'Herminie. Pour achever le pauvre Lorrain, le capitaine, abusant de ses connaissances nautiques, annonce une furieuse tempête. — Une petite brise fraîche paraît, au crédule Lorrain, le plus épouvantable ouragan. Il s'imagine qu'Éole a crevé toutes ses outres. Le paquebot va inévitablement sombrer. — Alors a lieu entre Herminie et Saint-Marcel un mariage *in extremis*, que Lorrain, éperdu, consent à bénir. Le mariage conclu, la tempête s'apaise. Le paquebot s'arrête, on est entré dans le port. Lorrain, plus poltron que Panurge, s'il est possible, se sent si heureux « sur le sacro-saint plancher des vaches, » qu'il entonne l'hymne de Rabelais : « O bienheureux planteurs de choux, ils ont un pied en terre et l'autre n'en est pas loin ! » Il ne songe plus à quereller Herminie et Saint-Marcel.

Ce que M. Méry a jeté d'esprit, de bons mots, de vers charmants, de rimes riches et de comique de bon aloi dans ces trois actes, n'étonnera personne. — Méry est un feu d'artifice, mais un feu d'artifice qui ne s'éteint jamais. Ses soleils tournent toujours, et ses bombes lumineuses, à pluie d'or et d'argent, se succèdent sans interruption. Il n'y a que les ânes sérieux et les hiboux qui se puissent offusquer de la crépitation étincelante de ce bouquet d'esprit que tire perpétuellement, sur son pont de la Concorde, le roi de l'improvisation poétique.

Mauzin est excellent dans le rôle de Lorrain. C'est Delaunay qui joue Saint-Marcel; Delaunay qui manque à la Comédie-Française et que nul jeune premier n'égale aujourd'hui. Herminie et sa suivante Flora, empruntent les beaux yeux, la voix tendre et le sourire incisif de mesdames Delvil et Bonval.

Porte-Saint-Martin. *Palma, ou la Nuit du vendredi saint.* — Johann Palma, est un jeune peintre allemand de la fin du XVIe siècle. Les souffrances d'une destinée mystérieuse ont tourné au profit de son précoce génie. Palma est né en Bohême, d'obscurs bourgeois; il était encore un enfant, quand son père et son frère l'ont laissé seul, en proie à la misère, auprès de sa mère aveugle.

Un crime a brisé les liens de cette famille, un crime dont le jeune artiste semble expier à son insu l'infamie ignorée. Par une nuit lugubre du vendredi saint, il a retrouvé ce père et ce frère tant regrettés, et les a vus commettre un meurtre. Qui ont-ils frappé? au nom de quelle vengeance frappaient-ils? Ils ont refusé de le lui dire. Aucun exil, aucun sacrifice n'ont coûté à Palma, depuis ce temps, pour éloigner ces deux sinistres personnages du cercle étroit où sa vie se passe près de sa mère. Chaque année, dans la nuit anniversaire du meurtre, il apporte aux deux meurtriers le prix de son travail. — Le drame s'ouvre sur un de ces sombres rendez-vous. — Cette fois encore, il faut que Palma s'exile, car les deux aventuriers rentrent en Autriche pour quelque dessein redoutable.

Mais l'exil semble à Palma plus douloureux que jamais : dans ce bourg d'Arnheim qu'il s'agit de quitter, une jeune fille, blonde et pâle, héritière d'un sévère baron allemand, s'est emparée de tout le cœur du jeune homme, de tous les rêves de l'artiste. Il se dispose à partir cependant, l'âme navrée, lorsque surviennent au château d'Arnheim deux princes italiens, le père et le fils : le baron va leur livrer sa fille Christel, qui doit être entre eux le gage d'une alliance diplomatique. — Dans ces deux hommes, Palma reconnaît ses infatigables persécuteurs, Christian et Franz : ils ont usurpé leurs titres par un nouveau meurtre dont on accuse Palma. Le baron, qui a deviné l'amour du jeune homme pour Christel, l'abandonne à la haine du peuple ameuté : Palma est lapidé et laissé pour mort. Un cercueil jeté dans un coin, sous un tertre sans nom, achève de tromper le monde.

Maintenant, la lune tremble dans les sapins; au pied de la colline, sur les bords du lac, — tandis que des pèlerins chantent au loin, — une blanche fiancée vient ensevelir son secret d'amour dans la tombe de son amant. Palma vivant recueille le secret et les larmes de Christel. Tous deux vont fuir oubliés et heureux; une main les arrête : c'est celle de l'implacable Christian. A cette heure, ils sont tous là réunis sous la face du ciel, les coupables et les victimes, ceux qui ont fait la faute et ceux qui l'ont expiée, l'épouse qui a failli et les enfants qui ont souffert. — Dernière infortune, celle que Palma aime, Christel, est sa sœur. Palma ne peut plus vivre : il a le bonheur, au moins, de mourir généreusement comme il a vécu — en recevant le coup destiné à son père, et en pardonnant seul à sa mère.

Ce drame, dû aux jeunes auteurs d'*Échec et Mat*, MM. Paul Bocage et Octave Feuillet, a réussi complétement; un agencement très-habile, et qui semblerait le résultat d'une longue expérience du théâtre, montre que,

> Dans les âmes bien nées,
> *La planche* n'attend pas le nombre des années.

La sombre couleur du sujet, la mystérieuse fatalité qui pèse sur les personnages, le retour de certaines dates sinistres, rapprochent *Palma* des compositions lugubres de Zacharias Werner et de Muller, le *Vingt-Quatre février* et l'*Expiation*.

26 avril.

THÉATRE-FRANÇAIS. *Un Poëte*. — La présente saison n'a peut-être pas sa pareille dans les fastes de la critique. Toutes les pièces qui apparaissent devant la rampe réussissent. Chaque semaine est marquée par un succès, souvent par deux; on n'entend partout que battre des mains, crier bravo, trépigner d'enthousiasme, rappeler les acteurs; le tonnerre des applaudissements gronde toujours à quelque coin de l'horizon; une pluie parfumée de bouquets et de couronnes tombe incessamment des loges sur l'avant-scène. On dirait que la clef forée est un mythe, que les sifflets n'ont jamais existé; le *chut* devient fabuleux, et les merles sont exilés de Paris pour ne pas troubler par leur note aiguë ce concert admiratif. Les envieux ont dû beaucoup souffrir depuis un mois.

Il y a donc eu tout dernièrement une nouvelle éclosion de génies? — Non; mais il s'est rencontré une veine de spectateurs optimistes, car les pièces applaudies ne diffèrent pas sensiblement des pièces sifflées; ce sont toujours les mêmes depuis le commencement du monde, l'esprit humain n'en n'ayant jamais pu trouver que deux: l'une où l'on se tue, et l'autre où l'on se marie; elles sont faites avec les mêmes combinaisons, les mêmes ficelles, les mêmes mots, les mêmes rimes: seulement, un ange indulgent traverse notre atmosphère et inspire aux parterres et aux loges une bienveillance universelle.

Nous n'allons pas troubler cet *hosannah* par des grincements intempestifs, et nous ne jouerons pas, le long du cortége de tous ces victorieux, le rôle de l'esclave insulteur. Nous ne contesterons aucun de ces succès, et nos comptes rendus, jalonnés de points d'admiration, ressembleront à ces plaines coupées de files de peupliers.

Nous commencerons donc par dire qu'au Théâtre-Français *le Poëte*, de M. Jules Barbier, a pleinement réussi.

Quand la toile se lève; trois jeunes gens, assis sous un berceau de verdure, achèvent un repas arrosé de nombreuses libations et portent des toasts : Richard, à l'amour et à la beauté; Murray, à l'or et à la puissance; Pierre, au néant. Richard est le poëte; Murray, l'homme positif; Pierre, l'homme désillusionné. Richard est amoureux d'une charmante créole, Lœtice, parente de Murray, riche à millions, ce qui n'est pas à dédaigner pour un idéal; cet amour, Lœtice le partage ; mais Murray, qui a besoin de la dot de sa cousine pour réaliser ses rêves de fortune et d'ambition, charge une espèce de bravo chilien de tuer Richard lorsqu'il se retirera, dans la nuit, après avoir passé la soirée à faire de l'idylle passionnée aux genoux de Lœtice, sous les yeux de Zohéide la mulâtresse, créature débonnaire, aussi complaisante, ou peu s'en faut, que la nourrice de Juliette. Le crime manque, grâce aux secours portés à temps par Pierre, l'ami du poëte. Alors Murray change de batteries : il propose à Richard, s'il veut renoncer à l'amour de Lœtice, de lui assurer une fortune et des rentes.

Le poëte refuse avec indignation cette offre grossière. « Alors, monsieur, dit Murray, puisque vous êtes assez riche pour mépriser les vils biens de la terre, rendez-moi les cinq cents louis que vous me devez. » Richard écume de rage; car il a, jusqu'à présent, cultivé l'hexamètre avec trop de furie pour posséder le moindre philippe dans sa réserve. Tout à coup, son vieux domestique s'avance d'un air dégagé vers Murray, et tire d'un vieux portefeuille crasseux les billets de banque nécessaires à solder la dette. Murray s'éloigne plus furieux que jamais. — C'est Lœtice, vous l'avez déjà deviné, qui, venue pour s'informer de la santé de Richard, blessé au bras par le sicaire, et qui s'est cachée dans un cabinet afin de ne pas se rencontrer avec Murray, a tout entendu et donné au vieux serviteur une poignée de billets de banque. — Malheureusement, Murray possède des secrets qui peuvent perdre le père de Lœtice, et il la force à le suivre en Amérique. Le poëte, abandonné et se croyant trahi, mène une vie infernale, se grise, fait la débauche avec des filles de joie, dans une espèce de repas suprême où son ami Pierre lui tient compagnie, et dont la dernière rasade doit être bue avec un verre de poison. Lœtice, délivrée de ses craintes et libre, arrive d'outre-mer, tombe au milieu de cette orgie, et ne peut poser ses lèvres que sur un front déjà glacé par la mort.

Si nous n'étions pas déterminé d'avance à ne contrarier en rien le public, et à être, pour cette fois, toujours de l'avis du succès, nous pourrions trouver beaucoup à redire à la contexture de cette fable; ne parlons que des vers, où l'on trouve de la fraîcheur, de la jeunesse, de l'élégance, un heureux tour, mais qui sont plutôt des vers d'élégie et d'idylle que des vers de comédie et de drame. Cela n'est pas un blâme, et c'est un plaisir qui en vaut bien un autre, que celui d'entendre un joli morceau poétique même déplacé.

Mademoiselle Judith a été charmante dans le rôle de Lœtice, auquel elle prête toutes les séductions qu'on peut exiger de la Laure d'un poëte aussi lyrique que Richard. Le peu d'habitude qu'elle a encore de l'alexandrin lui a fait trouver çà et là des inflexions heureuses; elle a mis de l'âme là où, plus consommée, elle aurait mis de l'adresse. Geffroy s'est tiré très-habilement d'un rôle difficile où rien n'était plus aisé que d'être ridicule : celui du poëte.

V

MAI 1847. — Variétés : *Léonard*, par MM. Dumanoir et Clairville. — Bouffé. — Vaudeville : *Ce que femme veut, Dieu le veut*, par MM. Duvert et Lauzanne. — Arnal, mademoiselle Nathalie. — Gymnase : *une Femme qui se jette par la fenêtre*, par MM. Scribe et Gustave Lemoine. — Odéon : *la Course à l'héritage*, comédie en vers, de M. Viennet. — Reprise des *Templiers* de M. Raynouard. — La tragédie au point de vue de l'économie domestique. — Palais-Royal : *Père et Portier*, par MM. Bayard et Varner. — Une situation poignante. — Porte-Saint-Martin : *le Chiffonnier de Paris*, drame de M. Félix Pyat. — Frédérick Lemaître. — Italiens : représentation extraordinaire. — Mademoiselle Rachel dans *Britannicus*. — Opéra-Comique : *le Malheur d'être jolie*, paroles de M. Charles Desnoyers, musique de M. François Bazin. — Théâtre-Historique : *l'École des Familles*, drame en vers, de M. Adolphe Dumas. — Paris équestre. — Le Jockey-Club. — Palais-Royal : *le Trottin de la modiste*, par M. Clairville. — Odéon : *Damon et Pythias*, comédie en vers, de M. le marquis de Belloy. — Théâtre-Français : *Scaramouche et Pascariel*, comédie en vers, de M. Michel Carré.

3 mai.

VARIÉTÉS. *Léonard.* — Nous continuerons notre formule : *Léonard* a réussi complétement et obtient un succès de vogue.

Madame Dubarry a compromis sa coiffure dans une partie fine chez Bancelin, et, comme elle doit paraître à l'Opéra, il faut que le ravage soit réparé le plus promptement possible. On prend le premier perruquier qu'on rencontre : le pauvre diable porte en tremblant la main à cette tête presque royale ; mais l'enthousiasme le saisit, car ce coiffeur inconnu est un artiste enthousiaste, et, au lieu de remettre en ordre la chevelure confiée à ses soins, il improvise un vrai chef-d'œuvre d'architecture capillaire, un édifice hardi, lyrique et prodigieux.

Un seigneur, ennemi secret de la Dubarry, rit sous cape ; un autre, partisan de la favorite, est dans des transes mortelles. Enfin, la comtesse s'installe dans sa loge; le roi a daigné sourire et donné un signe d'approbation; la coiffure a un succès énorme. Léonard ne peut garder le secret; il se nomme et les bouquets pleuvent sur lui. Le voilà devenu coiffeur en titre de la favorite, mais à la condition qu'il ne coiffera qu'elle et qu'il la suivra partout. Les appointements sont magnifiques. Léonard, enivré, ébloui, pense alors à sa jolie femme, Lucette, pour laquelle il craint l'air de la cour, et qu'il tiendra éloignée.

Les seigneurs, mécontents, voudraient faire renvoyer la favorite et lui en substituer une de leur choix. Un faux avis fait courir madame Dubarry à Fontainebleau, et, pendant son absence, des hommes masqués et couverts de manteaux noirs entrent chez elle, amenant une femme masquée, et forcent le pauvre Léonard, le poignard sous la gorge, à coiffer cette inconnue. Cette scène est très-bizarre et très-bouffonne; la femme masquée, c'est Lucette, que le roi a daigné remarquer dans une promenade, et que les conspirateurs veulent armer de la séduction irrésistible d'une coiffure à six étages. Les dernières plumes posées sur cet édifice poudré à blanc, les personnages mystérieux se retirent, emmenant les personnages énigmatiques.

Madame Dubarry n'a trouvé personne à Fontainebleau; le roi est à Marly. Elle pénètre en partie l'intrigue ourdie contre elle. Léonard a l'âme agitée; il a cru reconnaître sa femme à de certains indices, et, sur quelques mots échappés, il a compris qu'il devait y avoir une rencontre préparée, dans un certain pavillon, entre le roi et la personne coiffée si étrangement. Il se revêt d'un manteau et se rend à ce pavillon. Madame Dubarry en fait autant de son côté pour saisir en faute son royal amant : ce qui en résulte, nous ne saurions trop vous le dire; seulement, le roi, pris d'une attaque de goutte, n'est pas sorti ce soir-là, Lucette n'est pas entrée dans le pavillon, parce qu'il était occupé, et un peigne est resté sur le champ de bataille. Supposez ce que vous voudrez.

Bouffé a été plein de verve, d'esprit et de feu dans le rôle de Léonard, qui diffère tout à fait de ses créations habituelles. Mademoiselle Delphine Marquet porte à ravir les costumes Louis XV. Elle s'habille avec un goût exquis ; on dirait qu'elle n'a fait que feuilleter toute sa vie les gravures d'Eisen, de Gravelot, de Moreau et de Chardin. Elle a jeté avec beaucoup d'esprit la phrase : « J'ai pardonné à bien d'autres! » Déjazet n'aurait pas mieux dit. Mademoiselle Constance est jolie à justifier la jalousie de Léonard.

Louons ici M. Nestor Roqueplan du soin et du luxe qu'il apporte à la mise en scène des pièces qu'il fait représenter. Il est en quelque sorte le créateur du vaudeville à grand spectacle. Les décorations de *Léonard* sont de Cicéri ; on y remarque un charmant salon rococo avec des trumeaux et des bergeries ornés de Watteau authentiques ; la vue de l'Opéra et la perspective du vieux Marly avec ses pièces d'eau et ses douze pavillons. Les repas sont réels et servis somptueusement. Toutes ces petites choses soignées donnent de l'éclat et de la distinction.

Le négrillon Zamore joue un rôle dans la pièce, rôle qui se borne à verser du vin de Champagne. Au lieu de faire cirer la figure et les mains à un malheureux enfant, M. Nestor Roqueplan a engagé tout exprès le plus délicieux petit moricaud qu'on puisse imaginer : rien n'est plus simple, et pourtant c'est le premier nègre véritable que nous voyions en scène. Maître Zamore est si heureux de son habit brodé d'or, de ses colliers de perles, qu'il vient au théâtre de très-bonne heure et s'habille à l'avance pour jouir plus longtemps de son costume.

VAUDEVILLE. *Ce que Femme veut, Dieu le veut.* — Ce vaudeville a obtenu un succès immense, phénoménal ; tous les soirs, la salle du théâtre de la place de la Bourse est pleine, des baignoires aux frises.

Le sujet est très-simple. Arnal, professeur de littérature, a les goûts les plus innocents, la culture des fleurs, l'éducation des poissons rouges ; il aime le repos, la retraite et fuit les femmes. C'est une espèce de Timon bénin ; cependant, il est poursuivi par une persécutrice implacable, à son sens, qu'il a beau éviter et qu'il retrouve toujours ; c'est une jeune femme qu'il a autrefois noblement secourue un soir dans la rue, et qui, rendue riche par un héritage, veut faire jouir de sa fortune le bienfaiteur qui l'a oubliée. Ce qu'elle emploie de ruses et de séductions pour apprivoiser ce sauvage est incroyable ;

elle finit par l'amener à résipiscence, et le vaudeville se termine par un mariage. La dot paye le louis de l'aumône.

Vous ne voyez là que le squelette; Arnal, dans ce rôle, a des surprises, des colères et des ahurissements à faire mourir de rire. — La pièce abonde de ces mots *à la Duvert*, dont l'esprit consiste dans des déplacements bizarres de signification, et qu'Arnal excelle à jeter.

Mademoiselle Nathalie, transfuge du Palais-Royal, débutait dans cette pièce. Elle a joué avec beaucoup d'esprit, de décence et de goût, le rôle de la bienveillante persécutrice d'Arnal.

GYMNASE. *La Femme qui se jette par la fenêtre*. — Cette gentille pièce a obtenu le succès le plus complet. — O lecteurs bénévoles! grâce pour cette phrase stéréotypée. — Il s'agit d'un couple d'époux qui vivraient parfaitement heureux sans l'intervention d'une belle-mère qui aigrit sa fille contre son gendre. Le mari, exaspéré par des scènes continuelles, montre les dents et veut faire prévaloir son autorité. La fille fait l'opprimée, la victime, et menace de se jeter par la fenêtre, fantaisie à laquelle le mari ne s'oppose pas.

La malicieuse créature sait qu'une meule de foin est disposée sous la fenêtre, et que l'étage n'est pas élevé : elle fait le plongeon.

Le mari ne va pas la ramasser, et, sans s'inquiéter autrement de sa moitié, commence à mener joyeuse vie. Apprenant cela, la femme ressuscite et demande à revenir sous le toit conjugal. Le mari répond qu'il n'ouvrira pas et qu'elle n'a qu'à rentrer par où elle est sortie. L'épouse soumise applique une échelle contre le mur et grimpe jusqu'au balcon. Raccommodement complet et conversion de la belle-mère, qui voit que sa méthode n'est pas la bonne.

10 mai.

ODÉON. *La Course à l'héritage*. — *Les Templiers*. — Une réaction semble s'être opérée, dans ces derniers temps, en faveur de M. Viennet. Ses fables ont demandé grâce pour ses poëmes et ses tragédies.—Personne, peut-être, n'a été plus houspillé que l'auteur de l'*Épître aux mules de don Miguel* par les plaisanteries des petits journaux; la critique n'a rien respecté en lui, pas même sa mèche de cheveux et sa cravate. Cependant les vers de M. Viennet sont exactement pareils à ceux que commettaient ses contemporains, par la raison que toutes les gaufres sorties du même gaufrier se ressemblent et portent un nombre de compartiments identiques : et l'on ne comprend pas trop pourquoi il était devenu comme une espèce de cible où s'enfonçaient ces petites pointes ornées d'une houppe de laine rouge que l'on souffle avec une sarbacane. Cela vient, sans doute, de ce que la malignité humaine a toujours besoin d'un plastron pour s'exercer ; il faut au peuple littéraire une statue patiente pour y afficher ses pasquinades.

Quand la litanie des quolibets eut atteint une longueur démesurée, on laissa tranquille le pauvre martyr, non par pitié, mais par peur des redites et par ennui. Quelques vers faciles et spirituels, lus dans une séance publique, causèrent un étonnement profond ; d'après la légende fabriquée par les Bollandistes du *Charivari*, on croyait M. Viennet un troglodyte, un Égypan aux oreilles pointues, un être fabuleux et bizarre, dans le goût des évêques de mer ; et, quand on l'entendit prononcer, d'une voix intelligible, des mots qui avaient de la suite, du sens et une sorte d'ingéniosité, on se prit d'une espèce d'enthousiasme rétroactif.

M. Viennet ne mérite d'être ni vilipendé ni exalté pour sa littérature. Il fait l'alexandrin avec cette facilité froide et cette abondance stérile qui caractérisent les versificateurs de son époque. — Dans les sujets familiers, soit épîtres, soit fables, il y a quelquefois des morceaux bien venus et des traits assez piquants ; mais nous ne croyons pas qu'il possède le moins du monde l'instinct du théâtre, même à son propre point de vue. Sa comédie, *la Course à l'héritage*, jouée l'autre semaine à l'Odéon, ne contient pas une charpente assez solide pour supporter le poids de cinq actes en vers. Des tirades d'épître coupées d'épigrammes ne constituent pas une pièce.

La Course à l'héritage a été écoutée avec une bienveillance tranquille, comme l'ouvrage d'un auteur envers qui l'on a perdu le droit d'être sévère par des injustices antérieures. Siffler ou brocarder une tragédie ou une comédie de M. Viennet serait de mauvais goût ; M. Viennet est un homme d'esprit qui n'a que le tort de vouloir « prendre sa revanche, » selon le conseil bénévole adressé aux auteurs tombés par la critique polie ; mais, que diable ! on ne devient pas un ennemi public pour faire des poëmes et des pièces qu'il est toujours si facile de ne pas lire et de ne pas aller voir.

Au reste, le sujet traité par M. Viennet est comique, et le sera éternellement, du moins si l'on n'y réfléchit pas trop, car rien n'est plus horrible que cette avidité qui compte avec impatience les minutes d'une vie trop lente à s'achever, et qui secouerait le sablier pour en faire couler plus promptement la poussière, si la crainte de la justice n'était là. Ce mot *espérances*, dont on corrobore les dots un peu maigres, a quelque chose de monstrueux dont l'habitude empêche seule de s'apercevoir, et rien n'est plus révoltant que les patelinages intéressés des collatéraux.

On a repris, à ce même théâtre de l'Odéon, *les Templiers*, de M. Raynouard; cette tragédie, qui obtint jadis un succès colossal, grâce à ce vers :

> Mais il n'était plus temps, les chants avaient cessé !

a ce mérite d'être incontestablement la plus ennuyeuse des tragédies. Elle ressemble tout à fait à ces pièces que l'on joue dans les colléges pendant les vacances et les jours de récréation; il ne lui manque que d'être en vers latins; mais c'est tout comme. Un de nos amis, garçon paradoxal s'il en fut, prétendait que ces sortes de tragédies avaient, pour les maris et les pères de famille, l'avantage de dégoûter leurs femmes et leurs enfants de demander à aller au spectacle une fois qu'ils les avaient subies, et de prévenir de nouvelles demandes.

M. Vizentini reprend sans doute ces ouvrages, d'un genre « antique et solennel, » pour obtenir la subvention de cent mille francs : il donne aux Chambres des gages d'ennui, car l'ennui est la seule chose qu'on respecte en France. A notre sens, dût-il ne pas obtenir l'augmentation souhaitée, il ferait mieux de chercher des pièces modernes, de découvrir de jeunes poëtes et de les attirer à la scène. Le théâtre de l'Odéon, s'il veut vivre, n'a pas d'autre moyen. Plus audacieux et moins classique que le Théâtre-Français, il doit risquer davantage, admettre la jeunesse et l'inexpérience accompagnées de talent, par des portes plus larges. A quoi lui servira de reprendre des pièces surannées, et même des chefs-d'œuvre de l'ancien répertoire galvanisés, à la rue Richelieu, par une jeune femme en qui semble s'être incarnée la muse tragique, mais que tout le monde sait, excepté les acteurs ?

Le titre de second Théâtre-Français ne signifie pas un théâtre où l'on joue les mêmes choses qu'au premier... seulement un peu plus mal.

PALAIS-ROYAL. *Père et Portier.* — Nous sommes, vis-à-vis de ce vaudeville, dans une situation embarrassante. Il a été égayé de quelques sifflets, et tout le monde a paru le trouver détestable. Les journaux de théâtre y voient une décadence affligeante du talent de M. Bayard ; ils déplorent qu'un homme qui a fait une comédie en cinq actes en vers, ait commis un semblable vaudeville ; eh bien, nous l'avouons, ce vaudeville si honni et si pitoyable nous a fort amusé intérieurement, car nous n'avons pas eu le courage de notre opinion, et nous nous sommes abstenu de rire tout haut, de peur d'avoir l'air moins délicat que les autres.

La chose est toute simple, comme les belles œuvres. C'est un portier qui est père, ou un père qui est portier, si vous l'aimez mieux. Pour justifier ces deux titres augustes, il a un fils et une loge ; de plus, il exerce la noble profession de tailleur. Comme tous les portiers, il a fait donner à son fils une brillante éducation. Le jeune Dumarteau est deuxième clerc d'huissier, haute position sociale qui charme et inquiète tout à la fois le brave homme de père. Dumarteau, devant son fils, est comme une poule qui a couvé des canards, et qui, tout éperdue, voit les petits à peine éclos faire le plongeon dans les mares et les rivières : il voudrait que ce fils élevé ainsi passât ses soirées dans la loge paternelle ; le jeune clerc lui répond fort sensément que ce n'est pas là qu'il se formera une clientèle et qu'il trouvera la femme dont la dot lui servira à payer une charge.

Dumarteau père soupçonne son fils de soirées et d'amourettes dans le grand monde. Il profite d'une course faite par le second clerc d'huissier, pour exécuter chez lui une visite domiciliaire. Ô surprise ! ô douleur ! que trouve le père Dumarteau dans cette chambre fatale ? Un habit bleu ! fait par un autre tailleur que lui !

Nous ne savons pas si le jeu admirable de Sainville nous a fait illusion, mais c'est là une des plus belles scènes de comédie que nous ayons jamais vue.

Figurez-vous cette situation poignante! un portier, père et tailleur, qui découvre dans la chambre de son fils un habit bleu à boutons de métal fait par une autre main que la sienne; c'est tout un monde! tout un océan de douleurs! O maudit orgueil! déplorable éducation! voilà donc de vos fruits!... O pères portiers et tailleurs, faites donc de vos fils des clercs d'huissier!

Quel abîme! En être venu à mépriser la coupe paternelle, dédaigner l'auteur de ses jours dans son art, le croire incapable d'orner son fils pour les occasions solennelles, avoir recours à des ciseaux étrangers, aimer mieux payer l'œuvre d'un autre que de recevoir gratis celle de son père : ayez donc des fils pour qu'ils aillent se commander des habits bleus chez des confectionneurs de la rue Vivienne!

Le fils a jugé le père et l'a trouvé inférieur. Cet habit bleu, c'est la révolte, le blasphème, quelque chose de titanique et d'effrayant. Aussi, le pauvre Dumarteau reste-t-il anéanti, écrasé, abruti devant ce frac, et ne revient-il à lui que pour en fouiller les poches, où il trouve une paire de gants blancs et une invitation de bal chez madame Vandertromp.

Ce père, exaspéré, va chercher son fils au bal; il a, dans ce motif, induit un frac bleu, fait par lui-même cette fois, on ne le voit que trop bien, et décoré son chef d'une perruque bouclée à faire envie à celle de madame Pipelet; il veut démasquer son intrigant de fils, qui le fait passer pour le baron Dumarteau, lieutenant général, et propriétaire de plusieurs châteaux.

Mais, grisé par quelques verres de punch et par les œillades de la baronne Vandertromp, le père Dumarteau use des bénéfices de la position que lui a faite son fils et se lance dans les déclarations les plus extravagantes, qu'accueille de la façon la plus encourageante la sensible baronne; le tout se dénoue par des reconnaissances et des mariages.

Madame Vandertromp est une ancienne cuisinière, épousée par un marchand de fromages hollandais, colossalement riche; elle a des nièces fort charmantes dont l'une se marie avec le propriétaire de la maison où Dumarteau est portier, et l'autre avec le jeune clerc d'huissier. Un hymen lointain apparaît dans une perspective de feux de Bengale, celui de Dumarteau père et de madame Vandertromp ; mais les auteurs n'ont rien précisé là-dessus.

17 mai.

PORTE-SAINT-MARTIN. *Le Chiffonnier de Paris.* — La création d'un rôle nouveau par Frédérick Lemaitre est une sorte d'événement qui remue les plus froids en fait d'émotions dramatiques. Ce soir-là, les gens du monde et les artistes, les critiques et les poëtes, les duchesses vraies ou fausses, tout ce public des premières représentations, à la fois ardent et blasé, enthousiaste et railleur, en garde contre toute surprise, qui a l'expérience de la scène comme un vieux comédien devenu régisseur, qui ne se laisse prendre à aucun effet banal, qui sait, sur la place des fauteuils, le percement des portes de la décoration et la nuance du costume des personnages, deviner la fin du drame dès le lever du rideau, remplit la salle avant que les musiciens aient pris place à leurs pupitres. Miracle que nul autre ne peut obtenir ! les toilettes sont achevées à l'heure. Que les bandeaux rebelles laissent voir encore les ondes revêches des nattes dénouées à la hâte, que le chapeau penche un peu sur l'oreille ou sur le front, que la guirlande soit posée de travers et le bouquet mal attaché au corsage, que la pointe du châle ne tombe pas bien perpendiculairement, on part, et, dans la voiture, on pousse avec une impatience nerveuse les doigts chargés de bagues dans les gants trop étroits. « Si nous allions manquer l'entrée de Frédérick ! » Telle est la préoccupation universelle, et nul ne s'en consolerait : les coquettes en oublient le soin de leur beauté ; elles savent bien, d'ailleurs, que, le grand acteur une fois en scène, nul regard ne se détournera de lui, et que les entr'actes seront consacrés à le rappeler, à l'applaudir et à lui faire des ovations.

Si Frédérick inspire une si vive curiosité au monde élégant et artiste, il n'agit pas avec moins de force sur la portion inculte et rude du public : dès trois heures de l'après midi, les anges en casquette et en bourgeron, qui ornent d'une collerette de faces peu séraphiques les cercles du paradis, s'étouffent à la porte du théâtre ; car Frédérick a cet immense pouvoir de parler à l'intelligence la plus haute comme à l'instinct le plus brut. Victor Hugo et l'employé aux trognons de pomme, Jules Janin et le pompier de garde, Georges Sand et l'ouvreuse qui regarde par le carreau d'une loge, en sont également satisfaits, et applaudissent avec la même fureur ; Rachel, avide et haletante, penche son masque pâle hors de l'avant-scène ; les acteurs des autres théâtres, prenant à peine le temps d'essuyer leur rouge, accourent après avoir dépêché leurs rôles ou se retirent à regret quand leur heure est venue de paraître en scène : ne fût-ce que pour un acte, pour une situation, pour un mot, chacun veut avoir l'émotion et l'enseignement d'une première représentation de Frédérick.

Quand à cet attrait déjà si grand se joint celui d'un drame qui, même en cas de revers, vous offre la certitude d'une pensée philosophique, de scènes étudiées, d'excellentes habitudes de littérature et de langue, la salle de la Porte-Saint-Martin, quoiqu'elle soit bien grande, aurait besoin de tripler son vaisseau et de se faire vaste comme San-Carlo ou la Scala.

Le prologue nous montre deux chiffonniers; l'un est arrivé là après avoir dissipé follement son patrimoine, l'autre n'a jamais connu de condition meilleure : grâce au *bleu*, au *trois-six* et au *fil-en-quatre*, dont il fait d'amples libations, ce dernier ne sent pas trop sa misère, que l'ivresse illumine de reflets dorés.

Tous deux travaillent le long d'un quai, un soir que le temps est sombre, le pavé boueux, et qu'il tombe, des lanternes vacillantes, de ces rouges éclairs qui miroitent sur les flaques d'eau et les font ressembler à des mares de sang ; le premier se sent pris d'un insurmontable dégoût de la vie et veut se précipiter dans les flots noirs de la Seine. En effet, pour quelqu'un qui a connu les délicatesses et les recherches du luxe, cette existence est horrible ; le second, quoique ivre et se soutenant à peine, se suspend aux haillons de son confrère et l'empêche d'accomplir son funeste dessein. « Soit, dit le malheureux, dans le paroxysme du désespoir, je ne me tuerai pas, mais je tuerai. »

En cet instant passe un garçon de caisse attardé ; le désespéré lui saute à la gorge, l'assassine et le vole. L'ivrogne, dont les jambes avinées flageolent, essaye d'empêcher le crime ; le meurtrier, d'une bourrade, l'envoie rouler à vingt pas ; et, quand, dégrisé par cette horrible scène, il parvient à se remettre sur pied, la victime râle dans le ruisseau; les pas lointains d'une patrouille se font entendre, et il s'enfuit, de peur d'être pris pour le coupable.

Lorsque la toile se relève, vingt ans se sont passés. Le chiffonnier vertueux, qu'on appelle le père Jean, n'a pas trempé ses lèvres dans le vin depuis la nuit fatale, il a juré de ne plus boire; car, s'il eût été à jeun dans ce moment terrible, il eût pu empêcher le crime, dont, réduit à l'état de brute, il a été l'inerte spectateur. Comme expiation de cette faute, il s'est imposé la tâche de veiller sur la fille de la victime, Marie Didier, restée seule au monde et sans secours.

La petite orpheline a grandi; elle habite près du toit une chambrette assez nue, non loin de la mansarde occupée par le père Jean. — Cette mansarde satisferait Champfleury, qui, dans la charmante histoire de *Chien-Caillou*, professe une horreur si sincère pour les mansardes de convention. — N'en déplaise à Béranger, on y serait mal, même à vingt ans. Elle n'est pas blanchie proprement à la chaux, et la fenêtre à tabatière n'ouvre pas sur l'océan de verdure des jardins du voisinage. Les murailles sont grises, délabrées, moisies par les infiltrations du toit. Le plafond n'a d'autres ornements que les noires arabesques tracées par la fumée des chandelles. La perspective se compose de tuyaux de cheminée. Une grosse toile d'emballage, jetée sur une corde, voile de son canevas criblé à jour le mince grabat du pauvre homme, à qui l'abaissement de la toiture fait une espèce d'alcôve. Une mauvaise table boiteuse, une chaise à pieds bots, une cruche égueulée, forment le mobilier de ce bouge. On n'accusera pas le décorateur d'avoir voulu farder la misère du peuple et la rendre pittoresque.

Au bas, — car le théâtre, divisé en plusieurs compartiments, permet de rendre plusieurs scènes simultanées, — veille près d'une lampe Marie Didier, qui achève une robe de bal pour une de ses pratiques. En haut, le chiffonnier, qui vient de finir son excursion nocturne, se livre à un examen philosophique de sa fangeuse récolte.

Au dehors, la rue est pleine de rires, de chansons et de lueurs. C'est la dernière nuit du carnaval; Mardi-Gras agite ses grelots et souffle dans son cornet à bouquin.

Marie est belle; tout en cousant sa robe, elle pense que sa taille souple et mince pourrait tenir dans ce corsage, que ces plis abondants et moelleux se draperaient richement sur ses hanches, et, par un mouvement de coquetterie enfantine, elle essaye la robe de sa pratique. En effet, c'est un supplice pour ces pauvres jeunes filles du peuple, qui, elles aussi, ont de la fraîcheur et de la beauté, de vivre dans le velours, la soie, les dentelles et les fleurs, et de n'avoir sur leurs corps charmants qu'une indienne usée, qu'une serge grossière.

Pendant que Marie tâche de saisir un de ses profils dans l'angle du miroir étoilé cloué à sa muraille, une folle bouffée de masques s'engouffre dans l'escalier obscur et vient tourbillonner autour de la chambre : ce sont les jeunes compagnes de Marie déguisées en pierrettes, en débardeurs, et qui, au risque de n'avoir pas de pain pendant le carême, sacrifient gaiement au joyeux démon du carnaval. « Viens avec nous, s'écrie la bande pétulante ; tu es précisément en robe de bal ; voici un masque. Partons. » Marie essaye bien de résister ; mais on la prend par la main, on l'entraîne, et, d'ailleurs, elle a un rêve depuis bien longtemps caressé, celui de voir une fois le bal de l'Opéra, d'assister à ces splendeurs dont elle se fait une si haute idée, de se laisser aller à ce vertige de lumière, de musique et de danse. Toute timide dans sa belle robe, elle suit ses amies Mazagran et Turlurette.

Le père Jean, qui croit Marie couchée et faisant quelque rêve d'ange dans son lit virginal, achève la revue de sa hotte. Voici un paquet de papiers minces, probablement des adresses de Désirabode. — Ciel ! ce sont des billets de mille francs ! un deux, trois, quatre... Il y en a dix... « Quels doivent être l'inquiétude et le désespoir du pauvre homme qui a perdu cela ! » s'écrie le père Jean avec un accent de commisération et d'honnêteté, rendu par Frédérick d'une manière sublime. L'idée de s'approprier cette trouvaille ne lui a seulement pas traversé l'esprit. — Il cache les billets du mieux qu'il peut, afin de les rendre lorsqu'il en connaîtra le propriétaire. Il est déjà soucieux, il a peur des larrons ; car, vous le pensez bien, ce n'est ni Huret ni Fichet qui ont présidé aux fermetures de sa porte et de son bahut.

Sautons de la mansarde à la Maison d'or, dans un salon où les bougies étincellent, où les cristaux flamboient, où de joyeux compagnons enterrent, autour d'une table brillamment servie, le célibat de leur camarade Henri Berville, qui doit se marier bientôt. C'est son dernier souper de garçon, le repas suprême. Jamais repas de ce genre ne vit convive plus triste. Henri ne boit ni ne mange, et se tient dédaigneusement accoudé à la cheminée avec une mine de catafalque. Tout à coup, la porte s'ouvre, Mazagran, Turlurette et les autres entrent sur un mouvement de polka, en vociférant les *ohé!* sacramentels, sans se douter qu'avec ce cri vulgaire elles chantent l'Évohé des antiques bacchanales; elles remorquent Marie, honteuse, éperdue, croisant les mains sur son masque, comme si elle n'était pas assez cachée comme cela.

Un jeune élégant s'attache à elle, et la persécute avec une insistance outrageuse; il pousse l'insolence libertine jusqu'à lui arracher son masque, oubliant que le masque d'une femme est sacré comme le visage d'un homme; Marie, en se débattant et en voulant échapper aux mains qui la violentent, déchire un pan de cette précieuse robe de dentelle qu'un an de son travail ne suffirait pas à payer. Henri Berville s'interpose et reproche si durement à son ami la conduite qu'il tient, qu'un duel est inévitable. La pauvre fille, à demi folle de honte et de désespoir, s'est enfuie traînant les morceaux de sa robe, comme un oiseau blessé qui traîne l'aile.

Pendant l'absence de Marie, une femme mystérieuse et sinistre, profitant de la porte laissée entr'ouverte, pénètre dans la chambre de la jeune ouvrière et dépose sur son lit un paquet de forme singulière, un enfant roulé dans une serviette dont on a coupé le coin où se trouvait la marque. — Cette femme a été chargée de tuer cet enfant, mais elle recule devant cette affreuse besogne, et pense que l'égarer suffira. Elle a reçu pour ce crime dix mille francs; — ces dix mille francs, que le père Jean a pêchés au bout de son crochet, et qu'elle a perdus dans le trouble et la précipitation de la chose terrible qu'elle accomplissait.

Marie rentre éperdue. Comment rapporter cette robe ainsi déchirée? comment supporter l'affront qu'elle a reçu? Il est vrai que, si elle a été bien grossièrement insultée, elle a été aussi bien noblement défendue! Que l'un était lâche, mais que l'autre était généreux et bon! — Hélas! c'est encore un malheur pour Marie, qui sent tressaillir dans son cœur le germe d'un amour impossible. L'idée d'en finir avec sa triste vie se présente à son esprit égaré ; elle calfeutre sa porte et ses fenêtres, allume un réchaud de charbon, et attend, penchée dans une attitude de désespoir, que la vapeur délétère produise son effet. Déjà les artères sifflent dans ses tempes, ses poumons oppressés jouent avec peine, un cercle de fer étreint sa tête, quand, tout à coup, un vagissement plaintif se fait entendre. Marie se relève, se traîne jusqu'au lit, et aperçoit l'enfant. Alors, douée d'une force surnaturelle, et ne voulant pas faire partager sa mort à cet être innocent, elle court à la croisée et casse un carreau. L'air pur, l'air de la vie rentre dans la chambre, et Marie se rattache à l'existence par cet enfant à qui elle veut servir de mère. Le père Jean, qui vient dire bonjour à sa pupille, trouve bien un peu cette résolution extravagante ; mais il finit par s'adoucir et berce le marmot, pendant que Marie sort pour porter des notes chez ses pratiques et ramasser un peu d'argent pour son nourrisson adoptif.

Jusqu'à présent, rien ne paraît rattacher l'action au prologue. Attendez, nous y arrivons.

Marie vient avec son mémoire chez mademoiselle Hoffmann, fille du banquier de ce nom ; on la reçoit fort mal ; elle s'excuse de son insistance en en disant les motifs, qui troublent beaucoup la fille et irritent violemment le père. Marie se retire confuse et tremblante. A la pâleur extraordinaire de mademoiselle Hoffmann, représentée par une actrice qui s'est fardée avec du blanc de perle, à sa robe d'un gris pénitent, à son attitude brisée et contrainte, les gens habitués au théâtre devinent tout de suite une jeune première dont l'ingénuité a reçu quelque écorniflure. En effet, mademoiselle Hoffmann doit épouser Henri Berville, et l'hymen n'aurait rien à lui apprendre, pas même les travaux de Lucine.

L'enfant porté chez Marie par la femme Potard est du fait de mademoiselle Hoffmann, qui n'aime pas du tout Henri Berville, l'époux que lui impose son père : la raison pour laquelle Hoffmann tient tant à ce mariage, est que Berville est le fils du banquier dont Hoffmann, réduit à la misère par son inconduite, a tué le caissier sur le quai d'Austerlitz, et dont il est devenu plus tard l'associé ; il a toujours peur que ce crime ne se découvre, et, pour neutraliser les poursuites, il veut rendre communs ses intérêts et ceux d'Henri Berville. Le jeune homme n'a pas la moindre sympathie pour la fille de l'ex-chiffonnier, devenu haut baron de la finance, surtout depuis qu'il connaît Marie. Il s'est pris pour la pauvre et chaste ouvrière d'une passion d'abord ardente, pure ensuite, lorsqu'il la voit résister à ses séductions, repousser ses offres brillantes, et lutter, tout en l'avouant, contre l'amour qu'elle éprouve. Le père Jean est contrarié de rencontrer ce *moderne* à toute heure dans la chambrette de Marie; mais, ayant reconnu la noblesse de ses sentiments et la droiture de ses intentions, il se radoucit un peu.

Par le récit de Marie, qui n'aurait jamais soupçonné dans mademoiselle Hoffmann la mère de l'enfant déposé chez elle, le banquier comprend que son petit-fils n'est pas mort. Il le fait tuer, cette fois pour tout de bon. Marie, accusée d'infanticide, est mise en prison, et le père Jean jure de découvrir le vrai coupable. Il y parvient, et, muni de preuves accusatrices, il s'en va chez le banquier, qui, l'ayant reconnu, le fait enivrer par ses laquais. Son ivrognerie matée, mais non tuée par une abstinence de vingt ans, se réveille avec toute la force et l'exubérance d'un vice sortant d'un long carême; ses mains tremblantes cherchent en vain à écarter les doigts d'Hoffmann, qui vont chercher dans sa poche les papiers redoutables. D'accusateur, il devient accusé, et les agents de police, appelés par Hoffmann, l'emportent en prison. Marie languit à Saint-Lazare, où Berville va la visiter, toujours plus amoureux que jamais. Berville n'a pas douté un instant de l'innocence de la jeune fille; il l'épousera, quelle que soit l'issue du procès. Hoffmann arrive à son tour dans la prison, et fait signer à Marie, un papier par lequel elle se reconnaît coupable. C'est, dit-il, le seul moyen qu'elle ait de se sauver et de préserver son amant de la ruine.

Le père Jean, interrogé par le commissaire de police ou le juge d'instruction, n'a qu'une idée : c'est de prouver l'innocence de Marie. A toutes les questions qu'on lui fait, il répond : « Elle n'est pas coupable. — Ce n'est pas d'elle, c'est de vous qu'il s'agit. — Moi, ça m'est égal ; je viendrai après ; qu'on m'acquitte, qu'on me condamne, qu'on me guillotine, peu importe : il faut d'abord sauver mademoiselle Marie. » Cette préoccupation obstinée, qui touche à la manie, impatiente d'abord le juge, puis finit par le rendre rêveur. Cette conviction inébranlable l'inquiète; il se sent pénétré par les rayons de cette ardente foi. « Prêtez-moi trente mille francs ! » dit le père Jean comme frappé d'une illumination subite, avec un de ces cris que Frédérick seul sait trouver. A cette demande saugrenue, tout le monde croit le père Jean complétement fou, excepté Berville, qui donne les trente mille francs. Au moyen de cette somme, le père Jean obtient de la Potard la preuve du crime du banquier et de l'innocence de Marie. « Comment reconnaître un semblable dévouement? disent Marie et Berville au père Jean. — Donnez-moi une hotte neuve, » répond le chiffonnier avec une indifférence philosophique.

Cette analyse, si longue qu'elle soit, ne donne qu'une idée incomplète de la pièce. Ce qui prête la vie, l'animation, l'intérêt, l'attendrissement, la terreur et le rire à toutes ces scènes, c'est Frédérick. Des mots qui, dits par un autre, ne seraient pas remarqués, prennent dans sa bouche une incroyable valeur; d'un geste, il crée une situation, il ouvre une perspective d'une effrayante profondeur; il est tendre et sceptique, trivial et noble, comique et terrible, humble et majestueux, fantasque et vrai; il parcourt en un instant tout le clavier de l'âme humaine; c'est un acteur d'un génie impétueux, soudain, multiple, orageux et fulgurant, égal, sinon supérieur, à Garrick et à Kean.

Quelle étonnante vérité dans l'habillement, la tenue et les gestes du chiffonnier, au premier acte! Dirait-on qu'il ait fait autre chose toute sa vie que porter la lanterne et le crochet? Quelle ironie dans la revue des chiffons! quel profond amour dans les scènes avec Marie! quelle adorable gaucherie paternelle quand il endort le petit enfant! quelle astuce honnête et quelle autorité avec la Potard! Mais ce qui surpasse tout, c'est la grande scène de l'ivresse. Jamais nous n'avons assisté à une plus admirable étude physiologique : quelle lutte entre le penchant et la volonté! Après un court abandon, comme il sait reprendre possession de lui-même; comme la raison rentre impérieuse dans ce cerveau d'où veut la chasser l'ivresse; et, après la rechute, lorsque les fumées du vin montent plus épaisses et obscurcissent l'idée fixe, quel affaissement du corps, quel hébétement du sourire !

Mais voici que les hallucinations bachiques commencent à danser devant ses yeux, et que le paradis de l'ivrogne, tout flamboyant de grappes dorées et de perspectives vermeilles, scintille et tourbillonne à sa paupière éblouie. Il est heureux; le monde, les haillons, la souffrance, la vieillesse, la misère, tout a disparu; il nage dans l'extase du fumeur d'opium ou du mangeur de hachich. Mais quel réveil quand il s'aperçoit qu'on lui a pris le portefeuille qui assurait sa vengeance! comme il rejette au mur les domestiques qui veulent le retenir! comme il repousse violemment son ivresse, qui se recule effrayée ainsi qu'une esclave prise en faute! De quel geste superbe et digne d'un héros des *Niebelungen* qui s'aperçoit qu'il vient d'assister à un repas empoisonné, il renverse la table avec ses bouteilles, ses seaux de glaces, ses verres, son argenterie! En ce moment, ce vieux chiffonnier en haillons a l'air d'un Titan foudroyé par Jupiter, et qui se relève en jetant deux ou trois montagnes de côté. Et la scène des trente mille francs, où il est ridicule à faire fondre en larmes, absurde à faire venir la chair de poule d'admiration; et le coup de crochet dans le voile de la fiancée! et chaque mot de son rôle! car il est prodigieux partout!

Jamais acteur n'a été accueilli avec de pareils applaudissements. C'était du fanatisme, de la frénésie. Les claqueurs, étonnés, laissaient faire les spectateurs, admirant la force des battements de mains, la sonorité des bravos, l'ensemble de toute cette salle, qui pourtant n'avait pas répété son enthousiasme la veille. Ils ont pu se convaincre, ce soir-là, de la supériorité de la nature sur l'art. Frédérick a été rappelé trois fois, d'acte en acte, et à la fin de la pièce.

25 mai.

ITALIENS. *Représentation extraordinaire.* — Mademoiselle Rachel dans *Britannicus*. — Mademoiselle Rachel, jouant Agrippine, était un motif suffisant pour faire une recette splendide; aussi un public nombreux et choisi garnissait-il, mardi dernier, la salle des Italiens.

En abordant ce qu'on appelle les *reines*, mademoiselle Rachel agrandit tout d'un coup son répertoire. Nous trouvons ce parti un peu prématuré. Si mademoiselle Rachel joue maintenant les Agrippine, les Clytemnestre, etc., etc., quels personnages représenterat-elle quand elle atteindra la maturité de l'âge? Les Iphigénie, les Aricie et les infantes à la mamelle?

Assurément, quel que soit le rôle qu'elle récite, mademoiselle Rachel y mettra cette science de débit, cette justesse d'intonation, cette simplicité magistrale qui font d'elle la grande actrice qu'elle est; mais, à part une ou deux excursions de fantaisie dans cet emploi, propres à prouver la flexibilité de son talent, nous croyons que mademoiselle Rachel fera bien de rester jeune tant qu'elle pourra. Au Théâtre-Français, il est vrai, ces transpositions sont passées en habitude. Les rôles marqués y sont joués par des jeunes gens, et les rôles jeunes par des vieillards. Nous aimons autant l'ordre naturel. Dans vingt-cinq ans, mademoiselle Rachel, qui n'a pas peur une seule minute que les gens les plus faciles à l'illusion théâtrale prennent Beauvallet pour son fils, se fera prier, pour accepter le diadème royal.

Ne vaudrait-il pas mieux s'adresser aux poëtes modernes, implorer de Victor Hugo, d'Alexandre Dumas, d'Alfred de Musset, de de Vigny ou de Ponsard même une pièce nouvelle, tragédie ou drame, il n'importe! Talma, mademoiselle Mars, « les plus grands noms qu'on nomme, » ne refusèrent pas le concours de leur talent aux génies contemporains.

Tout cela n'infirme en rien le droit de mademoiselle Rachel à choisir pour une représentation extraordinaire un personnage du répertoire tragique. Plus il est en dehors des habitudes et des moyens de l'actrice, plus l'attrait est piquant; nous ne relevons ici ce fait que parce qu'il semble indiquer chez l'actrice l'intention de continuer ces excursions dans un emploi qui n'est pas le sien. *Athalie* indiquait déjà cette tendance.

Au reste, mademoiselle Rachel, sauf son air juvénile, a rendu avec beaucoup de force et d'énergie la hautaine mère de Néron.— Certes, nous ne voulons pas justifier Néron du crime le plus abominable qu'il soit possible à la scélératesse de l'homme de commettre; mais Agrippine était réellement insupportable et faite pour aigrir un meilleur caractère que celui de l'élève de Burrhus et de Sénèque. La jeune Agrippine a très-bien dit la tirade des explications, et elle a eu un jeu de physionomie admirable lorsqu'on lui annonce que Néron se réconcilie avec elle et qu'on va lui rendre tous ses honneurs.

Mademoiselle Rebecca a rendu avec intelligence, sensibilité et chaleur le rôle de Junie. M. Raphaël est un Britannicus fort convenable.

Le spectacle avait commencé par *la Ciguë*, cette délicate comédie d'Émile Augier. Après la tragédie est venu un intermède musical où M. Ponchard a chanté deux romances d'une façon délicieuse, et mademoiselle Ernesta Grisi l'air de *la Donna del Lago*, avec une extrême légèreté de vocalise, un organe charmant et un sentiment parfait; puis la petite Dinah Félix, l'Éliacin d'*Athalie*, a récité *le Chêne et le Roseau*, *la Belette*, et une scène intitulée *le Grand-Papa et la Petite-Fille*, en y mettant toutes les finesses, toutes les intentions possibles. — La soirée s'est joyeusement terminée par *Indiana et Charlemagne*, où Levassor et mademoiselle Scriwaneck ont lutté de verve et de folie.

OPÉRA-COMIQUE. *Le Malheur d'être jolie*. — Un compositeur à qui l'on confie un opéra-comique en un acte, est vraiment bien malheureux. Les pièces en un acte servent, en général, de lever de rideau, c'est-à-dire, en argot de théâtre, donnent le temps d'arriver pour la grande pièce. Si l'on ne jouait rien du tout, les rares spectateurs déjà placés pourraient prendre de l'humeur et faire du tapage ; mais ils n'ont rien à dire, la toile est levée, et il se marmotte quelque chose sur la scène. Le vrai accompagnement des mélodies d'un opéra en un acte, ce sont les bancs qui retombent, les portes qui s'ouvrent et les gens qui se mouchent.

Si quelqu'un pouvait arriver à sept heures à l'Opéra-Comique, il entendrait une chose charmante : l'ouverture du *Malheur d'être jolie*, qui est un des meilleurs morceaux de M. Bazin. Impossible de mettre plus de talent en moins d'espace.

Berquin et Bouilly approuveraient pour son innocence la donnée du sujet que M. Bazin a dû broder de sa musique.

La belle Angèle est aimée du vieux seigneur de Marigny, mais son cœur appartient à un jeune page. Pour dégoûter d'elle le vieux seigneur, elle demande à un nécroman un philtre qui la fasse devenir laide. Elle avale le fatal breuvage et se couvre la figure d'un masque pour se dérober à elle-même le progrès du philtre. Pour une raison ou pour une autre, le vieux Marigny abandonne sa poursuite et permet le mariage de la jeune fille et du page; Angèle regrette alors amèrement de s'être défigurée, elle lève le masque en tremblant : elle est plus jolie que jamais! le beau page n'aura pas besoin de faire un prodige de fidélité en épousant un monstre.

M. Bazin, à force de goût, d'esprit et de mélodie, est parvenu à vivifier cette ombre de pièce; on a fort applaudi deux romances délicieuses et un duo bouffe plein de franchise et d'une excellente facture. — Nous voudrions voir maintenant M. Bazin aborder un grand ouvrage en trois actes où il pût se déployer à l'aise et donner sa mesure réelle.

Théâtre-Historique. *L'École des Familles*. — En constatant le succès qu'a obtenu la comédie de M. Adolphe Dumas, nous nous permettrons de chercher une petite chicane à l'auteur. Dans une tirade pleine de verve d'ailleurs, un personnage de la pièce fait la critique des mœurs actuelles. Il représente Paris sellé, botté, éperonné, caparaçonné, la cravache à la main, ne quittant pas l'écurie, et vivant sur le dos des chevaux. Tous les jeunes gens, dit le raisonneur, sont des jockeys, des palefreniers, des maquignons ; ils parlent un argot incompréhensible, *sport, turf, handicap, derby*, etc., etc. ; ils ne s'occupent que de steeple-chases, de paris, de courses, de prix gagnés ou perdus ; ils n'ont à la bouche que des cigares et des noms de juments. Pour un cheval anglais, ils donneraient père, mère, femme, maîtresses.

Le public applaudit ces vers, fort bien frappés ; mais, effectivement, Paris a-t-il cette passion effrénée du cheval que M. Adolphe Dumas lui attribue ; il nous semble, au contraire, que Paris est la ville la moins équestre du monde. Les écuyers y sont rares, et c'est à peine si, aux jours les plus favorables, deux cents cavaliers font la promenade des Champs-Élysées et du bois du Boulogne. A Paris, il n'est pas admis, comme à Londres, qu'on fasse ses affaires à cheval. Un avocat qui arriverait au tribunal avec des éperons à ses bottes et une cravache à la main passerait bientôt pour frivole et perdrait ses clients.

A peine si l'on remarque quelques chevaux stationnant devant la

Chambre des députés pendant les séances, tandis qu'en Angleterre, devant *Parliament-House*, on admire une foule de magnifiques bêtes, qui, tenues en main par des domestiques, attendent impatiemment leurs maîtres. Ceux-ci n'ont pas à craindre de perdre de leur renommée sérieuse pour n'être venus ni à pied ni en voiture.

Le Jockey-Club n'est pas, comme on semble le croire communément, une société de jeunes centaures, fashionables jusqu'à la ceinture, et chevaux anglais à partir de là. Ils ne passent pas tout leur temps à franchir des fossés, à sauter des haies et des barrières, et ne descendent que rarement à l'écurie; ils ont un but plus élevé et plus patriotique : frappés de la dégénérescence de la race chevaline, dégénérescence telle, qu'on a de la peine à faire les remontes de la cavalerie, ils cherchent, par l'appât des prix, à encourager les éleveurs et à faire prédominer le pur sang, hors duquel il n'y a point de salut.

Nous voudrions bien que M. Adolphe Dumas dît vrai, et que la rage du cheval fût portée à ce point. C'est une mâle et noble occupation tout à fait digne de la jeunesse, comme la poésie et l'amour.

La comédie de M. Adolphe Dumas, si avancée sous d'autres rapports, est déparée par ce lieu commun indigne de lui. Nos mœurs tendent assez à s'amollir, à s'efféminer, pour que l'on tâche d'y conserver les divertissements robustes, les exercices violents qui exigent de la force et du courage; le cheval est sain au corps et à l'âme, et nous aimons mieux voir les jeunes gens sur le dos des chevaux que vautrés sur les coussins moelleux d'une calèche ou d'un brougham. Si le poëte a voulu parler des paris, il a eu raison; et encore vaut-il mieux jouer avec un pur sang pour carte qu'avec de mauvais tarots qui risquent d'être biseautés.

PALAIS-ROYAL. *Le Trottin de la Modiste.* — Le trottin de la modiste est un grand dadais qui porte les cartons à chapeau dans les magasins de modes. Hyacinthe est au service d'une très-gentille, très-accorte et très-spirituelle modiste qui le fait horriblement trimer. Ce malheureux carton sert de réceptacle aux objets les plus étranges. On y met un enfant, on y retrouve un homard. Toute la nature animale et végétale y passe. Cet enfant, qui a glapi dans le carton, inspire au malheureux trottin, amoureux d'Aphanasie,—tel est le nom de la modiste, — des jalousies véhémentes et comprimées ; elle est cependant innocente, du moins de ce côté-là. — Le poupon a été jeté dans le carton par une main étrangère ; c'est le rejeton de la fille d'une ancienne modiste, madame Batavia. — Après les scènes les plus bouffonnes et les quiproquos les plus saugrenus, la vertu d'Aphanasie éclate dans tout son jour, et le trottin, qui a fait un petit héritage, peut épouser celle qu'il aime.

Mademoiselle Alice Ozy, qui ne se contente plus d'être une jolie femme, a joué avec une grâce alerte, une finesse éveillée on ne peut plus charmante ; elle a l'œil vif, la riposte prompte, et jette le mot à ravir : elle a dit surtout avec un naturel exquis cette phrase : « C'est moi qui m'entends à faire marcher un homme ! » Le public du Palais-Royal lui a fait le plus gracieux accueil.

Hyacinthe a été prodigieux d'ahurissement et de bêtise ; jamais son nez ne fut plus grand, jamais ses mains ne s'ouvrirent plus largement : dans les attitudes de stupeur, elles couvraient la scène presque entière.

31 mai.

Odéon. *Damon et Pythias.* — L'autre soir, sans réclames, sans fanfares, en compagnie d'une tragédie en cinq actes et d'une comédie en trois, il s'est joué à l'Odéon une petite pièce charmante sur laquelle l'administration ne paraissait pas compter du tout, et qui a obtenu le plus franc et le plus légitime succès.

Le public, non prévenu, est tombé dans le guet-apens le plus délicieux. Au lever de la toile, il avait cet air nonchalant et résigné d'un public qui va subir un millier de vers probablement refusés aux Français ; mais, dès les premiers mots, il s'est redressé en entendant des pensées ingénieuses, des traits d'esprit étincelants, des rimes neuves, des expressions poétiques et choisies, et il a compris tout de suite qu'il n'avait pas affaire à un vulgaire versificateur.

Rien n'est plus charmant que cette comédie miniature. C'est un gracieux camée sculpté dans l'onyx par un ciseau délicat, et que Thalie pourrait porter en bracelet ou sur l'épaule pour fixer le pli de sa tunique flottante.

Quatre personnages jouent leur rôle dans cette poétique fantaisie.

Denys, tyran de Syracuse, Damon, Pythias et Charmion ; nous ne parlons pas de deux esclaves geôliers tout à fait accessoires.

Denys le tyran, qu'il ne faut pas considérer comme un monstre, malgré ce mot *tyran*, qui n'a pas, en grec, la même acception farouche que chez nous, ne professe pas une grande estime pour l'humanité ; aussi, dit-il à Charmion, la belle esclave :

> Je crois l'homme méchant, ingrat, perfide, bas
> Dans tous ses dévouements. L'intérêt me l'explique ;
> Et pourtant, comme toi, je voudrais l'estimer.
> Je hais, mais par dépit de ne pouvoir aimer,
> Et Denys le tyran n'est qu'un pauvre sceptique.

En effet, qui peut avoir une pire opinion des hommes qu'un prince? Ne les voit-il pas toujours à plat ventre devant lui, ramper dans la poussière et trahir, par l'ambition, l'avidité et la flatterie, tous les côtés hideux de leur âme? Et que sera-ce, si, comme Denys, il a une oreille de pierre, dont les circonvolutions apportent jusqu'à son cabinet les conversations secrètes des mécontents, et trahissent l'impudent contraste de leurs pensées intimes et de leurs discours faits pour être entendus.

Cet Hamlet de Sicile doute de tout, excepté de l'amour, et encore, comme quelques fils d'argent commencent à se tordre dans les boucles noires de sa chevelure, sous la bandelette d'or du diadème, il y croit, non pas pour lui, mais pour les autres. La belle Charmion veut en vain faire revenir ce philosophe couronné à des idées moins misanthropes. Denys de Syracuse rendrait des points à Timon d'Athènes.

L'occasion de faire un essai psychologique se présente ; on vient de mettre aux carrières Pythias, auteur d'une ode contre le tyran.

On ne peut guère prononcer le nom de Pythias sans faire venir à l'esprit et aux lèvres celui de Damon. L'antiquité était pleine de ces couples d'amis illustres : Castor et Pollux, Thésée et Pirithoüs, Oreste et Pylade, Achille et Patrocle, Alexandre et Éphestion, Euryale et Nysus, couples inséparables, constellations jumelles, *gemina sidera*, Siamois de l'amitié qui traversent les âges en se tenant par la main. « Croirez-vous au moins, dit la belle esclave, à l'amitié de

Pythias et de Damon? — C'est selon; si elle résiste aux épreuves que je lui réserve, j'y croirai : et je ferai grâce à Pythias. Descends donc aux carrières, et commence ton rôle de séductrice; tu sais que j'entends tout. »

Charmion dit à Pythias : « Denys t'accorde, à ma prière, une heure de liberté, si Damon prend ta place dans la prison. Je t'aime; fuis. Un vaisseau t'attend au port, où j'irai te rejoindre. »

Pythias refuse d'abord; Charmion insiste, et dit avec un feint dépit : « Eh bien, Damon acceptera le bonheur que tu refuses. » Ce mot irrite et décide Pythias.

> Damon, encor Damon, toujours Damon ! Toujours
> Cette ombre sur mon mur, ce reflet de moi-même!
> Ce menechme assidu que je hais et que j'aime !...
> Je me rends...

Et il sort, bien résolu à ne pas revenir.

Damon vient héroïquement prendre la place de son ami. Il se sent tout heureux, tout aise; il est débarrassé de son pendant obligé. On dirait un prince de tragédie qui est parvenu à chasser son confident.

Charmion s'étonne de cette gaieté singulière. Damon lui raconte l'histoire de sa liaison avec Pythias.

> Une telle amitié fut bientôt populaire;
> Chacun y mit la main et voulut son salaire;
> Car ce n'est pas pour rien qu'on se mêle de tout.
> Le peuple est exigeant, et, comme la fortune,
> C'est pour le secouer qu'il adopte un hochet.
> D'abord, il lui fallait, au moins à chaque lune,
> Un trait de dévouement, ou bien il se fâchait.
> En s'y prêtant un peu, l'on arrangeait l'affaire;
> Mais, au dernier quartier, nous avions fort affaire.
> L'un de nous cherchait-il un endroit écarté :
> « Où courez-vous donc? L'autre a pris de ce côté, »
> Lui disait-on. — Un jour, Pythias fut malade.
> « Voyez, disait chacun, quel air! quel appétit!
> Ce Damon, sourdement, use son camarade;
> Le gui profite seul, l'arbre sèche et pâtit. »

Du reste, on nous aimait, et sans nous pas de fête ;
Mais, si par accident l'un des deux y manquait,
On s'excusait de l'autre, au milieu du banquet,
Comme d'un paon sans queue ou d'un lièvre sans tête.
Ailleurs, on nous montrait aux gens émerveillés
Comme deux fruits jumeaux ou comme un attelage
De chevaux sans valeur, mais bien appareillés.
Bref, nous étions un nombre, une chose, un ménage ;
Confondus, accouplés, nous n'avions plus de nom.
Chacun de nous était Pythias et Damon.
Précieuse moitié d'un si rare assemblage,
Je m'ennuyais, madame, expliquez-moi cela.

. . . .

    Me voilà donc seul à la maison,
Veuf, dédoublé, fendu comme une huître qui bâille,
Ne comptant que sur vous et sur votre crédit,
Pour ravoir mon ami, ma moitié, mon écaille.
Cependant je renais, et petit à petit
Je revois mes fuyards : la santé, l'appétit,
Cérès aux blanches mains, Silène au large ventre ;
Et je dis : Plus de nous : je rentre dans mon moi !
Je veux sortir, je sors ; je veux rentrer, je rentre ;
Je veux rire, je ris... Vous demandiez pourquoi ?
Si vous n'en savez rien, à quoi bon vous le dire ?
La vie a des secrets qu'il vaut mieux ignorer ;
Si vous les pressentez, un mot doit vous suffire.
Je ris tout justement de ne pouvoir pleurer.

Ces vers, où la plus fine étude du cœur humain se cache sous un tour paradoxal, où chaque mot est un trait, où l'œil humide se lustre quand la bouche s'entr'ouvre pour sourire, ont été dits par Delaunay avec une grâce railleuse, une verve attendrie, une jeunesse de voix, de regard et de geste, qui le mettent au rang des premiers acteurs.

Les plus vifs applaudissements ont éclaté à chaque temps d'arrêt de cette charmante poésie.

En vérité, le public est bien calomnié par les directeurs de théâtre, qui prétendent qu'il n'aime que les charpentes compliquées, les grossières ficelles, les trucs, les tiroirs et toute la vieille habileté des faiseurs ; toutes les fois que, par distraction, on laisse arriver à lui une composition délicate, des scènes filées avec cette limpidité tranquille sans laquelle il n'y a pas d'étude du cœur possible, des vers d'une ciselure précieuse, un style fin et ferme ayant le contour et la couleur, il ne s'inquiète pas si les personnages entrent par la porte du fond, par la *cour* ou le *jardin;* il jouit délicieusement de ce noble plaisir des belles pensées et du pur langage; il respire la goutte d'essence dans le flacon de cristal, et n'a pas le moins du monde l'air de regretter le Dennery ou le Clairville.

Charmion, qui doit aussi tenter Damon, poëte assez renommé, lui dit : « Signez l'ode de votre ami, et Denys lui pardonnera. » L'orgueil de Damon se révolte à cette idée. « Les vers de Pythias sont si mauvais ! Cela ferait trop plaisir à Denys, qui est jaloux de mes poésies. »

Denys reparaît, et raconte à Damon, qui ne veut pas y ajouter foi, la trahison de Pythias. Damon ne s'est pas trompé; car, s'il a tout à l'heure raillé l'amitié qui les lie, il y compte avec toute la confiance d'un cœur généreux. En effet, Pythias arrive éperdu, hors d'haleine, et raconte ainsi sa fuite et son retour :

J'avais gagné le port ;
Je fuyais. Tout à coup, je heurte sur ma route
Clinias de Samos, qui me tendait les bras.
Nul sage plus vanté n'est sorti de son île,
Tu le sais ; il m'embrasse et me dit : « Pythias,
Pourquoi vous dérober ? Il n'est bruit dans la ville
Que du nouvel exemple offert à l'univers
Par Damon et par vous ! Phorbas l'a mis en vers. »
Je réponds vaguement. Clinias vers la place
M'entraîne, et va criant de sa voix de stentor :
« C'est lui ! c'est Pythias ! qui veut le voir encor ? »
Ses cris autour de nous groupent la populace,
Chacun exalte en moi, prompt à m'humilier,
Ces nobles sentiments que j'allais oublier.
Je rougis et me tais ; on me presse, on m'embrasse.
La raison me revient. Mon amour combattu
Fait enfin à l'honneur un douteux sacrifice :

> Je cède à ce torrent qui me traîne au supplice,
> Et mon retour forcé devient une vertu !

Les deux amis luttent alors de générosité. Pythias ne veut pas livrer le nom de la femme qu'il aime ; Damon prétend avoir fait la satire, et Denys leur pardonne, laissant Charmion au plus digne. Pour rendre votre bonheur complet, ajoute le tyran,

> J'exile l'un de vous : Charmion, que t'en semble ?
> Libres de se haïr, ils s'en aimeront mieux.
> Mais quoi ! vous vous troublez ; ces larmes dans vos yeux...
> Hésitez-vous ?
> — Non pas, nous partirons ensemble ?

répondent à la fois Damon et Pythias, dans l'élan d'une amitié sincère.

Cette petite pièce, qui dure tout au plus une demi-heure, place M. le marquis de Belloy au rang de nos jeunes poëtes qui donnent le plus d'espérances. C'est un événement littéraire, tandis que bien des gros drames avec prologues, épilogues, décorations, changements à vue, processions, apothéoses, pour lesquels on dépense de fortes sommes, et qu'on tambourine sur les grosses caisses du journalisme, n'ont aucune signification pour l'art.

Que M. le marquis de Belloy continue à cultiver cette Muse à la fois raisonnable et fantastique qui lui a inspiré *Damon et Pythias*, et bientôt il obtiendra des triomphes, non pas mieux mérités, mais plus retentissants.

Quel aimable tyran que son Denys de Syracuse ! Cette misanthropie souriante, ce désenchantement sans amertume, donnent à la pièce de M. le marquis de Belloy un caractère tout particulier et d'une originalité gracieuse, dont on ne pourrait retrouver les analogues que dans les comédies romanesques de Shakspeare.

Une innovation heureuse, c'est le croisement des rimes ; avec cette disposition habilement ménagée, on jouit de l'avantage des vers blancs et des vers à rimes toniques ; en éloignant ou rapprochant les assonances, on obtient une grande variété d'effets. Les morceaux lyriques, par exemple, les passages sentencieux, les traits que l'on veut marquer fortement, sont accentués par des rimes plates. La monotonie des alexandrins à cadence consécutive se trouve ainsi évitée; mais il faut, pour manier ce rhythme, en apparence plus facile, une main ferme, habituée à forger et à retourner dans tous les sens le mètre sur l'enclume. C'est un carquois ouvert, dont les flèches s'éparpilleraient au moindre faux mouvement du cavalier. Mais M. de Belloy monte trop solidement son Pégase pour que ce danger soit à craindre.

Théatre-Français. *Scaramouche et Pascariel.* —. Le Théâtre-Français a eu aussi sa petite réussite inopinée. Un joli acte, très-pimpant, en vers fort galamment troussés, s'y est joué cette semaine devant une salle aux trois quarts pleine tout au plus. La pièce valait cependant mieux que cela : c'est un pastiche, fort bien fait, du style de Molière et de Regnard, et qui prouve chez M. Michel Carré, auteur d'une traduction de l'*Eunuque* de Térence, jouée à l'Odéon, une familiarité intime avec les classiques du rire.

Scaramouche et Pascariel sont mariés, situation assez déplorable pour des types de comédie; et à quelles femmes, bon Dieu! à des gaillardes délurées qui rendraient des points aux joyeuses commères de Windsor! — Pour avoir un peu de repos, ils envoient les péronnelles à Naples, promettant de les rejoindre bientôt. Les femmes prennent tout l'argent qu'elles peuvent à leurs chers maris, et se promettent de mener joyeuse vie lorsqu'elles seront débarrassées de cette incommode tutelle.

Les maris, pour éprouver la vertu de leurs moitiés, s'avisent d'un stratagème de comédie : ils se déguisent l'un en marquis, l'autre en valet.

Scaramouche, affublé d'un habit à ramages extravagants qui rappelle le costume du Bourgeois gentilhomme du tableau de M. Wetter, noyé dans une immense perruque, la lèvre hérissée d'une moustache poignardant le ciel, se présente avec toutes les grâces d'un marquis de Mascarille, et débite mille billevesées qui font pâmer d'aise les donzelles. Il se dit riche, puissant, haut situé dans le monde, mais il a le cœur vide. On s'offre obligeamment à le lui remplir, et la rivalité fait naître entre les deux femmes une querelle où s'échange plus d'une vérité inquiétante pour les maris. Madame Scaramouche accuse madame Pascariel d'avoir des amants, et madame Pascariel accuse madame Scaramouche de voler son mari et d'avoir de l'argent caché dans la cave. Les maris furieux se démasquent, les femmes feignent de les avoir reconnus; la querelle était simulée et destinée à les punir de vouloir éprouver de si honnêtes femmes. Le tout se termine par un mariage entre Octave et mademoiselle Scaramouche, dont les amours se trouvent mêlées à tout cela. — Cette bluette a été jouée rondement par Micheau, Samson, mesdames Augustine Brohan, Thénard et Worms.

VI

JUIN 1847. — Opéra : *la Bouquetière*, paroles de M. Hippolyte Lucas, musique de M. Adolphe Adam. — Les levers de rideau. — Le jour et la nuit à Paris. — Les vers à écho. — La partition de M. Adam. — Mademoiselle Nau, Ponchard fils. — Variétés : *les Trois Portiers*. — Vernet. — L'aristocratie du cordon. — Odéon : *Spartacus*, tragédie de M. Hippolyte Magen. — Les travaux du comité de l'Odéon, pour faire suite aux travaux d'Hercule. — Persistance de l'épidémie tragique. — Théâtre-Historique : *Intrigue et Amour*, étude d'après Schiller, par M. Alexandre Dumas. — Mélingue, mademoiselle Person. — Palais-Royal : *un Père d'occasion*, par M. Paul de Kock.

7 juin.

OPÉRA. *La Bouquetière*. — Cette petite pièce, de MM. Hippolyte Lucas et Adolphe Adam, sous prétexte qu'elle est destinée à servir de *lever de rideau*, a été exécutée à une heure tellement impossible, que le plus grand nombre des spectateurs sont arrivés juste pour entendre les dernières mesures et voir tomber la toile !

Les directeurs de théâtre devraient pourtant bien comprendre une chose : c'est que les habitudes de la vie sont totalement changées depuis quelques années. Commencer une pièce à sept heures, surtout à l'Opéra, c'est vouloir que personne n'y assiste. L'invasion des habitudes anglaises, l'agrandissement de la ville et la création de nouveaux quartiers, la multiplicité toujours croissante des affaires et des relations font reculer chaque jour davantage les heures du repas. La journée s'allonge aux dépens de la soirée. Nous dînerons bientôt à l'heure où soupaient nos pères. Les Chambres, les bureaux, les ateliers, toutes les officines du gouvernement, du commerce, de la pensée et de l'industrie ne se ferment qu'à six heures. Comment voulez-vous qu'à sept, on soit au spectacle? Il faut retourner chez soi, s'habiller, prendre sa réfection et franchir la distance, souvent grande, qui sépare la maison du théâtre.

En été surtout, les spectacles — principalement à l'Opéra, au Théâtre-Français et à l'Opéra-Comique — ne devraient commencer qu'à huit heures et demie ou neuf heures; on aurait ainsi le temps de dîner, d'aller jouir de la fraîcheur du crépuscule sur les boulevards, aux Tuileries, aux Champs-Élysées, au bois de Boulogne, et de revenir terminer sa soirée en écoutant un grand air, une tirade tragique ou une romance.

L'objection naturelle qui se présente, c'est que les représentations doivent finir à minuit. D'abord, on pourrait faire les spectacles plus courts, et puis cette ordonnance qui soumet les plaisirs de Paris à une espèce de couvre-feu est tout à fait barbare, étroite et digne du moyen âge. Comme mesure de police, elle a pour effet de livrer Paris aux voleurs, aux malandrins et aux rôdeurs nocturnes : un théâtre flamboyant de lumières, avec l'attroupement de voitures qui l'assiégent, les domestiques qui attendent sous le péristyle ou aux alentours, garde tout un quartier bien mieux que les patrouilles grises. Une boutique ouverte après minuit, jetant son flot de gaz dans la clarté douteuse des réverbères comptant sur la lune, sauvegarde une rue entière. Un café phosphorescent de cristaux et de lampes, un restaurant d'où s'échappe un murmure joyeux, intimident le bandit et l'assassin dans leurs besognes sinistres. — D'ailleurs, pour une grande capitale, l'antique différence du jour et de la nuit ne doit pas exister. Minuit et midi doivent être, ainsi que sur le cadran, le même chiffre dans la journée de Paris. Plus d'heures noires! le gaz vaut le soleil; dans nos climats, et surtout à Londres, il vaut même mieux, car on n'y voit que la nuit! Puisque Dieu ne nous a donné que vingt-quatre heures par jour, n'en rendons pas douze inutiles.

Nous voici assez loin de *la Bouquetière*; revenons-y tout de suite sans allonger notre détour d'une transition.

La difficulté est grande de faire un opéra en un acte. Le livret, naturellement peu compliqué, vu le manque d'espace, tourne bien vite à l'opéra-comique; le compositeur est porté à développer l'orchestre outre mesure, et à charger d'une musique hors de proportion avec le sujet, mais en rapport avec les dimensions de la salle, un canevas nécessairement frêle et dont les fils minces rompent quelquefois sous la charge : aussi l'ouverture de *la Bouquetière*, où le musicien était parfaitement libre, est-elle le morceau le mieux réussi de l'opéra. Il y a là ces idées fraîches, ce rhythme et cette netteté rapide qui ont fait de M. Adolphe Adam l'un de nos compositeurs les plus justement populaires.

La toile, en se levant, découvre une décoration fort jolie due à MM. Cambon et Thierry, et qui représente l'ancien quai aux Fleurs. Le pont encombré de maisons pittoresques, les tourelles aux toits en éteignoir qui se dressent à l'angle du palais de justice, les rampes qui descendent à la rivière, forment un tableau plein d'effet et de couleur; le ciel, où flottent quelques flocons de nuages, est d'une grande finesse de ton : la lumière en jaillit sans effort.

Les marchandes de fleurs poursuivent les passants de leurs offres et les assourdissent de leur babil intéressé; c'est avec beaucoup de peine que l'inspecteur du marché parvient à obtenir, de ces bruyantes commères, assez de silence pour qu'on puisse entendre les jolis couplets chantés par Nanette, la gentille bouquetière, qui accourt avec son éventaire garni de rubans et chargé de fleurs :

> Je suis bouquetière,
> Fière,
> De vendre des fleurs.
> Voyez, fraîche éclose,
> Rose
> Aux pures couleurs.

Quoique ce soit peut-être une pédanterie, à propos de vers faits pour la musique, disons à M. Lucas, qui est assez poëte pour qu'on lui fasse un reproche de prosodie et de métrique, que ces couplets en vers à écho ou contre-pettés, comme disaient nos gothiques, devraient avoir, pour être réguliers tout à fait, la syllabe finale complétement répétée. L'écho ne change rien à ce qu'on dit; c'est là sa punition et son désespoir. Dans sa *Chasse du Burgrave*, Victor Hugo, le maître en ces sortes de curiosités rhythmiques comme en haute poésie, n'a pas commis cette faute :

>   Piqueur, va convier le comte ;
>   Conte
>   Que ma meute aboie en mes cours ;
>   Cours !
>   Archers, mes compagnons de fêtes,
>   Faites
>   Votre épieu lisse et vos cornets
>   Nets.

Tout cela n'empêche pas mademoiselle Nau de chanter, avec une pureté et une légèreté de vocalise extrêmes, cette chanson fleurie, dont Adolphe Adam a fait un bouquet musical plein de fraîcheur et tout parfumé de mélodie.

Nanette n'est pas une bouquetière comme les autres ; elle connaît le langage des fleurs et excelle à composer des bouquets symboliques. Un jeune seigneur, le vicomte de Courtenay, en achète un tous les jours à la jolie fleuriste, au prix d'un écu de six livres. Ce n'est pas trop cher, vu les beaux yeux de Nanette. Ce vicomte de Courtenay est le plus charmant mauvais sujet du monde : il se bat en duel, fait des soupers fins, dépense un argent fou, et joue un jeu d'enfer ; aussi nous le voyons sortir complétement plumé d'une table de biribi ; il ne lui reste d'autre ressource que d'être un héros, et il va s'engager chez le racoleur. Puisqu'il n'a plus le moyen d'acheter un régiment, il le gagnera.

En chemin, il rencontre Nanette, qui lui offre le bouquet habituel ; le vicomte voudrait bien le prendre, mais il n'a pas de quoi le payer. Tout son avoir se borne à vingt sous. Il est impossible de payer six livres avec vingt sous, et le vicomte donne à Nanette, pour compléter la somme, un billet de loterie qui doit immanquablement gagner. Puis il lui fait ses adieux et s'éloigne après avoir posé un baiser, plus attendri qu'il ne le voudrait, sur les joues de Nanette, aussi fraîches que les roses de son éventaire (style du temps).

Nanette elle-même est émue et n'écoute que d'une oreille fort distraite M. l'inspecteur du marché, qui rôde par là depuis le commencement de la pièce, ayant sur le bout de la langue une déclaration qu'il ne peut parvenir à placer, dérangé qu'il est toujours par quelque incident grotesque.

Le vicomte reparaît, portant à son chapeau les rubans des nouveaux enrôlés. Il cache sous des airs héroïques et soldatesques les sentiments qui l'agitent, et va s'attabler avec ses nouveaux camarades pour payer la bienvenue d'usage.

Nanette se sent triste en pensant qu'un si joli garçon peut revenir de la guerre boiteux, manchot, estropié, et même ne pas revenir du tout.

Mais voici qu'un infernal charivari se fait entendre : la grosse caisse mugit sous des percussions frénétiques, les cymbales rendent des glapissements stridents, les violons grincent, les clarinettes piaulent, c'est la musique de la loterie qui s'avance. La Fortune, symbolisée par une jeune femme qui a un bandeau sur les yeux, s'avance sur un char en compagnie d'un enfant habillé en Amour, qui tire les numéros d'une roue tournante. Avec le billet du vicomte, Nanette gagne un quaterne, c'est-à-dire vingt mille écus! Elle court vite chez le racoleur, rachète la liberté de M. de Courtenay et veut rendre à sa pratique le surplus de la somme. Le vicomte refuse; que pourrait faire de vingt mille écus le vicomte de Courtenay, qui a contracté la vicieuse habitude d'en manger deux cent mille par an? « Le vicomte de Courtenay! s'écrie l'inspecteur; mais on le cherche partout; il vient de lui mourir dans l'Inde un vieux parent riche comme plusieurs Crésus, un véritable nabab qui lui laisse toute sa fortune. » M. de Courtenay, devenu riche, épouse la gentille bouquetière et forme le projet d'être sage; l'inspecteur reste garçon, et la toile tombe.

Outre l'ouverture, qui est très-bien faite, comme nous l'avons dit, et dans laquelle se trouve un charmant motif qui se reproduit plus tard dans l'ouvrage, nous avons remarqué les couplets et la cavatine de Nanette, le trio de basse, ténor et soprano, le chœur des nouveaux enrôlés, l'entrée et la marche de la loterie, —en voilà bien assez pour un petit acte!

Mademoiselle Nau a chanté avec le goût et la science qu'on lui connaît, mais elle paraissait languissante, attristée, et sa voix n'avait pas sa sonorité habituelle.

Ponchard, qui remplissait le rôle du vicomte, malgré son excellente éducation musicale, et la belle prononciation qu'il tient de son père, ne nous paraît pas suffisant à l'Opéra, même comme ténorino. Sa voix domine difficilement le tumulte des instruments et ne franchit pas toujours cette barrière de bruit que l'orchestre interpose entre le chanteur et le public; peut-être aussi l'émotion était-elle pour quelque chose dans cette faiblesse d'organe.

VARIÉTÉS. *Les Trois Portiers*. — Vous savez tous quel charmant comédien c'était que Vernet. Personne n'a plus que lui approché de la nature. Il ne jouait pas, il était le personnage même qu'il représentait. Quelle étonnante création que *le Père de la débutante!* Dans ce type, Vernet semblait avoir résumé tous les pères d'actrice ou d'enfant prodigue passés, présents et futurs. Il était à la fois plein de caprice et de vérité, comme les œuvres des grands artistes. A une figure générale, il avait apposé un cachet particulier : c'était à la fois tous les pères de débutante et Vernet tout seul. Ce type était devenu si complet entre ses mains, que, comme l'Androgyne de Platon, il y possédait les deux sexes et fondait dans une unité puissante ces deux originalités si fortes, le père et la mère d'actrice. Quelle infatuation sublime, quelle obstination à toute épreuve il apportait dans ses démarches pour la petite! Comme il était insinuant, flatteur, rampant dans ses revers, orgueilleux et triomphant dans le succès!

Cette création eût suffi à illustrer un comédien; mais Vernet n'était pas moins étonnant sous le jupon de madame Gibou que sous le frac délabré du père de la débutante. Tourmenté par des attaques de sciatique, Vernet a dû renoncer à l'exercice régulier de sa profession. Seulement, il reparaît de temps à autre lorsque les douleurs lui laissent un peu de répit. Les applaudissements sont un excellent topique pour les souffrances d'un comédien, et le public, toutes les fois qu'il revoit son comique favori, ne l'en laisse pas manquer. Cependant, dans ses réapparitions, Vernet s'était contenté, jusqu'à présent, de reprendre les rôles les plus applaudis de son répertoire; l'autre soir, il abordait une nouvelle création.

Les Trois Portiers, tel est le titre de la pièce où reparaissait l'excellent comédien.

Ce titre avait allumé vivement la curiosité du public : *les Trois Portiers!* Était-ce une trilogie dans le genre des *Burgraves,* où le portier titanique des âges anciens, s'appuyant sur un fils à peine octogénaire, contemplait silencieux, du fond de son fauteuil de cuir, les déportements des portiers ses petits-fils? Allions-nous voir un Job des bords de la Seine, ayant pour burg une loge inaccessible dans un hôtel en démolition du faubourg Saint-Germain? — Rien de tout cela.

Il s'agit tout bonnement d'un portier savetier et fabuliste : cette alliance n'a rien qui doive étonner, nous avons des cordonniers poëtes lyriques. Ses fables portent les titres les plus grotesques du monde, et l'exécution répond aux titres : *l'Écrevisse fallacieuse, le Corbeau bizet, la Carpe qui vend des allumettes chimiques, la Tortue et l'Agent de change,* etc., etc.; tout un recueil à lire dans un athénée.

Le père Joseph est assez méprisé par ses deux cousins, l'un suisse dans le noble faubourg, l'autre concierge dans la rue Joubert. Ces deux aristocratiques personnages ont, pour le père Joseph, tout le mépris qu'un suisse et un concierge peuvent ressentir à l'endroit d'un parent portier, et portier rue des Lombards ou rue Sainte-Avoye.

Le concierge voudrait marier sa fille au fils du suisse; mais mademoiselle Athénaïs, c'est le nom de la demoiselle, préfère le fils du père Joseph. Ses parents s'indignent de la bassesse de pareils goûts, et prennent de tels airs de hauteur, que le portier fabuliste se fâche tout rouge et les appelle canailles d'aristocrates.

Au second acte, un revirement complet s'est opéré. Le concierge et son épouse viennent voir le père Joseph et sont d'une complaisance, d'une douceur et d'une humilité surprenantes; ils ne veulent pas faire le malheur de si bons jeunes gens, Athénaïs épousera le fils de Joseph : le suisse lui-même ne tarde pas à paraître en grande tenue, il veut proposer à Joseph un mariage entre leurs enfants : et, comme le père a besoin de sortir pour aller à un rendez-vous d'affaires, le suisse s'offre à garder la loge et à tirer le cordon en son absence. Le concierge et la femme balayent les escaliers et cirent les chaussures du digne homme.

Le mot de l'énigme est tout simple. Un vieux parent, à qui le père Joseph avait fait la gracieuseté d'envoyer un *perroquet d'Occident*, c'est-à-dire une pie académique et récitant des fables, est mort à Amiens, la ville des pâtés, laissant à l'honnête portier, qui ignore encore ce legs, une somme de soixante mille francs.

Lorsque le père Joseph rentre, muni de l'héritage, et qu'il voit le suisse occupé à tourner l'oie à la broche, le concierge le bras enfoncé jusqu'au coude dans une botte qu'il tâche de faire miroiter, il comprend tout, et il lui prend, en face de la platitude humaine, un courroux véhément qu'il soulage par une sortie dans le genre des discours de Timon d'Athènes ; puis il tombe bientôt lui-même dans un autre excès : il devient d'une fierté intraitable ; il revêt des habits bleus à boutons de métal, des chapeaux en peluche et des pantalons de nankin exorbitants ; il abandonne sa modeste profession de portier savetier ; c'est tout au plus s'il daigne rester fabuliste ; il veut marier son fils à une duchesse ; bref, il fait toutes sortes d'extravagances ; mais, comme, après tout, il a le cœur bon, il se laisse attendrir par les supplications de son fils et les larmes de mademoiselle Athénaïs, et il finit par consentir à cette mésalliance.

Vernet a été excellent dans le père Joseph. Dussert fait un suisse superbe.

14 juin.

Odéon. *Spartacus*. — Il y a quelque chose de plus étonnant que le public de l'Odéon, — lequel écoute pourtant quelquefois, sans sourciller, quatre ou cinq pièces nouvelles en moins de huit jours ; — quelque chose de plus étonnant que la troupe qui les a apprises et représentées : c'est le comité de lecture qui en reçoit au moins autant toutes les semaines. — Le public, après tout, se renouvelle, il a même le droit d'*absentéisme*, comme on dit à la Chambre ; quant aux acteurs, ce sont peut-être des gens d'une mémoire extraordinaire et capables du tour de force de Pic de la Mirandole, qui récitait une tragédie latine qu'on lui avait lue une seule fois, d'abord d'un bout à l'autre, puis à rebours, du dernier vers jusqu'au premier ; — mais le comité de lecture, quel héroïque et patient écouteur ! et, par tout ce qu'il reçoit, jugez encore de ce qu'il ne reçoit pas !

Depuis le règne renouvelé de la tragédie, tout département veut avoir la sienne ; il en arrive donc au moins, bon an mal an, quatre-vingt-six à Paris, appuyées naturellement chacune de l'influence d'environ quatre députés desquels dépend la maigre subvention accordée au théâtre ; jugez maintenant dans quel réseau d'ennuis et de sollicitations se trouve pris ce malheureux comité de la rive gauche, et nous ne parlons là que des tragédies seulement !

Cette fois, après la Vienne et l'Hérault, qui ont donné le jour à nos deux premiers écrivains tragiques, c'est le Lot-et-Garonne (chef-lieu, Agen ; 540 kil. S. O. de Paris ; 13,399 hab. ; évêché, cour royale, collége, etc.) qui vient d'obtenir la palme. Tout le Midi se livre à la tragédie ; la domination romaine y a répandu les germes de ces conceptions classiques. Le grec perce aussi par certains points. Marseille, ancienne colonie phocéenne, élucubre en ce moment une tragédie dans le goût d'Eschyle pour le Théâtre-Historique. Mais n'anticipons pas. Le genre grec a toujours donné davantage à l'imagination ; le goût romain se borne à des calques et à des poncifs.

Aux premières scènes du *Spartacus*, de M. Magen, on croit avoir affaire à une tragédie pur sang, dans le goût de *Pertinax* ou d'*Arbogaste;* bientôt on voit arriver ce mélange de simplicité et de convention, de fantaisie et de grandiose, qui est le caractère de la nouvelle école tragique, et que l'on pourrait comparer au style gallo-romain. Nous avons eu déjà bien des essais de ce genre composite, qui a l'inconvénient de ne satisfaire ni les vieux amateurs de la tragédie de l'Empire, ni les admirateurs refroidis du drame moderne. Il vaudrait peut-être mieux créer quelque chose d'entièrement nouveau.

Car, après tout, nous avons eu, depuis quinze ans, la *Fête de Néron* d'Alexandre Soumet, le *Caligula* de Dumas, et le *Gladiateur* du même Soumet ; toutes œuvres éminentes, traitées dans le même goût qu'on affecte de trouver original aujourd'hui, et qui, pourtant, n'ont pas eu tout le succès désirable; il est donc douteux que cette sorte de tragédie s'implante jamais solidement sur nos théâtres parisiens.

Ces réserves faites, nous devons constater un de ces succès énergiques dont l'Odéon a le privilége ; un public nourri d'études classiques ne pouvait manquer de faire à Spartacus, l'esclave révolté, l'accueil qu'il fit naguère à la républicaine Lucrèce.

M. Magen a remporté cette première couronne dramatique, si fleurie et si épineuse à la fois, qui ne peut faire présumer le talent, mais qui n'empêche pas qu'on n'y puisse croire. Sa tragédie en vaut une multitude d'autres, et aidera certainement l'Odéon à obtenir des Chambres sa subvention de cent mille francs, que la commission voudrait réduire, sous prétexte d'une tendance fâcheuse au drame dans les idées, et à l'enjambement dans les vers.

THÉATRE-HISTORIQUE. *Intrigue et Amour.*—Nous avons déjà vu, à Paris, cinq ou six imitations du *Kabale und Liebe,* de Schiller. Mais voici enfin une version à peu près exacte; on peut regretter qu'elle ne soit pas en vers comme l'ouvrage allemand, car la prose ne peut traduire certaines idées hautement poétiques, sans leur communiquer une sorte d'emphase; mais il fallait, avant tout, rendre populaire et accessible à tous ce chef-d'œuvre du drame intime.

L'auteur d'*Antony*, de *Teresa* et d'*Angèle* était digne, plus que tout autre, de comprendre et de reproduire le profond sentiment, l'enthousiasme et l'énergie *socialiste* de l'œuvre allemande. Il y a réussi autant que possible et a fait supporter des effets entièrement neufs pour notre public, et que celui-ci n'acceptait qu'en frémissant parfois comme un cheval à demi dompté.

Il est peut-être plus facile de faire admettre chez nous la réalité shakspearienne, qui porte sur des sujets historiques et conventionnels, que le procédé analogue employé par Schiller pour des sujets modernes. Les détails de la vie bourgeoise mêlés aux situations où éclatent les passions les plus tragiques, risquent souvent de provoquer le sourire, comme dans la scène où Ferdinand, après une tirade héroïque, demande à Louise un verre d'eau, comme dans celle où le vieux musicien interrompt l'entretien sublime des amoureux par une boutade prosaïque.

Le public français, qui a plutôt l'intelligence des généralités que l'esprit d'observation et de comparaison, n'a jamais admis complétement le mélange du plaisant et du sérieux; il accepte bien le niais du mélodrame, ou la scène familière succédant à la scène tragique; mais le rire strident, qui tout à coup se mêle au choc des passions exaltées, a quelque chose qui l'étonne encore. C'est cependant Voltaire, son auteur favori, qui, pour donner un exemple du rire et des pleurs mélangés dans la vie, citait l'anecdote d'une dame qui, auprès du lit d'un de ses enfants moribond, s'écriait, sans songer à sa famille réunie dans la même chambre : « Sauvez-le, mon Dieu, et prenez tous mes autres enfants! » A ce cri de la nature, un de ses gendres se leva et lui dit : « Madame, les gendres en sont-ils? » C'est encore Voltaire qui disait dans ses dernières années : « Il n'y a plus de théâtre possible sans la fureur des passions. »

Le talent de Schiller est un produit singulier de la manière de Shakspeare et des idées de la philosophie du XVIIIe siècle. Rien n'est plus révolutionnaire que son théâtre; on ne comprend pas que ses quatre premières pièces aient été et soient encore jouées sans difficulté sur tous les théâtres de l'Allemagne. Bien des gens affectent de faire moins de cas de ces productions de sa jeunesse que de *Vallenstein*, par exemple, ou de *la Fiancée de Messine;* c'est une prévention. Selon nous, là est le génie véritable; plus tard, Schiller n'est qu'un poëte de grand talent.

Disons maintenant qu'en somme toutes les grandes et magnifiques situations de l'ouvrage ont été comprises et applaudies. Le public, la critique, les princes, ont attendu jusqu'à une heure du matin le simple verre d'eau qui dénoue cette action terrible. Mélingue et mademoiselle Person ont eu les honneurs de la soirée.

28 juin.

PALAIS-ROYAL. *Un Père d'occasion.* — En allant voir un vaudeville de M. Paul de Kock, on est toujours sûr de rire, non pas de ce rire délicat qui voltige un instant sur les lèvres et disparaît, mais d'un gros rire épanoui, d'une jovialité un peu grossière; — qu'importe après tout, si l'on a ri?

M. Paul de Kock, que des auteurs qui ne le valent pas affectent de déprécier, a certainement le don du comique ; c'est un Molière de bas étage ; il sait animer ses personnages d'une vie brutale ; ses caricatures, quoique charbonnées avec un tison sur un mur raboteux, ont de l'accent et de l'humour. Il ne lui a manqué que le style pour exister tout à fait.

Sa nouvelle pochade du Palais-Royal a de la rondeur et de l'abandon : c'est de la grosse et bonne bêtise, qui vaut mieux, selon nous, que les entortillages prétentieux et les drôleries laborieuses.

Que peut vouloir un jeune homme qui s'appelle Charles, si ce n'est se marier avec mademoiselle Léontine ? En effet, M. Charles veut épouser mademoiselle Léontine ; mais M. Picotin, oncle de la petite et maquignon de son état, s'oppose à cette union.—M. Picotin, maquignon, nous aimons cette candeur ! — Il voudrait voir le père de M. Charles, un père problématique, qu'on annonce, qu'on promet toujours, et qui n'arrive jamais. Ce père vagabond et ubiquiste est partout excepté où se trouve son fils. Un moment, Charles croit le tenir ; mais ce père désespérant écrit qu'il va s'embarquer pour les îles Marquises, dans l'intention d'y fonder une fabrique de biscuits de Reims.

Cependant, si M. Charles n'a pas produit, ce jour-là même, un père d'une respectabilité suffisante, mademoiselle Léontine, celle qu'il adore, posera sa main blanchette dans la grosse main rougeaude de M. Belloreille, maquignon en mulets et grand ami de M. Picotin.

— Belloreille, marchand de mules ! ô plaisanterie digne de l'âge d'or ! facétie de vaudeville édénique ! si toutefois l'on a joué des vaudevilles dans le paradis terrestre, détail dont les thalmudistes, toujours si bien renseignés, ne disent pourtant rien.

Charles possède un ami d'apparence honnête et cossue, un ami de cœur nommé Florestan. Cet ami, sachant les embarras de Charles, induit un air paterne et paternel, et se présente chez M. Picotin, enchanté de voir un homme si bien couvert et de si bonnes façons. Il est accueilli comme le père de Charles, et rien ne s'oppose plus au mariage du jeune homme et de Catherine.

Florestan est installé dans l'intérieur de Picotin, il mange, il boit, il se prélasse, il prend ses aises ; par malheur, il est reconnu par une demoiselle Chalumeau, dont il a été jadis l'un des nombreux adorateurs. Ce n'est pas tout. Il se trouve que la mère de Léontine n'est autre que sa propre femme, sa légitime, sa légale, ainsi que disent les vaudevillistes, qu'il a plantée là à une époque reculée avec cette légèreté charmante du Français, commis voyageur et troubadour.

Ahuri de toutes ces reconnaissances, Florestan voile son trouble sous d'innombrables embrassades : quand il a bien pataugé, le père véritable arrive inopinément de Tombouctou ou de Pantin, et l'ordre se rétablit assez pour que les acteurs puissent chanter le couplet final et remonter le théâtre à reculons en se tenant par le bout du doigt.

Luguet a été fort drôle dans le rôle de Florestan, et Leménil dans celui de Picotin.

VII

JUILLET 1847. — Opéra : changement de direction. — M. Nestor Roqueplan. — Les directeurs habiles et les directeurs heureux. — Projets de restauration. — Gymnase : *Charlotte Corday*, par MM. Dumanoir et Clairville. — Un manifeste directorial. — Os à ronger pour les dogues de la critique. — Ne touchez pas à la reine! — Charlotte Corday et Adam Lux. — Simple réflexion à l'adresse des claqueurs du Gymnase. — Relâche général. — Paris désert.

5 juillet.

OPÉRA. *Changement de direction.* — M. Nestor Roqueplan vient d'obtenir la direction de l'Opéra. M. Léon Pillet se retire après une gestion plus malheureuse encore qu'inhabile. En effet, le plus grave reproche qu'on puisse lui adresser, c'est qu'il n'avait pas de bonheur. Dans toute entreprise humaine, il ne suffit pas d'être honnête, intelligent, actif, il faut encore être heureux : sans bonheur, les combinaisons les plus sages ne réussissent pas.

Quelle est donc cette force inconnue et dont nulle loi dynamique ne peut apprécier la puissance, qui fait que les spéculations les plus folles tournent à bien aux mains de certaines personnes, tandis que des plans raisonnables et justes tournent à mal aux mains de certaines autres? Par quelle influence mystérieuse le succès se décide-t-il? à quelles secrètes avances le hasard est-il sensible? Qui peut savoir cela? Comment se fait-il que, sur deux directeurs, avec la même salle, le même spectacle, les mêmes artistes, il y en ait un qui perde et l'autre qui gagne? Quelle attraction exerce sur le public, indépendamment du mérite des pièces jouées, une direction plutôt qu'une autre? C'est une chose qu'on sent et qu'on ne saurait définir.

Le monde obéit à des influences magnétiques ignorées. Ceux qui les possèdent et ceux qui les subissent ne s'en rendent pas compte, mais elles n'en existent pas moins; on attribue souvent à l'habileté d'un homme un succès qu'il n'a nullement préparé et qui le surprend lui-même. Une violente projection de volonté, une brûlante effluve de désir déterminent et changent les événements; une plume invisible ajoute ou retranche des chiffres aux mathématiques des probabilités. Les uns arrivent à gagner par une martingale obstinément suivie; ce sont les plus rares, car la chance est une coquette capricieuse qui n'aime pas à être trop poussée; les autres y mettent moins de science, ils obéissent à des illuminations subites; ils prennent des décisions d'après des pressentiments, des sympathies instinctives; ils ne raisonnent pas et se moquent de la logique; ils tentent l'absurde avec conviction et sang-froid, et l'absurde, étonné, devient possible. — L'important est d'être heureux.

Avec ce don, on peut commettre toutes les imprudences, toutes les témérités; quand on est ainsi doué, la prodigalité rapporte plus que l'économie, la dissipation plus que le travail; ce qui devait vous perdre vous sauve, et vous avez beau mettre à coups de pied votre fortune à la porte, elle rentre par la fenêtre, ramenée par un attrait invincible; les gens insolvables vous payent, les avares vous font des présents, les voleurs oublient leur bourse chez vous. Quand même vous voudriez gâter votre sort, vous n'en viendriez pas à bout; les coups de hache que vous porteriez à votre statue dévieraient et iraient blesser vos rivaux.

Nous ne dirons donc pas à M. Nestor Roqueplan qu'il a du goût, de l'esprit, du jugement; qu'il connaît à fond cette machine compliquée de l'Opéra, observée par lui depuis longues années avec cette étude distraite, bien préférable à la science subtile; tout cela ne lui servirait de rien. Mais il est heureux, et cela suffit.

La première mesure du nouveau directeur a été de fermer la salle, qui a grand besoin d'un nettoyage à fond, sinon d'une restauration complète. Il faut à tout le moins, si l'on ne change rien à sa distribution, très-inférieure pour la commodité à celle des Italiens et de l'Opéra-Comique, qu'elle soit dorée et repeinte du haut en bas, car elle est dans un état de dégradation affligeant.

Maintenant que le luxe de l'ornementation intérieure et des ameublements est poussé à un si haut point, il est de toute nécessité que les lieux de plaisir, fréquentés principalement par la classe riche ou artiste, ne soient pas au-dessous des habitations en éclat et en confort. Il ne faut pas que les pieds de satin, habitués à ne fouler que de moelleux tapis, rencontrent nulle part le plancher froid et raboteux; il ne faut pas que les yeux rendus délicats par les belles tentures de damas, les revêtements de marbre, les lambris chantournés et tarabiscotés, les tableaux de maître, les vases de la Chine, les candélabres épanouis et touffus comme des buissons d'or, soient choqués par des teintes criardes ou passées, des corniches poussiéreuses, des dorures tombant en écailles, des toiles montrant la corde, un plafond enfumé et autres misères.

Le plaisir a besoin d'un entourage brillant.

Peut-être, à des gens moins avancés que nous en civilisation, il suffirait, à l'Opéra, d'un beau chant exprimé par une voix savante et pure, d'un pas dansé avec grâce et correction. Mais nous en sommes arrivés au plaisir composite; et cette complication, loin d'être une décadence, est un progrès. En plaisir comme en musique, nous avons passé de la mélodie à l'harmonie; nous préférons l'orchestre au galoubet.

M. Nestor Roqueplan, qui est un homme de vie élégante, comprendra ces nécessités mieux que personne, et, quand l'Opéra sortira de la chrysalide où il va s'enfermer pendant deux mois, les ailes du papillon seront diaprées d'or, de cinabre et d'azur.

19 juillet.

GYMNASE. *Charlotte Corday*. — Nous avons lu ce matin, à la troisième page des journaux, une réclame qui ne laisse pas que de nous embarrasser fort pour l'article que nous allons écrire sur la pièce jouée cette semaine au Gymnase. Il y est dit :

« *Charlotte Corday* sera certainement discutée comme l'a été *Clarisse Harlowe* l'année passée; mais on peut affirmer qu'il n'y aura qu'une voix sur le merveilleux talent dont madame Rose Chéri a fait preuve dans cette nouvelle création. On savait que la jeune actrice peut être tour à tour spirituelle et ingénue, touchante et gaie, naïve et coquette. Elle vient de prouver qu'elle excelle dans l'expression des sentiments énergiques; qu'au besoin, elle sait être forte, grande, inspirée, etc. »

Ainsi, M. le directeur du Gymnase abandonne aux journalistes MM. Dumanoir et Clairville. Leur pièce sera certainement *discutée*; M. Montigny le permet; il jette cet os à ronger aux dogues du feuilleton. Emportez la basque de l'habit de M. Dumanoir, pincez les mollets de M. Clairville; c'est bien : il faut faire la part des animaux féroces. — M. Montigny est bon prince. Nous ne le contrarierons pas en *discutant* l'œuvre de ces messieurs; nous pourrions même au besoin l'éreinter; car, ainsi que la plupart des directeurs, M. Montigny ne tient ni aux auteurs, ni aux pièces; il les trouve même un peu nuisibles au théâtre, et doit chercher des combinaisons pour s'en passer; mais, s'il a la clémence de nous laisser libre de ce côté, il nous trace la marche à suivre sur un point important, et d'une façon rigoureuse, inflexible, absolue. « Il ne peut y avoir qu'une voix, c'est M. Montigny qui l'affirme, sur le merveilleux talent dont madame Rose Chéri, etc. » Une voix, c'est clair.

Que voulez-vous répondre à cela? Notre libre arbitre est terriblement gêné par cette formule hautaine et dogmatique; cependant, si M. Montigny n'assurait pas qu'il ne peut y avoir qu'une voix sur le talent merveilleux dont madame Rose Chéri a fait preuve dans cette création nouvelle, nous eussions élevé la nôtre et dit que madame Rose Chéri n'a nullement déployé un talent merveilleux dans *Charlotte Corday*. Mais alors cela eût fait deux voix, et il ne peut y en avoir qu'une d'après la conviction inébranlable de M. le directeur du Gymnase : voyez l'embarras où nous sommes !

Encore, tout en admettant « le talent merveilleux » déployé par madame Rose Chéri en cette occasion, si nous avions, pour singer l'indépendance, la facilité de mitiger cette admiration obligatoire par quelques critiques de détail, nous supporterions notre contrainte plus patiemment; mais tout a été prévu, on ne nous laisse aucune échappatoire. Madame Rose Chéri est « ingénue et spirituelle, touchante et gaie, naïve et coquette, » et, quand la direction l'exige, « énergique, forte, grande, inspirée; » c'est-à-dire qu'elle possède réunies toutes les qualités dont une seule suffit pour illustrer une actrice. Madame Rose Chéri est à la fois Contat, Mars, Rachel, Georges... Heureux Gymnase !

Eh bien, nous avions cru, jusqu'à présent, que madame Rose Chéri avait un talent, non pas merveilleux, mais propre, honnête, soigneux, un peu bourgeois, très-bien à sa place au Gymnase. Voilà tout. Nous nous sommes trompé, à ce qu'il paraît.

Venons-en donc à MM. Dumanoir et Clairville, qu'on nous abandonne. Nous éprouvons quelques remords à enfoncer le scalpel dans ces pauvres victimes livrées à la *discussion certaine*.

L'idée de mettre en vaudeville cette terrible histoire de Charlotte Corday est des plus saugrenues et ne peut avoir été inspirée que par le grand succès des *Girondins* de M. de Lamartine: Figurez-vous Barbaroux, Pétion, Louvet et les autres, chantant des couplets: un chœur de girondins, sur un air connu, n'est-ce pas une belle invention ?

Il n'y a rien de dramatique, ou, du moins, de théâtral, dans la vie de Charlotte Corday. Elle ne confia à personne son secret, frappa le monstre auquel elle attribuait les malheurs de la patrie, et mourut silencieuse comme elle avait vécu ; le combat est tout intérieur. Charlotte Corday pourra être le sujet d'un admirable récit ou d'une ode sublime. M. de Lamartine et André Chénier l'ont prouvé ; mais cette blanche statue solitaire refusera toujours de se mêler aux groupes scéniques plus ou moins habilement arrangés par les dramaturges. Un grand poëte pourrait traduire en monologues sublimes l'âme et les pensées de l'héroïque petite-fille de Corneille, mais là s'arrêterait sa puissance.

La Grèce, ô fille illustre, admirant ton courage,
Épuiserait Paros à placer ton image
Auprès d'Harmodius, auprès de son ami,
Et des chœurs sur ta tombe, en une sainte ivresse,
Chanteraient Némésis, la tardive déesse,
Qui frappe le méchant sur son trône endormi.

Cette figure solennelle, faite pour le marbre, ne peut se livrer, devant une rampe de quinquets, aux évolutions tumultueuses du drame.

Dans leur œuvre, MM. Clairville et Dumanoir nous font voir Charlotte Corday à Caen, chez sa tante, madame de Bretteville, lisant Plutarque, *la Nouvelle Héloïse* et la Bible à l'endroit de Judith, écoutant les girondins parler politique et couvant déjà son projet; puis ils nous présentent l'intérieur de la maison de Marat, où des femmes sont occupées à plier le journal de *l'Ami du peuple*. Marat ne paraît pas, mais on entend mugir sa voix à la cantonade; le jugement de Charlotte Corday forme fatalement le troisième acte.

A travers tout cela serpente un amour romanesque pour M. de Belzunce, qui tâche de sauver Charlotte Corday, bien qu'il ait été massacré par la populace de Caen; ce qui produit un effet assez ridicule.

Probablement, ces messieurs, qui sont d'une habileté scénique proverbiale et que nul ne surpasse pour la charpente, n'auront pas trouvé l'action de Charlotte Corday assez *motivée;* ce n'est plus pour délivrer la France d'un scélérat que la courageuse fille arme sa main pâle d'un long couteau, mais bien parce que le nom de son amant se trouve sur une liste de proscription : c'est pour le venger.

Charlotte Corday a-t-elle aimé quelqu'un? C'est un mystère que la tombe garde et que nul ne peut éclaircir. On a parlé de M. de Belzunce, de M. de Franquelin, dont le cercueil renferme, dit-on, des lettres et un portrait d'elle; mais rien de tout cela n'est prouvé. Le seul amant de Charlotte Corday est un amant posthume, Adam Lux, dont elle prit l'âme dans un regard suprême, et qui la suivit jusqu'à l'échafaud, où bientôt il monta, enivré et joyeux, comme sur un lit nuptial. « Je gravais dans mon cœur, s'écrie-t-il avec une admirable éloquence de passion, cette inaltérable douceur au milieu des hurlements barbares de la foule, ce regard si doux et si pénétrant, ces étincelles vives et humides qui s'échappaient comme des pensées enflammées de ces beaux yeux, dans lesquels parlait une âme aussi intrépide que tendre; yeux charmants, qui auraient dû émouvoir un rocher! Souvenirs uniques et immortels, qui brisèrent mon cœur et le remplirent d'émotions jusqu'alors inconnues! émotions dont la douceur égale l'amertume, et qui ne mourront qu'avec moi! Qu'on sanctifie le lieu de son supplice et qu'on y grave ces mots : « Plus » grande que Brutus! » Mourir pour elle, être souffleté comme elle par la main du bourreau; sentir, en mourant, le froid du même couteau qui trancha la tête angélique de Charlotte; être uni à elle dans l'héroïsme, dans la liberté, dans l'amour, dans la mort, voilà désormais mes seuls vœux. Je n'atteindrai jamais à cette vertu sublime; mais n'est-il pas juste que l'objet adoré soit au-dessus de l'adorateur? »

Étrange et merveilleux amour! le plus pur, le plus immatériel qui ait jamais fait battre un cœur humain; avec quels tressaillements de bonheur, quelle ivresse céleste ces deux âmes durent-elles se rencontrer dans ce monde où les nobles esprits nagent vêtus de beauté et de lumière!

La curiosité était grande, et, le soir de la première représentation, malgré la chaleur que vous savez, une foule compacte remplissait la salle du Gymnase; — on ne connaissait pas encore l'œuvre de MM. Dumanoir et Clairville; — il est douteux qu'on y revienne, même quand la température s'abaisserait.

Malgré les efforts héroïques de ces splendides claqueurs auxquels nous avons plusieurs fois adressé des marques de notre admiration, quelques sifflets se sont fait entendre, et le redemandage a raté sur plusieurs points; cela manquait d'ensemble. Nous conseillons à MM. du lustre d'attendre, pour rappeler madame Rose Chéri, qu'on ait nommé les auteurs; car, bien que les auteurs soient excessivement peu de chose auprès d'une actrice, si cependant aucun écrivain ne faisait de pièces, MM. les claqueurs n'auraient plus de prétexte pour exercer leur industrie. Nous soumettons ce petit raisonnement à leur bon sens naturel.

26 juillet.

Relache. — Tous les théâtres sont fermés ou vont l'être, et ceux qui restent ouverts sont encore bien plus fermés que les autres! A l'aspect de ces *blancs* qui écartellent maintenant les annonces de spectacles, l'idée nous avait pris de nous soustraire à notre manége hebdomadaire et de fuir les ardeurs de l'été parisien dans quelque climat brûlant, en Égypte ou en Syrie, par exemple, les pays chauds étant les seuls où l'on sache se préserver de la chaleur, de même que nous irions en Russie pour nous soustraire au froid; mais nous avons été retenu par la pensée de priver ces pauvres théâtres de leur dernier spectateur, et Paris de son dernier habitant.

En effet, il y a quelque volupté à se sentir seul dans cette ville immense, à parcourir ces places désertes, ces jardins abandonnés, ces rues silencieuses comme les couloirs des hypogées de Thèbes; on dirait cette cité morte des contes arabes, où le voyageur errait à travers les simulacres de la vie sans éveiller d'autre voix que l'écho; les maisons n'ont plus que des façades aveugles; leurs paupières de volets sont hermétiquement closes. Les maîtres, emportés par les trains de plaisir, courent au bord de l'Océan respirer les brises salines et tremper leurs corps calcinés dans l'azur amer, ou s'en vont aux eaux, ou halettent sous l'ombrage rare des cottages d'Auteuil, d'Enghien ou de Montmorency.

Cependant les fontaines de la place de la Concorde continuent à secouer aux pieds de l'Obélisque, tout ragaillardi par ce cuisant soleil, leur panache de bruine argentée, et, tous les soirs, le gaz s'allume en longs cordons de feu, attention délicate dont nous remercions l'édilité parisienne. Faire tant de frais pour un seul habitant, c'est généreux et noble; aussi en sommes-nous très-reconnaissant et tâchons-nous de peupler les promenades, et de repasser plusieurs fois de suite dans les mêmes allées, comme l'armée de feu le Cirque-Olympique : nous sentons toutes les obligations que nous impose notre emploi d'habitant unique de Paris.

Le soir, nous faisons une tournée dans les théâtres. Les contrôleurs, tout heureux de voir un visage humain, nous sourient doucement et nous saluent avec reconnaissance. Nous entrons, et, pour occuper plus de place, nous nous couchons en travers du balcon ou de l'orchestre ; notre chapeau remplit une stalle, nos gants une autre ; la lorgnette, posée plus loin, fait l'agréable illusion d'un spectateur sorti et qui a marqué sa place.

Dès qu'on nous voit à notre poste, les conversations particulières qui avaient lieu sur la scène cessent aussitôt : on se dit : « Le voilà ! jouons-lui quelque chose pour sa peine. » L'orchestre, charmé, gazouille de lui-même une ritournelle ; des couplets de Clairville s'élancent en fusée ; trois ou quatre répliques s'échangent avec les intonations convenables, puis la toile tombe.

Nous allons faire un tour dans les coulisses, où nous sommes reçu avec les égards que mérite un homme qui représente à lui seul toute la critique et tout le public. « Vous ne voyagez pas, cette année ? » nous demande-t-on avec une anxiété visible. Nous répondons : « Non. » Et un soupir de soulagement s'échappe des poitrines. « Viendrez-vous demain ? Que désirez-vous voir ? Faites vous-même l'affiche, nous crie-t-on de toutes parts. — Vous ne nous demandez jamais de billets, » ajoute le directeur, qui oublie que nous avons huit premières loges dans notre poche.

Dans ces salles vides, nous jouissons d'une température délicieuse qui ne peut se comparer qu'à celle de ces cabinets sous-marins où le luxe de Rome cherchait un asile contre les ardeurs de Sirius ; car, c'est une vérité que l'on ne saurait trop proclamer, rien n'est plus frais au monde qu'une salle de spectacle où il n'y a personne. Ne nous parlez pas de l'ombre des platanes, des tonnelles de chèvrefeuille ou de vigne, des terrasses dont le pied baigne dans l'eau, des villas dont les colonnades s'ouvrent aux brises de la mer, mais parlez-nous des Variétés, du Vaudeville, des Français et de l'Opéra-Comique, aux mois de juin et de juillet.

VIII

AOUT 1847. — Le Château des Fleurs : inauguration. — Théâtre-Historique : *le Chevalier de Maison-Rouge*, drame de MM. Alexandre Dumas et Auguste Maquet. — La pièce, l'exécution et la mise en scène. — Palais-Royal : *les Chiffonniers*, par MM. Bayard, Sauvage et Frédéric de Courcy. — La misère peut-elle être un élément comique? — Cirque-Olympique : boxe, bâton et savate. — Les frères Lecourt. — Thomas Kay et Charles Latois. — Variétés : *les Foyers d'acteurs*, par MM. Clairville, Grangé et Dennery. — L'envers du rideau. — Les comédiens d'aujourd'hui. — Physionomie réelle des foyers de théâtre. — Le pas des miroirs. — Ambigu : *le Fils du Diable*, drame de MM. Paul Féval et Saint-Yves.

2 août.

LE CHATEAU DES FLEURS. — Les yeux des promeneurs qui remontent les Champs-Élysées pour aller au bois de Boulogne ou à l'Hipprodrome, sont frappés, depuis quelques jours, par un grand mât à la vénitienne qui porte, au lieu de hunes, des jardinières fraîchement remplies, et dont la banderole, éveillant la curiosité, dirige les regards vers un portique de treillage au fronton duquel flamboie, le soir, une inscription en lettres de gaz formant ces mots : *Château des Fleurs.*

Paris, qui s'agrandit chaque jour, a successivement submergé de sa marée de pierre les îlots de feuillage qui verdoyaient çà et là à sa surface. Tivoli a disparu ; Marbeuf se déchiquette ; nous écrivons cet article à la place où fut le jardin Beaujon : partout le gazon disparaît sous le pavé ; les dessins des parterres deviennent des tracés de fondations ; la coignée entaille déjà le pied de quelques arbres dont le panache cherche un interstice à travers les constructions pour s'élancer vers le soleil ; et bientôt Paris, vu à vol d'oiseau, ressemblera à une carrière de moellons à ciel ouvert. Chaque pouce de terrain acquiert des valeurs folles, et les plus riches banquiers pourront seuls se permettre le luxe d'un quinconce ou d'une tonnelle, car, dans les quartiers centraux, chaque feuille d'arbre est un billet de mille francs.

Dans dix ans, si cela continue, un enfant élevé à Paris ignorera complétement l'herbe, les fleurs, le feuillage, la terre même, tant l'œuvre des hommes aura masqué celle de Dieu. Rien, dans ces horizons de cheminées et de murailles, ne lui rappellera la nature et, il pourra descendre dans la tombe sans avoir posé son pied sur le sein nu de la vieille mère Cybèle.

Quand la ville, se développant sans cesse, remplira sa ceinture de fortifications, il faudra, pour avoir des jardins, en revenir aux inventions de Sémiramis, et les installer sur les toits nivelés en terrasses. La puissance de la vapeur ne ferait qu'un jeu du travail de monter l'eau à l'élévation nécessaire, et chaque maison porterait une couronne fleurie et parfumée. Nous ne voyons pas d'autre moyen de conserver les traditions de l'horticulture ; car, en imitant la civilisation anglaise, nous en avons soigneusement évité les côtés favorables. Nous copions l'énormité de Londres, moins les parcs, les *squares* et tout ce qui en rend l'habitation possible.

C'est donc une excellente idée que d'avoir fait éclore, dans ce sahara de plâtre où nous étouffons, une oasis de fleurs, de parfums et d'ombrages.

La situation du Château des Fleurs est des plus heureuses : c'est un but pour ceux qui viennent de la ville centrale, c'est une station charmante pour ceux qui reviennent du Bois.

En entrant, jetez, s'il vous plaît, un coup d'œil sur la grille, qui est ancienne et dont le fameux serrurier Lamour a plié sous son marteau les volutes d'une grâce capricieuse.

Des lustres en verres multicolores balancent sous les arcades de feuillages leurs grappes diaprées. Le pied des arbres plonge dans des corbeilles de fleurs ; les pentes gazonnées sont remplacées par d'énormes massifs de géraniums, dont les étincelles écarlates petillent dans la demi-teinte comme un incendie végétal ; toutes les sinuosités des allées se dessinent par des cordons rouges, blancs, violets ; les roses trémières dressent orgueilleusement leurs hampes festonnées, les dahlias secouent leurs cocardes de rubans, les reines-marguerites leurs disques entourés de pétales de toutes nuances ; les pétunias, plus humbles, ouvrent près de terre leurs corolles modestes ; les coreopsis piquent l'ombre de leur paillette jaune. Les plantes grimpantes envoient au tronc des arbres, aux losanges des treillages, leurs vrilles et leurs griffes ; le réséda, l'héliotrope, dégagent dans la fraîcheur leurs parfums pénétrants. A droite et à gauche, à vos pieds, sur votre tête, ce ne sont que des fleurs, en bordures, en corbeilles, en pendentifs ; car il y a des fleurs qui ne vivent que par la respiration, et qu'on peut planter dans l'air.

Lorsqu'on a bien suivi les détours parfumés des voûtes de feuillage, admiré les magnifiques et gigantesques sophoras, rareté presque introuvable, et dont la floraison va commencer, qu'enivré de suaves senteurs, on s'est reposé sur ces bancs rustiques, contournés avec tant d'élégance par M. Tronchon, qui ploie le fer en corbeilles, en vases, en lustres, en treillis, comme on le ferait de l'osier le plus souple, on descend vers le Château des Fleurs, dont le minaret moresque se détache, vivement éclairé par les feux de Bengale, sur le bleu noir du ciel nocturne. Là, le luxe des fleurs a été poussé jusqu'à la profusion, jusqu'à l'extravagance ; il ne doit plus y avoir un seul dahlia à dix lieues à la ronde de Paris. Les grands mâts vénitiens, pareils à celui de la porte, sont entourés, de la base au faîte, de festons, de guirlandes ; chaque arbre jaillit d'une touffe énorme ; chaque bec de gaz scintille dans un bouquet ; on ne peut rien imaginer de plus frais, de plus riant, de plus splendide. C'est un coup d'œil vraiment féerique. Ici, un lampion luit à travers les guipures noires du feuillage, une étoile tremble à côté d'un verre de couleur. Les lustres tombent des branches comme des grappes d'émeraudes, de topaze et de rubis. Les fleurs et les feuilles, éclairées de toutes ces lumières, prennent des apparences fantastiques ; on dirait un de ces jardins impossibles, tels qu'on en voit en rêve, un de ces édens vaporeux et bleuâtres, comme savait les peindre Breughel de Paradis.

Mais les Français ne sont pas comme les Chinois, qui peuvent rester des journées entières absorbés dans la contemplation des reines-marguerites, des pivoines et des chrysanthèmes ; il leur faut un but plus précis, un moyen de se rendre compte de l'emploi de leur temps. Aussi, un orchestre nombreux, conduit par un maestro habile, M. Daniele Giuseppe, installé sur une estrade en forme de tente, exécute-t-il des ouvertures, des marches, des fanfares qui groupent à ses pieds les promeneurs du jardin.

La musique de l'orchestre n'est pas le seul attrait qui les retient attentifs et groupés : les directeurs de ce bel établissement ont pensé que la musique vocale aurait le même charme en plein air. Un duo d'O'Kelly, élève d'Halévy, *l'Heure fatale*, chanté par MM. Pedorlini et Montini, a produit beaucoup d'effet. Mesdames Allard-Blin et Florange sont des cantatrices dont la voix charmante ne perd aucune de ses qualités pour ne pas être renfermée dans la prison étroite d'un théâtre ou d'une salle de concert.

Ces chants en plein air surprennent d'abord, tant est grande la force de la routine ; mais l'atmosphère empestée d'un théâtre est-elle bien nécessaire à la beauté du chant ? la voix humaine ne peut-elle suivre sous les feuillages la voix de l'eau qui lance à travers l'ombre sa fusée de notes ? En outre, la dignité de l'artiste est-elle blessée, si, au lieu de s'avancer devant une rampe fumeuse, entre des coulisses de toile à torchon, du fard aux joues et du clinquant sur ses habits, il chante au milieu d'un parterre de fleurs, sous de beaux arbres naturels, dans un jardin qui a pour plafond la coupole de saphir du firmament ? Le rossignol se déshonore donc, lui qui ne récite qu'en plein air ses élégies aux roses qu'il aime ?

En Angleterre, Rubini, l'empereur des ténors, a chanté au Wauxhall et à Surrey-Garden avec un succès immense et devant des recettes folles. Sa voix si pure et si limpide gagnait encore en sonorité, car la nuit a de merveilleuses propriétés acoustiques. Giulia Grisi, Mario et les autres illustrations de la troupe italienne l'ont imité, et n'auraient sans doute pas plus de préjugés de ce côté-ci du détroit que de l'autre. Rien n'est plus charmant que ces notes de cristal que traverse en les irisant un bleu rayon de lune.

Le Château des Fleurs a été inauguré cette semaine de la façon la plus brillante, un nombre infini de voitures stationne perpétuellement sur la chaussée ! Dans le jour, les promeneurs entrent respirer le frais, savourer l'air saturé de parfums ou prendre un sorbet à la neige ; le soir, ils viennent jouir du coup d'œil charmant des illuminations et des toilettes; car, au Château des Fleurs, la mère peut sans crainte conduire sa fille : là, point de Brididi ni de Frisette, point de Pritchard ni de Louise la Plastique, charme et danger, attraction et répulsion des autres jardins publics.

Nous croyons que l'idée qui a présidé à la création du Château des Fleurs est une idée heureuse : la saison sourit à l'entreprise. L'ardeur d'un tel été lui promet un automne tiède, et qui ne jettera que bien tard, sur ses épaules, la rousse fourrure des feuilles mortes. Ceux qui donnent aux malheureux Parisiens, retenus captifs à la ville par leurs devoirs, leurs affaires et les mille liens de la vie, cette occasion facile de respirer et de ne pas perdre le souvenir de la verdure, ont bien mérité de l'humanité; et le public leur en saura gré et leur en tiendra compte. Toute notre crainte est que la foule ne soit bientôt si nombreuse au Château des Fleurs, qu'on y étouffe. Cela serait adroit... en plein vent.

9 août.

Théatre-Historique. *Le Chevalier de Maison-Rouge.* — Dans un des cartouches qui ornent ses galeries, le Théâtre-Historique a inscrit le roman à la suite de la tragédie, de la comédie et du drame. Cela pouvait paraître pure affaire de symétrie, besoin d'un quatrième médaillon pour la satisfaction de l'œil; mais ce cadre additionnel et ce mot contenaient l'avenir et l'originalité du théâtre nouveau.

La Reine Margot, le Chevalier de Maison-Rouge, sont des romans mis en scène. *Monte-Cristo* doit continuer cette série si heureusement commencée. Nous aimons ces actions larges et multiples qui font éclater de toutes parts le vieux moule classique; toutefois, nous ne bornons pas au simple changement des chapitres en actes ou en scènes d'un livre, objet de la faveur publique, la signification du mot *roman* appliqué au théâtre : nous voudrions voir — et MM. Alexandre Dumas et Maquet sont hommes à ne pas nous laisser languir — un ouvrage de formes romanesques, qui n'aurait pas été découpé en feuilletons, et qui, à tous ses mérites, joindrait celui de la surprise.

Le Chevalier de Maison Rouge a été publié dans un journal peu répandu, et n'a peut-être pas eu la renommée tapageuse de ses frères, bien qu'il ne leur soit pas inférieur en mérite; apprécié par des lecteurs moins nombreux, il est arrivé à la scène à peu près inédit pour la plupart des spectateurs. Le demi-jour qui planait sur sa première existence ne lui a pas nui. Le secret de ses ruses et de ses travestissements n'était pas éventé.

L'action commence au milieu d'une rue. Il n'est pas bien tard encore, car la lune glisse à peine sa corne entre les cheminées, au faîte des maisons, et cependant la solitude règne dans les carrefours baignés d'ombre ; la lanterne, qui vacille au bout de la potence, n'éclaire aucun passant de son étoile jaune ; le pas pesant des patrouilles trouble seul le silence, car nous sommes sous la République, au temps de la captivité de Marie-Antoinette à la tour du Temple.

Une femme pâle, tremblante, se glisse comme un fantôme le long des murailles, cherchant l'ombre et tâchant d'éviter la rencontre des rondes nocturnes. Malgré ses précautions, elle se trouve face à face, à l'angle d'un carrefour, avec une patrouille de garde nationale. Aux questions qui lui sont adressées, la pauvre femme se trouble, balbutie, et risquerait fort d'aller en prison, sans la chaleureuse intervention de Maurice Lindet, chef de la section Lepelletier, qui accourt au bruit, et, touché de pitié, prend l'inconnue sous sa sauvegarde.

Maurice Lindet — après que la patrouille s'est éloignée — offre à l'inconnue de la reconduire chez elle. « Monsieur, répond-elle, trahissant, par ce seul mot, son opinion et sa caste, oh ! je vous en supplie, ne m'accompagnez pas, ne me suivez même pas du regard ; de moi dépend la vie de trois personnes ; soyez bon et généreux jusqu'au bout ! — Au moins, dites-moi votre nom, s'écrie Maurice en cherchant à retenir l'inconnue, dont la voix triste et douce, dont les traits délicats argentés par la lune ont remué toutes les fibres sympathiques. — Je m'appelle Geneviève, » répond la jeune femme en se dégageant des mains de l'impétueux jeune homme, et en se replongeant dans l'ombre, où, fidèle à sa parole, Maurice ne tente pas de la suivre.

Les amours vrais, puissants, éternels, naissent soudainement d'un contact électrique. Le nom de coups de foudre, que donnait à ces sortes de passions subites la terminologie galante du siècle précédent, est parfaitement juste au moral et au physique. Ainsi donc,

Maurice, avec toute vraisemblance, est amoureux fou de Geneviève, qu'il n'a vue que quelques minutes.

Le jour est venu ; le jeune chef de section rêve, dans sa chambre, à l'aventure de la nuit. Un commissionnaire mystérieux apporte une lettre renfermant une bague avec ces mots : « Reconnaissance éternelle. » Maurice prend une poignée d'assignats, la met dans la main de son portier, le citoyen Aristide, en lui enjoignant de suivre le commissionnaire et de découvrir d'où il vient. Aristide part, et Lorin, le grand ami de Maurice, fait son entrée avec cette ampleur et ce fracas qui vont si bien à Mélingue. — Ce Lorin est le meilleur garçon du monde, et forme avec Maurice un couple amical, comparable au groupe d'Oreste et de Pylade, de Castor et de Pollux, de Thésée et de Pirithoüs, de Damon et de Pythias. M. Alexandre Dumas affectionne ces types de compagnons dévoués, de frères d'âme, qui se suivent dans la vie en se prêtant de mutuels secours, et il en tire de beaux effets. Lorin n'est pas une de ses moins heureuses créations dans ce genre.

Pour le moment, Lorin n'a qu'un souci, c'est de faire nommer déesse de la Raison une sienne protégée, autrefois comparse à l'Opéra ; il a déjà recueilli beaucoup de voix pour la citoyenne Arthémise, et la présente à son ami le chef de section. Bien qu'Arthémise soit charmante, Maurice la regarde à peine : il n'y a plus au monde qu'une seule femme pour lui : Geneviève ! Il promet distraitement à l'ex-figurante d'user pour elle de son influence ; puis il sort précipitamment, car le portier, revenu de ses investigations, lui a glissé quelques mots dans l'oreille.

Une décoration très-pittoresque nous fait pénétrer dans la retraite de Geneviève ; un pavillon d'une élégante architecture, mais qu'envahissent déjà les joubarbes, les violiers et les pariétaires, et qui a dû jadis servir de petite-maison à quelque ci-devant noble de l'ancien régime, s'élève au milieu d'un jardin inculte et touffu dont les arbres, s'arrondissant en voûte, laissent voir en perspective la tour de Sainte-Geneviève et la coupole du Panthéon ; car, pour parler le style du temps, nous sommes dans la rue Jacques.

Des personnages, dont l'un est Dixmer, royaliste caché sous le tablier d'un maître tanneur, et l'autre le chevalier de Maison-Rouge, l'amoureux de la reine, causent entre eux de l'achat qu'ils viennent de faire d'une maison voisine de la prison du Temple, et dans les caves de laquelle ils creuseront un souterrain pour arriver à l'auguste prisonnière et la faire évader. Sauver celle pour qui il brûle d'un amour impossible et sans espoir, tel est le but que s'est donné Maison-Rouge. Aucun obstacle ne le rebute, aucun péril ne l'effraye ; ses plans sont déconcertés, ses mines déjouées, il recommence aussitôt la campagne avec une fertilité d'invention et une hardiesse d'exécution inconcevables.

Maurice, qui cherche Geneviève, s'est introduit dans le jardin ; Dixmer, Maison-Rouge et leurs affidés se jettent sur lui, et, après une lutte désespérée, le renversent, lui lient les mains et résolvent de le tuer, car il pourrait trahir leurs secrets qu'il a peut-être entendus. Geneviève accourt, inquiète, au bruit de la lutte, et reconnaît son libérateur nocturne ; elle intercède pour lui, et Dixmer, comprenant tout le parti qu'il peut tirer de Maurice, ordonne qu'on le délie, et s'excuse de ce traitement sur ce qu'il le prenait pour quelque émissaire d'une fabrique rivale, venant surprendre ses procédés ; mais, dès qu'il est le sauveur de sa femme, il peut regarder la maison comme la sienne.

En effet, un banquet s'improvise, et Maurice, le ciel dans le cœur, s'assoit entre Geneviève et le chevalier de Maison-Rouge, qui est allé se faire une nouvelle figure au moyen de lunettes bleues, d'un fard blanc et d'une perruque blonde. Dixmer a bien deviné l'amour de Maurice pour sa femme ; mais son royalisme le met au-dessus de ces petites considérations conjugales, soit qu'il ait toute confiance dans la vertu de Geneviève, soit qu'il se réserve d'arrêter l'intrigue au point qui lui conviendra. Une liaison avec Maurice donnera de la popularité à Dixmer et écartera les soupçons que pourraient faire naître ses manœuvres ténébreuses.

Du pavillon de Geneviève, nous sautons à la cour du Temple. Voilà la porte à bossages vermiculés, les hautes murailles, et, là-bas, au fond, les tourelles avec leurs toits en éteignoir. La cour est pleine de garde civique, de garde municipale et d'artilleurs coiffés de casques à panache jaune ; une grande fermentation règne dans le peuple. Dixmer et Maison-Rouge, déguisés, examinent les lieux et sondent le terrain; leur mine est terminée, il ne s'agit plus que de prévenir la reine. Dixmer, qui est officier dans la garde civique, a composé un peloton d'hommes dévoués qu'il commande lui-même. Geneviève entre au bras de Maurice, et prend une touffe d'œillets rouges sur l'éventaire d'une jeune fille qui colporte des bouquets. Par le crédit de Maurice, elle espère pénétrer auprès de la royale prisonnière; son désir est accompli, mais un œillet a roulé à terre. Un certain Durocher, qui grommelle hargneusement dans un coin de l'action, et à qui tout est suspect, remarque cette fleur tombée. Il la ramasse, en interroge la capsule, et tire du milieu des feuilles un papier microscopique contenant un plan d'évasion : il appelle la femme Tison, il hurle, il glapit, il ameute la foule et raconte la grande conspiration qui vient d'être découverte. Le tocsin sonne, les tambours battent, et les sections défilent armées de piques, de haches et autres armes révolutionnaires. Maurice, cause de tout ce tumulte, car il accompagnait Geneviève, qui a effectivement donné le bouquet à Marie-Antoinette, se constitue volontairement prisonnier, bien que son civisme reconnu le dégage de tout soupçon de complicité.

Le tableau suivant nous montre l'intérieur de la salle d'assemblée de la section du Temple. Durocher a poussé la femme Tison, geôlière de la reine, à le soutenir dans sa dénonciation contre la bouquetière, qui, arrêtée, se trouve n'être autre qu'Héloïse Tison, la propre fille de la gardienne, que le spectacle des malheurs de l'auguste victime a rendue royaliste. L'innocence de Maurice est prouvée par cette arrestation, et il sort en compagnie de Lorin, son *fidus Achates*. L'assemblée s'écoule, et il ne reste plus que la femme Tison, qui sanglote sur le plancher, dans les convulsions du désespoir, car elle a dressé elle-même l'échafaud où doit monter son enfant.

Deux hommes, qui n'ont pas suivi le flot de la foule, s'avancent vers elle; l'un, aux formes épaisses et carrées, vêtu d'une jaquette brune et coiffé d'un de ces bonnets de peau de loup ou de renard dont la queue pend sur le dos de celui qui les porte, et comme on en voit un au gardien de *la Maison des fous* de Kaulbach; l'autre, en carmagnole, en bonnet phrygien, et en pantalon tricolore. Dans le premier, vous avez déjà reconnu Dixmer; dans le second, Maison-Rouge. Ils consolent la pauvre femme et lui promettent de faire tout ce qui sera humainement possible pour sauver sa fille, à la condition qu'elle leur donnera les moyens de communiquer avec la reine; la femme Tison accepte le marché.

Revenons, s'il vous plaît, à la chambre rayée de bleu du second tableau, où nous retrouverons ce brave Lorin, qui n'est pas si fou qu'il en a l'air, en train de sermonner son ami : « Mon cher, lui dit-il, tu te dépopularises furieusement; nous vivons dans un temps où les situations louches sont dangereuses. Du train dont tu y vas, j'ai peur que tu ne sois bientôt forcé de saluer, sur la place de la Révolution, la statue de la Liberté, d'abord avec ton chapeau, ensuite avec ta tête. On organise une poursuite contre cet insaisissable et damné Maison-Rouge; fais-en partie; ce zèle effacera l'impression fâcheuse de l'affaire du bouquet. » Maurice répond nonchalamment; la passion qui remplit son cœur le rend indifférent à tout. Mais Lorin prononce le nom de la rue Jacques, où l'on doit fouiller une maison que l'on suppose être un repaire de conspirateurs et l'une des mille cachettes du chevalier de Maison-Rouge. A ces mots, Maurice sort de son apathie, revêt son uniforme et se met à la tête de son détachement; il tremble pour les jours de Geneviève.

La nuit enveloppe d'ombres épaisses le pavillon de Geneviève, où tremble la lumière étouffée d'une lampe; le chevalier, traqué de toutes parts, va partir; il a son manteau plié sur le bras. Maurice, qui a escaladé le mur en éclaireur et laissé sa troupe dans les environs, arrive à pas de loup, et aperçoit, à travers les vitres, le chevalier qui fait ses adieux à la femme de Dixmer; il croit arriver au milieu d'un tête-à-tête et se précipite dans la chambre, inopiné et terrible. « Vous êtes perdu! » crie-t-il à Maison-Rouge, qu'il prend pour un rival. Geneviève se jette aux pieds du jeune républicain et le supplie de ne pas causer la mort du chevalier. Des liens d'amitié, le dévouement à la même cause, sont les seuls rapports qui existent entre elle et ce fou sublime. « Sauvez-le, et je suis à vous! » On ne peut pas mieux rassurer la jalousie d'un amant; aussi, Maurice, chancelant, éperdu, livre-t-il le mot de passe au chevalier, qui disparaît avec la jeune femme par une porte latérale.

Maurice rentre chez lui désespéré. Il a trahi ses devoirs, et tout cela pour une perfide. Geneviève s'est enfuie avec le chevalier de

Maison-Rouge. Ces larmes, ce sein palpitant, cette flamme humide dans les yeux, tout cela n'était que pure feinte, grimace de sirène ; ce qu'on voulait de lui, c'étaient des cartes de sûreté et des mots de passe. — Le pauvre Maurice calomnie Geneviève. Elle arrive aux premiers rayons du jour, la figure voilée par sa mante noire, et tombe dans les bras de son amant avec une effusion passionnée : elle est à lui seul et pour toujours ; ils font des plans de bonheur, où Lorin, l'homme d'action, introduit l'élément réel. « Pour être heureux, dit-il, il faut d'abord ne pas être guillotiné : fuyez ; j'ai là un passe-port qui vaut un million dans les circonstances où nous sommes. » Lorin a raison, et Maurice sort pour aller faire les préparatifs indispensables du voyage.

Pendant la courte absence de Maurice, Dixmer entre, sombre, implacable et fatal. « Tuez-moi, s'écrie Geneviève en l'apercevant. — J'y avais d'abord pensé, mais j'ai changé d'avis. Vous n'en mourrez pas moins, mais votre mort sera glorieuse et servira notre cause. Au lieu d'être une infâme, vous serez une martyre. Votre vie m'appartient, et j'en ferai l'usage que bon me semblera. Suivez-moi, l'expiation commence !... » Et Geneviève sort, tremblante et fascinée par son bourreau.

Dixmer, sous le déguisement d'un commis du ministère de la guerre, se présente au greffe de la prison de la reine, où Maison-Rouge a été reçu le matin en qualité d'aide geôlier ; il est suivi de Geneviève comme d'une ombre pâle et soumise. Une lime a été passée à la reine par le chevalier pour scier les barreaux de son cachot ; Dixmer poignardera l'un des gendarmes, Maison-Rouge se charge de l'autre, et la reine sortira vêtue des habits de Geneviève, qui restera dans la prison, victime dévouée à l'échafaud. Le projet ne s'exécute qu'en partie : un seul gendarme est tué ; le second, passant son sabre à travers la grille, atteint au cœur le chevalier, heureux de mourir presque aux pieds de celle qu'il n'a pu sauver.

Une pareille scène nous conduit tout droit au tribunal révolutionnaire. La salle regorge de peuple, le tribunal fonctionne. La fille Tison, accusée d'avoir porté les fleurs où se trouvait le plan de conspiration, et, en outre, poussé le cri séditieux de « Vive la reine ! » est condamnée à mort. — Geneviève de Montfleury (tel est son vrai nom), accusée d'avoir cherché à favoriser l'évasion de la veuve Capet, est condamnée à mort.—Les girondins, à leur tour, sont condamnés à mort. On ne peut se faire une idée de l'effet produit par cette phrase, toujours la même, et qui ramène à chaque instant son refrain lugubre. Elle tombe au milieu de la rumeur, sifflante et sourde comme un coup de guillotine. Aussitôt l'arrêt prononcé, les girondins, dont l'un s'est enfoncé un poignard dans la poitrine, sont emmenés et chantent en chœur l'air célèbre

Mourir pour la patrie!

comme ils l'avaient fait à leur entrée. Ce chant, admirable dans cette situation si éminemment dramatique, a soulevé l'enthousiasme de la salle.

Dixmer, que Geneviève n'a pas dénoncé, se sent ému de quelque pitié, et sort de l'enceinte du tribunal révolutionnaire ayant déjà en tête un projet pour sauver la pauvre femme.

La scène change et représente le dessous d'une arche du pont Notre-Dame, dont la courbe encadre un ciel de turquoise et d'orange sur lequel se profilent les tours du palais de justice, et une perspective de la Seine et de ses ponts; à droite, s'allongent les arcades qui soutiennent le quai.

Le tanneur entraîne dans ce lieu désert un greffier du tribunal révolutionnaire, qu'il a su enlacer dans une complicité dangereuse, et lui ordonne de lui signer deux cartes pour entrer dans la salle des morts. En vain, le greffier tremblant allègue qu'il n'a ni plume ni encre; Dixmer, qui a prévu toutes les objections, lui présente les différents ustensiles nécessaires pour écrire, qu'il tire successivement de ses poches, à chaque dénégation. Le pauvre greffier, maintenu en respect par le grand sabre qui résonne sur les talons de Dixmer, signe les deux cartes demandées et s'enfuit à tire-d'aile.

Le mari de Geneviève va en faire autant et remonter sur le quai, lorsqu'il se trouve face à face avec Lorin, qui lui barre le passage; car Lorin, qui n'a pu faire prévaloir dans le cœur de Maurice l'amour de la République sur l'amour de Geneviève, s'est dévoué à la passion de son ami; il veut que Maurice soit heureux du moins, s'il est républicain médiocre. Un duel s'engage entre Dixmer et Lorin, avec cette vivacité héroïque dont les personnages de M. Dumas ont le secret. En garde! une, deux! et maître Dixmer tombe traversé de part en part par le sabre de son adversaire. Dans les convulsions de l'agonie, il rampe et se rapproche du bord de l'eau pour y jeter les précieuses cartes, mais Lorin lui retient le poignet et s'en empare.

Du pont Notre-Dame, remontons à la Conciergerie. Au pied de cette colonne, cette ombre tristement repliée, c'est Geneviève; elle a peur de mourir, car elle aime et regrette la vie et le bonheur. Plus loin rampe dans l'ombre la femme Tison, qui a enfin retrouvé sa fille, et aboie de douleur comme l'Hécube antique.

Lorin explique à voix basse et en peu de mots à Geneviève qu'il a deux cartes et va la faire sortir, quand tout à coup une voix résonne: c'est Maurice. O ciel! par où est-il entré? Par la porte des condamnés. Il s'est accusé de crimes imaginaires pour mourir avec sa Geneviève adorée, et sentir le même fer lui trancher la tête. Le pauvre Pylade se trouve dans un horrible embarras, mais il a bientôt pris sa résolution; il dit à Geneviève et à Maurice : « Partez tous deux d'abord, je vous suivrai tout à l'heure avec une troisième carte que j'ai; un groupe de trois personnes exciterait les soupçons. »

Vous avez déjà deviné que l'héroïque Lorin n'a pas de troisième carte. Il se sacrifie au bonheur du couple aimé. Toutefois, avant de mourir, Lorin se donne l'utile satisfaction de passer son grand sabre à travers cet infâme canaille de Durocher, qui se doute de l'évasion, et il s'assure ainsi de son silence; puis la toile du fond se lève, et l'on aperçoit, comme une espèce d'apothéose, le dernier banquet des girondins auquel Lorin va se joindre, et la toile se baisse sur le chœur

Mourir pour la patrie!...

chanté à pleine voix par tous les glorieux condamnés.

Le succès de ce drame, où une touchante histoire d'amour circule à travers les événements les plus importants de la Révolution, a été immense, et présage au Théâtre-Historique une longue suite de représentations fructueuses.

Nous avons tâché de rendre notre analyse aussi complète que possible; mais nous sommes loin d'avoir tout indiqué. Dans cette manière, qui se compose presque entièrement de faits et de brefs dialogues, contenant seulement les sommaires des idées, le compte rendu serait volontiers aussi long que l'œuvre elle-même, et l'on aurait plus tôt fait de recopier la pièce.

Sans doute, un art rigoureux pourrait regretter les développements de passion, les aperçus du cœur humain, les effets de style que suppriment naturellement cette rapidité d'allure, cette multiplicité d'incidents et de personnages, qui ont à peine le temps de jeter leur mot, emportés qu'ils sont par le galop de l'action ; mais n'est-ce pas aussi un art, et un art très-savant, très-ingénieux et très-compliqué, que celui d'enchevêtrer ensemble les fils de toutes ces intrigues qui reparaissent à leur tour comme les nattes de couleurs diverses dans une seule tresse, sans erreur, sans confusion ; que de faire marcher tout le monde, que de mettre à chaque figure un éclair dans l'œil, un cri dans la bouche; que de faire détacher du fond le groupe des principaux personnages, et de tenir l'attention éveillée six heures de suite !

Le Chevalier de Maison-Rouge, sans parler des décorations et des costumes, qui sont exacts et pittoresques, est une merveille de mise en scène; rien ne languit, rien ne traîne; on n'éprouve pas un seul de ces moments de souffrance que causent, au théâtre, les entrées maladroites, les scènes trop prolongées ; c'est net, vif, impétueux ; tout marche, ou plutôt tout court; pas la moindre hésitation, pas le moindre embarras. Si cela n'est pas du génie, c'est au moins du talent, et du plus rare ; et nous ne sommes pas aujourd'hui tellement opulents en génies, que nous puissions faire fi du talent.

Quant à la question poétique, nous trouvons un drame parfaitement fait, comme *le Chevalier de Maison-Rouge*, de beaucoup supérieur aux tragédies et aux pièces versifiées, qui ont la prétention d'être littéraires, et, quoique la vélocité de l'action empêche d'y prendre garde, d'un style tout aussi français, pour ne pas dire plus, que bien des œuvres prétentieuses.

Laferrière joue à merveille le personnage de Maurice. Mélingue a, dans celui de Lorin, toute sa rondeur et sa franchise sympathiques. Dixmer est puissamment représenté par Bignon; mais que Boutin sculpte profondément la figure sauvage de Durocher ! Lacressonnière suffit avec dextérité à tous les travestissements du chevalier de Maison-Rouge. Quant aux femmes, c'est madame Atala Beauchêne, l'ex-reine de *Ruy Blas*, qui représente Geneviève : nous n'en dirons pas davantage. Mademoiselle Lucie a tiré du rôle de la femme Tison tout le parti possible; et, dans la figure épisodique de la déesse de la Raison, mademoiselle Hortense Jouve s'est montrée spirituelle et charmante : elle a vraiment mérité ses trois cents voix. Nous ne poussons pas plus loin cette appréciation des acteurs : le nombre en est tel, qu'il nous faudrait, pour en citer la moitié, les licences d'un dénombrement homérique.

17 août.

PALAIS-ROYAL. *Les Chiffonniers.* — Nous avions cru d'abord que *les Chiffonniers* du Palais-Royal étaient une parodie de ceux de la Porte-Saint-Martin; mais nous nous étions trompé : la pièce fabriquée de concert par MM. Bayard, Sauvage et Frédéric de Courcy, n'a pas de rapport avec celle de Félix Pyat. Les chiffonniers sont à la mode : le théâtre du Palais-Royal veut profiter de cette vogue; voilà tout.

Que dire d'une semblable pièce? Par quel côté l'art et la critique peuvent-ils s'y rattacher? Nous ne pensons pas que l'ignoble physique soit possible au théâtre, bien que nous admettions Ostade, Teniers et tous les autres Flamands, qui n'ont guère fait que des ivrognes à la taverne, des paysans à forme de magot, des cochons se vautrant dans la fange. Par la puissance de la couleur, la chaude harmonie dont ils enveloppaient leurs hideux bonshommes, les tons dorés et fauves dont ils enfumaient leurs tabagies, ils présentent, tout en restant vrais, des tableaux agréables à regarder; car ils ont transformé, traduit dans leur langue, les objets qu'ils peignent; au lieu que, sur le théâtre, un acteur vêtu de haillons et portant sur le dos la hotte d'un chiffonnier ne diffère en rien de l'industriel honorable sans doute, mais très-peu charmant à voir, qui, la nuit, pique des chiffons à l'angle des bornes, à la lueur douteuse de sa lanterne.

Un pareil sujet sous la brosse de Rembrandt et de l'Espagnolet, peut donner lieu à un chef-d'œuvre. Les mains gantées de boue, la bouche égueulée, le nez vineux, la barbe inculte, les sourcils en broussailles, les loques, où tout ce qui n'est pas trou est tache, prennent, grâce à la force de la couleur, à la magie de reflets inattendus, un aspect puissant, sauvage et mystérieux; un éclair de philosophie luit sous cet œil en arcade; un sarcasme rabelaisien retrousse le coin de cette lèvre calleuse. Tout est chaud, énergique, vivace dans cette atmosphère de bitume; mais, traité par des vaudevillistes et réalisé par des acteurs de vaudeville, un pareil thème devient triste et repoussant.

Ce n'est pas que nous voudrions des chiffonniers à l'eau de rose, avec des hottes en jonc de Manille, des haillons de satin vert-pomme et un crochet de chez Verdier. Mais est-il bien urgent de mettre des chiffonniers à la scène? L'action de ramasser des papiers maculés et des loques au coin des bornes constitue-t-elle une originalité bien tentante à reproduire? Nous sommes loin d'être aristocrate, du moins dans le sens qu'on attache à ce mot; mais nous avons toujours éprouvé, en face de pareils tableaux, un sentiment qui serait plus près encore de l'embarras que du dégoût. Il nous semble que c'est violer la pudeur de la misère que de l'exposer ainsi à l'hilarité des bourgeois : le sort des classes pauvres, des malheureux parias forcés de ramasser dans l'ordure un pain fétide, n'a rien de comique en soi, et le rire qui en jaillit est un rire jaune dont on se repent et dont on est honteux. Vieux Momus, nous aimons encore mieux ta marotte, et ta chanson folle, et ton bruit de grelots, que la scène du tri et la ronde des chiffonniers!

Cirque-Olympique. *Boxe, Bâton et Savate.* — On vient de donner au Cirque-Olympique un spectacle qui, s'il avait lieu le soir, attirerait tout Paris.

Nous voulons parler des assauts de la représentation diurne où ont figuré Charles Lecourt et son frère, Thomas Kay, Charles Latois et autres boxeurs anglais ou américains.

La savate, puisqu'il faut l'appeler par son nom, passe, ou, du moins, a longtemps passé pour un genre de combat crapuleux, où pouvait seul s'exercer

Le pâle voyou,
Au corps chétif, au teint jaune comme un vieux sou.

En effet, on n'avait guère vu que d'affreux bandits en bourgeron troués, en casquette arrachée, en chaussure éculée, faire, avec les mains, ces gestes mystérieux et sinistres, effroi du citadin paisible, ces mouvements de pied, qui forçaient la patrouille surprise à s'asseoir au milieu des ruisseaux. M. Charles Lecourt a réduit en art cette escrime des truands, cette boxe de la cour des Miracles; il l'a élevée du premier coup à la hauteur de la boxe anglaise. Revus et corrigés par lui, ces gestes ignobles ont pris de l'élégance et de la grâce; à l'aide de la statique et de la dynamique, il a augmenté la force des coups, trouvé des retraites et des parades inattendues.

Un homme instruit dans la boxe française se défend des pieds et des mains, et frappe avec les quatre membres comme avec quatre fléaux. Avec cet art, plus de surprise nocturne; on peut oublier sa canne, ses pistolets de poche, mais on n'oublie jamais ses jambes ni ses bras. Comme gymnastique, et en dehors de toute idée de lutte, les exercices de M. Lecourt sont excellents, en ce qu'ils emploient également toutes les parties. L'épée grossit le bras droit aux dépens du gauche, qui ne travaille pas.

Ce spectacle a commencé par un assaut de canne entre M. Charles Lecourt et son frère. Le public a été émerveillé de cette rapidité inouïe, de cette dextérité sans égale, de ces attaques et de ces ripostes promptes comme l'éclair; et il a compris qu'entre les doigts des frères Lecourt, la canne valait l'épée de Saint-Georges.

A l'assaut de canne a succédé un assaut de boxe, entre Thomas Kay et un autre boxeur américain, avec toutes les formalités usitées en Angleterre. Aux deux angles de la plate-forme sur laquelle se passait la lutte, se tenaient les deux parrains des champions, qu'ils recevaient un genou en terre et soutenaient entre les bras après chaque *prise*. Ces boxeurs étaient des gaillards herculéens et bien plantés, dont les muscles faisaient saillie sous les maillots roses; ils se sont porté des coups qui auraient obtenu l'approbation des maîtres, et qui, sans les gantelets rembourrés, auraient causé de terribles contusions.

Dans le combat de savate et de boxe, les frères Lecourt ont été souples, gracieux, agiles et forts comme des tigres : la savate, ainsi comprise, est presque de la danse comme l'entend Perrot. Seulement, chaque entrechat fait une meurtrissure, si le pied qui voltige à hauteur de l'œil ne rencontre pas en route le poing d'un adversaire.

Un charmant combat est celui qui a eu lieu entre Thomas Kay, le colosse aux formes athlétiques, et Charles Latois, jeune homme élégant et mince, et, en apparence, beaucoup moins robuste que son adversaire. D'un côté, c'était la force, et, de l'autre, l'adresse. Ici, la pureté classique; là, un jeu hardi, imprévu, étincelant, plein d'illuminations romantiques. Thomas Kay porte des coups terribles, mais Charles Latois n'en reçoit jamais.

Vous voyez un coup de poing arriver en plein sur sa figure fine et distinguée; vous croyez qu'il va avoir le nez aplati, ou l'œil poché : pas du tout. Avec une légère inflexion du corps en arrière, le coup est évité et le poing ne frappe que l'air. L'antagoniste a beau se fendre, Latois a l'échine plus flexible que l'autre n'a le bras long; d'ailleurs, ses muscles déliés ont, quand ils se détendent, la roideur de ressorts d'acier, et ce lutteur élégant, qui semble jouer et voltiger, ne touche pas au corps sans y laisser toutes les couleurs de l'arc-en-ciel.

La représentation s'est terminée par un exercice au bâton à deux par les frères Lecourt. O brave caporal Trimm! qui te figurais avoir tracé en l'air une arabesque bien compliquée avec le bout de ta canne, que tu serais humilié et ravi en voyant le bâton de M. Lecourt faire des huit, des seize et des lacs à désespérer les plafonneurs de l'Alhambra!

25 août.

Variétés. *Les Foyers d'acteurs.* — Le public de notre temps aime la quantité : il veut des journaux énormes, des romans interminables, des pièces en seize tableaux, et des vaudevilles en cinq actes, comme des tragédies! Il faut maintenant que le soleil se couche et se lève sur une première représentation, et, dernièrement, nous avons entendu un directeur gourmander son machiniste sur le trop de rapidité des changements de décorations. « Si vous allez de ce train-là, nous finirons avant minuit; tâchons de durer jusqu'à une heure : autrement, la pièce perdra de son importance. » Ce directeur est un homme d'esprit et qui comprend son époque.

Pour notre compte, nous préférerions des pièces plus courtes et mieux écrites, plus de pensées et moins de tableaux, moins de verbiage et plus de trait; mais c'est là un goût bizarre, résultat d'un esprit paradoxal et qui ne doit pas être pris en considération. Le public n'est pas de notre avis, et, s'il existe un vers qui dit :

Les sots, depuis Adam, sont en majorité !

il reçoit un correctif de la phrase *Vox populi, vox Dei*. Les vaudevilles ont donc raison d'être le plus long qu'ils peuvent.

Les Foyers d'acteurs sont naturellement en cinq actes; il ne leur aurait pas été difficile d'atteindre à sept. Louons MM. Clairville, Grangé et Dennery de leur modération.

Les gens qui n'ont jamais franchi la rampe, se font les plus étranges illusions sur les comédiens et sur les actrices. Cela se conçoit; il est difficile de les séparer entièrement des rôles qu'ils jouent. Les paroles que leur prête la fantaisie des auteurs semblent leur langage naturel. Comment s'imaginer que ce comique n'est pas le plus jovial des hommes, que cet amoureux n'a pas tout le feu de Werther, de Saint-Preux et de don Juan; que cette ingénue, à la paupière baissée, au sein ému, à la voix tremblante, ne possède pas toutes les qualités de son sexe et de son emploi? De là vient chez le public une curiosité très-vive sur tout ce qui touche à la vie intime des comédiens.

Les opinions survivent très-longtemps aux choses. Il y a quelque soixante ou quatre-vingts ans, on avait, sur les comédiens, des idées qui remontaient sans doute à la charrette du *Roman comique;* on se figurait le comédien comme une espèce de bohème insouciant, capricieux, prodigue, matamore le jour, saltimbanque le soir, aventurier la nuit; la comédienne, comme une courtisane lettrée, pleine d'attraits et de périls, d'un pouvoir irrésistible, une sirène, une Circé changeant les hommes, et surtout les fils de famille, en rochers ou en brutes. On la méprisait et on l'adorait.

Tous ces joyeux excommuniés, pensait-on, se dédommagent d'être damnés dans l'autre monde en menant une existence damnable dans celui-ci. La vie de théâtre signifiait la fantaisie de l'esprit, la liberté amoureuse, l'applaudissement, le bruit, la gloire, les caprices des grands seigneurs et des grandes dames partagés ou subis, les relations amusantes, l'argent facilement gagné et facilement dépensé. Telle était l'idée générale, et cependant, depuis longtemps, ces types, dignes d'être dessinés par Callot et gravés par Sylvestre, n'existaient plus. La fraise goudronnée, les bottes en entonnoir, le petit manteau jeté sur le coin de l'épaule, le feutre mou et qui prend tous les plis, les corsages busqués et les vertugadins étaient allés rejoindre dans la friperie du temps les défroques des autres siècles. Cette opinion, très-peu modifiée, est encore celle qui règne aujourd'hui. Les idées n'arrivent à la masse des hommes que lorsque les choses auxquelles elles se rapportaient ont cessé d'être, à peu près comme ces rayons qui, partis, il y a six mille ans, d'étoiles éteintes depuis, nous parviennent à présent et feraient croire à un astre vivace.

Pour ceux qui ont vu le rideau à l'envers et la coulisse en dedans, rien ne ressemble moins au comédien réel que le comédien de convention. Presque toujours il y a contraste entre l'emploi et le caractère : les tragiques sont gais, les comiques funèbres ; les uns ont dépensé leur tristesse, les autres leur gaieté ; le matamore est timide, la soubrette élégiaque, l'Agnès pleine d'aplomb, le père noble facétieux.

La pensée dominante du comédien moderne, c'est la *respectabilité*. Il est poli, cérémonieux, froid dans ses propos, irréprochable dans sa tenue ; quand il a essuyé son rouge, vous le prendriez pour un notaire, un médecin, un magistrat ou quelque fils de famille anglais. Personne ne pousse l'ordre plus loin que lui ; il a des inscriptions sur le grand-livre, des fonds chez son banquier. Il a renoncé aux châteaux fantastiques de la bohème pour de jolies maisons de campagne aux environs de Paris, où il passe, dans l'exercice du jardinage et des vertus domestiques, tout le temps que lui laisse son théâtre. Quant aux femmes, la question se complique d'une galanterie qui tend au mariage, ou tout au moins à un but fructueux ; mais l'idée est la même, se faire en peu d'années de bonnes rentes pour se retirer et vivre ensuite bourgeoisement.

L'ambition secrète du comédien est d'être maire, adjoint ou marguillier dans le village où il a bâti sa villa ; celle de la comédienne, d'aller dans le monde, de participer aux joies ineffables d'une contredanse honnête et de faire des visites à des femmes mariées. Pour cela, elle mène la conduite la plus austère et lutte de bonnes mœurs avec les rosières et les prix Montyon. S'il est une vie où le caprice n'ait pas la moindre place, c'est, à coup sûr, celle des acteurs. Les lectures, les répétitions les retiennent une grande partie de la journée au théâtre, où le soir les ramène forcément. Ils ne peuvent s'éloigner de la ville qu'après une certaine heure, en cas de changement de spectacle. Ils sont astreints à la résidence, et de formidables dédits répondent de leurs moindres escapades.

Il n'y a là dedans rien de très-folâtre ni de très-échevelé. A cette existence monotone et régulière se joint une sobriété presque érémitique. Les comédiens, loin de nager dans des océans de punch ou de champagne (style de commis voyageur), ne boivent guère que de l'eau à leur dîner extrêmement frugal; car le vin enroue, et il n'est pas commode de déclamer ou de chanter dans les labeurs d'une digestion pénible. D'ailleurs, la crainte de l'obésité, ce cauchemar des jeunes premiers, l'appréhension d'un nez prématurément rougi, leur font suivre des régimes qu'approuverait l'école de Salerne.

Nous avons fréquenté les foyers des principaux théâtres de Paris, et nous avouons n'y avoir rien vu de ce qui se passe dans ceux de MM. Clairville, Grangé et Dennery, que, cependant, on ne peut accuser d'ignorance de la matière.

Le foyer du Théâtre-Français est une grande pièce assez triste, ornée des portraits de Lekain, de Préville, de Talma et autres célébrités du lieu, garnie d'un meuble vert, ayant un aspect demi-académique. MM. les comédiens qui sont de représentation ce soir-là y tiennent, dans les entr'actes, ou pendant les scènes où ils ne paraissent pas, des conversations dont tout le piquant existe dans le contraste des idées qu'on y agite, avec le costume souvent grec ou romain de ceux qui les tiennent. Remplacez cette toge par un frac, ce péplum par un châle, et vous croirez assister, dans un salon de la bourgeoisie, à une conversation entre un député et la femme d'un agent de change. Quelquefois, dans les jours de belle humeur, Agamemnon entame avec Achille une partie d'échecs, interrompue et reprise vingt fois à travers les péripéties tragiques. Quelques journalistes poursuivent, dans un coin, une discussion sur des questions d'art et d'esthétique avec des habitués émérites, à qui leur constance a valu les grandes et les petites entrées. Voilà tout.

Aux Variétés, le foyer est une chambre lambrissée et peinte en couleur de chêne, qui n'a pour tout ornement qu'un buste de plâtre de Potier posé sur une console, un cadran accroché au mur, et un vieux fauteuil large et profond dont la possession est très-enviée. Ici, la difficulté s'augmentait en se simplifiant. Flore, Hoffmann, Cachardy, Pércy, mademoiselle Delorme, avaient à se représenter eux-mêmes. Il semble que rien ne soit plus aisé pour Hoffmann que de jouer le rôle d'Hoffmann, et que Flore ne doit pas prendre grand'peine à être Flore; eh bien, l'on se trompe. Le passage de la convention à la réalité ne s'est pas effectué sans peine, et ce tableau où les acteurs des Variétés figuraient, au foyer des Variétés, les acteurs des Variétés, est certainement le plus faux de la pièce.

Les auteurs auraient dû le laisser en blanc; Hoffmann, Cachardy, Flore et les autres se seraient promenés ou assis à leur gré et auraient parlé entre eux de la pluie et du beau temps, du cours de la rente, des fritures d'Asnières, des ombrages d'Auteuil ou des probabilités d'un changement de ministère, comme ils l'eussent fait dans le foyer véritable; mais il eût beaucoup mieux valu ne pas les mettre en scène. — Autant il est amusant d'entendre la Flore des *Saltimbanques* parler des ravages produits par ses charmes, autant il est pénible d'entendre la Flore réelle parler de son premier amant. Mademoiselle Constance a dû aussi être fort embarrassée de la phrase où elle fait allusion à l'intérêt qu'elle prend aux opérations d'un agent de change.

De là, nous sautons au foyer de l'Ambigu, et nous y voyons se dérouler des scènes qui ont dû être vraies sous M. Guilbert de Pixérécourt, au temps où les héros de mélodrame portaient des gants à revers de cuir et des plumes de trois pieds de haut, mais qui n'ont plus aucun rapport avec ce qui se passe aujourd'hui.

Au plus bas de l'échelle se trouve le foyer du Petit-Lazari, du *bouig-bouig*, espèce d'estaminet et de tapis-franc, s'il faut en croire MM. Clairville, Grangé et Dennery. — Qu'est-ce que le *bouig-bouig?* dira sans doute le lecteur en se récriant. Le bouig-bouig, s'il faut en croire les érudits, signifie, en argot dramatique de bas lieu, le petit théâtre à quatre sous. C'est une onomatopée tirée des bredouillements du pître ou du queue-rouge, qui font la parade à la porte. Nous avouons humblement n'être jamais allé au foyer du Petit-Lazari, non par dédain, mais parce que nous n'y avons pas nos entrées, et nous doutons fort que les artistes de ce théâtre ressemblent aux grotesques silhouettes esquissées par ces messieurs. Ce sont plutôt là des voleurs et des coupes-jarrets que de pauvres comédiens. Le théâtre a son argot, c'est vrai; mais ce n'est pas celui du bagne. Même au plus bas degré de l'échelle dramatique, des camarades ne sont pas des *zigs*. Laissons ces mots au dialecte de Brest et de Toulon. Partout où descend un rayon d'art, si faible et si dispersé qu'il soit, une pareille dégradation est impossible; l'art ennoblit tout ce qu'il touche. Sans doute, nous faisons la part des joyeusetés picaresques, des facéties et des mystifications de coulisse, et nous n'exigeons pas d'un comique du Lazari les façons d'un pair d'Angleterre; mais nous croyons que ces messieurs ont trop chargé le tableau.

Le foyer de l'Opéra est réservé pour la fin, en manière d'apothéose : au moins, voilà des girandoles de bougies, des jupons de gaze, des maillots de soie. Plus de haillons, plus de quinquets infects, plus d'oripeaux, plus de rouge de brique : ces grandes glaces ne reflètent que des objets riants. — La décoration n'est pas exacte, si l'on a voulu représenter le foyer de la danse à l'Opéra. Nous ne voyons ni le buste de mademoiselle Guimard, ce pastel de marbre, ni les colonnes à moitié coupées de l'ancien salon de l'hôtel Choiseul. Sans doute, la décoration a été modifiée par les nécessités du pas des miroirs.

Ce pas produit un effet charmant : c'est une femme qui, devant une grande glace, danse et prend des attitudes répétées et renversées par le miroir. Seulement, le miroir est une gaze derrière laquelle est une danseuse qu'on choisit aussi pareille que possible au prototype, et qui imite tous les mouvements du modèle, en se réglant sur la mesure, et exécutant de face ce que l'autre exécute de dos, de sorte qu'elle a l'air du reflet. Deux glaces latérales donnaient par le même moyen, chacune un profil de la danseuse placée au centre; et ce pas seul devenait ainsi un pas de quatre. Un pompier, un garçon de théâtre portant un plateau, et réfléchi fort exactement par un sosie qui chemine de l'autre côté de la gaze, complètent l'illusion.

Nous nous apercevons que nous n'avons pas dit un mot de l'intrigue, ou plutôt du fil dont MM. Clairville, Grangé et Dennery se sont servi pour relier leurs tableaux. L'oubli sera bien vite réparé. Il s'agit d'un auteur qui lit aux Français une tragédie dont on lui conseille de faire un vaudeville pour les Variétés; les Variétés voient dans le vaudeville un mélodrame pour l'Ambigu; l'Ambigu voit dans le mélodrame une pantomime pour le Lazari; le Lazari y voit un ballet pour l'Opéra, et l'Opéra donne à l'auteur le conseil de restituer à son œuvre la forme primitive. Ajoutez à cela un oncle enrhumé dans le genre du père des *Saltimbanques*, qui poursuit un Sosthène brûlé du désir de se faire comédien, et poursuivi lui-même par l'amour de mademoiselle Juliette, charmante jeune fille qu'il dédaigne, et qu'il finit par épouser, quand elle s'est fait, à force de travail et d'étude, un nom et une position, et vous aurez, sans qu'il y manque rien, le résultat de la triple collaboration de MM. Clairville, Grangé et Dennery.

30 août.

AMBIGU. *Le Fils du Diable.* — Nous avons déjà dit, à propos du Théâtre-Historique, que nous aimions assez l'allure du roman appliquée au drame. Nous accueillerons favorablement tout ce qui peut élargir et allonger ce lit de Procuste qu'on appelle la scène. Seulement, nous voudrions voir ce procédé appliqué à des œuvres inédites et conçues sous la forme même de drames romanesques; mais le public paraît penser d'une autre façon, car il se porte de préférence aux pièces tirées des feuilletons qui ont réussi.

On connaît ce *Fils du Diable*, pour lequel la défunte *Époque* s'était épuisée en annonces, réclames, affiches gigantesques, promenades triomphales, et qui avait assez d'intérêt en lui-même pour se passer de tous ces tintamarres. MM. Paul Féval et Saint-Yves en ont tiré un drame bizarre, où le fantastique se mêle à la réalité dans une proportion qui produit beaucoup d'effet; cette action étrange, qui commence comme une légende d'outre-Rhin et se poursuit à Paris, à travers les trivialités de la rotonde du Temple et de l'estaminet de la Girafe, entre les usuriers et les marchands d'habits; où l'on voit des banquiers en même temps marchands de bric-à-brac, des généraux coupe-jarrets, des médecins empoisonneurs, fait éprouver l'impression d'un rêve. Comme dans ces sortes de pièces, beaucoup de choses sont obscures pour ceux qui n'ont pas lu le roman ou ne l'ont pas assez présent à la mémoire; mais la variété des tableaux, la multiplicité des incidents et des péripéties ne laissent pas un instant de trêve au spectateur.

A l'habileté parfaite de l'arrangement, à certaines parties de dialogue frappées à l'emporte-pièce, on reconnaît çà et là la sûreté d'une main magistrale; quelques scènes sont dessinées avec cette âpreté incisive qui caractérise le célèbre auteur des *Mémoires du Diable*. En effet, M. Frédéric Soulié, bien qu'il ne se soit pas fait nommer, a aidé, *consilio manuque*, MM. Paul Féval et Saint-Yves; il a voulu leur épargner les périls de la représentation, tout en leur en laissant les honneurs.

IX

SEPTEMBRE et OCTOBRE 1847. — Palais-Royal : *Jocrisse maître et Jocrisse valet*, parade de Dorvigny, retouchée par M. Varin. — Hyacinthe et Alcide Tousez. — Théâtre des Funambules : *Pierrot marquis*, par M. Champfleury. — Avénement de la pantomime réaliste. — M. Paul. — Opéra : la salle restaurée. — *La Fille de marbre*, ballet de M. Saint-Léon. — Début de mademoiselle Fanny Cerrito. — La femme et la danseuse.¹ — Théâtre-Français : réouverture. — Autre restauration. — *Les Femmes savantes*. — *Le Malade imaginaire*. — Provost. — Mesdemoiselles Judith et Augustine Brohan.

20 septembre.

PALAIS-ROYAL. *Jocrisse maître et Jocrisse valet*. — Cette immortelle parade a soulevé des rires homériques, olympiens. La bêtise, à ce point de sublimité, est presque du génie, et le génie a droit au respect. Comment M. Varin a-t-il osé porter une main sacrilége sur cet impérissable chef-d'œuvre ! Ajouter des calembours à *Jocrisse maître et Jocrisse valet*, c'est remplir les hexamètres laissés inachevés dans l'*Énéide* par Virgile ; c'est corriger Homère ; c'est retoucher Corneille ; c'est commettre un acte de vandalisme. — O monsieur Varin, comment les mains ne vous ont-elles pas tremblé, en les portant sur ces âneries colossales, sur ces stupidités transcendantales, vénérables comme les pyramides ! Après cela, il y a bien des restaurateurs de tableaux qui refont des têtes dans un tableau de Corrége, des mains dans un dessin de Michel-Ange.

Cette profanation s'est accomplie sans trop d'encombre l'autre soir, et le public insouciant a reçu *Jocrisse maître et Jocrisse valet*, retouché par M. Varin, comme il a accepté Corneille, retapé par M. Planat ou par Andrieux. — Hyacinthe et Alcide Tousez ont prêté à cette facétie l'appui, l'un de son nez, l'autre de son enrouement, et la chose a réussi comme si nulle mutilation n'avait eu lieu. On a ri à se tenir les côtes. *Jocrisse maître et Jocrisse valet*, malgré les calembours et les coq-à-l'âne « palpitants d'actualité » dont on les a enlaidis, n'en fourniront pas moins une très-longue suite de représentations à cet heureux théâtre du Palais-Royal, où tout réussit.

18 octobre.

THÉATRE DES FUNAMBULES. *Pierrot marquis.* — *Pierrot marquis* date une ère nouvelle dans la poétique des Funambules : c'est l'avénement de la pantomime réaliste. M. Champfleury a, dans cette œuvre d'une hardiesse presque sacrilége, repoussé l'intervention des divinités et des génies. L'antique dualité dont la lutte faisait l'intérêt de ces épopées muettes, le combat perpétuel d'Oromaze et d'Arimane, des péris et des dives, des sorcières malfaisantes et des fées protectrices, ces représentations symboliques de la conscience en proie au libre arbitre et tiraillée par les deux principes qui régissent et bouleversent le monde, n'existent pas dans *Pierrot marquis*; et, si une fée paraît à l'instant du mariage des deux amants, emblème de la réunion du désir à l'idéal, son apparition n'a d'autre but que de motiver une perspective d'architecture dans le goût de l'Alhambra, éclairée par la réverbération des feux de Bengale de rigueur.

L'absence de personnages surnaturels ôte à *Pierrot marquis* cette physionomie solennelle et mystérieuse, cette tournure d'*auto-sacramental* d'où résulte, pour les pantomimes des Funambules, cet attrait inexplicable et profond qui reporte à son insu l'âme du spectateur aux affabulations théurgiques des premiers âges du monde ; mais ce qu'elle perd du côté traditionnel et fantastique, la pièce le regagne amplement du côté de la comédie et de l'observation.

Pierrot est au service d'une espèce de Cassandre meunier, dont le moulin agite flasquement ses ailes à travers l'action. Dans ce fait si simple, l'observateur découvre l'invention du rationalisme. L'antique foi a disparu, et M. Champfleury se pose en Luther de la pantomime. Remarquez bien la portée immense de ce détail : tout un système, toute une réforme en découlent. — Dans les pantomimes ordinaires, Pierrot est blanc parce qu'il est blanc : cette pâleur est admise *à priori* ; le poëte accepte le type tel quel des mains de la tradition, et ne lui demande pas sa raison d'être.

Ce n'est pas que nous interdisions aux esprits curieux l'interprétation du sens emblématique des masques qui figurent dans cette représentation, toujours variée et toujours la même, perpétuée à travers les âges ; — car on pourrait écrire à propos du répertoire des Funambules, une symbolique aussi compliquée et aussi savante que celle de Kreutzer ; — mais, dans son sophisme, M. Champfleury donne à la blancheur allégorique de Pierrot un motif tout physique, c'est la farine du moulin qui saupoudre le visage de ce blême et mélancolique personnage. On ne saurait trouver un moyen plus plausible de probabiliser ce fantôme blanc ; cependant nous préférons cette pâleur mystérieuse et sans motif à cette pâleur ainsi expliquée ; plus loin, l'auteur rend très-ingénieusement compte de la gibbosité de Polichinelle. On le voit, l'ère de l'art catholique se ferme pour la pantomime et l'ère de l'art protestant commence. L'autorité et la tradition n'existent plus ; la doctrine du libre examen va porter ses fruits ; adieu les formules naïves, les barbaries byzantines, les teintes impossibles ; l'analyse ouvre son scalpel et va commencer ses analyses.

Par exemple, si, dans l'ancienne pantomime, on avait voulu enrichir Pierrot, on lui aurait fait trouver un diamant gros comme le Régent ou le Sancy dans le ventre d'un esturgeon, ou tout autre trésor plus ou moins fabuleux.

Ici, Pierrot parvient à la fortune par une façon tout à fait civilisée, par une supposition de testament accompagnée de dol, fraude et substitution de personnes, et autres circonstances aggravantes parfaitement du ressort des tribunaux : l'héritage qu'il s'approprie ainsi ne se compose pas de richesses fantastiques : citernes remplies de pièces d'or, monceaux d'escarboucles, cassettes de diamants, mais bien de bons gros sacs d'écus, d'authentiques billets de banque, ainsi qu'il convient dans une époque prosaïque comme la nôtre.

Cette pièce a donné à Paul, l'excellent mime, l'occasion de montrer son talent sous une face plus étudiée, plus réelle qu'il n'avait pu le faire jusqu'à présent, à travers la turbulence des pantomimes jetées dans le vieux moule et sous l'orage incessant des coups de pied, des coups de poing et des soufflets ; autant il est humble, piteux, mélancolique, affamé, patelin, furtif, caressant, hypocrite dans la première partie de la pièce, autant il est superbe, insolent, dédaigneux et marquis de Moncade dans la seconde. Quelle vérité inouïe, quelle profondeur d'observation dans la scène du testament! Paul, forcé, pour dicter les clauses, de desceller ses lèvres toujours fermées, tire on ne sait d'où une petite voix enrouée et grêle, rendue plus étrange encore par l'imitation du zezeyement de Polichinelle, et qui produit le plus bizarre effet du monde.

Le costume de marquis de Pierrot, tout en satin blanc, chapeau blanc, figure blanche, perruque poudrée à frimas est de la plus spirituelle fantaisie.

Lecteurs, ne soyez pas étonnés, s'il vous plaît, de l'importance que nous attachons à une simple pièce des Funambules ; l'art qui règle une pantomime de pierrots, de polichinelles et d'arlequins, est tout aussi sérieux que celui qui ordonnance une tragédie. — Le grand Gœthe, le poëte olympien, le Jupiter intellectuel, n'a pas dédaigné d'écrire de sa main divine des pièces pour les marionnettes, sous le titre de *puppenspiele*, et le sublime Schiller a traduit le

Turandot de Charles Gozzi, œuvre conçue selon la poétique de *Ma mère l'Oie* et du *Bœuf enragé*.

25 octobre.

OPÉRA. *La Fille de marbre.* — Voici enfin la salle de l'Opéra restaurée. « L'or partout se relève en bosse ! » mais nous ne sommes pas de ceux qui trouvent qu'on puisse mettre trop d'or.

La première galerie est formée par une balustrade en relief d'une richesse massive qui assoit bien toute cette partie de l'ornementation. La seconde est décorée d'amours et de génies jouant avec des fleurs sur fond d'or ; ces figures, très-bien peintes, sont de M. Zara, et les fleurs de M. Clément. Ces pivoines, ces jonquilles, ces roses dans leurs feuilles épaisses, leurs cœurs largement épanouis, leurs feuillages opulents, s'harmonient très-bien avec le style d'ornement en usage sous Louis XIV. A la seconde galerie, nous avons remarqué de délicieuses chimères ailées, genre Lebrun, pleines de ragoût et de caprice ; la troisième galerie porte un feuillage courant à travers des mascarons.

Le plafond, immense composition, que le trou, nécessaire à la ventilation et à la remonte du lustre, empêche malheureusement d'avoir un centre, ne déparerait pas une des salles de Versailles. Il représente l'Olympe avec tout son peuple mythologique ; Orphée présente à Apollon la bande des musiciens antiques et des compositeurs modernes. Cet immense morceau a été exécuté en dix-sept jours par MM. Cambon et Valbrun. Parlez, après cela, de la facilité de Luca Jordano !

Les avant-scènes, entièrement dorées, sauf des figures en ronde bosse en imitation de marbre blanc qui se mêlent aux rinceaux des arabesques, ont un aspect grandiose et monumental. Les balcons des trois rangs de loges, le premier, composé de balustres d'or ; le second, d'enfants et de fleurs ; le troisième, de chimères ailées, à tête et à gorge de femme sur fond d'or, sont tout ce que l'on peut voir de plus riche et de plus splendide. Les loges situées entre les colonnes sont aussi fort belles. Comme les avant-scènes, elles sont tapissées de rouge. Les autres loges sont tapissées de gris.

Il s'est élevé sur ce point de grandes discussions : des cadres d'or, ajoutés aux portes et qui leur donnent l'air d'une série de glaces, ont déjà très-heureusement modifié ce que cette grande surface claire pouvait avoir de nu et de pauvre : l'effet désagréable remarqué à la répétition de la salle, venait plutôt du trop grand contraste de cette simplicité, un peu trop sobre, avec l'opulence massive des galeries, que de la teinte elle-même. En tout temps, le mariage de l'or et du blanc a produit des effets heureux à l'œil. Maintenant, considérée comme devant servir de fond à la toilette des femmes, cette nuance est bien choisie. Vaut-il mieux s'emporter en vigueur sur un fond clair, ou ressortir en clair d'un fond vigoureux ? Les opinions sont très-variées sur cet important sujet.

Arrivons à *la Fille de marbre*, c'est-à-dire à mademoiselle Cerrito.

Quoique jeune, Fanny Cerrito, depuis longtemps, jouit à l'étranger d'une réputation qui ne pouvait manquer de l'amener un jour ou l'autre à Paris, cette Athènes moderne, « ce centre des beaux-arts et des belles manières. » En effet, il était étrange qu'une danseuse qui avait été admise dans ce fameux pas de quatre dont le monde théâtral est encore étonné, et que l'Angleterre nomme après les Taglioni, les Elssler, les Carlotta Grisi, demeurât inconnue à la France ; tout brevet de talent, qui n'est pas contre-signé de la main de Paris, a un vice de forme : il manque quelque chose à son authenticité. L'approbation de l'Italie, de l'Allemagne, de l'Angleterre, ne suffit pas à rassurer sur sa valeur réelle l'artiste à renommée exotique ; car, en matière d'art, toutes les capitales sont, relativement à Paris, un peu villes de province, et il y a souvent à rabattre de l'enthousiasme de Naples, de Vienne et de Londres. — C'est donc pour l'artiste lyrique ou chorégraphique un moment solennel, que celui de cette épreuve ; mais, qu'on l'appelle ou qu'on le redoute, il faut toujours y arriver.

Les débuts de la Cerrito ont eu lieu dans une espèce de ballet, à la manière italo-anglaise, inventé et réglé par M. Saint-Léon. Le public français, public essentiellement raisonneur, exige d'ordinaire, même d'un prétexte à entrechats et à pirouettes, plus de logique et de déductions ; mais, cette fois, faisant la part des nécessités d'une mise en scène rapide et d'une œuvre conçue à un autre point de vue, il s'est laissé aller naïvement au pittoresque des détails et au charme de l'exécution.

Fanny Cerrito est heureusement douée pour la scène. Elle est blonde ; son regard bleu a de l'éclat et de la tendresse ; un sourire facile éclaire sa figure intéressante. Sa taille est bien prise, ses bras sont ronds et d'un contour moelleux, mérite rare chez les danseuses. Sa poitrine, bien développée, n'offre pas les maigreurs trop habituelles de la chorégraphie ; sa jambe est fine, son pied joli. — Comme physique, elle a tout ce qu'il faut pour représenter les poétiques imaginations des faiseurs de livrets. Ondines, sylphides, salamandres ne se plaindront pas de l'aspect qu'elle leur prêtera.

Comme danseuse, Fanny Cerrito a pour qualités principales la grâce des poses, l'imprévu des attitudes, la prestesse des mouvements, la rapidité des parcours ; elle rebondit et balonne avec une aisance, une élasticité admirables ; tout le haut du corps est d'une grâce charmante ; le bras, cet embarras des danseuses, qui écouteraient volontiers le conseil de la servante du *Malade imaginaire*, et se les feraient couper comme gênants et superflus, s'arrondissent, se plient et flottent mollement dans l'air comme ces draperies roses qui voltigent autour des nymphes sur le fond noir des fresques d'Herculanum.

Elle a dans toute sa manière quelque chose d'heureux, de brillant et d'aisément épanoui, qui ne sent ni le travail, ni la fatigue. Mais ce qui fait son mérite fait aussi son défaut. S'il y a facilité, fraîcheur, air de jeunesse, il y a aussi manque de style, incorrection ; et, sans vouloir tomber ici dans la pédanterie la plus ridicule de toutes, c'est-à-dire la pédanterie des frivolités, nous dirons qu'il y a chez elle absence d'école. La nature a tout fait pour Cerrito ; mais les plus heureux dons veulent être cultivés. Une artiste de sa force et de sa renommée ne doit pas laisser de prise à la critique des maîtres de danse, qui croient avoir tout dit lorsqu'ils ont noté quelques pointes molles, quelques placements de pied pas assez en dehors. Ces légères taches disparaissent bien vite dans le tourbillon éblouissant de cette danse hardie et naïve, inattendue et gracieuse ; et la Cerrito, à l'Opéra de Paris, a pu se croire encore au Théâtre de Sa Majesté (*Her Majesty theater*), chez M. Lumley, à Londres.

Le succès a été des plus complets et des plus francs. Dès ses premiers bonds, Cerrito a conquis son public. Jamais, d'ailleurs, l'Opéra n'avait vu assemblée plus éblouissante ; les loges étaient à la fois des écrins et des parterres.

Saint-Léon a surpris par la hardiesse nerveuse de sa danse et la force avec laquelle il s'enlève : il a su se faire applaudir, ce qui n'est pas aisé, dans un temps où la danse virile n'est pas en faveur. — Outre ses talents de chorégraphe et de danseur, Saint-Léon joue du violon d'une manière toute magistrale, à ce que disent les personnes qui l'ont entendu. Il serait facile, ce nous semble, de trouver une action qui nous le montrât comme danseur et comme virtuose.

Théatre-Français. *Réouverture.*— *Les Femmes savantes.*— *Le Malade imaginaire.* — Le Théâtre-Français vient aussi de rouvrir ses portes, fermées depuis longtemps si l'on en juge d'après le nombre des jours, depuis peu si l'on a égard à l'importance des travaux exécutés. Maintenant, le Théâtre-Français n'aura rien à envier, comme luxe et comme fashion, à l'Opéra, au Théâtre-Italien et à l'Opéra-Comique, et pourra prendre sa place parmi les salles que fréquente et vivifie le dandysme élégant.

La salle est blanc et or, sans autre peinture que celle du plafond, qui représente un Olympe mythologique avec personnifications de la Tragédie, de la Comédie, du Drame. Cela n'est guère nouveau sans doute ; mais il n'y a guère que les êtres allégoriques qui puissent plafonner convenablement et se contenter d'un divan de nuages. Cette composition, due aux brosses de MM. Cicéri et Gosse, est d'un ton lumineux, léger, diaphane, et prend beaucoup de valeur à cause de la simplicité noble du reste de la décoration.

Les avant-scènes, où sont transportées les loges royales ou officielles, offrent un développement monumental et sont comme les façades de petits palais. Des Hercules terminés en gaîne, et dans le goût des figures de Puget, soutiennent l'entablement du second étage. Cette disposition a beaucoup de caractère et de grandiose. Les tentures sont rouge pourpre ; cette couleur est rappelée par le papier de toutes les autres loges ; car il est reconnu que le blanc, le pourpre et l'or ont toujours produit, dans leur association, des effets heureux et certains.

Les devantures des galeries n'ont d'autre ornement que des rinceaux, des guirlandes, des masques dorés ou de cuivre estampé sur fond de stuc, qui donnent à la salle un aspect noble, riche et tranquille tout à fait en harmonie avec les hautes jouissances intellectuelles que le public y viendra chercher.

Le ton général est on ne peut plus favorable aux toilettes, et il est à regretter que l'usage ne soit pas encore établi de s'habiller pour aller aux Français, comme pour aller aux Italiens ou à l'Opéra. Nous avons été fâcheusement frappé de cette différence : à la représentation de la Cerrito, diamants et fleurs, corsages décolletés, toilettes de soirée ou de bal; à l'ouverture du Théâtre-Français, robes montantes, couleurs sombres, chapeaux et bonnets. Nous aurions voulu que l'on témoignât le même respect pour les inventions du génie que pour les cabrioles d'une danseuse ou les roulades d'une cantatrice.

Les Femmes savantes et *le Malade imaginaire* ont été joués avec cet ensemble, cette sûreté et cette science de tradition qu'on ne trouve encore qu'à la rue Richelieu. Provost a été excellent dans le rôle du malade; Provost est maintenant le meilleur comédien de l'époque. Mademoiselle Judith, qui jouait Angélique, a dit avec beaucoup de talent la scène entre elle et sa belle-mère; nous l'avons trouvée moins naturelle et moins vraie dans l'explosion de désespoir qui suit la fausse nouvelle de la mort de son père; son costume, non plus, n'est pas celui qu'il faudrait.

Angélique, fille d'un vieux bonhomme extravagant et malade, dans une maison triste et refrognée, sous la tyrannie d'une belle-mère avare et acariâtre, doit être mise simplement : quelque fourreau gris avec quelques agréments noirs pour toute coquetterie; mais une robe blanche, relevée de nœuds de velours nacarat avec des grappes de perles, est un luxe hors de saison. — Mademoiselle Brohan nous paraît, par son élégance, sa finesse, son mordant et sa beauté, plus propre à représenter les soubrettes de Marivaux que les servantes *un peu fortes en gueule* de Molière; le tablier de soie lui convient mieux que le torchon. Près d'elle, les maîtresses ont l'air d'être à son service.

L'effet de cette représentation, nous sommes fâché d'avoir à le dire, a été froid. Le public d'aujourd'hui ne goûte pas Molière; accoutumé qu'il est aux crèmes fouettées des faiseurs, son estomac n'est plus habitué à cette moelle de lion. Les bourgeois ne le trouvent pas « sérieux ; » les femmes le proclament « inconvenant, » et, si ce n'était l'autorité d'une gloire séculaire, on le sifflerait à coup sûr.

X

NOVEMBRE 1847. — Théâtre-Français : *les Aristocraties*, comédie en vers de M. Étienne Arago. — De la complication du nœud dans les pièces modernes. — Le dialogue économique. — La comédie de M. Arago. — Son but philosophique. — La versification — Les acteurs. — Opéra-Comique : *le Braconnier*, paroles de MM. de Leuven et Brunswick, musique de M. Gustave Héquet. — Théâtre-Français : *Mithridate*. — Analogie de l'action avec celle de *l'Avare*. — Beauvallet. — Vaudeville : *Elle ou la mort!* par M. Blum. — De la solidarité entre les acteurs et les auteurs. — Théâtre-Français : *Cléopâtre*, tragédie de madame Émile de Girardin. — Le type de Cléopâtre. — La pièce. — Mademoiselle Rachel. — Opéra-National : ouverture. — Les adieux de M. Gallois à sa garde. — *Les Premiers Pas, ou les Deux Génies*, paroles de MM. Alphonse Royer et Gustave Vaëz, musique de MM. Auber, Halévy, Carafa et Adam. — *Gastibelza, ou le Fou de Tolède*, paroles de MM. Dennery et Cormon, musique de M. Maillard. — La *guitare* de Victor Hugo. — Opéra : *Jérusalem*, paroles de MM. Alphonse Royer et Gustave Vaëz, musique de M. Verdi. — — Théâtre-Français : *un Caprice*, comédie-proverbe de M. Alfred de Musset. — Le poëte et le public. — Une mine à exploiter pour la Comédie-Française. — Brindeau, mesdames Allan et Judith.

1er novembre.

THÉATRE-FRANÇAIS. *Les Aristocraties*. — La Comédie-Française vient d'obtenir, avec *les Aristocraties*, de M. Étienne Arago, un succès franc et légitime. On ne pouvait mieux inaugurer la salle, où, depuis la réouverture, l'ancien répertoire seul s'était produit.

M. Étienne Arago a fait de la comédie actuelle, chose difficile, soit à cause de la censure, qui ne permet pas de toucher aux véritables sujets, soit à cause de l'effacement des signes extérieurs, résultat d'une civilisation avancée. Cette comédie, il est vrai, ne ressort pas toujours des situations ; mais elle se dessine par le dialogue, les tirades et les traits.

Nous avons entendu les experts de la charpente, les illustres de la carcasse, se plaindre, tout en reconnaissant le mérite de l'ouvrage, que la pièce ne fût pas forte. En effet, l'intrigue est simple ; quelques lignes suffiraient pour la raconter. Mais ce n'est que depuis quelques années qu'on en est venu au point de regarder comme des qualités la complication du nœud, la multitude des événements et la fréquence des péripéties. Sans doute, il faut des faits, des actions au théâtre ; pourtant, prenons garde, ce qu'on appelle aujourd'hui une pièce bien faite est tout bonnement un scenario de ballet dont on a supprimé les danses et où la pantomime est remplacée par des têtes de phrases. La crainte des longueurs empêche d'achever les périodes. Le dialogue de M. Scribe est presque entièrement composé de points et de sens suspendus. — Avec cette méthode abréviative, que devient l'analyse des passions, la peinture des caractères, l'étude philosophique des mœurs, le lyrisme, le style, toutes les qualités du poëte et du penseur ? Il est bon d'arriver au but, selon le précepte d'Horace ; mais, s'il faut jeter en route son argent, ses armes, son manteau et tous ses bagages, à quoi sert de partir ? Que ferez-vous, parvenu à ce terme tant souhaité, haletant, nu, ayant perdu votre passe-port et vos titres de noblesse ?

Nous croyons, nous, et les œuvres des maîtres nous en fourniraient mille preuves, que la contexture d'une pièce, et surtout d'une pièce en vers, doit être peu compliquée et conçue un peu en manière de livret d'opéra. Les vers ont besoin de place pour dérouler la théorie de leurs rimes et de leurs périodes, comme les airs, les duos et les trios. Ils agissent par une force propre, et bien souvent le couplet, la tirade, qu'un faiseur expérimenté conseillerait d'ôter, décident le succès d'un acte. Il y a encore, bien que le nombre en diminue tous les jours, des gens sensibles au rhythme, au retour du son, à l'élégance des termes, à cet éclat de l'idée qui, de fer, devient acier par la trempe du vers. La force superbe de la forme, *vis superba formæ*, suivant la belle expression de Jean Second, dompte les cœurs les plus rebelles.

Dans les anciennes pièces espagnoles, le galant, *el galan*, pour se mettre en rapport avec l'ingénue, *la dama*, ne manquait pas de la soustraire à quelque péril de mort. Il arrêtait un cheval emporté ou tuait un taureau furieux menaçant les jours de sa belle : ce trait d'héroïsme l'introduisait naturellement dans la famille de la dame de ses pensées, et, de la reconnaissance, naissait un amour plus ou moins traversé, selon les nécessités du drame. — M. Étienne Arago a spirituellement modifié, d'après les exigences modernes, le moyen de faire naître des rencontres et des sympathies, employé par Lope de Vega, Calderon et les autres dramaturges romanesques. — Le cheval, depuis l'invention des chemins de fer, est devenu un animal archéologique, qu'on ne trouvera plus bientôt que dans les ménageries, et sur lequel les Cuvier de l'avenir feront des conjectures; les taureaux restent dans les prairies d'Utrera et de Colmenar, et ne peuvent guère mettre en péril les jours d'une héroïne française.

D'ailleurs, la civilisation rend presque tous les événements impossibles; comment donc rapprocher deux êtres qui vivent dans deux sphères différentes? Valentin, le héros, le *galan* de la pièce, sauve Laurence d'un danger inconnu aux anciennes héroïnes. — Accompagnée de sa tante, la jeune fille visitait une usine. Le pan de sa robe flottante est pris par un engrenage; ô terreur! la machine tourne et le corps charmant de Laurence va disparaître, broyé, moulu, mâché, par ces affreuses dents d'acier et de bronze qui n'ont pas même l'excuse de la faim; quel Hercule industriel frappera sur ses mille têtes à crocs aigus cette hydre manufacturière? Ce sera Valentin : comme le galant espagnol qui coupe précisément la moelle épinière du taureau, il tranche la corde qui relie ensemble toutes ces roues, tous ces leviers, tous ces volants, tous ces pilons; la machine, désorganisée, perd soudain la vie et le mouvement. Laurence est sauvée! Honneur à Valentin! ses profondes connaissances mécaniques lui ont permis d'arracher à la mort un être plein de grâce et de beauté.

Voilà donc une pièce qui s'engage d'une façon nouvelle. Jadis, la femme sauvée, l'héroïne, l'idéal à poursuivre et proposé comme la récompense à la vertu eût été quelque noble demoiselle, quelque infante au blason sans tache; aujourd'hui, l'aristocratie de la race, l'aristocratie de l'épée ont fait place à l'aristocratie de l'argent : la Dulcinée, la Béatrix, la Laure, la Lucie, la symbolisation de l'idéal, la femme type, appartiendra donc à l'aristocratie de l'argent. Laurence est fille d'un banquier; comme ses devancières, elle a la beauté, la grâce, l'amour, mais son piédestal est fait de sac d'écus.

M. Verdier, son père, représente fidèlement et sans caricature le banquier moderne. Il n'a pas ces grossièretés naïves et ces insolences imperturbables des Turcaret et des Mondor; son orgueil et son avidité revêtent des formes plus humaines. Il est immensément riche; il fait la hausse et la baisse à la Bourse. Comme dernier luxe, il voudrait la noblesse et l'élégance. Aussi désire-t-il que Laurence, sa fille, échange sa dot énorme contre un blason illustre, et charge-t-il un certain M. Dupré, Figaro qui ne fait pas la barbe, d'avoir du goût pour lui.

Deux prétendants se disputent la main de Laurence, le comte de Torcy et le baron de Larrieul. La noblesse de l'un remonte à Charlemagne, celle de l'autre à Napoléon. Tous deux sont ruinés, mais comme des gens de leur sorte peuvent l'être : ils mangent cent mille francs par an; seulement, ils les doivent. Cela n'effraye guère le papa Verdier, à qui le maniement de l'or a donné la connaissance du cœur humain. « Ils sont dissipateurs, dit-il, parce qu'ils n'ont pas le sou.

En ayant de l'argent, ils seront économes. »

C'est entre ces deux messieurs que doit choisir Laurence. Quant à Verdier, il est impartial. Quoique la noblesse du baron de Larrieul lui paraisse un peu de fraîche date, il n'a pas de préjugés, et, pourvu que sa fille ait, sur les panneaux de ses voitures, des armoiries authentiques surmontées d'une couronne ou d'un tortil, il sera content. M. de Torcy lui a promis de le faire nommer député; le baron de Larrieul, conseiller municipal. Un emprunt, consenti pour une puissance étrangère, lui fera donner des décorations, des lettres de noblesse et un titre; rien ne manquera donc à sa gloire. L'or sera honoré en lui comme il le mérite.

Le comte de Torcy et le baron de Larrieul, fils épuisés d'une race puissante, n'ont pas seulement regardé Laurence. Sa dot leur voile sa beauté. Laurence, pour eux, n'est pas un cœur à obtenir; c'est une partie à gagner. Aussi, ces nobles jeunes gens, doués d'un sang-froid parfaitement glacial, qu'ils semblent avoir appris des usuriers, ne tombent-ils pas dans le travers commun des rivaux bourgeois qui se déprécient, s'entre-déchirent, se nuisent et parviennent à prouver qu'ils doivent être mis tous deux à la porte. M. de Torcy et M. de Larrieul entonnent en leur honneur réciproque des couplets alternés dignes d'une églogue virgilienne : « Quel cœur! dit M. de Torcy. — Quelle âme! répond M. de Larrieul, etc., etc. » Ce touchant accord ravit M. Verdier, qui ne regrette qu'une chose, c'est de ne pas avoir deux filles.

Le magnifique banquier vient d'acheter le beau domaine seigneurial de Franville. Il y donne une fête dont les prodigalités économiques, ordonnancées par le factotum Dupré, satisferont la vanité de l'homme d'argent sans que son coffre-fort en souffre trop. Dans cette fête, Laurence doit se déclarer pour l'un ou l'autre de ses prétendants : vous pensez bien qu'elle en choisit un troisième. Ce troisième, c'est Valentin. Cette idée paraît des plus saugrenues à M. Verdier, déjà plus orgueilleux de son or qu'un Montmorency de sa noblesse. Il est, d'ailleurs, infatué de M. de Torcy et de M. de Larrieul, sur le compte desquels il faut le détromper. C'est mademoiselle Camille, cantatrice distinguée, élève de la sœur de M. Verdier, autrefois obligée de donner des leçons pour vivre, à qui les deux prétendants ont fait la cour, et venue à Franville pour joindre au luxe de l'or le luxe de l'art, qui se charge de cette besogne. M. Verdier se cache, et, au moyen de quelques coquetteries, Camille ramène à elle ses anciens courtisans, et fait dire à M. de Torcy, et réciproquement, ce qu'il pense de M. de Larrieul.

L'avis de ces deux messieurs, véridiques cette fois, n'a rien de bien édifiant. Le désenchantement de M. Verdier est complété par deux lettres qui lui arrivent, l'une de Versailles, l'autre du faubourg Saint-Antoine : dans la première, on refuse de l'élire parce qu'il est trop démocrate; dans l'autre, parce qu'il est trop aristocrate : ainsi, le comte et le baron ne lui ont servi à rien. Heureusement, Dupré arrange les choses en faisant, auprès des parties adverses, un titre de ce double refus. Dans chaque camp, M. Verdier passe pour martyr de l'autre. La répulsion du faubourg fait élire le banquier à Versailles, la répulsion de Versailles lui conquiert le faubourg. Le voilà donc député et conseiller municipal. Mais la ruse de Dupré ne porte son fruit que plus tard, et, en attendant, M. Verdier fait une mine assez piteuse; il rabroue fort aigrement les deux gentilshommes, et se rapproche de Valentin, qui a enfin trouvé chez un banquier rival du père de Laurence, les fonds nécessaires pour réaliser une de ses inventions, vrai Pactole d'où doivent couler des richesses incalculables.

Le banquier, dégoûté de la gentilhommerie, fait ce que Valentin appelle spirituellement de l'orgueil retourné. Il parle des sabots qu'il avait aux pieds en venant à Paris, de sa veste ronde, de son gilet de futaine et de l'écu de trois livres dont se composait toute sa fortune; car, pour devenir millionnaire, il faut des sabots et un écu de trois livres : avec des souliers et dix francs, on n'y parviendrait jamais. Il injurie la noblesse ancienne et nouvelle; mais Valentin, dans une tirade pleine d'éloquence et d'une haute impartialité, rend à chaque aristocratie la justice qui lui est due, et fait la part de chacune avec une parfaite droiture et un grand sens historique. M. de Torcy représente l'aristocratie de la race, M. de Larrieul, l'aristocratie de l'argent; lui, Valentin, l'aristocratie du travail. Tous ont servi leur pays par eux-mêmes ou par leurs ancêtres. Seulement, les ancêtres de M. de Torcy dorment dans leurs armures de fer, rongées par la rouille sous les décombres de leurs donjons féodaux; le père de M. de Larrieul, fantôme militaire, parade à la revue nocturne que passe César décédé, dans la ballade du poëte allemand. M. Verdier tient en ses mains l'idole devant qui tout s'incline, mais qu'une étincelle peut réduire en poudre. Une fusée du feu d'artifice, tiré pour la fête, enflamme, pendant que cette conversation a lieu, le cabinet où le banquier a serré trente-trois millions de valeurs. Le portefeuille est brûlé, et voilà M. Verdier, l'aristocrate d'argent, aussi pauvre que l'aristocrate de race et l'aristocrate d'épée, qu'il traitait si durement tout à l'heure. Le seul riche et le seul noble, c'est Valentin, qui a sa valeur en lui-même, et possède l'aristocratie du génie et du travail. En épousant Laurence, il récompense le désintéressement du cœur, car elle l'avait aimé lorsqu'il était pauvre et méconnu. Cette union rendra l'aisance et le bonheur à la famille.

L'analyse que nous venons de faire, quoique très-fidèle, ne rend qu'imparfaitement l'effet de la pièce. Le dialogue est vif, semé de traits brillants et concis, d'attaques contre les vices et les travers de l'époque, qui ne vont pas jusqu'à l'injure déclamatoire, mais qui ont de l'éloquence et de la chaleur. L'auteur, sans se préoccuper de ces terribles *ficelles* dont on épouvante les poëtes, poursuit tranquillement son but philosophique. Son œuvre est celle d'un esprit très-honnête, très-franc, très-net, plein des meilleures et des plus loyales intentions. Peut-être, quoique la versification de la pièce soit ferme et correcte, désirerions-nous un peu plus de poésie, de souffle et de lyrisme; la phrase est un peu cassante, un peu courte, se fermant trop tôt dans des tours épigrammatiques; mais il faut dire aussi, pour l'excuse de M. Étienne Arago, qu'il est extrêmement difficile de faire parler en vers des gens en frac et en bottes vernies, et que le lyrisme n'a pas grand'chose à voir au cours de la rente. A force de traits, il a évité le prosaïsme, où l'on retombe si aisément dans les sujets actuels; il eût été facile de colorer davantage les scènes d'amour de Valentin et de Laurence; mais, à notre époque, le balcon de Juliette est d'une escalade difficile, et l'alouette, à Paris, ne s'élance pas vers le soleil en secouant ses ailes emperlées par la rosée de la nuit.

Provost a été excellent dans le rôle du banquier; il n'en a fait ni une ganache ni un Turcaret; c'était l'écueil à craindre. Regnier est fort divertissant dans le rôle du factotum ordonnateur des menus plaisirs de M. le banquier. Mirecourt et Leroux ont donné chacun au genre d'aristocratie dont ils sont la personnification, l'élégance qui lui convient. Geffroy a soutenu sans plier le rôle long et difficile de Valentin; il a été sobre, contenu, incisif, d'une dignité sérieuse, d'une sensibilité ferme qui réalisent tout à fait l'idéal qu'on se fait d'un héros du travail. Mademoiselle Judith a fait preuve d'intelligence et de goût dans un personnage qui n'est que d'importance secondaire, lequel ouvre et termine la pièce : elle a eu au dénoûment un élan plein de grâce, lorsque, après l'incendie des billets de banque, elle s'avance vers Valentin le sourire sur les lèvres, la confiance dans les yeux, sûre de la noblesse de son amant. Mademoiselle Brohan a fait de la silhouette de Camille, à force de beauté, de toilette, de fleurs, de diamants, de clins d'œil et de sourires, une figure étincelante de grâce et d'esprit : avec quelle moquerie charmante elle accueille la déclaration d'amour du banquier, qui s'interrompt au milieu de sa phrase en entendant tomber dans sa caisse avec un sifflement argentin la cascade d'un versement attendu et douteux !

Ce succès, combiné avec les recettes énormes que fait mademoiselle Rachel, va accoutumer l'argent à se rendre tous les jours aux bureaux de location de la Comédie-Française. Le caissier, qui n'était gai que les jours de tragédie et montrait une face sépulcrale les jours de comédie, portera maintenant sur ses lèvres un sourire stéréotypé.

Opéra-Comique. *Le Braconnier.* — Le garde-chasse Wolf, au service d'un grand-duc allemand quelconque, ne sait guère son métier ; car les bois confiés à sa surveillance sont dépeuplés par un braconnier insaisissable : lièvres, faisans, perdrix, tout disparaît. Le grand-duc est fort mécontent ; on le serait à moins. Cependant Wolf a beau faire le guet, il ne voit se promener dans la forêt qu'un petit jeune homme très-doux, très-studieux, très-tranquille, qui chemine, un gros livre sous le bras et un bâton à la main.

Ce petit jeune homme, c'est Herbert, dont Wolf pense à faire son gendre ; — car le garde-chasse a une fille charmante, nommée Lisa. — Ne vous fiez pas à la mine doucereuse d'Herbert ; ouvrez, s'il vous plaît, son livre, et du diable si vous y lisez un mot ! c'est un carnier artistement relié en Bible ou en Digeste. C'est là que va finir le gibier du duc. Quant au bâton, il cache un fusil parfaitement dissimulé. Ce mystère se découvre, grâce à des combinaisons inutiles à rapporter, et auquel est mêlé un certain Paternick, amoureux, non payé de retour, de mademoiselle Lisa. Herbert ne braconnait que pour soutenir un vieux maître d'école qui l'avait élevé, et le grand-duc, touché de son repentir, lui pardonne et annihile le braconnier en le nommant garde-chasse.

La partition de ce joli petit acte est due à M. Gustave Héquet, critique musical distingué. On sent dans l'ouverture un parfum de vieille musique qui trahit l'étude intelligente de Haydn, de Hændel et des anciens maîtres; de charmants couplets chantés par mademoiselle Lemercier, une romance dont le motif est très-heureux et l'accompagnement plein de goût, un joli duo, un quatuor original ont été applaudis comme ils le méritaient. Ce début heureux engagera M. Héquet à quitter quelquefois la plume pour l'archet; et, si nous y perdons quelques feuilletons judicieux, nous y gagnerons quelques charmants opéras. Nous aimons voir ceux qui jugent composer à leur tour et venir tendre aux férules ces doigts qui ont cinglé de si bons coups. Il y a quelque chose de loyal dans l'action du critique qui s'expose à être critiqué aussi : s'il n'est pas indispensable d'être poëte et musicien pour parler de vers ou de musique, savoir la musique et la poésie ne gâte rien.

8 novembre.

THÉATRE-FRANÇAIS. *Mithridate*. — *Mithridate* est une des pièces les plus mâles et les plus vigoureuses de Racine. Comme dans certaines peintures de Raphaël, on sent l'influence de Michel-Ange, aux musculatures en saillie, aux attitudes puissamment contournées, au luxe de science anatomique, de même, dans la pièce du poëte, on devine la préoccupation où il était de Corneille; le caractère du vieux roi de Pont, cet implacable ennemi de Rome, est tracé avec une rare énergie. Racine, sans doute, accusé de mollesse par la critique de son temps, a voulu prouver qu'il pouvait, lui aussi, accuser à grands traits une figure sévère. Quelle hautaine physionomie que celle de ce roi barbare, qui, pour mettre à l'abri de toutes chances sa haine contre le nom romain, habitue lentement son corps au poison, et qui, dans sa cruauté asiatique, mêle les meurtres de femmes à ses projets d'ambition et de conquête!

L'action de *Mithridate*, où le père se trouve en rivalité d'amour avec le fils, est la même que celle de *l'Avare* de Molière. — Cela ne doit pas surprendre; car, ainsi que le fait remarquer Gœthe, Molière est un auteur à part; ses comédies confinent à la tragédie. Son *Avare* surtout, dans lequel la passion détruit tout naturel entre le père et le fils, est grand et tragique dans la haute signification du mot. Cette situation, si hardie et si vraie, est modifiée dans les imitations étrangères : on fait du fils un parent. Par ce changement, on détruit tout l'effet, et cela n'a plus de sens ; on craint de laisser apparaître le vice dans sa véritable nature ; mais, alors, quel intérêt présente-t-il, et qu'y a-t-il de tragique, si ce n'est ce que nous ne pouvons supporter ?

Ce serait une vraie curiosité littéraire, de faire représenter dans la même soirée ces deux pièces si différentes de genre, de configuration, de style et d'effet, qui pourtant se touchent par une pensée commune. Ces rapprochements pourraient s'étendre plus loin qu'on ne pense ; en partant du même point, deux poëtes peuvent arriver, l'un à la gaieté la plus folle, l'autre à la plus haute terreur, selon qu'ils suivent le chemin de la comédie ou de la tragédie ; le sujet des *Précieuses ridicules* est le même que celui de *Ruy Blas* : un laquais recouvert de l'habit de son maître, qui fait la cour à une femme dans une position supérieure, et qu'on démasque au dénoûment. Et pourtant quelle immense différence dans le résultat !

Beauvallet, qui abordait l'emploi des rois, a montré de la force et de la majesté, de l'ampleur ; cette excursion hors de ses créations ordinaires, lui ouvre tout un cycle de rôles à parcourir.

VAUDEVILLE. *Elle ou la mort!* — Ce vaudeville, de M. Blum, était destiné à nous montrer Arnal amoureux jusqu'au délire, et faisant toutes les extravagances nécessaires pour justifier le titre extra-romantique *Elle ou la mort!* Mais Arnal, qui est ordinairement d'un comique si fantasque, d'une humeur si franche et si communicative, qui lance le mot avec un aplomb si désopilant, a paru à tout le monde au-dessous de lui-même ; il laissait tomber toutes les finales, articulait à peine, ne donnait aucune inflexion aux phrases, et était si peu sûr de sa mémoire, que, par instant, la voix du souffleur couvrait la sienne.

Les admirateurs du talent de ce charmant comique, et ils sont nombreux, s'expliquaient cette infériorité relative, soit par une indisposition, soit par quelque contrariété qui enlevait à l'acteur une partie de ses moyens ou de sa présence d'esprit. D'autres supposaient que, le rôle ne lui plaisant pas, pour une raison ou pour une autre, il le jouait, pour ainsi dire, à contre-cœur et sans sa verve habituelle. Quelques-uns, et, parmi ceux-là, il faut compter l'auteur et le directeur, y ont vu de la mauvaise volonté, un parti pris formel de ne pas soutenir la pièce. — Heureux Arnal, qui, lorsqu'il n'est pas excellent, fait croire qu'il a été médiocre à dessein ! — Des mots assez durs ont été prononcés, et le directeur s'est laissé aller à des emportements regrettables sans doute.

Une signification extrajudiciaire en rupture d'engagement a été portée à Arnal depuis cette scène, et le rôle de Percy va être donné à un autre.

Nous aurions passé sous silence ce conflit fâcheux, s'il ne touchait à cette question fort délicate de la solidarité entre les acteurs et les auteurs. Nous concevons parfaitement certaines prédilections, certaines fidélités théâtrales ; nous trouvons naturel qu'on ait du penchant pour ceux avec qui l'on a pris l'habitude du succès ; il n'est pas défendu à l'acteur d'avoir un goût, une opinion, un jugement : il peut trouver mauvais un rôle que son devoir l'oblige d'accepter ; mais, une fois le rideau levé, lorsque s'est engagée, sous le feu de la rampe, cette bataille entre l'auteur et le public, qu'on appelle une première représentation, comme dans un combat véritable, il ne peut y avoir ni choix ni répugnance ; un seul sentiment doit dominer tout, le sentiment du danger commun ; en montant à l'assaut, tout le monde est frère. L'acteur doit être, vis-à-vis de l'auteur, comme un militaire qui exécute avec zèle et courage les ordres reçus, même lorsqu'ils lui semblent déraisonnables ou dangereux.

Il est fort difficile de déterminer jusqu'à quel point un acteur ôte volontairement l'appui de son talent à l'auteur dont il joue la pièce : la défense a toujours à décliner des excuses de fausse modestie, et il y a bonne grâce à fuir les honneurs de soi-même avec une humilité de commande ; mais, toutes réserves faites, et la supposition admise, nous concevons et nous excusons l'indignation de l'auteur et la colère du directeur.

16 novembre.

Théatre-Français. *Cléopâtre.* — Cléopâtre est peut-être le type féminin du plus haut titre qui se soit produit dans l'histoire. Beauté, gloire, puissance, elle réunit tout. Elle est la vérité de l'idéal, et jamais les imaginations du rêveur le plus effréné ne sauront aller au delà. L'antiquité seule, où des multitudes étaient résumées par une personnalité unique, pouvait mettre au jour ces individualités énormes, ces existences colossales en dehors de toutes les proportions modernes, dont le monde attentif regardait se dérouler au-dessus de lui, dans une atmosphère étincelante, les fantaisies titaniques et démesurées. Ce n'était pas trop pour suffire au déploiement de ces natures gigantesques de tout l'or entassé par vingt dynasties, des dépouilles de cent peuples divers, de la vie sacrifiée de nombreux troupeaux d'esclaves, machines dociles, forces vivantes ajoutées à la volonté suprême. A ces immenses moyens d'action, Cléopâtre joignait les séductions de son sexe portées à un degré inouï; personne ne fut plus reine, et personne ne fut plus femme.

Depuis l'éblouissement des splendeurs royales, les attitudes de déesse, les regards chargés d'éclairs, le froncement de sourcil olympien, jusqu'aux familiarités de corps de garde et aux plaisanteries soldatesques, elle possède tout. Son front, si majestueux sous la couronne sidérale, est encore plus charmant sous le capuchon de la coureuse de nuit; qu'elle se présente comme femme et sœur de Ptolémée, conculcatrice des peuples, reine des régions d'en haut et d'en bas, œil de lumière, préférée d'Amoun-Ra, avec tous les titres gravés sur les panneaux d'hiéroglyphes, ou qu'elle se fasse porter à César roulée dans un tapis, elle n'est pas moins irrésistible. On dirait que la Vénus Verticordia lui avait cédé son pouvoir sur les âmes, qu'elle maniait à son gré, changeant l'héroïsme en lâcheté, la lâcheté en héroïsme, comme pour se prouver sa force. Elle fit fuir Antoine; elle eût rendu Octave courageux; chaque nature lui devait l'impossible. — Un seul homme put l'aimer sans être sa victime ou sa dupe; mais aussi c'est le plus grand caractère, le type le plus complet, le plus rare assemblage des qualités de l'esprit et du cœur, le suprême effort de la nature; — pour tout dire, en un mot, César!

Elle avait le don de l'universalité; elle savait tout; elle parlait toutes les langues et répondait à chacun dans son idiome; elle connaissait la poésie, la musique, tous les arts mieux que les plus habiles professeurs. Les soins d'un vaste empire, la conduite d'intrigues immenses et compliquées, les recherches d'un luxe inouï que la misère civilisée ne peut pas même concevoir, les fatigues des nuits orgiaques et de ces repas babyloniens où l'on buvait des perles fondues, rien n'altérait ce corps frêle et souple, fait d'acier et de diamant, qui semblait habité par vingt âmes ; car, de même que les organisations inférieures n'ont que des tiers et des quarts d'âme, les organisations d'élite ont des âmes multiples.

Certes, s'il y avait sur terre un homme qui, par ses qualités et ses vices, convînt à cette femme, c'était Antoine; des deux bouts du monde, ils devaient courir dans les bras l'un de l'autre. Rien ne pouvait empêcher l'hymen des deux types. Celle qui n'était pas dans son droit, bien qu'épouse légitime, c'était Octavie. — Marc-Antoine, l'Héraclide, le soldat au corps d'athlète, le Romain à mœurs de satrape, à la fois efféminé et brutal, courageux et mou, héroïque et enfantin, demi-dieu par certains côtés, à peine homme par d'autres, nature exubérante, sensuelle et prodigue, esprit brillant et fastueux, éloquence asiatique, cœur à l'émotion facile, quoique capable de cruautés à ses heures, merveilleuse réunion de vertus et de défauts dominés par une passion unique, l'amour, appartenait invinciblement à Cléopâtre ; il était fait pour elle et elle était faite pour lui. Quant à la faute d'avoir perdu la bataille d'Actium, c'est une faute que les historiens lui reprochent et dont les poëtes l'absoudront. Il est beau de jouer la moitié du monde sur le regard d'une femme aimée. C'est par cette chute qu'à nos yeux Antoine se relève. Quel magnifique oubli de l'ambition et de l'orgueil !

Un type si splendidement royal et passionné que celui de Cléopâtre devait séduire de tout temps les poëtes. Shakspeare, le divin poëte, a fait une tragédie pleine de mouvement et de passion, dont la reine d'Égypte et Marc-Antoine sont les héros. Plusieurs, moins illustres, ont essayé, depuis, ce sujet attirant comme l'abîme, séduisant comme l'impossible. Pour une femme poëte, Cléopâtre devait offrir surtout d'irrésistibles séductions : ce caractère si étrange et si complexe offrait à l'analyse de telles ressources et des combinaisons si variées à l'agencement du drame, qu'il pouvait faire passer par-dessus l'inconvénient d'un dénoûment tracé d'avance et fatalement connu, inconvénient que présentent, au reste, tous les sujets historiques devant un parterre lettré. Madame Émile de Girardin a su trouver dans l'invention d'un personnage épisodique et dans le contraste de Cléopâtre et d'Octavie, en dehors de l'étude des caractères et de l'appréciation des événements, un intérêt que nous ne voudrions pas appeler romanesque, car le mot se prend ordinairement en sens défavorable, et qui est comme la fable de cette histoire, comme le lien qui relie ensemble habilement tous les actes de la pièce. Le succès le plus éclatant a couronné cette heureuse combinaison, d'où résulte une tragédie lyrique comme une ode, attachante comme un drame, où le penseur qui ne cherche que l'idée, la femme qui ne cherche que les larmes, la foule qui ne cherche que l'action, trouvent également leur compte.

Lorsque la toile s'est repliée sous le manteau d'Arlequin, le poëte introduit le spectateur dans un atrium de style gréco-égyptien dans le goût des Ptolémées, aux lourdes colonnes de porphyre africain où la lumière glisse en lame étincelante, aux murs plaqués de cartouches et de légendes hiéroglyphiques, aux larges draperies masquant l'ouverture des portes de leurs plis amples et puissants.

Sur un petit lit, en travers du seuil des appartements de Cléopâtre, sommeille, donnant pour oreiller à sa joue rose son bras d'ivoire, Iras, la jeune esclave grecque, dont les rêves gardent assez négligemment la reine. Mais la pauvre Iras a déjà veillé l'autre nuit, et un peu d'assoupissement de sa part est bien pardonnable.

Rassurés par le sommeil de l'enfant, Ventidius et Diomède, l'un vieux soldat romain, l'autre Grec au service de Cléopâtre, entament un entretien où sont agitées les hautes questions politiques qui tenaient alors le monde en suspens. L'état de la chose romaine, les craintes et les espérances de la république, qui compte encore des partisans, quoique dispersés, car le corps de César était percé de vingt-trois blessures; la nullité de Lépide, l'ambition froide et la prudence prématurée d'Octave, qui vise à la tyrannie, ayant besoin du pouvoir pour être quelque chose; l'inaction d'Antoine, dont l'épée, jetée dans le plateau, ferait pencher du côté qu'il voudrait les balances où se pèsent les destinées humaines, et qui sauverait, en l'occupant à le combattre, Rome de l'affront d'un roi : tout cela est peint fermement, à grands traits, relevé de mots de haute raillerie, qui rappellent les belles tirades de la politique cornélienne.

Comment détacher Antoine de Cléopâtre? Ne pourrait-on pas surprendre dans la vie de la reine quelque secret honteux, quelque passion mystérieuse pour un indigne objet, un moyen de rendre le triumvir jaloux, de lui dessiller les yeux, de faire évanouir l'amant pour laisser place au héros? « Cherche, dit Ventidius à Diomède, qui répond en souriant à l'impatience de son interlocuteur : — Je ne cherche pas, je choisis. » Dans ces sortes d'affaires, la plus récente est toujours celle qui gêne le plus. Un esclave follement épris de la reine s'est jeté bravement à ses genoux en disant : « Reine, je t'aime, et je veux mourir. » La reine a souri, et l'esclave doit ce matin boire un poison de Thrace ou de Thessalie : le Nil finira discrètement l'aventure. Mais, cet homme, nous le sauverons ; et Antoine, qui veut bien succéder à César, sera peu flatté d'avoir pour rival un ouvrier du port.

Ventidius et Diomède se retirent au bruit des pas de Charmion, la noire, qui arrive portant une coupe et un flacon qu'elle pose sur un guéridon. Charmion réveille et gourmande Iras, qui lui demande ce que contient ce vase de corne. « Un poison violent. — Pour qui? pour un condamné? — Non, pour l'esclave, pour celui qui suivait la cange de la reine et nous jetait des lotus bleus et roses. — Ce n'est pas un esclave; c'est le dieu du Nil. Dans mon pays, l'on voit le Scamandre aimer des jeunes filles et les emporter pour toujours dans ses palais de cristal. Le Nil peut bien aimer une si belle reine. — Le Nil, répond la positive Charmion, n'a pas de si charmants caprices; il est trop vieux pour cela, et tout à l'heure tu vas voir ton dieu se tordre sur le marbre des mosaïques. — La reine est cruelle! dit Iras en soupirant. — Qu'est-ce que cela nous fait? réplique Charmion ; elle commande, j'obéis. »

L'esclave entre, magnifiquement vêtu, l'œil étincelant, la figure éclairée d'une pâleur lumineuse; il semble marcher dans le rêve et l'extase. Cléopâtre a été généreuse, et la vie qu'elle va prendre elle l'a bien payée; la victime ne regrette pas le marché, et avance vers la coupe une main qui ne tremble pas. « Eh quoi! dit Charmion, pas un regret? pas une prière aux dieux de ton pays? » Sans quitter la coupe, l'esclave entonne, en l'honneur de la mort, que tout le monde redoute, et qui, pour lui, est la bienvenue, un hymne plein de grandeur, de passion et de poésie, où il célèbre sa joie d'emporter son rêve réalisé au royaume sombre, et, de tous les supplices de l'enfer, ne craint que l'oubli. La coupe du poison lui fait moins peur que la coupe du Léthé.

Son ode finie, il porte le fatal breuvage à ses lèvres et tombe comme foudroyé. Un ordre de la reine rappelle Iras et Charmion dans l'intérieur des appartements. Ventidius et Diomède accourent avec un médecin grec, qui promet de sauver l'esclave, grâce aux philtres puissants dont il a le secret. On l'enlève, et, lorsque les deux suivantes reparaissent, se plaignant des caprices de Cléopâtre qui s'ennuie, elles ne se doutent pas qu'on vient d'emporter, au lieu d'un cadavre, un homme qui peut vivre et parler.

Le lever du rideau du second acte nous montre Cléopâtre au milieu de sa cour, donnant audience à des prêtres, à des mages, à des philosophes, à des poëtes, exerçant cette souveraineté intellectuelle qui était une de ses séductions suprêmes.

Du haut de la terrasse royale, l'œil plonge sur la ville, le port d'Alexandrie et la pleine mer; les trirèmes à l'ancre appuient leurs proues recourbées sur le rivage, et le ciel enflammé baigne, sans les rafraîchir, ses reflets dans l'eau.

Ce coup d'œil est très-splendide, et les vieilles plaisanteries sur les mesquineries du Théâtre-Français n'auront plus cours désormais. Mademoiselle Rachel éblouit dans le scintillement lumineux des gazes mouchetées d'or, des colliers, des bracelets, des plaques de pierreries dont se compose son costume; tant de richesses, un luxe si insolemment oriental ne la surchargent pas cependant; elle conserve, à travers ce ruissellement d'or, d'émeraudes, de rubis et de perles, toute l'élégance de ses lignes, toute la noblesse sculpturale de ses attitudes. — Avec quelle admirable pose familièrement impériale elle est étendue sur cette estrade de pourpre de Tyr, écoutant d'un air demi-distrait, comme une déesse qui écoute la cosmogonie d'un autre dieu, les dogmes et les préceptes que lui lit le prêtre d'Hermès dans le papyrus tenu ouvert par un disciple à genoux. Quel regard de vague caresse elle laisse tomber, comme sur une levrette favorite, sur Iras, dont la tête charmante s'incline d'adoration et d'amour; et comme ce seul coup d'œil la sépare profondément de l'humanité!

Dès cette première scène, et sans avoir dit un mot, mademoiselle Rachel, par la majesté surhumaine de son geste et de son attitude, s'est sacrée reine et s'est posée dans la sphère idéale, inaccessible, où n'atteignent que les amours des Césars, et d'où ne descendent que des caprices qui tuent comme la foudre. Mais que lui importe tout ce monde attentif et prosterné dont elle relève les fronts par une noble parole? Architectes, elle pense bien à vos plans; musiciens, elle se soucie bien de votre harmonie; elle attend Marc-Antoine, et Marc-Antoine ne vient pas. Oh! quel affreux pays que l'Égypte, avec l'azur de son ciel implacable, qui n'a d'autre nuage que les tourbillons de fumée qui s'élèvent de la chaudière des embaumeurs, où le soleil rouge semble vous épier toujours de son grand œil toujours ouvert, où les palais sont des tombeaux, où les villes ont pour fondement des nécropoles, où partout le néant lutte follement contre l'éternité, et dont la fertilité vient d'un désastre; quel funèbre royaume pour une jeune reine!... Et si l'on voulait prier, à quels dieux s'adresser? A des idoles monstrueusement symboliques qui vous font peur et semblent aboyer et hurler du haut de leurs temples ténébreux. L'Égypte est-elle donc un pays si réellement effroyable? Non. Cela veut dire que le triumvir tarde bien, et que les messagers reviennent sans réponse satisfaisante. Tout à coup, Antoine, déguisé, se détache d'un groupe « Imprudent! s'écrie Cléopâtre avec un mouvement de sensibilité charmante, tu n'avais donc pas pensé qu'on peut mourir de joie? » Antoine resterait, sans Ventidius, qui le tire par le pan de son manteau et lui jette à l'oreille le nom de l'esclave. — A peine est-il parti, suivi à distance des émissaires de Cléopâtre chargés de l'espionner, qu'une flèche, portant un billet au lieu de fer, tombe sur la terrasse.—Le billet, lu par Charmion, dit qu'Antoine trompe Cléopâtre et se rend à Tarente pour épouser Octavie. « Oh! cette femme, je voudrais la connaître! Quel supplice de n'avoir pas une image à livrer à sa haine! » dit la reine, agitée, convulsive, interrogeant ceux de ses serviteurs qui ont été à Rome, et découvrant, à travers leurs réponses embarrassées, que sa rivale est jeune, belle et vertueuse.

Il faut absolument qu'elle connaisse son ennemie. Travestie et accompagnée seulement d'Iras et de quelques serviteurs, elle ira à Tarente prendre la mesure de sa rivale; pendant ce temps-là, Charmion, au moyen de quelques ordres signés d'avance, simulera la présence de la reine au palais. Ah! Cléopâtre, toi, l'invincible, tu ne peux pas te faire aimer d'un homme que tu aimes!... On te quitte; il y a donc un charme supérieur au tien !

A Tarente, Cléopâtre, cachée, assiste à un entretien d'Octavie avec son frère. L'amour pur, saint, dévoué d'Octavie pour Antoine se déploie dans cette conversation, où la sœur outragée cherche à retenir la froide colère d'un frère, et trouve une excuse pour chaque faute du mari. Cléopâtre, qui, grande elle-même, peut comprendre toutes les grandeurs, reste frappée de tant de dignité, de tant de pudeur et de réserve. Elle sent sa tumultueuse douleur d'amante rougir devant cette tranquille douleur d'épouse. Elle se trouble, ses genoux fléchissent sous elle ; et, quand la chaste femme vient à elle et parle avec intérêt à celle qu'elle croit une esclave grecque, la reine d'Égypte, avec tous ses charmes, a été battue par cette froide matrone romaine dont la robe semble tomber en plis de marbre.

Parmi tes innombrables moyens de séduction, tu n'avais pas pensé à la vertu, la plus personnelle des royautés, ô Cléopâtre! et le mot de Brutus a tort : la vertu existe, ce n'est pas un vain nom. Toi, reine, tu n'es que la maîtresse, le jouet, l'amusement, la compagne des orgies, la bacchante dont on excite la verve. Octavie est celle qu'on respecte, qu'on avoue et qu'on épouse ; c'est la blanche divinité du foyer, celle qui peut serrer publiquement les enfants sur son cœur ! « Si je le voulais, moi aussi, je serais vertueuse, s'écrie Cléopâtre, le cœur plein d'envie et de rage. Que peut-on me reprocher? Je fus la femme de Ptolémée, la maîtresse de César. Mais qui aurait résisté à César! »

Au moment où la reine recompose son honnêteté douteuse, l'esclave sauvé par Diomède et Ventidius reparaît, à la grande terreur de Cléopâtre, qui croit voir un spectre sortant du tombeau : il a accepté d'espionner la reine, mais pour la voir et la sauver. Il lui dit qu'Antoine n'aime pas Octavie, parce que, pour un homme qui a été l'amant de Cléopâtre, ne fût-ce qu'une heure, il n'existe plus d'autre femme sur terre. Antoine retrouve Cléopâtre avec ravissement, et, sans plus penser à Octavie que s'il ne l'avait jamais connue, il s'embarque pour l'Égypte avec sa belle maîtresse. C'est dans cet acte que se trouve cette lyrique imprécation prononcée par Cléopâtre contre le soleil d'Orient, dont les feux ont allumé le sang de ses veines, et ne lui ont pas permis les froideurs de neige des chastes épouses; mademoiselle Rachel l'a dite avec une fièvre, une rage et un emportement sublimes. A son débit haletant, à ses phrases saccadées, on sentait l'oppression causée par les vents de feu du désert; et, quand elle s'est plongée avec délire, comme dans un lac, dans la fraîcheur du vers qui termine cette brûlante tirade, la salle, contenue quelque temps par la crainte de perdre une syllabe de cette magnifique poésie, une note de ce chant sublime, a éclaté en applaudissements prolongés et frénétiques. Les imprécations de Camille n'ont jamais provoqué de bravos plus enthousiastés, et mademoiselle Rachel, pour qui rien n'est nouveau en fait de succès, a dû être flatteusement surprise. — Ce couplet et les stances de l'esclave, dites par Beauvallet avec une expression profonde et un admirable sentiment du rhythme, sont les morceaux qui ont produit peut-être le plus d'effet.

Au quatrième acte, la bataille d'Actium est livrée et perdue; Antoine a déserté le combat pour suivre la trirème de Cléopâtre, et, sur une plage aride où l'ont suivi quelques débris de ses phalanges, il se livre aux excès d'une douleur antique; il s'étonne d'avoir été lâche, lui, le descendant d'Hercule, lui qui devait renouveler les exploits du demi-dieu chef de sa race, lui, le vainqueur redouté de tous. Ces lamentations héroïques, mêlées de brouilles et de raccommodements avec Cléopâtre, qu'il exècre et qu'il adore tour à tour, aboutissent à un suicide causé par une fausse nouvelle de mort de la reine. Antoine ordonne à Festus de le tuer; celui-ci refuse, et, pour ne pas obéir, s'enfonce l'épée jusqu'à la garde dans la poitrine; encouragé par cet exemple, Antoine ramasse le glaive et se perce.

Transporté au palais, il a du moins le bonheur de mourir dans les bras de sa reine; la main adorée lui ferme les yeux. Mais, quand, d'après le rite des funérailles, on appelle le mort par son nom, une voix, qui n'est celle ni de Cléopâtre ni de Charmion, prononce la troisième appellation, une figure pâle et froide, les tempes ceintes d'une couronne d'ache, l'œil immobile et noir dans un masque de marbre, un grand voile de deuil jeté sur des draperies blanches, s'avance vers le corps d'Antoine; c'est Octavie qui revendique les dépouilles de son mari, et qui, si elle n'a pas pu le posséder vivant, veut au moins l'avoir mort.

Alors, entre la maîtresse et la femme, entre l'amour et la légitimité, une lutte s'engage sur les froides dépouilles du héros. L'indignation si longtemps contenue d'Octavie éclate avec une véhémence désespérée qu'augmente encore la pitié dédaigneuse de Cléopâtre. « La vraie femme est celle qui ne survit pas à l'époux... Ta douleur est trop bruyante pour durer longtemps, » répond la reine en essayant de se poignarder. Vingt mains arrêtent la sienne, et, sans l'esclave toujours fidèle, toujours dévoué, qui, sous le déguisement d'un prêtre d'Ammon, apporte à celle qu'il a tant aimée le seul présent qu'elle puisse recevoir de lui, l'aspic dans un panier de fleurs, la superbe reine d'Égypte, contemplée par l'orgueilleuse Octavie, serait forcée de marcher dans Rome derrière le char du triomphateur : Octave, arrivant pour saisir sa proie, trouve Cléopâtre morte sur son trône, toujours reine, toujours femme, toujours séduisante, même au delà du trépas, qui respecte sa beauté.

Ce rôle de Cléopâtre, la plus importante création de mademoiselle Rachel dans le répertoire moderne, a été pour elle un triomphe continuel. Son talent s'y est montré sous des jours inattendus et nouveaux. Cléopâtre lui a donné l'occasion de faire voir, outre la dignité royale la plus imposante et la grâce féminine la plus exquise, de nobles familiarités mêlées à des élans de lyrisme, des mouvements dramatiques tempérés çà et là d'un sourire, une variété d'intentions et d'effets que ne comporte pas la sobriété par trop austère de la tragédie proprement dite. Personne ne contestait à mademoiselle Rachel la majesté, l'ironie, la force, la passion, toutes les qualités sérieuses et dominatrices; elle vient de prouver qu'elle avait aussi la séduction, le charme, la souplesse, la coquetterie et la flexibilité. Par son extérieur, ses costumes et ses attitudes, elle a réalisé merveilleusement la physionomie de Cléopâtre, telle qu'on la rêve, et justifie la passion effrénée d'Antoine. A côté d'elle s'épanouissent le dévouement ingénu, sous la figure charmante et avec la voix mélodieuse de mademoiselle Solié; le dévouement sérieux et calme, sous les traits imposants de madame Mirecourt.

Maubant a prêté au personnage d'Antoine le secours de sa belle tête antique, de sa taille robuste, de sa grande voix et de sa poétique intelligence; tout en étant un amoureux, il n'a pas cessé d'être un héros, et il a su non-seulement faire accepter, mais encore faire admirer d'un parterre français un soldat qui a pris la fuite, chose pour ainsi dire impossible. Beauvallet, dans le rôle de l'esclave, a été, à son entrée en scène, radieux, illuminé encore du bonheur récent; puis, dans le reste de la pièce, sombre, fatal et tranquille comme le désespoir. Son amour immense et contenu éclate toujours sans se trahir jamais. Aucune musique n'ajouterait au rhythme sur lequel il a récité les stances à la mort.

22 novembre.

OPÉRA-NATIONAL (salle du Cirque). *Prologue d'ouverture. — Castibelza.* — Nous l'avouons humblement, dût-on nous trouver un peu *chauvin*, nous regrettons le Cirque-Olympique; c'était un beau spectacle et vraiment national que celui-là! Nul, à notre sens, n'eût mieux mérité d'être largement subventionné par l'État. Les épopées du cycle napoléonien et révolutionnaire, qui s'y représentaient, mettaient en jeu les plus nobles ressorts de l'âme, le dévouement à la patrie, le mépris de la mort, le courage, l'enthousiasme et cette gaieté insouciante, qui rit en face du danger et qui est comme la fatuité de l'héroïsme. Ces vastes pièces, jouées par une armée d'acteurs et de comparses, à travers un perpétuel changement de décorations, avaient de la grandeur, et il ne leur a manqué que d'être écrites par un poëte.

Ç'a dû être un jour bien touchant que celui où M. Gallois a fait les adieux de Fontainebleau aux restes de son armée. Il y avait là des figurants qui se croyaient naïvement des vieux de la vieille, et qui ont laissé couler une larme sur leur grise moustache. M. Gallois, ne pouvant les embrasser tous, en a choisi un, le plus couvert de cicatrices et de blessures au cinabre, qu'il a pressé sur son cœur. Les plus dévoués lui ont offert de le suivre à l'île d'Elbe des Champs-Élysées; mais M. Gallois les a remerciés d'un geste plein de majesté et d'affection, et la troupe s'est séparée après avoir caché les aigles des légions en lieu sûr. Nous ne désespérons pas de voir cette scène attendrissante, peinte par Horace Vernet, et gravée à l'aqua-tinta par Jazet, orner les murailles des maisons bourgeoises et des chaumières.

Mais, nous répondra-t-on, dans une époque toute pacifique comme la nôtre, à quoi bon ces spectacles guerriers? Le rêve de paix universelle de l'abbé de Saint-Pierre n'est-il pas réalisé ou tout près de l'être? — Cela ne nous est pas parfaitement démontré. D'ailleurs, à côté de la partie purement historique, il y avait à développer, au Cirque, un côté instructif et pittoresque. Il aurait pu devenir, au moyen d'actions variées, une espèce de cosmorama et de cours de géographie oculaire à l'usage du peuple, une exhibition permanente des races curieuses, des animaux singuliers, des pompes et des fêtes de tous les pays.

D'après ce que nous venons de dire, n'allez pas croire que nous soyons fâché le moins du monde de l'ouverture du troisième théâtre lyrique, baptisé maintenant Opéra-National. Ce n'est certes pas trop, dans une ville comme Paris, de trois fenêtres où le génie musical puisse se mettre au balcon. Seulement, nous aurions voulu avoir et le Cirque-Olympique et l'Opéra-National; deux ou trois maisons rasées, et l'affaire était faite.

La salle où la mousqueterie a crépité tant de fois, ayant le canon pour basse, a été modifiée, selon les besoins de la musique, avec beaucoup de richesse et de convenance.

Un facile et spirituel prologue, intitulé : *les Premiers pas, ou les Deux Génies*, et dû à la plume fraternelle de MM. Alphonse Royer et Gustave Vaëz, a ouvert agréablement la représentation.

Quatre compositeurs d'un mérite éprouvé, d'une réputation faite, MM. Auber, Halévy, Carafa, Adam, ont apporté chacun leur contingent à ce prologue, désirant en quelque sorte consacrer le nouveau temple élevé à la musique. Les maîtres couronnés par l'opinion publique ont voulu donner la main aux jeunes lauréats, aux disciples fervents et aux génies inconnus, pour entrer dans le sanctuaire. Une scène où ils se font exécuter, eux qui ont l'Opéra et l'Opéra-Comique à leur disposition, doit être ambitionnée par tous.

On n'a pas désigné quels morceaux revenaient à chacun de ces illustres maîtres, et cependant, il nous a paru que l'ouverture, qui contient un effet assez curieux de vocalises chantées en chœur derrière la toile encore baissée, devait être de M. Adam, ainsi que les couplets du Titi; la romance porte le cachet du talent correct de M. Halévy. Les réminiscences de *Zanetta* et du *Duc d'Olonne* assignent à M. Auber l'air du soprano; l'air du baryton, selon toute vraisemblance, revient à M. Carafa. Du reste, entre de tels talents, l'erreur est indifférente; quel qu'en soit l'auteur, le morceau est toujours bon, et la méprise n'a rien d'injurieux.

Une de ces chansons singulières que Victor Hugo désigne sous le titre fantasque de *guitare*, comme pour indiquer leur accent espagnol, a servi de point de départ à M. Dennery pour le livret que M. Maillard a brodé de sa musique. Nous voulons parler de *Gastibelza*, « l'homme à la carabine, » rendu si populaire par le refrain de Monpou. M. Dennery a l'habitude de détrousser M. Hugo : il lui a pris don César de Bazan, il lui prend Gastibelza. M. Dennery est un voleur plein de goût, et, s'il fait le foulard de l'idée, il ne s'adresse du moins qu'aux poches bien garnies.

Gastibelza est une de ces chansons folles et décousues dont les images se succèdent avec l'incohérence du rêve, et qui, malgré la puérilité bizarre des détails, vous troublent profondément et vous laissent pensif des heures entières. Cette *guitare* ressemble, à s'y méprendre, à ces romances populaires faites par on ne sait qui, par le pâtre qui rêve, par l'écolier en voyage, par le soldat sous la tente, par le marin que berce la mer paresseuse. Un vers s'ajoute siècle par siècle au vers balbutié; l'oiseau, au besoin, souffle la rime qui manque, et peu à peu, avec l'air, le soleil, le ciel bleu, le gazouillis de la fauvette et de la source, le bruit de la rosée qui se détache des branches, la chanson se trouve faite, et les plus grands poëtes la gâteraient en y touchant. C'est dans la carrière lyrique de M. Victor Hugo une merveilleuse bonne fortune que d'avoir trouvé *Gastibelza*.

Toutes les fois que nous entendons ce refrain :

Le vent qui vient à travers la montagne,

nous voyons se dérouler devant nos yeux les crêtes neigeuses des sierras, et, sur le chemin qui côtoie le précipice, s'avancer par file la caravane des mulets caparaçonnés de couvertures bariolées et talonnés par les *arrieros* au chant guttural.

Le vent souffle par folles bouffées dans notre tête comme dans la chanson, et, quoiqu'il ne vienne pas du mont Falou, il nous rend malade et nous donne la nostalgie de l'Espagne.

Un de ces êtres maladroits qu'on appelle poëtes, voulant transporter au théâtre cette ballade empreinte d'une couleur si sauvagement locale, se fût contenté de traduire en forme de drame légendaire les infortunes du pauvre Gastibelza, et eût fait un tableau de chaque couplet; mais il faut aux habiles plus de complications que cela, et les idées qui semblent le plus rebelles à l'estampage des faiseurs sont forcées comme les autres de se modeler dans les cases du gaufrier.

— M. Dennery a donc rendu Gastibelza *intéressant*, dans le sens qu'on attache à ce mot au théâtre. Dona Sabine reçoit bien toujours l'anneau d'or du comte de Saldagne, mais c'est dans le pieux motif de sauver son père et de reprendre des papiers de famille nécessaires à la justification de cet honnête vieillard et détournés par le comte. Gastibelza, qui se trouve être de noble race, épouse, à la fin de la pièce, dona Sabine, reconnue comtesse de Mendoce; car, en apprenant l'innocence de celle qu'il aime, il a recouvré la raison. — Bref, tout le parfum de la chanson s'est évaporé, mais aussi la pièce est carrée, comme on dit. Inexprimable avantage!

Qu'est devenue Sabine, la fille de cette vieille bohémienne d'Antequerra, orfraie logée dans une ruine et piaulant la nuit et la journée son chant d'incantation; Sabine avec ses cheveux de jais, son œil plein d'étincelles, son sourire, éclair blanc dans la figure brune, sa beauté provoquante où petille le sang maure, son corset noir qui fait abonder la hanche, ses parures de sequins, ses colliers bizarres et son chapelet « du temps de Charlemagne? » Pourquoi, après avoir traversé la place de Zocodover, ne descend-elle pas au Tage par la porte d'Alcantara, et ne vient-elle pas, accompagnée de sa sœur, se baigner dans le fleuve et montrer, la coquette, ce genou poli qui a bien autant contribué à la démence de Gastibelza que le vent venu de la montagne? Gastibelza lui-même, cette fauve figure, moitié pasteur, moitié bandit, qu'on croirait peinte par Vélasquez, avec son œil noir et profond que fait vaciller l'égarement, sa carabine usée par sa main rude, Gastibelza, ce pauvre rêveur perdu d'amour et de mélancolie, et regardant toujours le chemin qui va vers la Cerdagne, a été réduit aux proportions d'un soupirant d'opéra-comique ! — Sans doute, « il le fallait, » puisque, pour réussir au théâtre, suivant les gens expérimentés, la banalité est une chose nécessaire.

Cela ne veut pas dire que *Gastibelza* ne soit pas un bon poëme d'opéra-comique ; au contraire, il a réussi sans doute par les mêmes côtés qui nous déplaisent ; — en outre, il faut le dire, pendant toute la représentation, nous avions dans l'oreille les arpéges, les pizzicati de cette guitare vraiment espagnole, pincée par Victor Hugo, le Huerta de la ballade.

M. Maillart, l'auteur de la partition, a justifié tout de suite, même pour les gens les plus hostiles à l'érection d'un théâtre lyrique, l'utilité et la nécessité de l'Opéra-National ; car, dès la première soirée, le théâtre de M. Adam a révélé un compositeur. M. Maillard, sans le troisième théâtre lyrique, eût été ignoré longtemps encore, et se fût éteint dans l'attente de ce petit acte qu'octroie aux prix de Rome la charité officielle de l'Opéra-Comique. Dans *Gastibelza*, on sent l'exhubérance d'un compositeur longtemps contenu, et les défauts du nouvel ouvrage sont les longueurs et la disproportion des effets. La manière de M. Maillard montre qu'il a beaucoup étudié Donizetti et surtout Verdi. Ces deux courants colorent, sans l'altérer, sa veine naturelle. Sa musique est bien faite, ingénieuse, et, si elle n'est pas toujours originale, elle est du moins rarement commune. A cette première audition, nous avons remarqué un chœur de chasseurs, le duo entre Gastibelza et dona Sabine, les couplets du comte de Saldagne, un sextuor fort beau, un chœur d'hommes avec effet imitatif, et le grand air de Gastibelza.

Mademoiselle Chérie-Couraud, qui jouait le rôle long et difficile de dona Sabine, a surmonté avec bonheur l'émotion bien naturelle qui l'étranglait, puisque, jusque-là, elle n'avait jamais mis le pied sur un théâtre. Elle a supporté très-courageusement ce premier feu de la rampe qui intimide les plus hardis, et a pu faire voir qu'elle était excellente musicienne et possédait une belle voix de mezzo-soprano.

Gastibelza n'est pas un drame lyrique, c'est un opéra-comique dans le vieux sens du mot. Il faut excuser les tâtonnements d'une administration nouvelle ; mais le genre qui convient à l'Opéra-National est encore à créer en France. C'est tout simplement l'opéra tel qu'il se joue en Allemagne, une sorte de drame énergique et rapide, poétique si l'on peut, violent et passionné toujours, sevré autant que possible de ces préparations et de ces adresses vulgaires où triomphe l'industrie des fileurs de scènes et des escamoteurs d'idées; quelque chose comme le *Robin des Bois* de l'Odéon, qui, faiblement traduit, sans doute, conservait beaucoup de l'énergie du poëme original, comme le *Don Juan*, dont le livret romantique n'a pas peu contribué, sans doute, à féconder le génie de Mozart. Si le préjugé du public dilettante ne repoussait pas l'humble librettiste de la gloire accordée au musicien, rien n'empêcherait, certes, les véritables poëtes de composer ce qui, aujourd'hui, s'appelle si improprement des *poëmes*. Croira-t-on que *Lucrèce Borgia*, par exemple, ou *Hernani*, n'auraient pas été, au besoin, d'excellents drames lyriques ? Cette forme leur conviendrait mieux même que celle du grand opéra, où le récitatif obscurcit ou affaiblit une grande partie des détails.

La question du drame lyrique, considéré comme genre, est donc facile à résoudre. Mozart et Weber ont fait de la musique pour des drames; pourquoi donc Victor Hugo, Alfred de Musset ou Mérimée dédaigneraient-ils de faire des drames pour la musique ?

29 novembre.

OPÉRA. *Jérusalem*. — Les croisés ont fait, l'autre soir, la conquête de Jérusalem, au bruit de nombreux applaudissements. Leur réussite ne pouvait guère être douteuse; car, sous le titre de *Lombardi*, ils avaient déjà triomphé sur toutes les grandes scènes lyriques de l'Europe; et, avec les nouveaux renforts qu'ils ont reçus, ils devaient emporter la ville sainte sans coup férir.

Verdi est le représentant le plus illustre de la jeune école musicale italienne; ses compositions défrayent aujourd'hui de nouveautés tous les théâtres d'au delà des monts. — Le cycle rossinien paraît s'être fermé et pour longtemps. Les artistes de là-bas ont, pour ainsi dire, perdu la tradition de la vocalise facile, de la fioriture légère, pour s'adonner au chant large sur lequel est fondé principalement le style de Verdi. Ce jeune maître, plus harmoniste que ne le sont habituellement les oiseaux gazouilleurs de son pays, n'a pas cette mélodie aisément venue, et souvent banale, qui fredonne avec insouciance à travers les opéras italiens les plus négligemment bâclés, et qui charme comme tout don naturel et toute chose épanouie sans effort.

Dans sa manière assez laborieuse, et que teinte quelque reflet de germanisme, Verdi s'attache surtout aux grands effets d'ensemble, à la disposition des masses chorales; il s'inquiète plus des situations et des paroles que les adeptes de l'école à laquelle il succède. Chez lui, on trouve rarement de ces fusées de notes qui partent au hasard, quelquefois à contre-temps, et qui n'ont d'autre mérite que de retomber en pluie d'argent ou d'or, mais qui éblouissent l'oreille comme les bombes lumineuses des feux d'artifice éblouissent les yeux, plaisir tout sensuel que procure la mélodie pour sa sonorité propre en dehors de l'idée et du sentiment. L'auteur de *Nabucco* est plus sobre, plus contenu, plus voulu que ne le sont, en général, ses compatriotes. S'il n'en a pas l'abandon heureux, il possède, en revanche, l'intelligence dramatique, la réflexion et le talent qui savent remplir les intervalles d'une inspiration à l'autre.

C'est un compositeur sérieux, sensé, digne, plein de mesure et de goût, sans sommets gigantesques, mais aussi sans abîmes et sans fondrières; mérite très-apprécié en France, où l'on est bien plus sensible aux défauts qu'aux beautés. Verdi était, de tous les maîtres étrangers contemporains, le plus facile à naturaliser sur la scène de l'Opéra, à cause de son génie réglé et rationnel, car nous ne sommes pas assez naïvement artistes, dans nos pays du Nord, pour aimer la musique en elle-même : le moyen ne nous fait jamais oublier le but, et, avant toute chose, nous nous préoccupons du sujet. L'invasion des idées dites civilisatrices a fait perdre aussi aux Italiens cette facilité d'impressions qui les rendait plus accessibles à la beauté qu'au sens d'un morceau, et amené la réaction dont Verdi est le coryphée.

Les directeurs de l'Opéra ont donc fait une démarche habile en introduisant Verdi sur le théâtre de la rue Lepelletier, et en l'y faisant débuter par un ouvrage d'un succès éprouvé, inconnu en France, et modifié pour notre scène par des additions et des remaniements qui en font un ouvrage, pour ainsi dire, inédit, même aux oreilles de ceux qui l'ont entendu déjà sous la forme italienne. D'ailleurs, Rossini a commencé de la sorte : *le Siége de Corinthe* fait avec le *Maometto Segundo;* le *Moïse* avec le *Mosè*, le *Comte Ory* avec la musique du sacre, ont précédé *Guillaume Tell*. La réussite de la *Jérusalem* poussera sans doute Verdi à quelque grande composition faite expressément pour nous.

L'action s'ouvre au palais du comte de Toulouse dans une grande salle dont les baies laissent apercevoir des profils d'architecture, des rampes qui descendent et des sommités d'arbres annonçant un jardin sur un plan inférieur. L'aurore se soulève à peine sur son coude. Deux amants, Gaston, vicomte de Béarn, Hélène, fille du comte de Toulouse, renouvellent les adieux de Roméo et Juliette, et laissent s'égosiller l'alouette dans les cieux. Gaston a eu son père tué dans une guerre injuste par celui d'Hélène, et les deux familles vivent comme des Capulets et des Montaigus; pourtant le vicomte de Béarn fera taire son ressentiment si on lui accorde la main d'Hélène.

L'angélus tinte, Gaston se retire; Hélène chante avec Isaure, sa suivante, sa prière matinale à la vierge Marie, et l'orchestre, épanouissant ses irradiations sonores, fait lever le soleil dans un crescendo lumineux qui rappelle celui du *Désert* de Félicien David.

Le palais se remplit de seigneurs et de dames. Le comte de Toulouse, avant de partir pour la croisade, veut se réconcilier avec Gaston; car le soldat du Christ doit porter sous sa cuirasse un cœur pur de toute haine, et il accorde la main de sa fille au vicomte de Béarn. Ce mariage, qui semblerait devoir tout arranger, gâte tout. Roger, le frère du comte de Toulouse, bien qu'il ne soit qu'une basse, se permet d'aimer, comme un ténor, Hélène, sa nièce. Il est vrai qu'ayant la conscience de descendre jusqu'au *fa* d'en bas, il n'a pas déclaré sa flamme et couve souterrainement ses criminelles ardeurs. Ivre de jalousie, il ordonne à un soldat, espèce de coupe-jarrets qui lui est dévoué, d'assassiner Gaston. « Tu vois, lui dit-il, ces deux guerriers couverts de mailles d'or, celui qui porte un manteau blanc est mon frère, épargne-le; frappe l'autre, c'est mon ennemi. » Mais, Gaston se décidant à partir pour la croisade, le comte de Toulouse lui donne son manteau à croix rouge; le soldat se trompe de victime et blesse grièvement le père d'Hélène. Grand bruit et grand tumulte : on arrête l'assassin, et Roger, pénétré d'horreur, voit qu'au lieu d'un simple meurtre, il a commis un fratricide. Le meurtrier, à qui Roger promet tout bas de le sauver, accuse Gaston de l'avoir poussé au crime ; l'ancienne haine qui animait Gaston contre le comte de Toulouse fait accepter bien vite cette dénonciation, et le malheureux amant d'Hélène, anathématisé par le nonce du pape, s'échappe, courbé sous la réprobation universelle.

Du palais du comte, nous passons aux montagnes de Ramla, en Palestine. Jamais l'art du décorateur n'a été poussé plus loin que dans cette admirable toile, due aux prestigieuses brosses de MM. Séchan, Despléchin et Diéterle. — C'est un Marilhat grand comme nature.

A gauche s'escarpent par assises gigantesques, des masses de rochers rougeâtres, confits, cuits et brûlés par l'ardent soleil de Palestine. Des barbes d'herbes sèches horripilent leurs blocs. Dans les fissures, la végétation sauvage plonge ses doigts noueux, et, sur les corniches, les arbres s'accrochent, crispant leurs racines comme des serres d'aigle; des plaques de mousse fauve, mordorée, pareilles à des peaux de lion, revêtent les flancs de l'aride montagne, qu'écorche un sentier en zigzag, aux bords duquel l'aloès brandit son poignard de feuille comme un assassin à l'affût. Des écrasements de tuf, des pierres blanches et pointues, qui percent la maigre peau de terre végétale, portent au plus haut degré d'intensité lumineuse ce coin de décoration, où l'Orient semble avoir concentré ses réverbérations phosphorescentes. — Le puerto de Despena-Perros, dans la sierra Morena, les gorges qui mènent au Jurjura, dans la Kabylie, ont des rochers disposés ainsi, par marches colossales, qui semblent les degrés rompus de l'escalier par où des Titans auraient voulu monter au ciel.

A droite, baignée de l'ombre bleue des pays chauds, une grotte abrite la pénitence d'un saint homme d'ermite, qui doit avoir commis de bien grands péchés, à en juger par la rudesse de l'expiation ; les chrétiens et les mores le respectent également. Celui qui est avec Dieu n'a rien à craindre de la solitude.

Au fond s'étendent, dans une immense perspective, des ondulations montagneuses qui se ferment à l'horizon par cette lame dentelée que les Espagnols appellent *scie* (*sierra*); quelques bouquets de palmiers, jaillissant en aigrette, s'élancent dans le poudroiement d'or du lointain; et la ville de Ramla, aux murailles blanches, cercle d'une étroite couronne d'argent le sommet d'une colline noyée de lumière pulvérulente.

Il est impossible de voir une plus saisissante réalisation de l'Orient : jamais on n'a mieux compris et rendu la grandeur et la beauté de la solitude.

Le long de la rampe de rochers boite un pauvre écuyer, mort de fatigue et de soif, que l'ermite réconforte. L'armée des croisés s'est égarée et cherche un guide. L'ermite s'élance dans la direction indiquée par l'écuyer. Raymond, resté seul, voit arriver à lui deux femmes qui viennent consulter l'ermite : c'est Hélène, accompagnée d'Isaure. Elle a suivi, en Palestine, son père, qui s'est rétabli de sa blessure. Elle voudrait savoir si Gaston, dont elle connaît l'innocence, est véritablement mort, comme le bruit s'en est répandu ; car Gaston est allé traîner son désespoir sur la terre sainte. L'ermite aura peut-être quelques renseignements à lui donner. Hélène apprend de l'écuyer Raymond que le vicomte de Béarn n'est pas mort, qu'il est seulement prisonnier dans Ramla, et elle le prie de la guider vers son maître. Hélène et l'écuyer se sont à peine retirés, que de nombreuses troupes de pèlerins, hommes et femmes, débouchent sur le théâtre, la coquille à l'épaule, la gourde au flanc, le bourdon à la main, chantant un chœur plein d'onction et de sainte allégresse, car les fatigues du pèlerinage vont finir, le tombeau du Christ n'est pas loin. Aux derniers murmures du chœur se mêle l'âpre fanfare d'une musique militaire : c'est l'armée des croisés qui arrive, remise dans le bon chemin par l'ermite. Quand nous disons l'armée des croisés, ne croyez pas à une de ces armées qui peuvent se cacher derrière un buisson et qui se composent d'une demi-douzaine de figurants.

L'armée de l'Opéra est aussi nombreuse, à coup sûr, que le contingent du plus puissant baron du moyen âge. Voilà des arbalétriers, des archers, des piquiers, des chevaliers couverts de mailles de la tête au talon ; de vraies armures, de vraies cuirasses, et surtout de vrais chevaux. Le Murat du Cirque ne se vit jamais à la tête d'une si nombreuse cavalerie. Mais ce n'est pas le tout que d'avoir une armée, il lui faut des bagages, des mulets de bât et des chariots pour les provisions. — Rien ne manque au cortége. On avait même parlé de ces beaux chars homériques traînés par des bœufs, que l'Orient affectionne, mais l'on a craint que quelques mugissements inopportuns ne vinssent s'ajouter aux basses dans un moment pathétique et dangereux.

La peur de soubresauts ou de ruades a aussi fait mettre à pied, le jour de la première représentation, un trio qui était équestre à la répétition générale. — Ce trio à cheval eût produit beaucoup d'effet : pourquoi des chevaliers, à la tête de leurs troupes, descendraient-ils de leur monture pour chanter un morceau ?

L'ermite, qui n'est autre que Roger, s'avance vers le légat du pape et le comte de Toulouse, son frère, qui ne l'ont pas reconnu, tant les remords, les austérités l'ont changé ; il se jette à leurs genoux et leur demande comme une grâce de l'admettre dans les rangs des soldats du Christ ; car, en mourant pour une si sainte cause, il espère expier son crime. Sa prière est exaucée, et l'armée se remet en marche au son d'une fanfare guerrière.

La scène change, et nous sommes dans le divan de l'émir de Ramla, chez qui Gaston languit captif et soupire une romance en pensant à sa chère Hélène.

Une femme chrétienne, vêtue en Arabe, a été prise, cherchant à s'introduire dans la ville ; on l'amène chez l'émir, qui la met face à face avec son prisonnier, soupçonnant quelque trahison et voulant voir s'ils ne laisseront pas échapper leur secret. — Vous imaginez aisément l'ivresse de Gaston et le bonheur d'Hélène, emparadisés dans les bras l'un de l'autre. Pendant qu'ils se livrent à leurs transports, les chrétiens attaquent la ville, et les deux amants, qui avaient essayé de profiter du tumulte pour s'échapper, sont repris. La tentative des chrétiens ne réussit pas, et la pauvre Hélène, renfermée dans le harem, est obligée d'assister à un très-long divertissement, qui ne paraît pas l'amuser beaucoup.

Les croisés ont donné un second assaut, et, plus heureux cette fois, sont entrés dans la ville de Ramla. Ils arrivent au harem et trouvent Hélène et Gaston : fureur du comte de Toulouse, qui ordonne de saisir celui qu'il croit coupable d'avoir dirigé contre lui le fer des assassins. En vain Hélène essaye de fléchir son père, il reste implacable.

Si vous n'êtes pas allé en Orient, que vous n'ayez pas vu de ville arabe, louez une loge à l'Opéra, et regardez devant vous : la réalité ne vous en apprendra pas davantage. MM. Thierry et Cambon, par une conjuration magique qui nous est inconnue, ont apporté une rue de Ramla tout entière rue Lepelletier.

Voilà bien les étages qui surplombent, les moucharabys étayés par des poutrelles de bois de cyprès, les murailles crépies à la chaux et rayées transversalement de larges bandes roses, les coupoles qui s'arrondissent comme des seins pleins de lait, les minarets, mâts d'ivoire, d'où s'élance la cigogne tenant un serpent sous ses pattes, les toits en terrasses coupant en équerre l'azur foncé du ciel, doublé de valeur par leurs masses blanches, les grands angles d'ombre transparente alternés de soleil. Comme cette rue s'enfonce profondément dans le théâtre; il semble qu'on marcherait une heure sans en atteindre le bout.

C'est là qu'on amène Gaston pour le dégrader avant de le mettre à mort. Cette scène de la dégradation, neuve au théâtre, a produit le plus immense effet, et jamais l'opéra ni la tragédie n'ont fait voir spectacle plus poignant et plus solennel.

La musique de cette scène, qui n'existe pas dans le poëme italien, est donc faite tout récemment, et c'est, à coup sûr, la meilleure de la partition. Duprez y est admirable. Chaque fois que le héraut d'armes, de sa voix monotone, a prononcé la formule, en livrant au bourreau une pièce de la panoplie : « Ceci est le heaume d'un traître ! ceci est l'épée d'un félon !... » Duprez, avec un cri impossible à noter, répond un « Tu mens ! tu mens ! » qui est l'appel suprême et sublime de l'innocence révoltée par l'injustice. Ce que ce simple monosyllabe, rugi par le grand artiste, contient d'idées et de sensations, il faudrait dix colonnes pour le dire ! Toutes les fois qu'il revient, un frisson admiratif parcourt la salle : le coup sourd de la masse d'armes du bourreau retombant sur le casque, sur la cuirasse, qui résonnent en se brisant, avec un bruit de tam-tam, portent à son comble la terreur causée par cette scène lugubre.

Un jour est accordé à Gaston pour se préparer à la mort. — C'est Roger qui doit l'assister à ses derniers moments. Hélène vient se jeter dans les bras de son cher Gaston, et Roger, qui a reconnu son ancien rival, frémit à l'idée qu'un innocent va périr pour lui. — Il lui donne une épée, et Gaston, s'il meurt, ne périra pas du moins par la main du bourreau.

Cette scène se passe dans la plus merveilleuse décoration qu'on ait vue peut-être au théâtre. — Elle représente la vallée de Josaphat, où toutes les civilisations ont laissé des tombeaux. Comme grandeur, comme style, rien n'égale ces nobles ruines romaines d'une si belle forme et d'une si splendide couleur, qui occupent la droite de la scène. La vallée, où bruit et se tord un torrent luisant par places comme un sabre dans l'herbe, offre une perspective admirable et d'une immensité prodigieuse. Cette belle toile est de MM. Séchan, Despléchin et Diéterle.

L'assaut a été donné à Jérusalem; le tombeau du Christ est délivré. Un chevalier inconnu, sans blason et la visière baissée, a planté le premier l'étendard de la croix sur les remparts de Solyme. Ce chevalier, c'est Gaston, et, au moment où il ouvre son casque, demandant si l'on veut encore le livrer aux bourreaux, l'on apporte Roger, le saint ermite, qui a été blessé mortellement dans le combat, et qui le justifie pleinement en s'accusant lui-même. Il n'y a donc plus d'obstacle au bonheur des deux amants, et les rideaux de la tente du comte de Toulouse laissent voir, en s'ouvrant, Jérusalem, la ville sainte, le pôle de la chrétienté, sur laquelle flotte, dans une auréole éblouissante, le Labarum, le signe triomphant de la foi catholique. L'armée entonne un hymne de victoire et de reconnaissance, et la toile tombe.

Il est difficile de juger, d'après une seule audition, une composition de cette étendue et de cette importance, surtout à travers une mise en scène si riche et si multiple, qui attire nécessairement une part de l'attention; mais nous allons désigner plusieurs passages qui se détachent nettement dès aujourd'hui : Le lever du soleil, morceau imitatif et pittoresque, qui prouve chez Verdi une grande habileté d'orchestration et une science approfondie des ressources instrumentales; la jolie prière à la Vierge; une strette d'une allure vive et franche; la scène de l'anathème et le morceau d'ensemble qui termine le premier acte. Au second, le chœur des pèlerins, le chant de guerre, entonné par le légat et le comte, et repris en chœur par l'armée, à qui il ne manque qu'un peu de développement; le duo entre Hélène et Gaston, chez l'émir de Ramla, est plein de chaleur et de passion. — Le morceau de la dégradation est une des plus belles pages dramatiques de la musique moderne; le trio, entre Hélène, Gaston et Roger, a de l'expression et du mouvement, et l'hymne triomphal :

A toi, gloire !
O Dieu de victoire !

termine glorieusement la pièce.

Duprez, quoiqu'un peu fatigué par les nombreuses répétitions qui se sont succédé coup sur coup (l'ouvrage a été monté en cinq semaines), a fait preuve d'une puissance et d'une énergie admirables. On l'a rappelé presque à tous les actes.—Madame Julian Van Gelder, grande voix, talent facile avec quelques leçons de la Streppoui, qui a créé la plupart des rôles de femme des opéras de Verdi, est entrée tout de suite dans la familiarité et le secret de cette musique si différente de celle qu'elle a l'habitude de chanter; elle pourra rendre beaucoup de services à l'Opéra. — Alizard a toujours la plus belle voix de basse qu'on puisse entendre, et il s'en sert en chanteur consommé.

Théatre-Français. *Un Caprice.* — Ce petit acte, joué samedi aux Français, est tout bonnement un grand événement littéraire. Beaucoup de gros ouvrages, trompettés six mois à l'avance, ne valent pas une ligne de cette délicieuse comédie à trois personnages, si merveilleusement jouée par Brindeau, mesdames Allan et Judith. Depuis Marivaux, qui est arrivé au génie à force d'esprit, il ne s'est rien produit à la Comédie-Française de si fin, de si délicat, de si doucement enjoué que ce chef-d'œuvre mignon, enfoui dans les pages d'une Revue, et que les Russes de Saint-Pétersbourg, cette neigeuse

Athènes, ont été obligés de découvrir pour nous le faire accepter. C'est le cas de dire plus que jamais :

C'est du Nord aujourd'hui que nous vient la lumière.

Qu'Alfred de Musset fasse un acte plein d'esprit, d'humour et de poésie, cela n'a rien d'étonnant; mais la chose à laquelle, certes, on ne s'attendait guère, surtout pour un proverbe qui n'a pas été écrit en vue du théâtre, c'est la prodigieuse habileté, la rouerie parfaite, la merveilleuse divination des planches, qu'on remarque dans *un Caprice*. — M. Scribe, M. Bayard n'ont jamais conduit plus adroitement un acte. Comme tout cela est ménagé, préparé, filé avec art! comme cela se tient en équilibre sur la pointe d'une aiguille!

Cette charmante comédie non-seulement a été comprise du public d'élite, mais encore elle fait de l'argent, et la recette étonnée atteint des chiffres qu'elle oserait à peine espérer de ces grosses machines bien établies, bien carrées, qu'on appelle ouvrages d'*importance*.

Il règne, parmi les nombreux spectateurs qui se pressent chaque soir au Théâtre-Français, un sentiment de surprise très-légitime. On se demande : « Comment se fait-il qu'un si charmant écrivain ait été ignoré si longtemps? Comment s'expliquer que MM. les comédiens ne se soient pas rendus chez lui pour implorer à genoux quelques-unes de ces délicieuses fantaisies qu'il sait si bien tracer du bout de sa plume de diamant? » Et chacun de se réjouir, comme si un nouveau poëte nous était né, ou plutôt comme si l'on eût retrouvé dans une cassette d'or les œuvres merveilleuses d'un génie inconnu.

Alfred de Musset, sur qui cette réussite de théâtre vient d'amener la lumière, et qu'elle révèle en quelque sorte à la foule, est, depuis plus de quinze ans, car l'inspiration le visita tout enfant, l'un des premiers poëtes de ce temps-ci, qui en compte de si illustres; de ce temps-ci, et... de tous les temps. — Pourquoi ne pas le dire, quoiqu'il soit vivant encore et puisse lire de ses yeux le témoignage qu'en rend dans ces lignes le plus humble, le plus fervent et le plus ancien de ses admirateurs?

Nous n'avons pas attendu, pour célébrer ce nom qui rayonne aujourd'hui si subitement, que le jour de la justice fût arrivé; nous l'avons ramené obstinément dans nos phrases élogieuses; car, s'il est au monde une obligation sacrée, c'est de proclamer, aussi haut que possible, ses admirations. Sans cela, quelle récompense aurait de ses peines l'artiste sublime qui nous a consolé de la vie et nous a prodigué son âme! Que fait le poëte? Rêveur, il s'accoude et parle à ses amis inconnus. Un silence de mort doit-il lui répondre? Aucune voix approbative ne s'élèvera-t-elle de l'ombre pour lui crier : « Merci! » N'éveillera-t-il d'échos que le murmure aigre et discordant de la critique impuissante et jalouse? Comment s'acquitter envers les générosités du génie? Que pouvons-nous, pauvres hères, rendre à celui qui nous a tant donné? Ce que l'homme rend à Dieu, qui s'en trouve payé : un éloge! La plus noire ingratitude, selon nous, c'est celle qui nous fait oublier ou méconnaître le poëte.

Hélas! dans cette triste existence humaine, quels sont les amis, les frères, les consolateurs qui ne trompent jamais ceux qu'on trouve toujours, même aux heures les plus mortelles? Les artistes, les poëtes, qui nous prennent sur leurs ailes puissantes, et nous font voltiger sur les mers de la réalité. Quelle mélancolie ne s'allège à la lecture d'une belle poésie? quel ennui ne se dissipe devant une noble peinture?... Dites!... Est-il un philosophe, un conquérant, un législateur, un prophète, qui ait fait autant pour l'humanité que Virgile et que Raphaël?—Il y a une chose qui nous a toujours étonné, c'est qu'en mourant on ne lègue pas au poëte, au peintre, au musicien, à l'actrice, à qui l'on doit les plus hautes jouissances où l'homme puisse atteindre, une couronne d'or, un joyau de prix, une somme importante, un témoignage d'amour et de reconnaissance, au lieu de fonder des prix à l'usage des imbéciles et des hôpitaux pour les galeux problématiques?

La représentation d'*un Caprice*, cette petite pièce à trois personnages, qui se joue entre une tasse de thé et un piano, et dont un paravent à six feuilles pourrait faire le décor, nous a démontré une chose que nous savions déjà, mais que les gens d'expérience contestaient : à savoir, que le public est très-fin, très-intelligent, très-ami de la nouveauté, et que toutes les concessions exigées en son nom sont parfaitement inutiles. — Les directeurs et les acteurs, voilà les seuls obstacles. Ce sont eux, encore une fois, qui s'entêtent à ces vieilles routines, qui se pendent à ces ficelles usées ; ce sont eux qui ont ce sincère amour du plat et du banal, et cette aversion invincible pour tout ce qui est rare, éclatant, imprévu. — On leur apporte un bas-relief nettement fouillé, où les saillies ressortent avec franchise et qui garde partout la vivace empreinte du ciseau ; ils commencent par demander d'abattre quelques proéminences d'un effet dangereux, de poncer quelques contours un peu brusques, de remplir quelques creux trop profonds. Par ces améliorations, le bas-relief devient une planche et la statue une poupée. Il faut bien que le public accepte la chose ainsi rabotée, frottée au papier de verre et reluisant de l'éclat bête d'un panneau verni. Ce petit sacrifice, que tout directeur vous demande, c'est tout bonnement le bout du nez de votre héroïne, le biceps de votre héros; mais les spectateurs n'ont aucun goût particulier pour les héroïnes sans nez et les héros sans muscles.

Dans ces derniers temps, entre les directeurs, les acteurs et les faiseurs, il s'est fabriqué, à l'endroit du théâtre, des théories d'une complication bizarre et desquelles il résulterait qu'Eschyle, Plaute, Shakspeare, Calderon, Molière, Corneille, Gœthe, Schiller n'ont rien entendu à la chose et n'étaient que de très-médiocres *carcassiers*. — D'après cette nouvelle poétique, la poésie, la philosophie, le style, l'étude du cœur humain, l'observation des mœurs et de la couleur locale étaient des qualités parfaitement ridicules qui ne servaient à rien, et bonnes tout au plus pour des littérateurs; de l'art du théâtre, on avait fait une espèce d'arcane qui avait ses initiés, et, pour arriver au vaudeville, il fallait passer par les épreuves de nouveaux mystères d'Éleusis; les faiseurs juraient qu'ils possédaient à eux seuls le grand secret, et que, sans leurs recettes, rien n'était possible. Ces absurdités avaient été répétées tant de fois, que les critiques et les poëtes eux-mêmes avaient fini par les croire, et, au lieu d'écrire pour la scène, faisaient, comme Mérimée, le *Théâtre de Clara Gazul*, ou, comme Alfred de Musset, *le Spectacle dans un fauteuil*, humblement persuadés qu'ils étaient de ne pouvoir se tenir debout sur les planches glissantes du théâtre.

Cette crainte nous a privés pendant quinze ans des deux génies les plus naturellement dramatiques de notre époque, et a livré la scène française à des adresses d'ordre inférieur ; mais, d'un autre côté, il vaut peut-être mieux qu'Alfred de Musset ait écrit ses pièces tout à fait librement et sans arrière-pensée de représentation. Nous avons là son jet naïf, son élan spontané, sa pensée intime, sa poésie pure de tout mélange. Tous ces chefs-d'œuvre ne sont si vifs, si enjoués, si pleins d'attendrissement et de rêverie, de sourires mouillés et de larmes souriantes, que parce qu'ils ne sentaient pas d'avance, braquée sur eux, la redoutable artillerie des lorgnettes. — Ils s'avancent au but sans hâte et sans lenteur, comme des gens qu'on n'attend pas.

Rien de forcé, rien de contraint ; ils épanchent candidement leurs sensations au sein de la belle nature, sans crainte qu'un sifflet brutal ne les ramène à l'ordre ; ils parlent de l'oiseau qui voltige et de la fleur qui s'épanouit ; la terreur des portiers et des bottiers en chambre ne glace pas leur imagination. — C'est ainsi qu'en croyant écrire des pièces impossibles, Alfred de Musset s'est trouvé avoir fait tout un répertoire qui sera, nous n'en doutons pas, l'honneur et la fortune du Théâtre-Français. — *André del Sarte, Lorenzaccio, les Caprices de Marianne, Fantasio, On ne badine pas avec l'amour, la Nuit vénitienne, la Quenouille de Barberine, le Chandelier, Il ne faut jurer de rien*, vont faire tour à tour leur apparition à la rue Richelieu : il y a là de quoi rajeunir le théâtre pour dix ans.

Mais, pour Dieu ! qu'on n'aille pas *arranger* ces pièces ; que le poëte se garde bien d'y porter la main après coup ; qu'on les exécute religieusement, telles qu'elles sont ; pas d'ébarbages, pas de coupures ; qu'on n'ôte pas un mot : en arrachant ce mot qui semble faire nœud à l'endroit où il est, on entraîne un long fil et l'on fait un vide dans toute la trame. Arrière ces prudences de détail, compromettantes pour l'ensemble.

Souvent des expressions singulières en apparence, des phrases excessives, deux ou trois tout au plus dans un ouvrage, et que le bon goût retrancherait, donnent la gamme du ton général. — Dans les premiers plans du *Massacre de Scio*, par Delacroix, il y a par terre un sachet turc ou grec, noué de cordons blancs d'une crudité et d'une brutalité extrêmes de ton. Si vous effaciez ce sachet, l'harmonie du tableau serait détruite. Ce blanc si cru force toutes les autres couleurs à monter pour l'atteindre, et produit ce coloris intense et vigoureux auquel le tableau doit sa réputaion et son mérite.

Dans *un Caprice*, on n'a supprimé qu'une phrase, et l'on a fait un trou ; — cette phrase, si indifférente au premier coup d'œil, exprime en un seul coup de pinceau les rapports de madame de Léry avec son mari, et achève le charmant portrait de l'amie de Mathilde. — Voici la coupure restituée :

« MATHILDE. — Débarrassez-vous de vos fourrures.

» MADAME DE LÉRY. — Tout à l'heure ; je suis gelée. Aimez-vous ce renard-là ? On dit que c'est de la martre d'Éthiopie, je ne sais quoi ; c'est M. de Léry qui me l'a apporté de Hollande. Moi, je trouve ça laid, franchement ; je le porterai trois fois par politesse ; puis je le donnerai à Ursule. »

Cette simple phrase montre que M. de Léry est beaucoup plus âgé que sa femme, qu'il s'inquiète de ses sorties de bal avec toute l'importance que les vieillards attachent aux rhumes, refroidissements et autres inconvénients de la vie de soirées ; elle fait voir que madame de Léry n'aime ce mari bon, mais peu spirituel, à coup sûr, que d'une façon très-modérée, quoique cependant elle respecte les apparences et ne veuille blesser en rien celui dont elle porte le nom. Elle explique aussi le ton vif, l'esprit décidé, l'expérience précoce de la femme qui n'a d'autre soutien qu'elle-même, et qui doit demander à son bon sens et à sa vertu ce qu'un autre obtiendrait de l'amour de son mari. La suppression de ce passage si simple donne une nuance légèrement effrontée à madame de Léry, parfaitement posée par les quatre lignes biffées à la représentation.

Madame Allan a joué madame de Léry en comédienne consommée ; on n'a rien exagéré en disant qu'elle rappelait parfois mademoiselle Mars. Mademoiselle Judith donne à Mathilde de Chavigny, outre les agréments de son extérieur, un cachet de douce résignation et de tendresse mélancolique on ne peut plus charmant. Brindeau s'est surpassé dans le rôle du mari ; il a été homme du monde, plein d'aisance et de naturel, et a joué à ravir la scène difficile de la déclaration.

XI

DÉCEMBRE 1847. — Variétés : *une Dernière Conquête*, par M. Rosier. — Lafont, mademoiselle Marquet. — Théâtre-Historique : *Hamlet*, traduit en vers par MM. Alexandre Dumas et Paul Meurice. — Shakspeare commenté par Gœthe. — Rouvière. — Italiens : *la Cenerentola*. — Débuts de madame Alboni. — Sa personne et son talent. — Ce qui constitue le chant dramatique. — Lablache, Ronconi. — Théâtre-Français : *le Château de cartes*, comédie en vers, de M. Bayard. — La pièce et le style. — Reprise de *Don Juan d'Autriche*, de Casimir Delavigne. — Mademoiselle Judith, Brindeau.

13 décembre.

VARIÉTÉS. *Une Dernière Conquête.* — *Une Dernière Conquête!* pour qui n'en voudrait pas sourire, ce titre éveillerait bien des mélancolies ! Quoi de plus triste, en effet, que cet adieu à la jeunesse ! il arrive pour tous, un peu plus tôt, un peu plus tard, ce moment terrible, où il faut convenir, vis-à-vis de soi-même, que, si l'on est encore aimable aujourd'hui, demain on ne pourra plus qu'aimer. L'œil garde son étincelle, le cheveu a l'aspect suffisamment noir ; mais bientôt la paupière va descendre plus molle et cacher la flamme du regard ; l'invisible filandière va mêler aux boucles éclaircies ces fils d'argent, première trame du suaire, et, si par malheur le cœur n'a pas suivi la lente dégradation du corps, on offre ce spectacle pénible et ridicule d'un vieillard amoureux, situation que l'on trouve comique, pour ne pas avouer ce qu'elle a de profondément tragique.

M. Rosier, dans sa charmante comédie, a pris la chose gaiement ; si Lafont est séduisant depuis un nombre assez respectable de lustres, il peut encore longtemps damer le pion à ses jeunes rivaux.

Le baron et le chevalier sont en présence, — deux soleils, l'un couchant, l'autre levant, splendides et flamboyants tous deux ; le premier nuancé des plus riches teintes de pourpre et d'incendie, l'autre rose et doré comme la jeune aurore. — A cet instant suprême, l'œil pourrait hésiter; mais, pour le soleil du baron, l'heure qui va suivre est la nuit; pour le chevalier, c'est le jour.

Une jeune fille, mademoiselle Hélène, douée de toutes les qualités qui exaltent la flamme légère du jeune homme et justifient l'ardeur sombre de l'homme mûr, est le point de mire des batteries de M. le chevalier et de M. le baron. — Le baron est éblouissant, il petille, il étincelle; le chevalier, pour toute rouerie, et c'en est une bonne, aime de tout son cœur. Hélène est fascinée par l'un et touchée par l'autre. Elle admire l'habile, elle répond à l'amoureux. Mais vous comptez assez sur la dextérité du Lovelace émérite, pour croire que la lettre de la jeune première ne parvient pas à l'amant naïf. Celui-ci attend dans la rue une missive que son rival, plus adroit, escamote à la porte. Le chevalier, croyant qu'il n'est pas payé de retour, ne demande qu'à mourir comme un jeune homme qu'il est, et part pour la guerre. Le baron, resté maître du terrain, cherche dans son vieil arsenal ses galanteries les plus triomphantes : il efface le souvenir du chevalier, ou, tout au moins, il l'amoindrit suffisamment, et, pour conserver sa *dernière conquête*, il l'épouse.

Après avoir guerroyé deux ans, le chevalier revient, et trouve Hélène mariée au baron. L'ex-homme à bonnes fortunes, une fois époux, s'est senti soudainement épris d'un grand amour pour les champs : il ne rêve que prairies et bocages, œufs à la coque et fromage à la crème, comme tous les gens qui ont beaucoup aimé et beaucoup soupé. Il met des chaussures larges, il a lâché la bride à son ventre, en lui disant : « Va! » comme au cheval de la Bible.

Hélène est vertueuse, sans doute; mais le chevalier est là qui erre sur la pointe du pied : il sait qu'il a été aimé autrefois, et peut-être, dans quelque poche d'un de ses gilets, trouverait-on quelque billet daté de deux ans, car le baron ne les a pas confisqués tous. Le conquérant désarmé est fort inquiet de voir un pareil gaillard rôder autour de son bien; pour apaiser la faim de ce jeune lion qui gronde, *quærens quem devoret*, il lui jette en pâture une nièce charmante. Le péril est détourné, et le baron jouira en paix de sa *dernière conquête*.

Lafont s'est montré, dans cette jolie pièce, comédien consommé. On n'est pas plus fin, plus spirituel, plus élégant. Mademoiselle Marquet a représenté Hélène avec cette grâce, cette distinction et ce charme qui lui sont naturels. Il était difficile, pourtant, de jouer avec Lafont cette partie de volant dramatique, où la raquette du dialogue ne laisse tomber aucun mot à terre.

M. Rosier, qu'on n'apprécie pas à sa juste valeur, bien que quelques petites pièces de lui aient obtenu du succès, se distingue de la foule des vaudevillistes par une qualité précieuse : il a un style, et ses comédies exhalent un parfum littéraire assez rare aujourd'hui. Sa manière est nette, alerte, incisive; il est fâcheux qu'il ne travaille pas davantage et borne son ambition au vaudeville, lorsqu'il pourrait légitimement aspirer à la comédie.

20 décembre.

Théatre-Historique. *Hamlet.* — La poésie doit des remercîments à M. Alexandre Dumas, ce prince des lettres, pour avoir fait place au vieux William Shakspeare sur le théâtre populaire où les beaux romans dramatiques de *la Reine Margot* et du *Chevalier de Maison-Rouge* attirent une foule toujours compacte. Il est bon, par ce temps de platitude et d'affadissement littéraires, de remettre sous les yeux ces grands modèles oubliés, ces fresques vigoureuses et peintes à larges traits, qui font paraître si pâles les aquarelles pointillées, admiration et délices des Philistins modernes.

Dans son charmant et singulier roman de *Wilhem Meister*, Gœthe a éparpillé sur Shakspeare en général, et sur *Hamlet* en particulier, des pages et des phrases « pommes d'or dans des coupes d'argent, » pour nous servir d'une expression qu'il applique aux pensées du poëte, et que nous voudrions bien offrir à nos lecteurs, en les priant de nous excuser de leur présenter « les pommes d'or » sur une grossière assiette de faïence à fleurs, au lieu de les mettre dans une belle coupe d'argent ciselé; mais, hélas! notre dressoir n'est pas si richement garni.

Quelle admirable chose que William Shakspeare commenté par Wolfgang Gœthe le rêveur, Hamlet par le docteur Faust !... et dans quels termes éloquents sont racontés l'éblouissement que causa à Wilhem Meister la première lecture de divin poëte !

Enfermé dans la chambre la plus reculée du vieux château, il vivait et planait dans le monde de Shakspeare, désormais étranger à tout ce qu'on faisait autour de lui.

On dit que certains enchanteurs, à l'aide de formules magiques, évoquent dans leur chambre une foule monstrueuse de fantômes. Les conjurations sont si puissantes, que bientôt toute la chambre est remplie; les esprits s'avancent, tournent autour du cercle magique sur la tête du maître, et changent, en tournant sans cesse, leurs figures toujours plus nombreuses et plus grotesques; tous les coins sont pleins, toutes les corniches sont couvertes : ce qui était gros comme un œuf se dilate et devient énorme; ce qui était un géant devient un champignon. Malheureusement, l'élève a oublié le mot qui peut faire rentrer dans l'Érèbe ces flots d'esprits. Telle était la position de Wilhem. Avec une agitation jusqu'alors inconnue, mille sentiments, mille difficultés nouvelles s'éveillaient en lui, dont il n'avait jamais eu l'idée ou le pressentiment.

Nous les avons éprouvés aussi, cette ivresse et ce vertige de Shakspeare, et les figures grimaçantes des esprits ont tourné au-dessus de notre tête penchée sur le livre merveilleux. Saisi d'un effroi religieux, nous avons parcouru d'un pied furtif ces immenses palais à la Piranèse, suivant le dédale des corridors, les circonvolutions des escaliers qui pénètrent dans les gouffres et s'élancent dans les cieux, nous égarant parmi les forêts de colonnes, à travers les salles baignées d'ombres et de lumières mystérieuses, perdu au milieu du fourmillement perpétuel de personnages fantastiques ayant l'apparence de la vie, qui peuplent ces constructions prodigieuses, et ce n'est qu'après avoir cherché bien longtemps, que nous avons pu trouver à ces murailles de granit une brèche pour rentrer dans le monde réel.

« Oui, s'écrie Wilhem, je ne mé rappelle pas que jamais un lion, un homme, un événement de la vie ait fait autant d'impression sur moi que ces pièces admirables. On dirait un génie céleste qui s'approche des hommes pour leur apprendre doucement à se connaître eux-mêmes. Ce ne sont pas des poésies, c'est le livre ouvert, le livre immense du destin ; c'est le tourbillon de la vie la plus orageuse qui souffle sur les feuilles et les déroule rapidement à nos regards. Tant de force et de tendresse, tant de mouvement et de repos m'étonne et me confond. Oh! que ne puis-je vous découvrir tout ce qui se passe en moi! Tous ces pressentiments sur l'homme et sur la destinée, qui me tourmentaient depuis mon enfance d'une vague incertitude, je les retrouve dans Shakspeare expliqués et remplis : il éclaircit pour nous tous les mystères, sans qu'on puisse dire précisément où se trouve le mot de l'énigme.

» Les personnages semblent être et ne sont pas des hommes naturels. Quand on voit agir les mystérieuses créatures qu'il prend dans la nature et qu'il assemble à sa manière, ne dirait-on pas des horloges dont le cadran et la boîte seraient de cristal; elles nous indiquent le cours des heures. Mais on voit en même temps les rouages et les ressorts qui font mouvoir l'aiguille. J'ai fait quelques pas dans le monde de Shakspeare, et déjà je brûle d'avancer dans le monde réel, de m'élancer au milieu des orages de la destinée qui grondent sur nos têtes! Heureux si je pouvais puiser dans cette mer immense de la nature, et, du haut du théâtre, présenter la coupe au public altéré de ma patrie! »

On voit que Gœthe, qui s'est personnifié sous le nom de Wilhem Meister, ne partage pas du tout sur Shakspeare les opinions de Voltaire.

Écoutons encore le poëte dire comment il conçoit le caractère d'Hamlet. Lorsque parle une telle bouche, nous ne pouvons que nous taire. Ce passage devrait toujours être présent à la mémoire des artistes dramatiques. Les conseils de Gœthe valent ceux que le prince de Danemark adresse aux comédiens venus à Elseneur pour la représentation de la pièce intercalée.

« Vous connaissez, dit Wilhem Meister à la troupe de comédiens qu'il dirige, l'incomparable *Hamlet*, lecture qui vous fit tant de plaisir dans le vieux château. Nous avions le projet de jouer cette pièce et je m'étais chargé du rôle du jeune prince, sans trop savoir à quoi je m'engageais. Je crus étudier mon rôle en me dépêchant d'apprendre par cœur les endroits les plus beaux, les monologues, les scènes où la force de l'âme, l'élévation et la vivacité de l'esprit se donnent pleine carrière, où les transports violents du cœur ont une expression vive et pathétique.

» Je crus avoir bien saisi l'esprit de mon rôle en me chargeant pour mon compte d'une sombre mélancolie; et, avec ce poids sec sur le cœur, je tâchai de suivre mon idéal à travers le singulier dédale de ses caprices et de ses bizarreries. C'est ainsi que j'appris, que je répétai mon rôle, et j'en vins à me croire un Hamlet. Mais plus j'avançais, plus j'avais de peine à comprendre l'ensemble, et la chose enfin me parut impossible. Je me mis à parcourir la pièce de suite, et je ne m'en trouvai pas mieux. Tantôt les caractères, tantôt les expressions me semblaient se contredire, et je désespérais déjà de pouvoir trouver un ton convenable pour jouer mon rôle avec toutes ses modifications et ses nuances délicates. Après mille tentatives que mon erreur rendait inutiles, je résolus enfin d'arriver à mon but par un autre chemin.

» Je cherchai toutes les traces du caractère d'Hamlet dans sa première jeunesse, avant la mort de son père : avant ce fatal événement, avant l'affreuse résolution qui en fut le triste résultat, je voulus savoir quel avait été cet intéressant jeune homme, ce qu'il serait devenu sans les circonstances.

» Ce tendre et noble rejeton croissait sous l'influence immédiate de la majesté royale ; l'idée de la dignité et des droits de la royauté, le sentiment de ce qui est bon et généreux, la conscience de son illustre origine, se développèrent en lui dès l'enfance. C'était un prince né pour l'être et voulant régner pour affermir le règne de la vertu. Beau, moral de sa nature, facile et complaisant, il eût été le modèle de la jeunesse et les délices du monde.

» Son amour pour Ophélie était moins une passion violente qu'un secret pressentiment du doux besoin d'aimer ; son ardeur pour les exercices de l'escrime venait moins d'un goût naturel que d'une émulation sans cesse excitée par la réputation qu'un autre s'était acquise dans les armes : franc, il aimait la franchise et savait apprécier cette paisible confiance dont jouit une âme sincère en s'épanchant dans le cœur d'un ami. Instruit jusqu'à un certain point dans les arts et dans les sciences, il savait connaître et honorer ce qui est bon et beau. La grossièreté le choquait, et, si la haine pouvait germer dans un cœur si tendre, c'était seulement pour mépriser et tourmenter de ses railleries amères des courtisans infidèles et perfides.

» Il était facile dans ses manières, simple dans sa conduite, et, sans être amoureux du repos, ne recherchait pas le travail. Il semblait continuer à la cour ses études académiques ; gai plutôt par boutades que par caractère, d'un commerce doux et facile, généreux, discret, prudent, capable de pardonner une offense et de l'oublier, mais irréconciliable avec tout homme qui avait une fois franchi les bornes de la justice, de la vertu et de la clémence. »

Voilà, ce qu'on appellerait en peinture les *dessous* du caractère. — Maintenant, voici les dernières touches :

« Figurez-vous, continue Wilhem Meister, un prince tel que je vous l'ai dépeint, dont le père meurt de mort subite ; l'ambition, la soif de commander ne sont point les passions qui l'animent. Il se fût résigné volontiers à n'être que le fils d'un roi, mais il est forcé maintenant de mesurer la distance qui sépare le roi du sujet ; la couronne n'était pas héréditaire, mais la longue vie de son père semblait justifier ses prétentions et confirmer ses espérances. Maintenant, il serait exclu du trône par son oncle peut-être pour jamais ; malgré de fausses promesses, il se sent pauvre en crédit, en biens, étranger dans le pays que, depuis sa jeunesse, il regardait comme son patrimoine : de là sa première disposition à la mélancolie. Il n'est rien, il n'est pas tant que les moindres gentilshommes. Il se regarde comme leur serviteur, non pas qu'il s'abaisse en face de sa cour ; non, il est abaissé, il est indigent ; il regarde passer sa vie comme un songe évanoui.

» En vain son oncle veut l'égayer et lui faire envisager sa position sous un autre point de vue, le sentiment de sa nullité ne le quitte pas. Le second coup qu'on lui porte le blesse au fond du cœur et le fait tomber plus bas, c'est le mariage de sa mère. Fils tendre et fidèle, il espérait, quand son père mourut, pouvoir encore, dans la société de sa noble mère, adorer la grande image du héros qu'il avait perdu. Mais il perd aussi sa mère, et mieux vaudrait cette fois qu'elle fût ravie par la mort : cette flatteuse image qu'un enfant bien né se fait de ses parents disparaît. Chez les morts, point de secours ; chez les vivants, point d'appui ; sa mère n'est plus qu'une femme : fragilité, c'est le nom de la femme, et c'est le sien. C'est maintenant qu'il sent son front courbé vers la terre. Pauvre orphelin, aucun bonheur de ce monde ne lui rendra ce qu'il à perdu. La nature ne l'avait point fait triste et rêveur. La tristesse et la réflexion sont pour son âme un trop pesant fardeau. Voilà comme le prince s'offre à nos yeux. Je ne crois pas avoir mis mes idées dans Shakspeare, avoir exagéré un seul trait.

» Figurez-vous le prince vivant sous vos yeux, représentez-vous sa position, suivez ses gestes quand il apprend que l'ombre de son père apparaît; placez-vous à côté de lui dans la nuit terrible où le fantôme imposant marche devant lui; saisi d'horreur et d'effroi, il parle au spectre; il voit sa tête faire un signe, il écoute, il suit... La voix terrible qui condamne son oncle retentit encore à son oreille, et dit : « Vengeance ! vengeance ! souviens-toi de moi ! » Quand l'ombre a disparu, qui voyons-nous paraître devant nous? Est-ce un jeune héros altéré de vengeance, né prince, heureux qu'on l'excite à redemander sa couronne à l'usurpateur? Non, la surprise et l'effroi remplissent sa solitude. Il se répand en invectives contre les scélérats qui lui sourient; il jure de ne pas oublier celui qui n'est plus, et dit avec un profond soupir : « Le char du Temps est sorti de l'ornière, et je » dois l'y ramener. Malheur à moi ! » Ces mots me semblent expliquer toute la conduite d'Hamlet. Il est évident pour moi que Shakspeare a voulu peindre une âme, qui n'était point faite pour agir, chargée d'une action terrible. Cette idée, selon moi, domine toute la pièce. Un chêne est planté dans un vase précieux, qui ne devait recevoir dans son sein que d'aimables fleurs; les racines de l'arbre s'étendent et le vase est brisé.

» Hamlet a la beauté, la pureté, la noblesse, la force morale, mais dépourvues de la force d'organisation qui fait le héros. Il succombe sous un fardeau qu'il ne peut ni porter ni rejeter. Pour lui, tout devoir est sacré; celui-là seul est trop lourd. On lui demande l'impossible, non pas l'impossible en lui-même, mais l'impossible pour Hamlet. Il se remue, se retourne, s'agite, avance, recule, s'entend partout appeler, s'appelle lui-même, et parvient quelquefois à oublier ce qui l'occupe, mais sans se trouver plus à l'aise. »

A cette magistrale analyse du caractère d'Hamlet succède une rapide appréciation d'Ophélie :

« Sur Ophélie, peu de choses à dire. En quelques traits de maître, Shakspeare a bientôt dessiné son caractère. Ses sens, mûrs pour l'amour, s'enivrent d'une extase voluptueuse. Sa passion pour le prince dont la main lui fut promise coule de pleine source; son cœur innocent s'abandonne si franchement à ses désirs, que son père et son frère, effrayés de son amoureux abandon, l'en avertissent sans ménagement comme sans détour. Ni la bienséance, ni le voile léger qui couvre son sein, ne peuvent cacher les mouvements de son cœur. La bienséance trahit sa douce agitation en voulant la contraindre. Son imagination s'allume, sa muette discrétion respire une voluptueuse ivresse, et, si l'Occasion, complaisante déesse, venait secouer l'arbre, le fruit est mûr, il tomberait aussitôt. Mais, quand elle se voit abandonnée, répudiée, méprisée; quand l'exaltation de l'amour se change, dans l'âme délirante de son amant, en un profond mépris; quand il lui présente, au lieu de la coupe délicieuse de l'amour, la coupe amère des douleurs, son cœur se brise, tout l'édifice de sa belle existence est ébranlé. Son père tombe, et l'entraîne dans sa ruine. »

Une actrice fait à Wilhem l'objection que les refrains que chante Ophélie, lorsqu'elle a perdu la raison, ne sont pas convenables.

« Ne pourrait-on pas, dit-elle, choisir quelques fragments de ballades mélancoliques? Que signifient ces équivoques, cette convoitise grossière dans la bouche de la noble fille? — Il y a, répond Wilhem, dans ces bizarreries, dans cette grossièreté apparente, un sens profond. Ne savons-nous pas, dès le commencement de la pièce, que la pauvre Ophélie est occupée de son amour? Elle vivait en elle-même et pouvant à peine cacher sa passion, ses désirs. Les accents de l'amour, avide de jouissances, retentissaient secrètement dans son âme; et combien de fois dût-elle, semblable à la gardienne imprévoyante qui veille au lit du malade, chercher à s'endormir par des chansons qui chassaient le sommeil? Enfin, quand elle perd l'empire d'elle-même, quand son âme erre sur ses lèvres, ses lèvres la trahissent, et, dans l'innocence du délire, elle se plaît à se rappeler, devant le roi et devant la reine, les refrains de ses chansons favorites, de la *jeune fille qui se laisse séduire*, de celle qui se glisse chez son amant, et autres semblables. »

Quelle sûreté de vue! quelle admirable pénétration! Shakspeare lui-même, s'il avait voulu interpréter son œuvre, ne l'aurait pas fait avec une sagacité plus lumineuse! — Ah! c'est que, pour parler dignement des poëtes, il faut être aussi grand qu'eux! Et que de fois nous avons amèrement senti l'impuissance de nos admirations!

L'*Hamlet* de MM. Alexandre Dumas et Paul Meurice, avant de paraître au Théâtre-Historique, avait déjà été représenté sur le théâtre de Saint-Germain en Laye, où il obtint un succès que nous avons constaté dans son temps.

Il faut le dire à l'honneur du public des boulevards, la réussite n'a pas été moins complète au Théâtre-Historique, bien que les traducteurs n'aient effacé ni adouci aucun des traits caractéristiques de l'œuvre originale. La scène des fossoyeurs elle-même, cette scène d'une si haute portée philosophique, et qui est comme le résumé de la doctrine humaine, a été écoutée avec admiration et respect.

La pièce a été mise en scène avec beaucoup de soin et de richesse. Les costumes sont dessinés par M. Bonhommé, qui s'est souvenu avec bonheur des lithographies d'Eugène Delacroix et des tableaux de Lehmann; ils ont bien la tournure romanesque et mystérieuse convenable au sujet. Enfin, rien n'a manqué à Shakspeare, pas même les interprètes. Rouvière, avec ses défauts et ses exagérations, est encore l'Hamlet le plus compréhensif que l'on pourrait trouver; il y apporte de certaines façons anglaises qui rappellent Kemble et Macready, et font bon effet; il a de l'étrangeté, de l'imprévu, quelque chose d'âpre et d'incisif. Peut-être se montre-t-il trop nerveux, trop désordonné, trop fou, et joue-t-il d'une manière trop constamment saccadée; plus de mollesse et de rêverie, aux endroits méditatifs, donnerait de la valeur aux moments d'impétuosité. En résumé, il a gardé assez des traits de la grande figure tracée par Shakspeare pour qu'elle fût reconnaissable pour les poëtes et pour le public. Cette création lui fait beaucoup d'honneur et le tire de la cohue des acteurs de mélodrame.

27 décembre.

ITALIENS. *La Cenerentola.* — *Débuts de madame Alboni.* — Quelle musique fraîche, jeune, épanouie d'hier, que celle de *la Cene-*

rentola. Lorsque tant d'œuvres de la veille semblent décrépites, les immortels opéras de Rossini gagnent chaque jour en nouveauté : vous vous imaginiez les avoir entendus mille fois et les savoir par cœur, et, tout à coup, vous découvrez dans un recoin obscur, ou moins éclairé relativement, des trésors de mélodie, des colliers de perles jetés par la main négligente et prodigue du maître. Pour une œuvre musicale, la voix du chanteur est comme la lumière pour un tableau : sous une exposition favorable apparaissent des beautés inconnues que dérobaient les voiles d'ombre ou le miroitage du faux jour.

Exécutée comme elle l'a été par madame Alboni, *la Cenerentola* semble une musique inédite de Rossini. — A quoi bon importuner les loisirs paresseux du maestro, afin de lui arracher un opéra? Pour en avoir un tout neuf, il suffit d'en faire exécuter un ancien avec cette perfection.

L'Alboni n'est certes pas physiquement *la Cenerentola* comme on la rêve, pauvre jeune fille humble et résignée, assise dans l'angle du foyer, près des cendres, sur le pli de sa robe grise; on n'imagine guère un souffre-douleur sous ces formes athlétiques et triomphantes. Avec un seul doigt, cette robuste Cendrillon écraserait, si elle le voulait, ses maigres et méchantes sœurs. A tout prendre, elle est bien le colossal enfant de ce titanique Lablache. La fille d'un tel père a le droit de dépasser un peu les proportions humaines. — Don Magnifico et Cenerentola, placés l'un à côté de l'autre devant la rampe, sont dans un rapport parfait. Mais, si nous regardons le prince et son valet, joués par Gardoni et Ronconi, il y a antithèse complète : Gardoni est long, mince, d'une gracilité toute juvénile; Ronconi, sec, nerveux, petit, alerte. Le quatuor se divise en deux camps, et rappelle assez bien cette vieille gravure flamande d'un des Breughel, représentant « les gras et les maigres » sous les formes les plus bouffonnement exagérées.

Ce que nous disons là n'est qu'une innocente plaisanterie, qui ne doit blesser en rien les illustres artistes qu'elle concerne. Gras et maigres chantent et jouent avec une science, un art, une perfection, un entrain et une verve incomparables; et, si l'Alboni a quelque peine à chausser la pantoufle de vair de Cendrillon, jamais gosier plus tendre, plus velouté, plus flexible, n'a lancé plus facilement vers les frises du théâtre les étincelantes fusées musicales de l'œuvre rossinienne.

Ne demandons pas aux artistes une concordance physique avec leurs rôles, que la variété des personnages qu'ils représentent rendrait, d'ailleurs, impossible. Dans les limites de son art, l'Alboni réalise parfaitement l'idéal de *la Cenerentola*.

Rendre la pensée du maître avec les moyens mêmes de l'art es un mérite qu'on n'apprécie pas convenablement. Chanter d'une manière dramatique n'est pas, comme on le croit trop souvent, arpenter le théâtre, faire de grands bras, rouler de gros yeux ; c'est accentuer les passages énergiques, exprimer la passion et le sentiment par les inflexions de la voix, par cet accent que l'âme donne à la parole, et non par des gestes exagérés. Sans doute, la mimique n'est pas à dédaigner dans une représentation théâtrale, mais elle n'est que secondaire sur une scène lyrique. Rubini, qui a toujours passé pour un acteur nul, quand il n'était pas grotesque, s'élevait, à notre sens, à la plus haute expression dramatique dans la dernière scène de *Lucia*. Jamais tragédien n'a produit une émotion plus profonde, plus pathétique et plus navrante. Toutes les fibres rompues de l'âme tressaillaient dans ce délirant finale où la douleur s'élevait au lyrisme le plus détaché de la terre. Cependant, tout ce dénoûment se passait dans le gosier de Rubini. Un sourd n'y aurait vu qu'un gros homme couturé de petite vérole, s'appuyant la main sur le cœur, dans une pose ridicule de troubadour sous globe ; un aveugle aurait assurément compris toute l'élégance chevaleresque, toute la mélancolie passionnée, toute la poésie douloureuse du jeune sire de Ravenswood !

La représentation de la *Cenerentola* est une des plus complétement satisfaisantes qu'on puisse imaginer, et ce n'est qu'à de rares intervalles qu'une pareille réunion de voix procure aux dilettantes une jouissance si exquise.

La scène entre Magnifico et Dandini, où celui-ci déclare qu'il n'est pas le prince, obtient toujours un succès de fou rire, et, malgré sa longueur, elle est impérieusement *bissée*. Rien n'est plus drôle que de voir Lablache et Ronconi, surpris par le changement de décoration, rapporter leurs fauteuils pour recommencer ce merveilleux assaut de volubilité et de bouffonneries. Ronconi surtout est excellent lorsqu'il stupéfie, par la révélation de son état véritable, ce brave Magnifico, abasourdi sous la grimace terrible qu'il suspend au-dessus de sa figure comme une tête de Méduse.

Quel prodigieux tour de force que l'exécution du rondo final, un des morceaux les plus difficiles à chanter qui soit. L'Alboni l'a dit avec une perfection inimaginable. On ne peut rien imaginer de plus souple, de plus moelleux, de plus brillant. Tous ces sauts de notes si scabreux sont réussis sans effort. Nulle saccade dans les passages les plus brusques. La note, soit qu'elle escalade avec ses brodequins d'or les escaliers de cristal de la gamme et scintille dans la lumière au haut de cette tour sonore composée de plusieurs étages d'octaves, soit qu'elle redescende d'un pas plus grave jusqu'aux dernières marches de l'escalier musical, phosphorescente encore dans l'ombre des lieux inférieurs, est toujours pure, forte et douce ; l'écho d'aucun de ses pas n'est perdu.

THÉATRE-FRANÇAIS. *Le Château de cartes.* — Reprise de *Don Juan d'Autriche.* — Vous savez la manière de construire ces frêles édifices qu'on appelle des châteaux de cartes. On pose deux cartes sur leurs carres, puis deux autres bout à bout, et deux autres à plat ; cela fait un étage, sur lequel s'en élève un second, puis un troisième. Au delà, la construction devient difficile, et il faut avoir la main diablement légère pour pousser jusqu'au cinquième ! bien peu y parviennent.

Ces étages de cartes seront, si vous voulez, les actes des comédies et le symbole assez fidèle de l'art des faiseurs.

Certainement, ces cartes ont l'apparence de murailles et jouent assez bien le château. Rien ne penche, ni à droite, ni à gauche ; tout est d'aplomb et se tient en équilibre. Ceux qui les élèvent jusqu'à une certaine hauteur ne sont pas des maladroits ; mais le moindre souffle, la moindre secousse peut faire évanouir leur frêle édifice, qui n'a ni fondements ni solidité. Ce n'est pas ainsi que les architectes bâtissent.

Le Château de cartes de M. Bayard n'est pas tombé. Loin de là, il s'est bien tenu devant les spectateurs ; cela ne veut pas dire qu'il ne s'écroule de lui-même au bout de quelque temps; il n'est pas dans la spécialité des châteaux de cartes d'être éternels.

La donnée de la pièce de M. Bayard appartient à cette catégorie de comédies dites administratives, dont l'idéal est une place, et la dualité, la lutte pour obtenir cette même place. — Ce thème, dans une époque aussi peuplée d'employés que la nôtre, trouve toujours un certain nombre d'oreilles attentives, celles des surnuméraires principalement, qui espèrent apprendre, dans de telles pièces, des combinaisons et des roueries pour parvenir, sous le prétexte que le théâtre est l'école de la vie.

Dans *le Château de cartes* de M. Bayard, nous voyons un couple d'époux d'une humeur très-différente.

L'époux, qui possède une honnête fortune, n'a d'autre idée que de jouir de son bien dans un loisir philosophique; la médiocrité d'or lui sourit. Quand on a de quoi vivre, à quoi bon se tourmenter? Il est si doux de laisser passer les jours dans cette paresse occupée, alternant de l'entretien d'un ami à la lecture d'un bon livre, de la promenade au repos, d'un gai repas à la contemplation d'une œuvre d'art, d'un séjour dans une jolie maison de campagne à un voyage à travers un pays pittoresque.

Nous serions assez du caractère de ce galant homme, qui veut avoir le temps de caresser ses rêves, de cultiver ses amis et d'aimer sa femme, qui est charmante, quoique d'un caractère tout opposé à son mari... Quoique, ou parce que... Il ne nous manque pour cela que des rentes. Mais cette femme, travaillée au plus haut degré de la passion que les phalanstériens nomment *cabaliste*, s'ennuie beaucoup de ce bonheur paisible.

Madame a de l'ambition. Elle rêve les grandeurs et caresse en secret une chimère ailée et griffue qui l'emporte, lorsqu'elle s'assoit sur sa croupe ronde, à travers les espaces imaginaires, jusqu'aux régions éthérées des préfectures. Tel est son vœu. Puisqu'elle n'est ni duchesse, ni pairesse, ni maréchale, elle veut au moins être *préfète*. Qu'on nous pardonne ce barbarisme féminin, notre langue éminemment salique n'avait pas prévu l'ambition des femmes, et notre dictionnaire manque d'une infinité de désinences dans ce genre.

Le mari fait la sourde oreille. Les délices des soirées officielles de province, la comédie des manipulations électorales le séduisent fort peu ; il se trouve bien comme il est. Et ici se pose une grave question. Lequel doit sacrifier ses goûts et faire abnégation de son caractère : l'homme ou la femme ? Il est évident que madame sera la femme la plus malheureuse du monde dans une vie simple, puisqu'elle aime les intrigues et les complications, et que monsieur passera une vie de galérien dans sa préfecture.

Cependant, comme ce qu'une femme veut, le diable le veut,—qu'on nous permette cette légère variante au proverbe, — l'ambitieuse a recours à un moyen *cabalistique* pour faire naître à son mari le désir d'une préfecture lointaine. Elle inspire à un jeune homme désœuvré l'idée d'être amoureux d'elle, et de lui faire une cour qu'elle a soin de rendre évidente. Le mari se dit qu'il vaut encore mieux être préfet que... trompé, quoique l'un n'empêche pas toujours l'autre, et il se décide à faire des démarches... Le stratagème de madame se découvre, le mari se frotte les mains, tout heureux d'avoir doublé ce dangereux récif sans écorner sa nef. Devient-il préfet, ou reste-t-il simple particulier ? Nous ne nous le rappelons plus bien. La destinée du couple, dans tous les cas, est d'être malheureux ; de quelque manière que la chose ait tourné, il a dû y avoir une victime. Le repos et l'action, appliqués en sens inverse, l'un à un ambitieux, l'autre à un rêveur, peuvent devenir le plus odieux supplice. Tout être a son idéal ; mais, grâce à cette aimable civilisation, les édifices que construit le désir dans l'âme de chacun s'écroulent incessamment comme des châteaux de cartes.

Cette pièce, nette, propre, soignée, écrite dans le ton de vaudeville sage qu'adoptent les Lope de Vega du Gymnase, lorsqu'ils viennent aux Français, offre peu de prise à l'éloge et au blâme ; il y règne un esprit superficiel, une finesse qui ne pénètrent pas avant, et une certaine dextérité négative dont le résultat est d'ôter toute aspérité, mais aussi d'enlever tout relief. Cette bataille perpétuelle que l'auteur soutient contre le public est ici, non pas gagnée, mais perpétuellement évitée. Si elle s'était donnée, il est peu probable que M. Bayard, malgré son nom héroïque, fût resté vainqueur. Pourtant personne ne peut dire qu'il ait été vaincu : si M. Bayard est sans reproche, il n'est pas sans peur... devant la rampe, bien entendu. Il ne fuit pas, non ; mais il ne cherche pas son ennemi bien ardemment.

Quant à la versification, elle appartient à cette poésie pédestre sans images, sans métaphores, qu'on emploie trop volontiers au théâtre en France, sous prétexte d'éviter le lyrisme, et qui n'est, à vrai dire, que de la prose syllabique avec de faibles assonnances au bout des lignes. Nous aimons mieux, quoique poëte de notre état, de la prose toute simple, sans le coup de couperet du milieu et le tintement de la fin.

On a repris cette semaine *Don Juan d'Autriche*, de Casimir Delavigne. C'est une des pièces les plus franchement shakspeariennes de cet esprit modéré et timide, qui apportait de la sagesse jusque dans ses plus grands écarts. Nous disons shakspearienne, dans le sens du changement de lieux, de la liberté de l'action, et de l'emploi familier de personnages ordinairement drapés du manteau alexandrin. Casimir Delavigne, homme de talent, et non de génie, — ne prenez pas cette distinction dans un sens irrévérencieux : les hommes de talent sont assez rares pour qu'on les compte ; — Casimir Delavigne ne fait pas agir des personnages en montrant en même temps le mécanisme intérieur qui les anime, comme le divin poëte anglais, mais il a le sentiment de la scène, et possède assez bien la logique théâtrale. Son style a une certaine précision et un certain relief. Toute son œuvre exhale un honnête parfum littéraire.

La reprise de *Don Juan* avait attiré du monde, car la pièce, quoique longue, est intéressante. Le rôle de dona Florinde, rempli d'origine par madame Volnys, l'est aujourd'hui par mademoiselle Judith, qui a toutes sortes de droits à représenter une belle juive : d'abord, parce qu'elle est belle ; ensuite, parce qu'elle est juive ; deux raisons assez plausibles sans compter celle du talent. Elle a joué de façon à justifier le double amour de don Juan et de Philippe ; elle possède tout ce qu'il faut pour charmer un jeune homme fougueux et un tyran hypocrite ; mademoiselle Judith a une nature de talent qui la rend propre à jouer la comédie et le drame. Elle peut sourire et elle peut pleurer. A ces qualités, elle en joint une plus rare, celle de pouvoir dire avec charme les tirades élégiaques ou lyriques, les morceaux de poésie, si dangereux et si difficiles ordinairement.

Brindeau, qui vient d'obtenir un succès si honorable dans la charmante fantaisie d'Alfred de Musset, s'est montré comédien habile et intelligent dans le rôle de don Juan d'Autriche, un peu jeune et un peu svelte pour lui; il l'a joué avec beaucoup de chaleur et de dignité naturelle. Il a bien fait sentir, dans le jeune homme qui se croit seulement le fils de Quexada, l'impétuosité du sang impérial dont ses veines sont gonflées incognito.

XII

JANVIER et FÉVRIER 1848. — Théâtre-Français : *le Puff, ou Mensonge et Vérité*, comédie de M. Scribe. — La véritable comédie du *puff*. — Le dieu Capital. — Caractères de la pièce de M. Scribe. — Théâtre-Historique : *Monte-Cristo*, drame *en deux soirées*, par MM. Alexandre Dumas et Auguste Maquet. — Les spectateurs devenus habitants du théâtre. — Les personnages légendaires. — Mise en scène et décorations. — Mélingue, Boutin, mesdames Lacressonnière et Person. — Théâtre-Français : *Thersite*, comédie en vers, de M. Roland de Villarceaux. — Les Grecs et les Romains en robe de chambre. — Le Thersite d'Homère et celui de M. de Villarceaux. — Les acteurs. — Le poëte. — Opéra-Comique : *la Nuit de Noël*, paroles de M. Scribe, musique de M. Henri Reber. — Le fantastique à la façon de M. Scribe. — M. Reber. — Théâtre-Français : reprise des *Fausses Confidences*, de Marivaux. — Madame Allan dans le rôle d'Araminte. — Les rôles du vieux répertoire et les interprètes nouveaux.

24 janvier 1848.

THÉATRE-FRANÇAIS. *Le Puff, ou Mensonge et Vérité.* — Le *puff!* ce mot d'origine anglo-américaine, et d'importation récente, a une signification complexe assez difficile à fixer. Au propre, le puff est une annonce compliquée de hâblerie. Ainsi la vignette de l'homme qui fait sa barbe devant sa botte posée sur une table, et changée en miroir par le vernis que lord Elliot a rapporté de Chine lui-même; ainsi le mackintosh imperméable dont les pans, creusés en bassin, sont remplis d'une eau limpide où frétillent des poissons rouges, et qui, outre les avantages de préserver de la pluie, offre encore aux amateurs les agréments de la pêche à la ligne, sont des puffs dans la vraie acception du mot. Le puff, c'est l'imagination gasconne ou américaine appliquée au commerce; c'est la poésie de la quatrième page des journaux. M. Scribe a élargi le sens du mot, et appelle puff de sentiment, de probité, de religion, ce qui pouvait très-bien se ranger sous la dénomination générique d'hypocrisie ou de tartuferie.

La véritable pièce du puff a été faite déjà et représentée avec un immense succès, sous le titre de *Robert Macaire*, par ce grand génie de Frédérick Lemaître, qui seul a trouvé cette comédie du xixe siècle, que tout le monde cherche, et qu'on s'obstine à voir où elle n'est pas. — Quels *puffistes* supérieurs que Robert Macaire, le baron de Wormspire et la jeune Éloa ! — Quelle scène profondément comique que celle où Robert Macaire et le baron s'accablent de donations réciproques et imaginaires ! Là, le brigand fait le puff de la philanthropie, le filou le puff de la vertu, la prostituée le puff de la virginité, avec un aplomb, une audace, une verve et une habileté incomparables. Ils en arrivent à se tromper eux-mêmes, ces merveilleux imposteurs ! Admirable triomphe de l'art ! Malheureusement, une censure inintelligente a défendu de jouer ce chef-d'œuvre sans prétentions, où Frédérick s'était élevé à la hauteur d'Aristophane.

La comédie de M. Scribe, convenablement produite, aurait pu fournir un joli vaudeville en un acte ou deux tout au plus. Elle n'a pas l'étoffe nécessaire à une pièce en cinq actes. Le sujet est absent, les situations comiques manquent; d'intérêt, il n'y en a pas; cependant la chose va jusqu'à la fin sans encombre, sans cahot, sans accident. Tel est le talent de M. Scribe : d'une donnée invraisemblable, fausse ou stérile, à force de ressources et de stratagèmes de détail, il parvient à tirer une apparence de pièce qui ne satisfait pas la réflexion, mais qui ne choque pas l'esprit tant que la représentation dure. — Aussi est-ce l'homme qui tombe le moins souvent. Il peut avoir des insuccès, il n'a pas de chutes.

Un littérateur grand seigneur, M. de Marignan, achète d'un

libraire, pour la somme de *vingt mille* francs, un manuscrit sur l'Algérie trouvé dans les papiers du général de Saint-Avold, et vendu par sa veuve trois cents francs à ce susdit libraire, nommé Napoléon Bouvard. Ce manuscrit, espèce de roman historique à la façon de Walter Scott, est l'œuvre d'un jeune officier, M. d'Angremont, qui a suivi le général dans toutes ses campagnes; d'Angremont est, en outre, coupable d'un volume de vers, et, bien qu'il arrive d'Afrique, il tremble en proposant, de la part de madame de Saint-Avold, le fatal rouleau à l'éditeur; il faut être bien barbare, bien sauvage et bien Kabyle, en effet, pour s'imaginer qu'un éditeur à la mode se veuille charger d'imprimer des poésies; encore si c'était un petit roman en douze ou quinze volumes, passe. « Un roman, répond d'Angremont à l'éditeur, j'en avais bien commencé un; mais mon général, à qui je l'avais montré, après en avoir lu quelques lignes, m'a conseillé d'aller étudier ma théorie et a jeté mon manuscrit je ne sais où. »

C'est ce même roman qui, retrouvé et vendu par madame de Saint-Avold, a passé des mains de Bouvard à celles de M. de Marignan, et a fait à celui-ci une réputation immense qui l'a conduit aux deux Académies, lui a ouvert le chemin des honneurs. Nous avons oublié de dire qu'en venant à la boutique de Bouvard, d'Angremont a détourné les chevaux d'une voiture qui allait écraser un vieillard fort original, nommé M. des Gaudets, lequel passe pour millionnaire et ne va qu'à pied ou en omnibus tout au plus : d'Angremont a fait entrer le vieillard dans le magasin du libraire, et, là, des Gaudets, remis de son alerte, engage avec le jeune homme, plein de croyance et d'enthousiasme, une conversation où perce son esprit railleur et sceptique. M. des Gaudets ne croit pas à grand'chose. Si, il croit à l'utilité du mensonge, à l'efficacité du puff. Il est de l'avis du philosophe : s'il avait la main pleine de vérités, il ne l'ouvrirait pas.

Le vieillard s'en va. Entre un jeune homme, M. Maxence de la Roche-Bernard, qui reconnaît, dans Albert d'Angremont, un ami qu'il n'a pas vu depuis cinq ans. Maxence a mangé sa fortune, qui était considérable, et, pour la relever par une combinaison hardie, il aurait besoin de cent mille francs. Ces cent mille francs, à qui les emprunter? Il n'ose les prélever sur la dot de sa sœur Antonia, dont il est le tuteur, et M. César des Gaudets le subrogé-tuteur. « Si nous la demandions à cet aimable millionnaire, auquel je viens de sauver la vie? » dit Albert d'Angremont à son ami Maxence de la Roche-Bernard. Et les deux amis partent pour effectuer cet emprunt, un peu précipité, ce nous semble.

M. César des Gaudets, qui passe pour millionnaire et pour avare, n'est ni l'un ni l'autre. Seulement, il aime à bien vivre, à être choyé et à jouir d'un luxe que sa fortune seule ne lui permet pas. Par des réticences adroites, il a donné à entendre qu'il était millionnaire, et joue une comédie d'Harpagon qui lui permet d'accepter sans rendre, d'aller chez les autres et de ne pas recevoir. Il arrive tout crotté et le parapluie sous le bras, fantaisie amusante pour un homme riche, inconvenance suprême pour un pauvre : il ne donne rien à sa fille Corinne, qui achète elle-même ses brodequins d'azur et ses bonnets, du produit de sa plume, car vous avez déjà deviné, à ce nom littéraire, que mademoiselle des Gaudets était femme de lettres, Sapho de journal et Muse de revue?

Avec ces moyens, ce malicieux et machiavélique vieillard finira par posséder réellement le million qu'on lui suppose.

Mademoiselle Corinne protége fort, dans la revue où elle est influente, M. de Marignan, l'auteur des célèbres *Mémoires sur l'Algérie*. La Corinne, du haut de son cap Misène, a des vues sur cet Oswald bien renté. Cet Oswald désire épouser mademoiselle Antonia de la Roche-Bernard, pupille de M. des Gaudets, jeune héritière charmante, quoique moins lettrée que Corinne. La découverte de ce dessein irrite fort la Muse, qui voudrait bien changer son état de vierge aonienne, aganippide et piéride, pour une situation plus prosaïque. Heureusement, Antonia est aimée d'Albert d'Angremont, dont elle partage en secret la passion, et la découverte de cet amour rend l'espérance à Corinne.

S'imaginant que M. de Marignan ne tient qu'à la fortune d'Antonia, Corinne, qui, en sa qualité de bas bleu, a lu *les Femmes savantes* de Molière, imagine de renouveler pour M. de Marignan le stratagème qui a servi à démasquer Trissotin. Mais Corinne, qui croit devoir ses Mémoires à la postérité, écrit chaque jour ce qu'elle fait, et même ce qu'elle compte faire ; et, dans un cahier qu'elle a laissé traîner sur une table, M. de Marignan lit l'épreuve qu'on veut lui faire subir. Il pourra donc, ainsi prévenu, déployer de la générosité et du désintéressement à coup sûr. A cet instant entre tout effaré Maxence de la Roche-Bernard, qui vient de risquer la fortune de sa sœur dans une opération de bourse, et qui l'a perdue.

M. de Marignan, en apprenant cette nouvelle, malheureusement trop réelle, se dit : « Voilà le stratagème qui doit servir à m'éprouver, et il déclare que, malgré ce revers inattendu, il épousera mademoiselle de la Roche-Bernard, une âme poétique ne devant pas s'embarrasser de dot et d'argent. Cependant ce n'est pas sans un amer chagrin qu'il apprend la réalité du désastre ; mais comment faire ? Il n'y a plus moyen de se dédire ; Bouvard a trouvé dans cette noble action un thème à réclames, et s'est empressé de lancer le second tome des *Mémoires sur l'Algérie;* Marignan a la main forcée par son héroïsme, et il voudrait bien trouver un moyen honnête de rompre ; Corinne le lui fournit en lui révélant l'amour d'Antonia pour d'Angremont.

Marignan commence une lettre où il rend la liberté à la jeune fille, puisqu'il ne peut pas faire son bonheur. Comme il est en train d'écrire ce billet, arrive Maxence de la Roche-Bernard, tout heureux, tout transporté. Par un de ces revirements soudains, si fréquents à la Bourse, sa spéculation, de mauvaise, est devenue excellente ; loin de se ruiner, il a fait fortune ! A cette nouvelle, à la grande colère de Corinne, Marignan déchire silencieusement le billet qu'il avait commencé. Un incident vient terminer tout à la satisfaction générale : M. de Marignan est prié de lire un des chapitres de ce beau livre sur l'Algérie, et, dès les premières lignes, Albert d'Angremont reconnaît son roman historique, si mal accueilli par le général Saint-Avold. Saisi d'indignation, il veut d'abord démasquer l'imposture ; Corinne l'en empêche, et, pour prix du silence d'Albert, Marignan renonce à la main d'Antonia et épouse Corinne.

Vous voyez que le titre et le sous-titre de la pièce ne sont pas fort exacts. — L'étiquette n'indique pas le contenu du sac. Il n'y pas de *puff* dans la pièce de M. Scribe ; le point de départ de l'intrigue est un plagiat, une usurpation, un vol littéraire, si vous voulez, où le puff n'a rien à voir, puisque les manœuvres auxquelles Marignan doit de passer pour un grand homme ont eu lieu derrière la toile. Quand au sous-titre, il n'est pas justifié davantage : tout est mensonge dans la pièce de M. Scribe. Le jeune homme présenté comme type de la loyauté, de la franchise, se fait, à la fin, complice de toutes les fraudes des *puffistes*, en consentant sous condition à garder le silence et à laisser jouir en paix Marignan de sa réputation, acquise par des moyens illicites. La vérité n'a donc pas de champion qui la défende.

Nous avons emporté de cette représentation la même impression pénible que nous avaient laissée toutes les autres comédies de M. Scribe ; la *philosophie* du célèbre académicien est, en effet, des plus tristes. Chez lui, point d'idéal, point d'enthousiasme, aucun de ces généreux instincts qui remuent l'âme humaine ; nulle de ces hautes colères, de ces indignations sublimes qui font les vers toutes seules ; la poésie, l'amour, la liberté, le dévouement et la passion, sous quelque forme que ce soit, sont l'objet des railleries plus ou moins piquantes de l'auteur. Ceux de ses personnages qui sont animés de ces sentiments reconnaissent bien vite leur erreur, ou bien jouent le rôle de niais. La seule chose regardée comme raisonnable dans les pièces de M. Scribe, c'est de se faire une *position*. Une position, voilà le but, la fin nécessaire ; à cela l'on doit tout sacrifier. Le reste est folie, chimère, illusion, pur caprice d'esprits romanesques. Cet idéal bourgeois est fort goûté aujourd'hui. — *Une Chaîne, la Camaraderie, Bertrand et Raton* représentent des variations de ce thème unique.

Sans doute, ces façons de voir existent, mais l'auteur dramatique doit les retracer sans s'y associer ; la représentation des types vulgaires, vicieux ou bas, est certainement du domaine de l'art ; mais il faut en faire voir la laideur. Dans *le Puff*, rien n'est jeune, rien n'est sincère ; Antoñia, qui représente l'amour, se résignerait aisément à épouser celui qu'elle n'aime pas ; Albert, qui symbolise la poésie, laisse son œuvre sous le nom d'un autre : ainsi la jeune fille ne croit pas à l'amour, le jeune homme ne croit pas à la gloire. Le vrai dieu de tout ce monde, c'est le veau d'or, — le capital. Aussi, toutes les fois que ce mot revient, et il revient souvent, est-il prononcé avec emphase et écouté avec respect.

C'est une chose singulière et digne de remarque, que l'introduction de l'argent dans la littérature comme but, comme moyen et comme idéal; on n'en trouve aucune trace sérieuse avant notre époque. Dans les pistoles dérobées aux tuteurs et aux pères par les mauvais sujets de la comédie ancienne, c'est l'originalité de l'expédient et non la valeur de la somme que l'on considérait. Les échéances, les coups de bourse et les grosses sommes sont des moyens d'intérêt tout modernes, dont M. Scribe a plus usé que personne. Le public comprend tout cela. Quant à nous qui avons plus aligné de rimes que de chiffres, nous avouons n'être pas assez fort calculateur pour suivre l'intrigue de certaines pièces et de certains romans.

Parler de la forme aujourd'hui, c'est prendre des soins superflus et se donner, en pure perte, un vernis pédantesque. — Pourtant, M. Scribe, qui est de l'Académie française, sans ciseler précieusement des phrases à la Benvenuto Cellini, pourrait bien éviter des négligences dans le goût de celles-ci : « J'ai été » pour « je suis allé; » — « du tout » pour « pas du tout, » locutions que le vaudeville peut admettre, mais qui ne sont pas à leur place rue Richelieu. Nous lui demanderons aussi comment il se fait qu'Antonia et Corinne se trouvent à dîner, au quatrième acte, chez M. de Marignan, qui est garçon. Cela ne nous paraît pas fort congru. Le caractère le mieux tracé de la pièce est, sans contredit, celui de César des Gaudets, le faux millionnaire et le faux avare. Il y avait dans cette idée l'étoffe d'une jolie petite pièce pour le Gymnase. Provost a, du reste, joué ce rôle avec une bonhomie matoise, un laisser aller plein de réticences d'une grande finesse et d'un naturel parfait. Madame Allan-Despréaux, si étincelante dans *le Caprice*, n'a pu prêter au rôle de Corinne que l'esprit de ses yeux et le mordant de sa voix; il lui manquait des mots à décocher. Mademoiselle Judith a été gracieuse, pleine de convenance et de goût dans un rôle à peine indiqué, et les autres personnages ont été rendus par Regnier, Brindeau et Maillart, avec soin et intelligence.

7 février.

THÉATRE-HISTORIQUE. *Monte-Cristo.* — Un drame en deux soirées! la voilà donc accomplie, cette chose impossible, et maintenant elle paraît toute simple, comme les choses impossibles lorsqu'elles sont faites. — Rien ne rend une chimère vraisemblable comme l'exécution.

On se disait : « Aller au théâtre deux jours de suite, mais c'est extravagant, impraticable ; cela ne s'est jamais vu ! » Mot terrible, qui paralyse tout et rend la vie une longue redite.

MM. Alexandre Dumas et Auguste Maquet ne se sont point arrêtés devant ces exclamations de la déesse Routine, et, au risque de ce qui pouvait leur en advenir, il ont résolûment brisé le vieux moule d'Aristote, ce gaufrier classique à cinq compartiments où se coulait la pâte des drames depuis un temps immémorial. Les bustes en ont frémi sous leurs perruques de marbre ! Qu'il a fallu de temps pour arriver, sans se faire regarder comme un hydrophobe, à lever le rideau quelques fois de plus que le nombre sacramentel, et à changer à vue dans le milieu d'un acte ! Hugo lui-même, le grand barbare, le grand Vandale, le Hun, l'Attila romantique ne l'a pas osé. Il a reculé devant cette action capitale de retrousser un bout de toile à torchon barbouillée de détrempe, après trois ou quatre scènes, pour passer dans un autre endroit, et cependant il n'avait pas craint de mettre du lyrisme, des images, des métaphores, et même des rimes dans ses dramatiques férocités qui lui ont valu longtemps une réputation de cannibale.

La première soirée, qui commence à l'arrivée du *Pharaon* à Marseille et finit à l'évasion de Dantès du château d'If, s'est passée sans la moindre fatigue, quoique le spectacle, commencé à six heures, ait duré jusqu'à minuit, presque sans interruption.

Tout le monde s'est retiré, se promettant bien de revenir le lendemain : la nuit et le jour suivant ont fait l'effet d'un entr'acte un peu long, voilà tout.

A la seconde soirée, s'est produit un résultat de cette nouvelle combinaison théâtrale à laquelle on n'avait pas pensé. Tous les spectateurs, à de rares exceptions près, occupaient les mêmes places que la veille. On se reconnaissait, on retrouvait avec plaisir au bout de sa lorgnette les jolies têtes qu'on avait admirées. — On faisait des remarques sur les changements de toilette : « Les nœuds rouges lui allaient mieux que cette touffe de bruyère ; aujourd'hui, elle a les bras nus; hier, elle avait une robe à manches longues; c'est une générosité. »

A la première soirée, on était resté sur la réserve avec ses voisins, échangeant à peine un mot d'excuse dans les rencontres inévitables. A la seconde, on se saluait, on se passait l'*Entr'acte*, on se communiquait ses réflexions ; les liaisons se formaient, l'intimité allait naître. A la fin de la représentation, on avait déjà des habitudes prises pour s'asseoir, pour s'accouder, pour accrocher son chapeau. Chacun faisait ses petits aménagements, on se casait; de spectateur, on devenait habitant. On rendait les visites reçues ; on se mettait des cartes chez l'ouvreuse. Dans les couloirs, on entendait fréquemment ce dialogue : « Avez-vous vu madame de *** ? — Non ; je ne sais pas son adresse. — Elle demeure au premier étage, n° 23, sur le devant. — Peut-on se présenter chez elle ? — Oh ! mon Dieu, oui ; elle ne sort jamais, et reçoit du troisième acte au cinquième. » Une lettre pressée nous est parvenue à notre stalle, n° 156. Avec beaucoup d'exactitude les affaires se terminaient. « J'ai pensé à ce que vous m'avez dit hier, pendant la visite de Dantès chez Faria; c'est une bonne idée : nous en recauserons après que Monte-Cristo, Caderousse et la Carconte auront fini leur scène, » disait un banquier à un spéculateur. — Telles étaient les mœurs qui se formaient au Théâtre-Historique.

Quand la toile est tombée pour la dernière fois, un soupir de regret a gonflé toutes les poitrines : « Eh quoi ! déjà se séparer après deux jours seulement, après une trentaine de tableaux tout au plus ? Pourquoi ce grand Alexandre Dumas et cet infatigable Maquet se sont-ils à ce point méfiés de nous? pourquoi n'ont-ils pas fait tout de suite une trilogie, une tétralogie, une pentalogie, une hexalogie ? Nous leur aurions accordé volontiers toute la semaine; car que peut-on avoir autre chose à faire que de regarder, dans le magnifique encadrement de la scène, les pages de ce roman qui a fait les mille et un matins de ce Schariar qu'on nomme le public, et que nous avons tous lu et relu. Quoi ! madame, je ne reverrai plus le camée délicat de votre beau profil se découpant sur le ton sombre de la loge ? Ce rendez-vous d'admiration que votre beauté m'avait donné hier ne se renouvellera plus? Où vous retrouver, maintenant? A l'Opéra, quand chante Bellini ; aux Italiens, les jours d'Alboni ; ou bien encore au concert de madame Damoreau. Incertitude douloureuse ! Et ce monsieur si spirituel qui faisait des observations si judicieuses, qui nous disait le nom des acteurs et qui aurait été notre ami si la pièce s'était prolongée d'un soir, il faut lui dire adieu pour ne plus le rencontrer, peut-être. Adieu, voisin charmant ! Si une fausse honte ne nous retenait, nous nous donnerions, quoique inconnus l'un à l'autre, une cordiale poignée de mains.

D'une autre salle de spectacle, la représentation finie, on s'en va ; de celle-là, on se sentait dépossédé, exilé, banni ; on sortait à pas lents, le cœur gros, la larme à l'œil, murmurant des lamentations virgiliennes :

Nos patriæ fines et dulcia linquimus arva !

Les ouvreuses, les pompiers et les gardes municipaux représentaient les farouches satellites qui dépouillaient une population innocente de l'héritage paternel, et la chassaient devant eux vers le boulevard de l'exil.

Rendrons-nous compte de la pièce ? Cela ne servirait pas à grand'chose. Tout le monde sait par cœur *Monte-Cristo* ; nous nous livrerons plutôt à quelques réflexions sur le genre de plaisir que procure une représentation théâtrale ainsi entendue.

A notre avis, si quelque chose peut donner une idée de ces mystères qui se jouaient au moyen âge dans des décorations à compartiments, et dont l'action, traversant le ciel, la terre et l'enfer, durait plusieurs jours de suite, c'est assurément la représentation de *Monte-Cristo*, non pas seulement à cause de la multiplicité des tableaux et du temps matériel qu'il dure, mais par le fond même des choses.

Les livres que le moyen âge feuilletait incessamment étaient la Bible, le Nouveau Testament et la légende miraculeuse des saints. Les personnages en étaient familiers à tout le monde, au roi comme au pâtre, au docteur comme à l'ignorant : avec de tels personnages, il n'y avait pas besoin de longues préparations scéniques, d'explications verbeuses ; on savait d'avance toutes les particularités de leur histoire ; les allusions les plus elliptiques étaient comprises sur-le-champ. Le *mystère* était la *représentation* de la légende, un bas-relief vivant, une peinture vivante. Il réalisait l'histoire merveilleuse flamboyant dans le vitrail, peinte dans le tableau, ciselée dans la pierre, ouvrée dans la châsse d'orfévrerie, écrite dans le livre qui, à cette époque, était un hiéroglyphe indéchiffrable pour beaucoup.

Maintenant, on ne lit guère autre chose que les feuilletons d'Alexandre Dumas; leurs longs développements, leurs suites et les suites des suites arrivent à se graver dans les mémoires populaires comme des faits contemporains; les aventures des nombreux personnages qu'ils renferment, — on les retrouve si longtemps, le matin à son réveil, qu'ils finissent par devenir des compagnons familiers de la vie de chacun. Les plus pressés, avant de courir à leurs affaires, causent une demi-heure avec d'Artagnan, Monte-Cristo ou Balsamo, selon le journal auquel ils sont abonnés. Les héros de Dumas ont remplacé pour nous les personnages légendaires; et, ce qui nous a surtout frappé dans la salle, c'est la parfaite et facile compréhension d'un drame qui ne serait pas sans obscurité pour quelqu'un qui n'aurait pas lu le livre; mais ce quelqu'un n'existe pas, et la pièce est comprise par tout le monde, de même qu'autrefois le mystère de *la Passion* était compris aisément des intelligences les plus bornées.

La grotte de l'île de Monte-Cristo et tous les prodiges du roman sont aussi connus que les enchantements des romans de la Table-Ronde : *Huon de Bordeaux*, *Pierre et Maguelonne*, *les Quatre fils Aymon*, *le Juif errant* n'ont pas plus de popularité que *les Trois Mousquetaires*, *la Dame de Monsoreau* et les autres légendes de ce merveilleux conteur qui, avec une verve infinie, une abondance inépuisable, compose à lui seul la Bibliothèque bleue du XIXe siècle.

Si vous alliez élever quelque doute sur la réalité d'Edmond Dantès, de Caderousse, de la Carconte, de Mercédès, de d'Anglars et de Villefort, vous seriez très-mal reçu, à coup sûr, de la partie naïve du public; et même, dans un ordre plus élevé d'intelligences, il règne comme une espèce de foi en la réalité de ces figures imaginaires. Nous entendions dire : « Monte-Cristo a fait telle chose; il a eu bien raison, » ou « il a eu tort, » exactement comme d'un homme vivant qu'on approuverait ou qu'on blâmerait d'une résolution. Nous avons même entendu faire des cancans et des suppositions sur lui, comme des portiers en chuchotements sur un locataire mystérieux. On le croit si vrai, qu'on le calomnie!

Une chose qui occupait aussi beaucoup les imaginations, c'était de savoir la valeur de l'écu romain ; le trésor caché par le cardinal Spada, dans la grotte de l'île de Monte-Cristo, se monte, selon le dire de l'abbé Faria, à cinq millions d'écus romains. Quelle somme cela fait-il, traduit dans notre monnaie? L'écu romain actuel vaut cinq francs sept centimes, ce qui fait un total de vingt-cinq millions et quelques cent mille francs, si toutefois la monnaie du temps du pape Alexandre VI était au même titre que celle du pape actuel, ce que nous n'avons pas le loisir de constater aujourd'hui. — Le denier est joli ; mais, pour Monte-Cristo, ce serait à peine l'aisance ; aussi faut-il supposer quelques boisseaux de diamants et de pierres précieuses.

Nous avons déjà parlé de l'argent introduit dans le roman ou le drame, comme idéal, comme but à poursuivre. Autrefois, c'était la toison d'or, la demeure inconnue d'Arthus dans la forêt de Broceliande, le pourchas du Saint-Graal, qui symbolisaient l'inquiétude et l'aspiration humaines. Plus tard, une femme parée de toutes les grâces et de toutes les perfections, et dont il fallait conquérir l'amour, a été le motif des poëmes, des drames et des romans. Maintenant, l'idéal qui émeut le plus vivement l'imagination des lecteurs, de quelque classe, de quelque sexe et de quelque âge qu'ils soient, est la conquête d'une somme énorme, fabuleuse, au-dessus des désirs et des espérances. — Dix millions font de l'effet, mais vingt-cinq millions frappent un coup irrésistible.

Si, à la possession de richesses invraisemblables, vous joignez la puissance secrète de récompenser et de punir en dehors de l'action des lois, vous aurez la réalisation de l'idéal du roman moderne. Nous sommes loin de Werther, de Grandisson et même de Lovelace. — Un Rothschild franc-juge ; voilà ce que chacun voudrait être. Ce rêve, mis en action dans un livre ou un drame, pincera l'âme aux fibres les plus vibrantes. C'est pour cela que Rodolphe, et, après lui, Monte-Cristo ont éveillé de si vives sympathies.

Malgré les efforts des niveleurs, l'individualisme est très-développé dans ce temps-ci ; il y a dans l'homme un côté farouche qui résiste à l'unitéisme, à la fraternité, à l'association; et l'on est plus profondément intéressé par la lutte d'un seul contre tous que par des masses marchant ensemble à un but déterminé. La civilisation a trop dépouillé l'homme de son libre arbitre pour que de secrets instincts ne protestent pas. On aime à voir, quoique cela soit répréhensible, un être impartial et fort se faire justice lui-même. Par exemple, si Monte-Cristo, au lieu d'exercer sur ses anciens persécuteurs des vengeances méritées, mais souvent atroces, avait pu les livrer à des tribunaux et les faire châtier rigoureusement, d'une manière régulière, il n'inspirerait plus la moindre sympathie. Le réseau de la légalité nous enveloppe de mailles invisibles et souples, et nous ôte le franc usage de nos mouvements. Un millionnaire rompt ce filet; et c'est donc encore plus la liberté que la richesse qu'on rêve en convoitant le trésor proposé pour idéal. L'extrême opulence, en permettant de changer de milieu à volonté, en donnant la rapidité et l'aplomb, en vous mettant aux mains les clefs de toutes les portes, en neutralisant les résistances, en vous rendant maître du temps et de l'espace, ramène la possibilité d'aventures extraordinaires que les combinaisons de milliers d'années ne produiraient pas dans le milieu bourgeois, protégé contre toute chance et toute fantaisie.

Voilà ce qu'on désire en gros et sans se donner la peine de le détailler sous l'apparence d'un monceau d'or; et notre siècle, qu'on pourrait croire avare, n'est donc, en réalité, que désireux de liberté et d'aventures. Il est gêné et il s'ennuie. L'or lui donnerait le moyen de devenir barbare au milieu de la civilisation. Et c'est là le secret de chacun... Mais arrêtons ici ce débordement de philosophie et d'esthétique, et parlons des décorations remarquables, de l'admirable mise en scène et du jeu des acteurs, qui font un spectacle nouveau d'une pièce dont tout le monde sait d'avance les moindres incidents.

La première partie renferme en décorations à effet : l'entrée du port de Marseille, la Réserve, pittoresque point de vue pris d'après nature, et le château d'If, sur lequel Lefranc de Pompignan a accumulé tant de rimes en *if*. Cette décoration est éclairée par une lune bleue, argentée et vaporeuse, d'une vérité étonnante; les eaux tremblent sous la traînée lumineuse que l'astre projette sur la mer avec la mobilité et l'éclat du vif-argent. C'est à MM. Séchan, Diéterle et Despléchin, les maîtres du genre, qu'on doit ce chef-d'œuvre pittoresque ; et, lorsque Dantès ayant fendu le sac funèbre dans lequel il descendait au fond de l'abîme, remonte triomphant à la surface et crie : « Sauvé! » on croirait voir ruisseler sur ses cheveux, sur ses épaules, l'écume et l'eau d'une mer véritable.

L'île de Monte-Cristo, où l'on se trouve au commencement de la seconde soirée, est rougie par un très-beau soleil couchant. La mer empourprée, porphyréenne, pour nous servir de l'épithète homérique, par longues oscillations balancées sur le sable et les galets montant jusqu'à l'horizon en flammes, se termine par cette barre d'une horizontalité inflexible que les plus violentes tempêtes font trembler à peine. A gauche, dans un coin, s'entassent les rochers sous lesquels se creuse la grotte qui recèle le trésor. Tout cela est d'un ton vigoureux et d'un effet superbe.

L'auberge de Caderousse, avec sa nudité pauvre, ses murailles qui suent la fièvre, son escalier qui filtre le sang, ses volets et ses portes qui palpitent sous le vent, a obtenu un succès de terreur. La décoration a été applaudie pour son jeu ; car elle prenait part au drame avec une intelligence admirable. Jamais orage n'a été si merveilleusement rendu au théâtre : l'éclair éblouissait par ses lueurs intermittentes et blafardes, le tonnerre grondait au loin, le mistral poussait son piaulement aigu, la pluie tombait et grésillait. La rampe, les coulisses, le manteau d'Arlequin, tout avait disparu. L'illusion était complète. Cette imitation si parfaite de la bise est obtenue, — car le critique veut se rendre compte de tout au lieu de s'étonner naïvement — au moyen de bandes de gros de Naples, grattées avec des racloirs de bois denticulés.

Le port de Marseille, vu de la Canebière, et l'arrivée du faux *Pharaon*, qui doit réparer les pertes de Morel, terminent glorieusement cette seconde partie.

Maintenant, venons aux acteurs. Mélingue est vraiment l'homme de ces longues épopées dramatiques : il a la souplesse, la flexibilité, l'aptitude à changer de physionomie qu'il faut pour cela. Il est maître de son personnage avec autorité. Son œil a de la vie et de l'expression, sa voix est sympathique, sauf de temps à autre quelques gestes un peu macaques, coudes aigus et mains pendantes, imitation involontaire d'un des illustres du mélodrame, ses mouvements ont de l'aisance et de la grâce. Le marin, le prisonnier, le fugitif, l'abbé Busoni, l'Anglais Wilmore et le Monte-Cristo, qui apparaît un moment sur la jetée, ont été rendus par lui avec une grande puissance de transformation.

Boutin est étonnant dans Caderousse ; on dirait, à la perfection de son accent, qu'il a passé sa vie à se promener des allées de Meilhan, aux Aygualades et à Notre-Dame des Accoules. C'est le *Mocco* le plus pur sang qu'on puisse imaginer. Il a dit son grand récit dans l'auberge avec un sentiment, une vérité à la fois terrible et comique qui sont d'un acteur hors ligne.

Mercedès est représentée avec beaucoup de passion et de noblesse par madame Lacressonnière ; et mademoiselle Person, qui avait accepté le rôle odieux de la Carconte, s'est ridée et jaunie bravement comme les actrices jeunes osent seules le faire. Jamais fiévreux des marais Pontins n'a tremblé, sous les haillons, d'un frisson plus malade et plus convulsif que mademoiselle Person enveloppée dans sa grande cape sauvagement rayée de rouge et de blanc. Elle a eu un très-beau mouvement lorsque au sortir de la chambre du meurtre elle se renverse sur l'escalier, une balle dans la poitrine, et la tête échevelée pendant à travers rampe.

Lacressonnière, qui fait le personnage de M. de Villefort, est admirable de tenue et de physionomie ; il s'est composé une tête du temps, qu'on prendrait pour une bonne miniature d'Isabey père.

Un tout jeune acteur, nommé Colbrun, joue avec une insolence charmante le rôle du mauvais petit drôle qui servira plus tard aux vengeances de Monte-Cristo.

Arrêtons là ce détail, qui nous pourrait mener loin dans une pièce si peuplée.

15 février.

Théatre-Français. *Thersite.* — On nous a beaucoup montré les Grecs et les Romains sous leur aspect lamentable et tragique. Que de tirades pleines d'emphase n'ont-ils pas débitées devant cet immuable portique à colonnes vertes ! que d'ampoules, que d'invocations aux dieux, que de récits plus ou moins de Théramène ne nous ont-ils pas fait subir en grossissant leur voix et en se démenant dans les rideaux de leurs costumes !

On a été bien longtemps sans s'imaginer que des mortels de si farouche approche pussent avoir quelque chose d'humain, et causer simplement et spirituellement de choses et d'autres comme de simples particuliers : en effet, figurez-vous des Grecs et des Romains, qui ne soient pas toujours à maudire la *fortune ennemie*, cela est difficile. Aussi, lorsque M. Émile Augier nous a présenté dans sa *Ciguë* un jeune Athénien poussé au suicide par l'ennui de la débauche, et ramené à la vie par l'amour, ce frais tableau antique, peint de couleurs légères, naturelles et charmantes, a-t-il produit la plus vive impression. Un coin du ciel attique faisait vaguement luire, au fond de l'action, à travers la blancheur des colonnades, son azur inaltérable et doux, dessinant le blond triangle du Parthénon, et le parfum des fleurs de l'Hymette arrivait par molles bouffées avec le zéphyr soulevant les draperies roses sur la muraille de marbre pentélique. Le *Diogène* de Félix Pyat, malgré quelques préoccupations çà et là trop sensibles de la vie moderne, nous a montré aussi la Grèce sous son aspect familier, et voici M. Roland de Villarceaux qui s'avance à son tour tenant la lyre d'ivoire et le plectre d'or, le front ceint de la bandelette sacrée.

Le sujet de sa comédie est très-simple, comme il convient à une comédie antique, à un bas-relief taillé dans le paros de l'art grec. La scène se passe devant Troie. Quatre ou cinq personnages juxtaposés forment la composition. — Ce sont Niséis, jeune et belle captive échue, dans le partage du butin, à Deiphron, roi des Eubéens; Mérion, poëte qui sert à la fois Apollon et Mars; Calliclès, parasite et sycophante, et, enfin, Thersite, le difforme, le bavard et le lâche; le *repoussoir* d'Achille, la seule laideur de l'*Iliade*, où il représente l'élément grotesque. — Voici le portrait que trace Homère de ce Quasimodo grec : « Cet homme, parlant sans borne et sans mesure, faisait un bruit horrible; il ne savait dire que des injures et toutes sortes de grossièretés; il parlait d'Agamemnon et des autres rois avec une insolence vraiment cynique ; avec cela, il était le plus laid de tous les hommes : il était louche et boiteux, il avait les épaules ramassées et courbées sur la poitrine, la tête pointue et parsemée de quelques cheveux. Un jour qu'il faisait à Agamemnon les plus sanglants reproches sur le mauvais succès de la guerre de Troie, Ulysse, qui était présent, le menaça, s'il continuait, de le déchirer à coups de verges comme un vil esclave. En même temps, il le frappa de son sceptre sur le dos et les épaules. La douleur du coup fit faire à Thersite une grimace si hideuse, que les Grecs, quelque affligés qu'ils fussent, ne purent s'empêcher de rire. Cela contint le railleur pour quelque temps ; mais, ayant osé s'attaquer de même à Achille, ce héros n'eut pas de patience, et l'assomma d'un coup de poing. »

Tel est le Thersite d'Homère. Celui de M. Roland de Villarceaux, quoiqu'il en accepte les traits traditionnels dans la première partie de son œuvre, en diffère beaucoup dans la seconde. — Il a usé du droit naturel du poëte d'interpréter les types à sa façon.

Niséis excite la discorde au camp des Grecs, et le conseil décide que, pour prévenir les désordres, il faut que la belle captive choisisse un époux à la fin du jour. Deiphron, qui se croit aimé de Niséis, mais qui craint de soulever des séditions, voudrait la faire épouser par Calliclès, son parasite, une espèce de mari en peinture, un comte Dubarry anticipé. Mérion croit l'emporter, grâce à ses chants; mais la belle déjoue toutes les espérances en choisissant qui ?... Thersite ! Étrange caprice ! Quoi ! lorsqu'on avait à sa disposition ce beau jeune roi à la cuirasse et aux cnémides d'or, ce poëte à la barbe blonde, à la robe de crocus, à la lyre étoilée, ou même encore ce vaurien de Calliclès à l'élégant bonnet phrygien, montrant des dents de jeune loup à travers l'insolence de son sourire, aller prendre ce drôle sordide, inculte, hérissé, hargneux, oblique, farouche et amer, Thersite, le dernier des Grecs, à peine un homme, presque un animal que chacun pousse du pied et bâtonne !

Thersite reste comme hébété d'une telle bonne fortune, et, croyant à quelque dérision, n'ose pas d'abord toucher la blanche main que lui tend Niséis pour marcher à l'autel. Il se décide enfin ; mais, au retour, il comprend que son bonheur n'est pas si complet qu'il l'imagine, en trouvant sur le seuil de la tente de Niséis une nourrice fort revêche et fort griffue, qui lui porte aux yeux des ongles de duègne et de dragon. Thersite couchera, comme un chien fidèle, sur le seuil de la tente nuptiale; n'est-ce pas encore un bonheur?

Au reste, dès que le pauvre garçon peut croire, sinon qu'une belle femme l'aime, du moins qu'elle s'intéresse à lui, sa vie est changée; une force morale le relève, et, au second acte, nous le voyons reparaître tout différent. Le fer à friser a eu raison des mèches rebelles de sa barbe. Ses cheveux bouclent presque gracieusement sous une étroite bandelette. Il est lavé, baigné, parfumé. C'est un autre homme. La saleté n'est souvent que le désespoir d'arriver à plaire. Des vêtements propres, bien coupés, d'une étoffe fine et d'une nuance choisie, se plissent avec élégance sur sa taille redressée; il n'est pas beau encore, mais il n'est plus laid, et son âme pourra se montrer désormais sans avoir à rougir de son enveloppe. Niséis, satisfaite de ces progrès, regarde Thersite d'un œil plus doux et lui laisse déjà franchir le seuil de sa tente, — le jour, bien entendu; — la métamorphose n'est pas encore assez complète pour désarmer l'Esméralda de cet autre Gringoire : les prétendants, qui ont cru comprendre que le choix de Thersite n'était qu'un moyen dilatoire, recommencent leurs poursuites. — Calliclès rôde autour de Niséis d'un air qui déplaît fort à Thersite, et bientôt s'engage entre eux une lutte de paroles où Calliclès n'a pas l'avantage. Thersite, animé par la présence adorée, trouve dans le carquois de l'amour mille flèches acérées dont il crible son adversaire. Niséis sourit tendrement. Son Thersite a de l'esprit; de l'esprit, c'est beaucoup, mais ce n'est pas assez; il ne suffit pas de l'étincelle qui jaillit du cerveau, il faut la flamme qui part du cœur.

Mérion entre, et Niséis veut faire combattre le poëte et Thersite dans une lutte rhythmique; elle sait que celui-ci travaille en silence avec acharnement, et tâche de se rendre les Muses favorables; Thersite, effaré, tremblant, honteux et embarrassé comme un hibou qu'on amène en plein jour, se prosterne et demande grâce. Niséis est inflexible. Alors Mérion commence à chanter, d'un air terriblement significatif, l'insolence de Marsyas, qui ne craignit pas de lutter avec Apollon, et fut écorché vif après sa défaite, en punition de son outrecuidance.

Quand vient le tour de Thersite, il se trouble, il balbutie. Enfin, encouragé par une prière à la déesse d'Amathonte, et par un regard de Niséis, il commence d'une voix presque éteinte, mais qui se raffermit bientôt :

> Je ne puis pas railler, moi, je ne puis que plaindre
> Le faune que Vénus brûle de son ardeur ;
> Quand, tourmenté du feu qu'il ne saurait éteindre,
>   Il maudit sa laideur.
>
> Caché dans les roseaux comme un amant timide,
> Des nymphes de la plaine il suit de loin les jeux,
> Et cherche, dans leurs chœurs, la danseuse rapide
>   Qu'il poursuit de ses vœux.
>
> Lycos aimait Néère. Elle, belle railleuse,
> Montrait les pieds du bouc avec un doigt moqueur,
> Et le faune courbait sa tête soucieuse,
>   La honte dans le cœur.
>
> Un jour, il la trouva dans les bois endormie ;
> Comme il la contemplait à travers les rameaux,
> Près d'elle une couleuvre, hypocrite ennemie,
>   Déroula ses anneaux.
>
> L'amour donna du cœur au faune ridicule ;
> Néère, s'éveillant, d'un regard effrayé
> Lui vit prendre en ses mains le serpent comme Hercule
>   Et le jeter broyé.
>
> Le plaisir du danger colorait ce front jaune ;
> L'amour lui-même était dans cet œil plein de feu.
> Néère fut émue, elle oublia le faune,
>   Et ne vit que le dieu.

Niséis, charmée de ces vers dont elle comprend le sens caché, tend à Thersite le prix promis au vainqueur, une écharpe de pourpre, entremêlée de fils d'or par ses doigts industrieux et délicats. Mérion, furieux, n'accepte pas la sentence portée par Niséis et se précipite vers Thersite l'épée à la main. Thersite a peur et recule : il a pu prendre l'extérieur d'un honnête homme, s'élever à l'esprit, au génie même, mais la bravoure lui fait défaut. Trop d'années d'abjection ont pesé sur son âme et en ont brisé les ressorts. Niséis lui lance un regard chargé d'un mépris écrasant et cette épithète, la suprême expression du dédain chez les femmes. « Lâche ! lui crie-t-elle, et moi qui avais voulu en faire un homme ! » Elle lui pardonnerait, au besoin, d'être difforme, ridicule, stupide et méchant ; mais lâche, c'est la tache indélébile, le crime irréparable. Thersite, anéanti, se dirige vers la porte, poursuivi par les railleries et les huées des assistants, lorsque le bouillant Deiphron se précipite dans la tente. Sans se soucier de la décision du conseil, il veut quitter le camp, et, à l'aide de ses Eubéens, enlever Niséis.

La pauvre fille éperdue, qui hait de tout son cœur ce grand escogriffe, couvert d'or de la tête au talon, se jette dans les bras de celui qu'elle aime secrètement pour y chercher un refuge, oubliant que c'est un lâche ; mais, en sentant sur son cœur cette blanche poitrine, qui palpite comme un nid de tourterelles, Thersite trouve des forces inconnues ; ainsi qu'Antée lorsque, dans sa lutte avec Alcide, il touchait le sein de sa mère, il puise dans l'effarement de ces yeux divins le courage de tenir une épée, et il résiste, héros improvisé, au brutal Deiphron, qu'arrêtent bientôt les gardes du roi des rois. Maintenant, Thersite, complétement transfiguré, ne rencontrera plus de Stromia impitoyable au seuil de Niséis, et, n'en déplaise à Homère, Achille ne lui donnera pas de coups de poing.

Ce sujet, peu compliqué, comme on le voit, — ce n'est pas un reproche que nous lui faisons, — est à la fois très-vieux et très-neuf, ainsi que tout ce qui touche à l'amour. Il offre assez d'intérêt par lui-même pour se passer des surprises ; c'est l'histoire éternelle qu'on recommence toujours. C'est *Anaximandre, Sargines*, le *Hulla de Samarcande, Zémire et Azor, Riquet à la houppe ;* mais qu'importe ! la cire est la même pour tous et chaque poëte y imprime son sceau, différent d'empreinte et de caractère. La transformation d'un être par l'amour est un spectacle plein de charme et qui attache ; par exemple, nous croyons que la *bête* ne s'est métamorphosée que pour la *belle* seulement, et que Thersite, aux yeux des Grecs, est toujours resté difforme, impudent et sot.

Geffroy a fait preuve d'un talent remarquable de comédien dans la gradation des nuances du rôle de Thersite, qui forme tout l'intérêt de la pièce. Il a relevé lentement ce front bas et ramené le jour dans cette âme obscure d'une façon intelligente et habile. Il a eu de la sensibilité, de la chaleur contenue, et des explosions chaleureuses.

Mademoiselle Judith, la Zémire de cet Azor, porte avec grâce un costume antique blanc et bleu, copié d'une peinture étrusque, et justifie tous les efforts de Thersite et les querelles du camp. Dans ce rôle un peu passif, elle a montré du sentiment et dit le vers avec harmonie et justesse. — Got est un Calliclès très-récréatif. Ce jeune acteur a de la verve et du montant.

Le nom de M. Roland de Villarceaux, dont cette comédie est le début au théâtre, a été accueilli par de nombreux applaudissements : c'est un talent fin, distingué, soigneux, délicat, à qui peut-être il ne manque qu'un peu de brutalité pour obtenir de grands effets. Au théâtre, il ne suffit pas de frapper juste, il faut frapper fort. Au résumé, c'est un charmant succès littéraire, et tel que nous voudrions en constater plus souvent.

Opéra-Comique. *La Nuit de Noël.* — L'habileté scénique de M. Scribe est tellement proverbiale, que nous acceptons pour ingénieuses toutes les combinaisons dont se sert cet écrivain pour éviter le sujet de la pièce qu'il traite. Dans ce nouveau livret, il est question de cette superstition allemande qui veut que ceux qui traversent un cimetière, la nuit de Noël, aperçoivent les spectres des gens qui doivent mourir bientôt. Ce motif n'a rien de gai en soi-même et ne justifie en rien le titre de *comique* qu'on donne aux opéras représentés au théâtre ainsi nommé, mais qui n'est pas, après tout, obligé d'être plus facétieux que l'Ambigu, auquel on accole aussi cette épithète. Si elle n'est pas comique, cette donnée ne manque pas de poésie, et peut offrir des situations dramatiques et musicales, à la condition, toutefois, d'être prise au sérieux ; mais M. Scribe est trop spirituellement voltairien pour se laisser aller à ces effets de clair de lune allemand, et le fantastique, avec lui, finit toujours par s'expliquer de la façon la plus naturelle et la plus prosaïque.

Ce n'est jamais ainsi que procèdent les maîtres du genre : Cazotte, Lewis, Hoffmann, Arnheim, Clément Brentano, Maturin, Lamothe-Fouqué, Gozzi, ni les grands poëtes inconnus des légendes ; mais probablement le spectateur de l'Opéra-Comique est d'un autre avis, car il a paru prendre un grand plaisir à la légende de Noël ainsi matérialisée.

Le livret n'était, d'ailleurs, ce soir-là, qu'une question bien secondaire. C'était le début d'un musicien connu depuis longtemps, quoique jeune ; très-apprécié, bien que sa réputation ne fût pas arrivée jusqu'au public. M. Reber, qu'un succès tardif, mais complet, vient de dédommager des soucis d'une lutte pénible, est un des plus frappants exemples des entraves que rencontrent à leurs débuts les compositeurs de ce temps, qui se glorifie de rendre justice à tout. Voilà plus de quinze ans que nous entendons parler du rare talent de M. Reber et que les connaisseurs exaltent sa science et sourient à sa fécondité, à sa grâce mélodique. Savoir et trouver, tout le mérite d'un artiste est là. Excellent professeur d'harmonie et de contre-point, M. Reber a donné des leçons à plusieurs compositeurs, et, entre autres, à Félicien David. L'un et l'autre possèdent à merveille le mécanisme de leur art.

Dans plusieurs concerts, l'un aux Italiens, l'autre au Conservatoire, un troisième à la salle Herz, M. Reber a recueilli des applaudissements très-vifs : deux de ses symphonies à grand orchestre ont été fort goûtées ; des trios, des quatuors remplis de grâce et de mélodie avaient acquis à M. Reber des admirateurs passionnés ; ses romances, véritables perles enchâssées dans l'or pur des plus grands de nos poëtes, avaient satisfait les gens de goût et charmé les plus délicats ; enfin, chargé du second acte d'un ballet (*le Diable amoureux*), M. Reber avait écrit une partition rhythmique, ingénieuse, nouvelle, et d'une fantaisie adorable.

Malgré tant d'efforts, tant de succès réels et de mérite constaté, on a laissé venir jusqu'à près de quarante ans un musicien d'un incontestable génie, sans lui offrir un acte pour le théâtre, sans daigner écouter cette voix si pure qui chantait dans l'ombre et dans le silence, comme toutes les voix que la nature a inspirées. A vrai dire, Reber, né insouciant, était devenu dédaigneux d'une renommée qui l'avait fui ; s'il écrivait, s'il chantait encore pour quelques oreilles amies, il semblait oublier la foule. Il a fallu que l'amitié exploitât en son lieu et place l'ambition dont le jeune maître était dépourvu.

Un terrible et absurde argument s'élevait contre lui : il a fait de jolies romances, de la musique de chambre exquise; il échouera au théâtre. En d'autres termes, de ce qu'il excelle aux œuvres qu'il a accomplies, nous concluons qu'il ne saura pas se tirer de celles qu'il doit tenter encore. Cette inepte théorie, trop française, hélas! tout poëte en renom, tout romancier, tout écrivain en a subi la sourde iniquité, en franchissant le seuil du théâtre, gardé par des dragons et des gargouilles allégoriques, souvent dépeints dans les poëmes classiques d'autrefois.

Cette fois-ci, la garde fut bien faite, et nous nous étonnons que M. Reber ait pu passer sans rameau d'or ; car son talent tient grande place et son premier opéra, œuvre d'un maître accompli, et parvenu à toute la maturité de son talent, est vraiment une très-belle chose. Qu'un pareil compositeur, doué d'un semblable mérite, soit révélé seulement aujourd'hui pour la première fois au public, c'est là un fait honteux pour nos grandes administrations théâtrales, dont il accuse l'insouciance, l'incurie et le défaut de sagacité.

Mais patience : Reber écrit très-vite, avec grande facilité ; il regagnera le temps perdu. M. Auber, si fécond et si longtemps jeune, avait quarante-deux ans à son premier opéra, et qui ne sait que Rameau a commencé à fleurir dans les neiges de la cinquantaine ! Et Reber n'a pas quarante ans. Il attend, il est vrai, depuis près de vingt années, et a droit, à ce titre, à tous nos respects. La médiocrité n'a jamais si longtemps attendu.

M. Henri Reber n'est ni Italien, ni Allemand, malgré la désinence germanique de son nom. Sa patrie musicale est la France. Il ne doit rien ni à Rossini, ni à Meyerbeer. Les maîtres du siècle dernier ont été l'objet de ses études favorites, sinon exclusives. Il a vécu dans leur atmosphère, et se les est assimilés plutôt qu'il ne les imite. Nicolo, Monsigny, Rameau, Grétry, Duni, Gluck, Haydn et Mozart, tels sont les ancêtres de M. Reber. Nous nous le figurons volontiers sous l'apparence d'un de ces maîtres de chapelle, vêtus d'un grand habit marron à boutons d'acier, en veste de taffetas gris, en bas de soie de même couleur, bien tendus sur une jambe fine et nerveuse, et en larges souliers à boucles d'argent, qui, dans une chambre boisée de blanc ou garnie d'une tapisserie de Flandre, exécutent, devant un pupitre de bois de merisier, une partie de contre-basse, ou, les doigts enfoncés dans les touches du clavecin, jouent un morceau de Couperin. A côté d'eux sont posés le tricorne bien brossé, la tabatière et le mouchoir à carreaux des Indes; un léger nuage de poudre s'exhale de la petite perruque à trois rouleaux agitée par le battement de la mesure. Chardin ou Meissonnier on fait cent fois ce portrait.

Cette ressemblance avec les anciens ou les vieux, si vous voulez, n'empêche pas M. Reber d'être très-fort sur le contre-point et la fugue, et de connaître à fond toutes les ressources de l'instrumentation moderne. C'est une grâce et non un défaut, et, pour se promener dans l'habit de son grand-père, il n'en est pas moins rempli d'idées délicates et fraîches.

25 février.

Théatre-Français. Reprise des *Fausses Confidences*. — *Madame Allan*. — On a repris *les Fausses Confidences*, qu'on n'avait pas jouées depuis la mort de mademoiselle Mars; et, là-dessus, les regretteurs du temps passé, se formant en chœur et en demi-chœur, ont fait leurs évolutions sur le thymélé et chanté leur tristesse divisée en strophe, antistrophe et épode, à la manière des tragédies antiques, bien qu'il s'agisse ici de comédie. On crie au sacrilége, à la profanation, à l'audace insensée. Certes, mademoiselle Mars déployait dans le rôle d'Araminte une finesse, une grâce et un esprit inimitables; mais, puisque l'illustre comédienne a laissé tomber pour jamais ce masque au doux incarnat qu'elle semblait tenir de la main même de Thalie, faut-il renoncer à une pièce charmante, à un diamant dont toutes les facettes lancent une étincelle? Chaque acteur célèbre, en rentrant dans l'ombre de la retraite ou de la mort, doit-il emporter avec lui les pièces du répertoire où il a brillé? A ce compte, on finirait par n'avoir plus de répertoire du tout. Il y a, de la part de madame Allan, non pas outrecuidance, mais bien résignation. Au

Théâtre-Français, tel qu'il est constitué maintenant, personne n'eût mieux joué Araminte qu'elle; on doit donc lui savoir gré de nous conserver ce chef-d'œuvre de Marivaux, et on le peut sans manquer au culte des souvenirs, culte que nous approuvons lorsqu'il n'a pas pour but de nuire aux individualités vivantes.

D'ailleurs, chacun apporte une interprétation différente aux œuvres du passé; il y met le rêve de son âme et l'esprit de son temps, et c'est là ce qui fait l'intérêt de ces représentations, où chaque mot est prévu d'avance et su par cœur de tout le monde. Si l'on pouvait remonter le cours des âges et transporter les existences, nous sommes sûr que Marivaux eût été fort surpris de la manière dont mademoiselle Mars elle-même comprenait et rendait son Araminte; il aurait vu dans ce jeu si parfait, si conforme au type en apparence, toutes les idées et les passions du XIXe siècle. A travers son œuvre fidèlement interprétée, il eût pressenti d'autres sens, des intentions qu'il n'y avait pas mises, des sentiments inconnus à son époque, et entendu des mots pris dans des acceptions détournées déjà. Avec un mouvement de petit doigt, un clin d'œil, un air de tête penché, une façon de rejeter la queue en arrière ou faire bouffer le pli de la jupe, l'année où vit l'actrice se trahit toujours dans une pièce ancienne; nul ne peut se soustraire à son milieu.

Ce qui peut se dire de mademoiselle Mars convient également à mademoiselle Rachel. La vie momentanée qu'elle a rendue à la tragédie vient précisément de ce qu'elle diffère des pièces qu'elle joue. Racine, à coup sûr, n'eût pas rêvé pour ses héroïnes cette femme mince et grande, aux lignes sculpturales et sur laquelle naturellement les draperies font des plis comme en offrent les vêtements des figures étrusques. Cet œil profondément noir dans cette pâleur de marbre, ce front saillant où s'étale la lumière, cette main si petite, qu'elle peut à peine enserrer le manche du poignard, et cependant si forte; tout cet ensemble à la fois frêle et nerveux, élégant et sauvage, maladif et plein de race, où le sang antique de l'Orient s'est transmis par la veine juive, n'a pas le moindre rapport avec les idées du tendre poëte dont la Champmeslé fut l'idole : c'est par cette dissemblance même qu'elle nous plaît. Cet aspect qui eût semblé un peu barbare au grand siècle, cette âpreté et ce mordant de diction, ces inflexions naturelles jusqu'à la familiarité, cette amertume d'ironie, cette passion féroce et contenue, toutes choses essentiellement modernes et romantiques, sont les qualités par où elle nous attache. L'actrice relève ainsi ce que les anciennes actions tragiques auraient pour nous d'innocent et de modéré. Elle joue le drame de notre temps avec des vers faits il y a deux siècles, et c'est pour cela qu'elle obtient un succès immense même auprès de ceux qui n'aiment pas le genre conventionnel de la tragédie ainsi qu'on l'a entendue en France.

XIII

MARS 1848.—Opéra-Comique : *Gilles le Ravisseur*, paroles de M. Sauvage, musique de M. Albert Grisar. — Porte-Saint-Martin : *Guillaume Tell, ou le Réveil du Peuple*, drame imité de Schiller, par M. Virgile Boileau. — Théâtre de la Nation (Opéra) : *la Muette de Portici*. — L'art et la Révolution. — Théâtre de la République (Français) : rentrée de mademoiselle Rachel. — *La Marseillaise*. — Odéon : *la Fille d'Eschyle*, étude antique par M. Autran. — Théâtre de la République : *l'Aventurière*, comédie en vers, de M. Émile Augier. — La *Lucrèce* de M. Ponsard. — Mademoiselle Rachel dans le rôle créé par madame Dorval. — Le public et les vers à allusion.

6 mars.

OPÉRA-COMIQUE. *Gilles le Ravisseur*. — Gilles ! voilà un nom bien frivole pour la gravité des circonstances : ce n'est pas notre faute si ce joyeux personnage vient secouer ses longues manches au-dessus des barricades. Le Gilles de d'Hèle, rajeuni par M. Sauvage, pouvait-il prévoir les événements de février ? Le pauvre diable est assez déconcerté de se trouver face à face avec une révolution. Étrange époque que la nôtre ! on commence sous la royauté une bluette bouffonne, qui se joue sous la République ! Pauvre Gilles, pauvre Cassandre ! pauvre Isabelle ! masques charmants du temps passé, qui s'occupe de vous aujourd'hui? Pourtant, vous avez amusé bien des générations de votre rire franchement épanoui, de vos bêtises désopilantes et de votre gai costume bariolé.

O vieux types éternellement jeunes, qui vous remplacera désormais! A quel lecteur allons-nous raconter vos aventures, nous, votre historien fidèle? qui voudra, pour nous entendre, détourner son oreille tendue aux rumeurs de la place publique? qui s'inquiète, à l'heure qu'il est, de savoir au moyen de quel stratagème Léandre enlève Isabelle, et comment Gilles, poussé par Crispin, dérobe une pendule à Cassandre : double crime qui produit les quiproquos les plus divertissants du monde, le rapt de la fille se confondant avec le vol de l'horloge, l'échange d'habits faisant prendre le séducteur pour le larron? — Certes, ce sont là des péripéties intéressantes, et tout le monde louera la prudence de Cassandre, qui reprend la pendule à Gilles, et laisse sa fille à Léandre.

Ce petit acte, très-agréablement rimé, est le digne pendant de *l'Eau merveilleuse*. La musique qui voltige et bourdonne sur les jolis vers de M. Sauvage est d'Albert Grisar; elle est vive, gaie, chantante, et rappelle, par ses prestes allures, la mélodieuse volubilité du Napolitain Cimarosa.

PORTE-SAINT-MARTIN. *Guillaume Tell, ou le Réveil du Peuple.* — Malgré l'opportunité que cette pièce semble prendre des circonstances, nous avouons que l'idée d'un *Guillaume Tell* sans musique ne nous semble guère admissible après celui de Rossini, et M. Virgile Boileau aurait pu consacrer son talent à quelque besogne plus heureusement choisie. Présenter tout nu ce canevas brodé de merveilleuses mélodies par la main du grand maître est une hardiesse qui ne pouvait réussir. Quels vers pourraient lutter contre ces chants!

Ces réserves faites, le *Guillaume Tell* de M. Virgile Boileau représente assez exactement la pièce originale de Schiller, et montre chez l'auteur de la souplesse et un ton de style qui pourrait devenir dramatique dans un sujet moins usé et plus intéressant.

Les allusions qui, sous le régime déchu, eussent pu flatter le public, deviennent sans objet, maintenant que les espérances les plus audacieuses sont dépassées par la réalité. Les sous-entendus ne signifient plus rien, lorsqu'on a le droit de tout dire; et le *Pinto* de M. Lemercier, à qui le cri « A bas Philippe! » eût donné quelque attrait il y a quinze jours, serait aujourd'hui une inconvenance : rien de plus méprisable en art que ces sortes de succès. — Ce que nous disons-là s'applique, non pas à M. Virgile Boileau, dont le drame était fait depuis longtemps, mais aux futures pièces de circonstance qui se cuisinent sans doute en grande hâte à l'heure qu'il est; non que nous interdisions aux poëtes de s'inspirer des grands faits contemporains et de chanter l'histoire du siècle en strophes lyriques; seulement, cet appel intéressé aux passions de la foule nous répugne et nous dégoûte, et nous voyons avec plaisir les spectateurs mordre très-modérément à ces appâts grossiers.

THÉATRE DE LA NATION (Opéra). *La Muette de Portici*. — *La Muette de Portici*, qui, sans en avoir eu l'intention, s'est trouvée deux fois un ouvrage de circonstance, a rouvert l'Opéra (fermé à cause des événements et des barricades), le 29 février, vingtième anniversaire, jour pour jour, de sa première représentation.

Les hymnes patriotiques tels que *la Marseillaise, le Chant des Girondins, le Chant du Départ,* s'enchâssaient tant bien que mal dans l'émeute napolitaine de *la Muette;* les lazzaroni de la suite de Masaniello s'étonnaient de porter des cocardes et des drapeaux tricolores, et entouraient avec un ébahissement naïf Duprez, qui, costumé en garde national, chantait, la main sur le cœur, les strophes immortelles. Cette bigarrure produisait un effet désagréable que l'on ferait bien d'éviter à l'avenir. — Nous eussions voulu un peu moins d'hymnes et un peu plus de spectateurs. La salle était presque entièrement vide, et l'on y comptait à peine cinq ou six femmes. Aller à l'Opéra était autrefois un plaisir; aujourd'hui, ce devrait être un plaisir et un devoir. Pourquoi cet effroi, cet abandon? Paris est-il pris d'assaut par les Huns et les Vandales? les cavales de l'Ukraine galopent-elles par la ville, balayant la poussière de leurs crins échevelés? le griffon des solitudes vient-il, la nuit, aiguiser ses ongles aux tronçons des colonnes renversées? le hibou piaule-t-il sur un toit qui s'effondre à l'angle de la rue Lepelletier? Non. Les pavés ont repris leur place; la roue des chars peut tourner sur les axes étincelants; le gaz a rallumé ses cent mille étoiles au ciel nocturne de la cité. Que craint-on? l'avenir? Il sera tel qu'on le fera, resplendissant ou sombre, souriant ou terrible.

Il faut retourner à l'Opéra, aller au bal, dépenser; la prodigalité, à présent, voilà l'économie.

Le luxe est saint : sans la honte de l'aumône, sans l'injustice de la spoliation, le luxe accomplit la division des fortunes et fait participer les pauvres aux biens des riches. Les lois somptuaires sont stupides ; tel caprice coûteux d'une coquette sauve la vertu d'une honnête ouvrière. Ce n'est pas la république de Lacédémone, c'est celle d'Athènes qu'il nous faut. Arrière le brouet noir et les manteaux troués! Soyons vertueux, mais lavons-nous les mains. Que les femmes ne craignent pas d'être belles et souriantes ; qu'elles se parfument de fleurs et s'étoilent de diamants ; que leurs fraîches épaules luisent dans le satin et le velours ; que leurs frêles doigts, gantés de blanc, fassent hardiment siffler l'éventail au rebord des loges : elles seront autant aimées sous la République que sous la monarchie constitutionnelle.

Le peuple ne leur fera un crime ni de leur beauté ni de leur parure. Il admire l'une et fabrique l'autre; car il est artiste et ouvrier. Ainsi, changez bien souvent de robes et de chapeaux par patriotisme ; que les vitres des hôtels flamboient splendidement la nuit. Le pauvre verra dans les fêtes non point une insulte, mais un secours. Ne faisons pas à cette révolution, qui s'est montrée si grande et si probe, l'injure de fermer notre tiroir quand elle passe : que ce chiffre sinistre de 93 s'efface des mémoires. Ce qui a été ne sera plus. L'humanité s'avance; mais, pour qu'elle ne trébuche pas dans sa route, il faut qu'elle ait les yeux tournés vers l'avenir et non vers le passé; on tombe quand on marche en regardant derrière soi; point d'imitation rétrograde. Laissons en paix le *De viris illustribus;* point de licences en *us;* cela est encore plus pédant pour les révolutionnaires que pour les érudits : gardons-nous des Brutus comme des Vadius.

Que notre révolution soit originale ; qu'elle invente ses costumes, ses chants, sa terminologie, ses emblèmes, ses armoiries ; qu'elle ait son art particulier et reconnaissable à tout jamais; que, dans trois mille ans, en faisant des fouilles sur l'ancien emplacement de Paris, on retrouve entières ou mutilées, mais toujours admirables, des statues qui fassent dire : « C'est du beau temps de l'art français, de l'époque de la seconde république ! » Les artistes sont nombreux; qu'ils écrivent, chantent, peignent et sculptent des œuvres nouvelles pour un monde nouveau. Que le beau soit le vêtement du bon. Les nobles pensées se traduisent aisément en nobles formes : point de dédain farouche pour l'art amoureux de sa propre perfection. L'art existe par lui-même et moralise par sa seule beauté. Surtout que l'on respecte le bel idiome national, cette langue de la raison et de la liberté, ce verbe moderne dont l'insoutenable lumière dissipe, partout où elle pénètre, les ténèbres et la barbarie. — Il y a déjà bien du mauvais français sur les murs ; — poussons le patriotisme jusqu'à savoir notre langue.

20 mars.

THÉATRE DE LA RÉPUBLIQUE (Français). *Rentrée de mademoiselle Rachel. — La Marseillaise.* — Mademoiselle Rachel a fait sa rentrée la semaine dernière, dans *les Horaces*. La représentation s'est très-bien passée, et Camille a lancé ses imprécations contre Rome, au milieu des applaudissements accoutumés. Après la chute du rideau, quelques voix isolées d'abord, et auxquelles la salle entière a bientôt joint les siennes, se sont élevées pour demander *la Marseillaise!* En effet, le bruit avait couru que mademoiselle Rachel devait chanter l'hymne révolutionnaire ; mais l'exécution d'un pareil morceau semblait tellement en dehors des habitudes tragiques de la jeune actrice, que l'on ne savait trop si l'on devait ajouter foi à ces rumeurs.

Au bout de quelques minutes, la toile s'est relevée, et Camille a paru, débarrassée du péplum romain, droite et grande dans sa tunique blanche, et s'est avancée jusqu'à la rampe d'un pas lent et majestueux. Nous n'avons rien vu de plus terrible et de plus saisissant que son entrée, et la salle frissonnait d'épouvante avant que l'actrice eût proféré une seule des puissantes paroles. Ce masque d'une livide pâleur, ce regard noir de souffrance et de révolte luisant dans une orbite sanglante, ces sourcils tordus en serpents, ces lèvres aux coins abaissés, contenant dans leur pli superbe l'ouragan des menaces, et prêtes, comme dit Shakspeare, à sonner la trompette des malédictions; ces narines passionnément gonflées, comme pour aspirer l'air libre au sortir de la fétide atmosphère des bastilles, ont produit un effet fulgurant; c'était d'une grâce terrible et d'une beauté sinistre qui inspirait l'effroi et l'admiration.

Quand l'actrice, comme une statue qui se piète sur son socle, a redressé sa haute taille, fait ondoyer le contour de sa hanche sous l'abondance des plis de sa longue tunique, et levé son bras avec un geste d'une violence tranquille qui l'a mis à nu jusqu'à l'épaule par le rejet de la manche, il a semblé à tout le monde que Némésis, la lente déesse, se dégageait subitement d'un bloc de marbre grec, sculptée par un statuaire invisible; alors, d'une voix irritée, stridente et monotone comme un tocsin, elle a commencé la première strophe :

> Allons, enfants de la patrie !...

Elle ne chantait pas, elle ne récitait pas; c'était une espèce de déclamation dans le goût des mélopées antiques, où le vers, tantôt marche avec ses pieds, tantôt vole avec ses ailes, une musique mystérieuse, étrange, échappant aux notes du compositeur, qui ressemble au chant de Rouget de l'Isle et qui ne le reproduit pas.

Cet hymne si mâle pourtant et d'un si grand jet musical, mademoiselle Rachel a trouvé moyen de le rendre plus énergique, plus fort, plus farouche et plus formidable, par l'âpreté incisive, les grondements rancuniers et les éclats métalliques de sa diction.

Elle a eu des attitudes, des gestes et des airs de tête admirablement expressifs, selon le sens de chaque stance. Comme elle redressait fièrement son col, libre enfin du joug; et comme sa nuque rétive secouait bien le pied de l'oppresseur qui l'avait tenue si longtemps courbée ! Quels trésors de haine amassée et quelles soifs de vengeance se trahissaient dans ses mains crispées, dans ses nerfs tressaillant sous l'immobilité froide d'une résolution implacable ! Et avec quelle effusion attendrie, et comme fondue en pleurs à l'idée sainte de la patrie, s'est-elle agenouillée et noyée dans les plis tricolores du drapeau symbolique. Cette pose vraiment sublime a fait éclater la salle en transports d'enthousiasme ; les bravos, les battements de mains, les trépignements ont retenti de toutes parts comme des tonnerres.

Depuis cette soirée, le public, insatiable dans ses plaisirs, a la cruauté admirative de demander *la Marseillaise*, entre le quatrième et le cinquième acte de chaque tragédie que joue mademoiselle Rachel. C'est trop exiger; de pareils efforts ne peuvent se renouveler si souvent! Ce n'est pas là une vaine récitation de l'air plus ou moins savamment modulé par les lèvres, c'est la poitrine qui éclate, la voix qui se brise, les nerfs qui tressaillent, les fibres qui palpitent; c'est une année de vie dépensée en dix minutes; c'est la haine, la fureur, la révolte, l'aspiration à la liberté, le patriotisme, les plus dévorantes passions humaines concentrées dans un frêle corps de jeune femme. *La Marseillaise* et cinq actes de tragédie, c'est trop. — Mademoiselle Rachel pourrait, ce nous semble, dans ce temps où les recettes ont besoin d'*attractions combinées*, déclamer seulement *la Marseillaise*, les soirs où elle ne jouerait pas. Cela suffirait pour remplir la salle; car l'illustre tragédienne a su faire, de ces quatre ou cinq couplets, tout un drame, toute une épopée!

Le nouveau directeur du Théâtre de la République, M. Lockroy, vient de prendre une mesure qu'on ne saurait trop louer : il a baissé le prix de ce qu'on appelle les petites places, de façon à le rendre abordable pour les bourses le plus légèrement garnies. Avec la même somme qu'elle employait à voir un mélodrame grossièrement charpenté et d'un style indigeste, une honnête famille d'artisans pourra maintenant s'élever le cœur et l'esprit en écoutant les chefs-d'œuvre anciens et modernes : il n'y aura plus d'aristocratie dans les plaisirs de l'intelligence. Tous pourront boire le nectar à la coupe d'or du génie; et, si le peuple s'empoisonne désormais aux boissons frelatées que verse par amphores l'art inférieur dans ses rouges boutiques, c'est qu'il le voudra bien; une représentation complétement gratuite doit même avoir lieu tous les mois; non pas gratuite, comme on l'entendait autrefois, c'est-à-dire une salle livrée aux assauts d'une populace se ruant en désordre avec des vociférations et des rixes, mais sur des billets distribués d'avance aux mairies et en connaissance de cause. Cette représentation réunirait les pièces les plus renommées et les acteurs les plus illustres; car il faut donner aux masses le sentiment de l'art, sans lequel les nations ne sont plus que des multitudes emportées par flots sombres dans l'abîme de l'oubli : le beau a une énorme puissance morale; sa séduction atteint des esprits que le bon seul ne toucherait pas. Le beau et le bon sont deux formes du vrai : l'une éclatante, sereine, blanche comme un marbre grec ; l'autre discrète, sobre et contenue, parlant plus à l'âme qu'à l'esprit, et par cela moins saisissable. Et qu'on n'objecte pas que les grands vers, que les vastes coups d'ailes lyriques de Corneille et de Victor Hugo, que le large rire de Molière et le fin caprice au regard humide d'Alfred de Musset sont trop difficiles à comprendre. Aucune beauté ne sera perdue, aucune délicatesse ne passera sans être appréciée. La foi naïve et l'admiration valent mieux pour pénétrer les secrets de l'art que tout le savoir hargneux de la pédanterie et de la demi-érudition : la grande âme collective qui plane sur les assemblées d'hommes sincères se met tout de suite en communication avec l'élément divin, la portion céleste de l'œuvre. Les artifices de ciselure, les adresses du métier, les raffinements de forme, les difficultés heureusement surmontées, qui sont aussi un côté de l'art, peuvent très-bien ne pas frapper la foule par eux-mêmes ; mais ils produisent leur effet dans le résultat général. Les théâtres dits nationaux ne doivent être subventionnés qu'à cette condition de spectacle gratuit offert au peuple mensuellement ou plus fréquemment, s'il y a lieu. C'est un droit aussi beau, aussi utile que le droit d'élection. — Le droit d'élection, étendu comme il l'est, fait entrer tout le monde dans la cité politique ; le droit à l'audition des chefs-d'œuvre fait entrer tout le monde dans la cité intelligente.

27 mars.

Odéon. *La Fille d'Eschyle.* — Du premier coup, M. Autran a conquis l'escabeau d'ivoire sous le portique de marbre blanc où trônent les demi-dieux de la pensée. Ces Grecs de Marseille, qui habitent une rive dorée entre le double azur du ciel et de la mer, ont, de naissance, la familiarité de l'antique. Le rhythme, le nombre, l'harmonie leur sont naturels. D'une sensualité athénienne à l'endroit du beau, ils ont un amour de la forme plastique, rare en France, où l'on est plus penseur qu'artiste. Marseille est la patrie de la rime riche, des épithètes sonores, de l'alexandrin musical. Là, les poëtes ont encore une lyre et improviseraient aisément leurs vers sur quelque promontoire, en face des flots et du soleil, au milieu d'un cercle d'auditeurs, comme sur le cap Sunium ou le môle de Naples.

Certes, s'il est une œuvre calme, reposée et sereine, taillée dans le pentélique de l'hexamètre par un ciseau amoureux, c'est *la Fille d'Eschyle*. Eh bien, malgré l'état de fiévreux enthousiasme et de préoccupation ardente dans lequel nous vivons, toutes ces qualités délicates et tranquilles ont été appréciées avec une justesse et une attention dont on eût cru le public incapable au milieu de ces événements inouïs, qui se succèdent avec une rapidité magique, et font de la vie un rêve éveillé.

Le nom d'Autran, lancé dans un tonnerre d'applaudissements, n'a pas suffi à cette jeunesse enivrée de nectar; il a fallu que la personne même du poëte, effaré d'un si grand succès, et tout ébloui du rayonnement de sa gloire subite, se prêtât à une ovation réclamée à grands cris.

Nous aimons à constater ce pur succès littéraire, dans ce temps où la politique semble devoir absorber les intelligences. Les esprits s'élargissent avec la liberté, et le grand est le frère du beau. L'homme qui a pensé tout le jour aux destinées de la patrie, doit vibrer, le soir, aux nobles idées exprimées dans une belle forme.

La Fille d'Eschyle n'a rien d'historique que les noms; tout le reste est d'invention pure et imaginé avec beaucoup d'art dans les probabilités grecques.

Eschyle, le soldat et le poëte invaincu, l'initié aux suprêmes mystères d'Éleusis, a vu s'entasser sur son front les couronnes tragiques. La blancheur des dernières années, en descendant sur sa tête comme la neige sur le sommet de l'Hymette, y a trouvé toujours vivace le laurier du triomphe. Il domine, de sa cime argentée et verte, toutes les humbles collines groupées autour de lui.

Cependant, le pâle troupeau des envieux s'agite dans l'ombre des vallées inférieures. On explique la grandeur profonde et mystérieuse des œuvres d'Eschyle par la révélation des arcanes sacrés. Les prêtres de Cérès l'accusent d'impiété et de profanation.

Un jeune homme combat avec éloquence ces imputations absurdes;

c'est Sophocle, grand poëte lui-même, qui a pour le maître sublime une vénération religieuse. Les chaleureux discours de Sophocle font taire les calomniateurs.

Sophocle, s'il admire beaucoup Eschyle, aime encore davantage Méganire, la fille du vieux poëte, et se trouve bientôt dans une position difficile; car il a envoyé une tétralogie au concours tragique, et il obtient le prix pour la première fois. Le Titan poétique a subi l'outrage d'une défaite. Le vieillard ne peut se consoler de cet affront, et s'en va seul et triste par les chemins, où il est rencontré par de jeunes fous qui croient se donner un air d'élégance et de nouveauté en insultant au souverain déchu. Sophocle, qui survient, délivre le vieillard, chasse ces misérables et s'excuse le mieux qu'il peut de sa gloire. Eschyle répond d'abord avec l'amertume superbe et la fière tristesse du génie méconnu ; puis, touché par les louanges passionnées que lui donne le jeune poëte, il s'humanise un peu, et le souvenir de sa gloire passée lui fait oublier quelques instants sa honte présente.

Sophocle avoue qu'il aime Méganire. Le grand vaincu souffre de voir sa fille éprise de celui qui a découronné le front paternel. Pour ne pas assister à cet hymen, il se condamne au bannissement. — Pourrait-il, d'ailleurs, vivre déshonoré dans cette Attique, témoin de ses triomphes ? Il va ensevelir dans l'obscurité des régions lointaines, se confiant aux incertitudes des flots et aux hasards des tempêtes, un reste de jours inutiles. Moins heureux qu'Œdipe, il part sans Antigone. A cette idée, le cœur de Méganire se brise ; elle jette un long adieu à Sophocle : la figure cachée et les pleurs ruisselant à travers ses doigts, elle commence d'un pas chancelant et le bras du vieillard sur l'épaule, la route douloureuse de l'exil. Sophocle avait l'amour, il aura la gloire et l'immortalité. Pauvre Sophocle!

Ce sujet simple et plein de grandeur offre un genre de dramatique particulier et d'un effet neuf. On s'intéresse à ce noble orgueil d'un immense génie qui ne peut accoutumer à l'ombre un front jusqu'alors illuminé par le succès; ce sublime égoïsme de la gloire, qui serait peut-être déplacé chez tout autre, est si naturel à cette âme guerrière, pour qui vaincre est un besoin, qu'on s'intéresse à cette douleur sauvage, à cet amour-propre féroce dont rien ne peut panser les blessures.

Il est si triste d'être remplacé vivant! de voir se dresser au-dessus de soi une tête rivale, lorsqu'on a levé la sienne si haut, qu'elle se couronnait dans l'azur d'un cercle d'aigles, et gardait bien longtemps après les autres les rayons du soleil disparu! O mélancolie des comédiens descendus de la scène, ennui sombre des athlètes à qui n'appartient plus le cirque, désespoir sans bornes des poëtes vaincus, vos amertumes sont faites de la plus âcre absinthe, du fiel le plus caustique. Des rois ont pu se consoler de leur trône perdu, mais jamais des artistes de leur gloire éclipsée.

Le poëte mourut en Sicile, et, sur sa tombe, fut tracée cette fière inscription : « Ce monument couvre Eschyle, fils d'Euphorion. Né Athénien, il mourut dans les plaines fécondes de Gela. Le bois tant renommé de Marathon et le Mède à la longue chevelure diront s'il fut brave; ils l'ont bien vu! »

Si quelque parcelle de ta cendre existe encore sous la pierre brisée, si ton âme qui flotte dans les aromes et les rayons des mondes supérieurs peut être sensible aux choses de la terre, sois relevé de ta défaite, ô grand Eschyle! Les Athéniens avaient mal jugé, tout Athéniens qu'ils étaient. Les siècles t'ont réhabilité. L'avis d'Aristophane a prévalu : l'auteur de *Prométhée enchaîné*, cette œuvre surhumaine, et de l'*Oreste*, cette trilogie colossale, n'a jamais eu de rival, pas même Sophocle, l'adroit poëte, le discoureur habile, l'ingénieux arrangeur; tu domines encore l'art du fond de ton passé; ta grandeur démesurée, ta force cyclopéenne, ta majesté titanique, ta terreur cosmogonique et religieuse, sont toujours l'objet de l'étonnement des hommes. Shakspeare, Gœthe, Byron, Schiller, pour t'avoir dérobé quelques traits, en sont restés plus grands. Pour eux, tu fus toujours le premier; et nous qui écrivons cette humble feuille que le vent de la publicité va disperser sur le monde, nous, poëte au moins par la pure et sincère admiration du beau, nous replaçons la couronne sur ta tête.

THÉATRE DE LA RÉPUBLIQUE. *L'Aventurière.* — *Lucrèce.* — *Mademoiselle Rachel.* — Nous avons pour le talent d'Émile Augier une vive sympathie. Il réunit deux qualités qui semblent s'exclure, bien que l'accord en soit des plus heureux : la rondeur et la sensibilité. Il est gai et frais, plaisant et poétique, raisonnable et fantasque. Le rire, qui montre chez lui ses blanches dents en toute franchise, est quelquefois mouillé; l'œil brille et s'humecte d'une lueur onctueuse; la larme germe, roule jusqu'aux cils, mais s'évapore sans se détacher. Le poëte est tendre, ému, mais non pleurnicheur. C'est une nature honnête, saine, forte et droite, sans pruderie, avec une certaine saveur gauloise, relevée d'atticisme.

M. Émile Augier a un style net, large, carré, dans lequel les délicats sentent une appropriation parfaite des tours et des idiotismes de Molière. Sans chercher le moins du monde le pastiche, il s'est nourri de cette moelle de lion, et sa substance littéraire s'en trouve comme composée.

Il n'est pas besoin de rappeler le début d'Augier, *la Ciguë*, cette charmante pièce grecque si favorablement accueillie, et dont le succès n'est pas épuisé par ses nombreuses représentations à l'Odéon et au théâtre de la République. *Féline*, qui a suivi *la Ciguë*, n'obtint pas la même faveur, malgré tout son mérite; cette fine étude du tartufe consciencieux, qui non-seulement trompe les autres, mais se trompe lui-même, et veut paraître honnête homme à ses yeux comme aux yeux d'autrui, était moins sympathique et d'un effet moins certain; et puis ce besoin naturel de réaction contre une réussite éclatante rendit le public d'une exigence plus impérieuse. *L'Aventurière* a retrouvé la veine heureuse de *la Ciguë*.

Le sujet en est très-simple si l'on considère les événements, très-vaste si l'on considère les idées : une aventurière, moitié femme entretenue, moitié actrice, de celles qui traversent le théâtre plutôt pour y décolleter de belles épaules et y traîner des flots de soie et de velours que pour y jeter les mots du poëte, et qui parlent, sans souci du public, aux jeunes hommes de l'avant-scène et aux vieillards de l'orchestre, une courtisane enfin s'est introduite dans la maison d'un brave homme d'âge mûr. Le seigneur Mucarade a la prétention d'être vert comme tous les galants frisant les cheveux gris de la soixantaine, et il tombe amoureux de l'aventurière avec l'ardeur et la crédulité d'un Géronte qu'il est. Ce pauvre Mucarade se croit aimé pour lui-même et pense que les meilleurs moyens de plaire sont les fronts dégarnis, les pattes d'oie, les rides, les jambes grêles et les abdoments proéminents. Clorinde, la fine mouche, proteste que rien n'est plus charmant et qu'elle ne comprend rien aux manies des femmes qui s'entichent des blondins et des moustaches frisées. La fille de Mucarade et son neveu Horace déplorent en vain l'entêtement du bonhomme et tâchent de le détacher de l'aventurière ; prières, armes, rébellion même, rien n'y fait ; l'extravagant veut faire de Clorinde madame Mucarade.

Ce n'est pas l'avidité seule qui guide Clorinde. Elle trouverait aisément, avec les charmes qu'elle possède, un galant plus riche que Mucarade : elle a plus soif encore de considération que d'argent. Elle a bu assez d'or dans sa vie pour en être désaltérée. Ce qu'elle veut, ce qu'elle désire de toutes les forces de son âme, c'est le respect, cette richesse qui nous vient des autres. La curiosité de la vertu l'a prise ; à son tour, elle aussi voudrait être honorée et s'asseoir parmi ces fières matrones dont le regard hautain tombe si dédaigneusement sur elle. Une espèce de sacripant qui l'accompagne, frère ou cousin, qu'importe, Jean du Barry de cette Jeanne Vaubernier sans Louis XV, ne regarde pas la chose d'un point de vue si métaphysique ; l'affaire d'argent touche seule cette positive canaille. Maître Annibal trouve on ne peut plus ridicules les velléités morales de sa sœur, auxquelles, du reste, il ne croit guère.

Pendant que tout cela se machine, arrive inopinément un certain Fabrice, fils prodigue de Mucarade, qui a mené dix ans à l'étranger une vie biblique et revient au logis paternel, sinon après avoir gardé les pourceaux, du moins assez mal en point et fort dégoûté des vanités du monde. A peine est-il reconnu de sa sœur, qu'il a laissée enfant malin et qu'il retrouve jeune fille charmante. Son étonnement est le même à l'endroit d'Horace. C'était un gamin, c'est un amoureux. Entre le frère et la sœur et le cousin une ligue se forme pour chasser l'aventurière. Fabrice, dans sa vie libertine, a pris la science et l'horreur des courtisanes : il ne se fait pas reconnaître de son père ; le hâle de la débauche a tanné son teint si frais au départ, et chaque mauvaise volupté a arraché, en passant, un cheveu de sa tête éclaircie ; sa voix s'est enrouée dans les orgies nocturnes ; son œil, fixé sur les cartes, du soir à l'aurore, a perdu ses limpides clartés. Non, ce n'est plus le Fabrice d'autrefois, le chérubin d'amour si rose et si riant, et Mucarade pourra le voir sans le presser sur son cœur et sans faire tuer le veau gras. Il se présente comme un hôte avec une recommandation de lui-même à son père, et, par des indiscrétions habilement calculées, il se fait passer pour un prince allemand qui veut se marier d'une façon romanesque. Le sacripant Annibal dresse sa large oreille rouge à ces propos, et Clorinde devient attentive. A la place d'un barbon, épouser un jeune prince allemand, le coup serait joli. Fabrice débite des tirades amoureuses analogues à la circonstance, et se fait surprendre par son père aux genoux de la créature. Le flagrant délit ne suffit pas à Mucarade, qui croit plus que jamais à l'innocence de Clorinde et veut venger la vertu de sa future femme, en provoquant Fabrice en duel. Celui-ci, pour ne pas dégainer contre son père, est forcé de dire son nom. Le bonhomme s'apaise, mais persiste d'autant plus dans ses idées matrimoniales.

Fabrice prend alors Clorinde à partie et la foudroie de ses mépris et de ses invectives. Il va même jusqu'à la frapper. A ce mâle emportement, à cette véhémence d'indignation, à cette vertueuse furie, Clorinde, éperdue, éblouie comme à l'apparition d'un vengeur, tombe à genoux, dévotement courbée sous cet ouragan de colère; elle éprouve une émotion; son cœur d'airain, frappé par ce dur marteau, s'entr'ouvre et laisse échapper par la fêlure l'amour que nul n'avait su en faire jaillir. Elle aime cet homme qui s'estime assez pour la mépriser tant; elle veut se rendre digne de lui en se retirant de la maison où elle a jeté le trouble. Annibal, le frère spadassin, n'entend pas les choses de cette oreille-là; la cuisine et la cave de Mucarade lui plaisent, et il s'est arrangé cette retraite pour ses vieux jours. Aussi, il veut se battre avec Fabrice, en lui faisant sonner bien haut, pour l'effrayer, une certaine botte assassine, sans parade, comme la botte de Matapan de Spolette. « C'est moi qui ai tué Matapan, » répond Fabrice avec simplicité. Cette réplique calme Annibal, qui se retire emmenant sa sœur. Dans l'adieu que Clorinde jette à Fabrice, vibre tant d'amour et de douleur, que celui-ci se trouble un moment; mais bientôt il reprend son calme, obtient pour Horace la main de Célie, et dit à Mucarade ce mot qui termine si bien la pièce : « Nous serons les vieux de la famille. »

L'Aventurière a été applaudie avec intelligence et justice, et chaque vers heureux salué au passage par les bravos; nous avons, pour tout dire, saisi au vol quelques stances trop légères; il faut que les rimes, ces deux ailes du vers, soient égales. Voyez les oiseaux et les papillons.

La Lucrèce de M. Ponsard vient d'être reprise ou plutôt transférée au théâtre de la République; la pièce est assez connue pour qu'il ne soit pas besoin d'y revenir au point de vue littéraire. Disons seulement quelques mots de l'exécution.

Dans *Virginie* — une fille que *Lucrèce*, malgré sa vertu, a mise au monde en collaboration avec M. Latour (de Saint-Ybars) — on avait pu prévoir ce que pourrait être mademoiselle Rachel lorsqu'elle viendrait à représenter la chaste Romaine. Ce rôle, imité de l'autre, en déflore les principaux effets : malgré les avantages de beauté, de tournure antique et de jeunesse de mademoiselle Rachel, nous lui préférons jusqu'à présent madame Dorval. Nous disons jusqu'à présent; car, pour mademoiselle Rachel, les premières représentations ne sont guère que des répétitions générales.

Dès à présent, elle a produit une impression immense et soulevé toute la salle avec ce vers du songe :

J'essayais de bouger et je ne pouvais pas.

Ce vers, insignifiant par lui-même, a pris dans la bouche de l'actrice une énorme valeur.

Les autres passages de la pièce, qui prêtent à des allusions, ont été accueillis avec un esprit et une convenance rares par le public.

Lorsque Brute dit :

C'est peu de songer à détruire,
Si l'on ne songe encor comme on veut reconstruire,

on a fait répéter la maxime, et quatre salves d'applaudissements des mieux nourries ont éclaté avec une vigueur et un ensemble admirables.

Les deux vers :

Valère, si mon vœu doit prévaloir, ni moi,
Ni personne, jamais ne se nommera roi,

ont été également *bissés*.

Le passage où il est dit que Rome a besoin d'une crise pour se régénérer :

> Pour qu'elle sente en soi florir sa puberté,
> Il n'est qu'un seul moyen, et c'est la liberté,

a été aussi reçu par des bravos. Mais les vers sur le sénat n'ont pas produit le moindre effet, et les applaudissements des claqueurs, habitués à partir à cet endroit, ont été tout de suite comprimés. Ces attaques, fort bonnes et courageuses sous l'autre régime, n'ont aucun sens aujourd'hui. Les plaisanteries sur les vaincus et sur les morts ne sont jamais piquantes.

Pourquoi mademoiselle Rachel, si admirable quand elle déclame et mime *la Marseillaise,* a-t-elle eu la fantaisie baroque de ceindre sa taille de statue d'un ruban tricolore, et de changer Némésis en maire ou en commissaire de police dans l'exercice de ses fonctions? Le drapeau ne suffit donc plus à son patriotisme?

XIV

AVRIL 1848. — Théâtre de la République : représentation nationale. — *Le Roi attend,* comédie de madame George Sand. — *Les Horaces.* — *Le Malade imaginaire.* — Théâtre-Montansier (Palais-Royal) : *Vestris I*^{er}, *ou le Diou de la danse,* par MM. Mélesville et Gustave Lemoine. — Levassor. — Théâtre de la République : *Il faut qu'une porte soit ouverte ou fermée,* comédie-proverbe de M. Alfred de Musset. — Madame Allan, Brindeau. — Gymnase : *le Marchand de jouets d'enfant,* par MM. Mélesville et Léon Guillard. — Charles Dickens et ses romans. — Mademoiselle Rose Chéri, Numa.

10 avril.

THÉATRE DE LA RÉPUBLIQUE. *Représentation nationale.*— *Le Roi attend.* — *Les Horaces.* — *Le Malade imaginaire.* — *La Marseillaise.*—Cette représentation, la première de ce genre, n'offrait pas la physionomie tumultueuse des anciens spectacles gratis, où la foule se précipitait en torrents par les vomitoires, où chacun ne parvenait à se placer qu'en jouant des mains, des coudes et des pieds. Les billets avaient été distribués d'avance et tirés au sort dans les mairies, en sorte que rien de semblable ne pouvait heureusement avoir lieu.

La salle était remplie, mais non comblée, comme dans ces jours de joie turbulente où jusqu'à seize spectateurs s'encaquaient dans une loge de quatre, au mépris des lois physiques, qui veulent que le contenant soit plus grand que le contenu. L'aspect général était calme, décent, solennel, et même un peu sévère. Une honnête liberté, surtout en fait de plaisirs, n'a rien de contraire à l'ordre, et la tenue aurait pu n'être pas poussée si loin.

Chacun avait mis ses beaux habits. Quelques frais chapeaux de femme s'épanouissaient aux galeries et dans les loges; les blouses, en petit nombre, étaient neuves ou propres. Le peuple avait voulu se montrer respectueux pour la belle salle, les grands artistes et les nobles œuvres qu'on livrait à son admiration. Quelque chose de religieux planait sur cette représentation, destinée non pas à des divertissements frivoles ou nuisibles, mais à cette étude du beau qui élève l'esprit et l'âme.

Le Roi attend, de madame George Sand, est une espèce d'imitation de *l'Impromptu de Versailles*.

Molière, malade déjà, travaille à une de ces pièces improvisées que lui commandait le caprice impatient, ou l'ennui sans pitié du grand roi. La brave Laforêt, ce bon sens rustique, cette muse sans fard, en cornette et en tablier de servante, arrive, et, par ses cordiales trivialités, console son maître, froissé de l'insolence des seigneurs et de l'ingratitude des comédiens, qui se plaignent et se révoltent, prétendant qu'ils ne peuvent jouer une pièce dont ils ne savent pas le premier mot. Cependant les messages se succèdent, annonçant que le roi va attendre, qu'il attend, qu'il a attendu!

Le pauvre grand poëte, à bout de ses forces, tombe épuisé sur sa page inachevée et s'endort. Le fond du théâtre s'emplit de nuages, qui s'entr'ouvrent et montrent, dans une gloire, groupés autour de la Muse, — représentée par mademoiselle Rachel, — Eschyle, Sophocle, Euripide, symbolisant le monde antique; Shakspeare, Voltaire, Beaumarchais, symbolisant le monde moderne. Ces personnages, à la fois rétrospectifs, puisque les uns sont le passé et les autres l'avenir, louent, soutiennent, encouragent Molière, et, dans de belles tirades lyriques de ce beau style ample et large, familier à George Sand, ils racontent au poëte endormi l'influence qu'ils ont eue sur l'esprit humain, celle qu'il doit avoir lui-même et celle qu'auront Voltaire et Beaumarchais. Les poëtes dramatiques sont les initiateurs des nations, ils préparent la liberté et sèment les révolutions que les peuples recueillent. — Puis la vision se trouble, les nuages s'épaississent, et Laforêt accourt de nouveau, disant que le roi attend; mais, cette fois-ci, ce n'est pas le roi à manteau fleurdelisé, à perruque in-folio, qui s'impatiente; c'est un roi plus puissant et plus formidable encore : le peuple de 1848, dont Molière, réveillé tout à fait et ragaillardi, demande la bienveillance et la protection pour le théâtre de la République.

Le peuple a souri comme un roi à cette adulation d'un courtisan de génie, et a daigné battre des mains lui-même lorsque, le rideau relevé, on a proclamé le nom de George Sand.

Les Horaces ont été joués ensuite, et mademoiselle Rachel, qui venait de réciter, dans *le Roi attend*, cette prose de George Sand, nombreuse comme des vers, a débité les mâles alexandrins de Corneille avec une énergie, une grandeur et une passion où rien ne trahissait la fatigue.

Après *les Horaces*, on a exécuté une cantate de Pierre Dupont, dont la musique est de mademoiselle Pauline Garcia; Roger chantait les solos, et le refrain était repris en chœur par cinquante jeunes filles élèves du Conservatoire, habillées de mousseline blanche et ceintes de rubans tricolores.

Puis est venu *le Malade imaginaire*, joué à merveille par Provost, mademoiselle Brohan, mademoiselle Anaïs, Samson et la petite Dinah.

La soirée s'est terminée par *la Marseillaise*, avec laquelle mademoiselle Rachel a électrisé la salle, selon son habitude. C'était une Euménide, dans le sens agréable du mot; il faut savoir le grec pour comprendre que ceci est un compliment. Le refrain était repris par les chœurs du Conservatoire. Un accompagnement de tocsin, de tambours, de canons et de drapeaux remués a soutenu chaleureusement le dernier couplet, qu'on a fait répéter.

Chose touchante : jamais représentation fashionable ne vit neiger aux pieds d'une prima donna une plus épaisse avalanche de bouquets ; le peuple s'est montré galant et grand seigneur, et, de ses rudes mains, camellias, bruyères du Cap, lilas de Perse, violettes de Parme tombèrent comme s'il avait eu de l'argent plein ses poches et du pain plein son armoire.

Une quête abondante a terminé cette soirée, qui n'avait d'autre défaut que d'être un peu trop longue. Il faut bien nourrir l'esprit du peuple, mais non pas lui donner une indigestion.

Théatre-Montansier (Palais-Royal). *Vestris Ier, ou le Diou de la danse.* — La dynastie des Vestris a eu sa célébrité, et les fastes chorégraphiques ne contiennent pas d'illustration plus longtemps soutenue. On sait les fatuités et les prétentions incroyables du *diou* de la danse. Levassor a fait de Vestris Ier la plus réjouissante caricature qu'on puisse imaginer. Il est danseur de la tête aux pieds, sans l'oublier une minute, et reproduit à merveille cette bizarre individualité.

Levassor est un comédien fin, intelligent, humoristique, habile à varier son extérieur, qui fait de chaque rôle une transformation ; il a dans la nouvelle pièce les *pliés* les plus inattendus, les afféteries les plus réjouissantes et les grâces les plus supercoquentieuses du monde.

Théatre de la République. *Il faut qu'une porte soit ouverte ou fermée.* — Vous vous souvenez du *Caprice* et de son succès, qui dure toujours : un simple petit acte à trois personnages, dont l'intrigue porte sur une bourse de filet moins déliée qu'elle à coup sûr ; ce n'était rien et c'était charmant ! mais, comme si ces moyens si simples étaient trop compliqués, dans la pièce que l'on a représentée l'autre soir au théâtre de la République, Alfred de Musset s'est réduit à une sobriété d'incidents et de personnages encore plus rigoureuse : il n'y a plus que deux acteurs, qui ne sont pas nommés : la marquise et le comte ; point d'entrées, point de sorties, point de lettre qu'on apporte, ou de phrase criée à la cantonade ; aucun artifice, aucune ficelle ; ce n'est qu'une scène, pas même une scène, puisqu'on n'y agit pas, mais une conversation spirituelle entre gens du monde, qui amuse, attache, intéresse, émeut et ne laisse apercevoir à personne qu'elle dure une heure.

Une belle marquise (il y avait encore des marquises en ce temps-là) fait de la tapisserie à l'angle de sa causeuse, dans le coin de son feu. C'est le mardi, le jour où elle est chez elle. — Entre le comte, un peu par distraction, un peu par ennui; il se reproche d'être venu voir la marquise un jour de cohue, où la porte est ouverte à tous les ennuyeux, lui qui a la permission de venir dans la semaine; ce n'est pas qu'il ait rien de particulier à dire, mais il lui déplaît de parler devant des fâcheux, même de choses indifférentes; il se lève, il va pour sortir, et cause quelques minutes en tenant le bouton de la porte; puis revient, rappelé par la marquise, qui lui dit de sonner, pour qu'on mette une bûche au feu. Le comte ferme la porte, et la conversation se rengage; ils causent de la pluie et du beau temps, des Italiens, de M. Camus, le voisin de campagne, d'un de ces chapeaux roses qui ne fleurissent qu'à l'Opéra, et, de fil en aiguille, de propos en propos, on en arrive à parler galanterie.

La marquise a horreur de ce que l'on nomme « faire la cour aux femmes, » et rien ne lui paraît insipide comme ces phrases rebattues, ces éternels lieux communs que les hommes se croient obligés de débiter en prenant des poses prétentieuses et en roulant les yeux. Le comte, après plusieurs vives escarmouches de paroles avec la marquise, profite d'un coussin, qu'elle l'a prié de lui mettre sous les pieds, pour se jeter à genoux et faire à la belle moqueuse une déclaration d'amour « bête comme une oie, » qu'elle n'écoute cependant pas sans un certain trouble. Le comte a les plus honnêtes sentiments du monde, et demande en tremblant la main de la marquise, qui lui répond avec un sourire plein de promesses : « Mais fermez donc la porte! » Le battant est, en effet, resté entre-bâillé par une seconde fausse sortie, et, comme dit le proverbe : « Il faut qu'une porte soit ouverte ou fermée. »

Cette analyse, bien entendu, ne donne aucune idée de la charmante comédie d'Alfred de Musset. Ce ton si vrai et si fin, cette allure à la fois délicate et dégagée, ce mélange de cœur et d'esprit, cet inattendu qui ne tombe jamais dans le baroque, cette originalité si aisée et si franche, tout cela ne peut se transporter dans un sec compte rendu. Autant vaudrait racler la poussière des ailes d'un papillon, pour en montrer les couleurs.

C'était madame Allan qui jouait la marquise; on doit en quelque sorte à cette intelligente actrice le plaisir de voir représenter en France les pièces du *Spectacle dans un fauteuil*. Elle a le débit étincelant et vif qui convient à ces rôles si raisonnablement spirituels. Seulement, dans le personnage de la marquise, nous trouvons qu'elle n'a pas suffisamment laissé pressentir qu'elle est, au fond, très-bien disposée à l'endroit du comte. Un peu de trouble sous l'enjouement, de sensibilité sous la moquerie, eût mieux préparé le dénoûment : l'actrice relève trop les mots comme un volant avec une raquette, et se joue de ce pauvre soupirant comme une chatte d'un peloton de fil. Le comte, après tout, n'est ni un chérubin ni un amoureux transi ; il a été hussard, et, au besoin, serait capable d'une déclaration « à la hussarde. »

Quant à Brindeau, il s'est montré plein de goût, de tact et d'esprit, dans le comte. Il a dit avec chaleur et vérité les passages tendres de son rôle, et dominé heureusement l'ironie de la marquise.

Espérons qu'enhardi par ces deux épreuves, le théâtre de la République va monter *Fantasio, les Caprices de Marianne*, le *Chandelier, On ne badine pas avec l'amour*, où l'auteur, outre sa verve, son caprice, a mis encore sa poésie. — La poésie est ce que les gens prudents redoutent le plus, et ils ont tort. Il y a dans l'élément poétique tout un monde d'effets nouveaux, surtout pour notre théâtre, réglé par une raison trop sèchement prosaïque, et dont les combinaisons semblent trouvées par des joueurs d'échecs.

17 avril.

GYMNASE. *Le Marchand de jouets d'enfant*. — Ce marchand de jouets d'enfant est un personnage humoristique qui sent un peu son Hoffmann. A voir se dérouler l'action, nous saisissions, au travers des complications, des naïvetés et des fades préparations du vaudeville, quelque chose qui révélait une pensée de race germanique. Pourtant ce n'est point Hoffmann qu'imitaient MM. Mélesville et Guillard, c'est un de ses disciples lointains, Charles Dickens, l'auteur de *Nicolas Nickleby*, du *Club des Pickwistes*, de *Dombey père et fils*, et d'une foule d'autres romans que la vogue a accueillis en France comme en Angleterre. *Le Grillon du foyer* de cet auteur a fourni le sujet du vaudeville nouveau.

Nous nous trouvons tout d'abord dans une décoration singulière. C'est une chambre aux murailles délabrées; et pourtant quelques riches accessoires, une table couverte d'un tapis, un vase de fleurs aux formes élégantes, un fauteuil de lampas en bois doré, semblent protester contre la misère du mobilier qui les entoure. Un bonhomme, aux traits usés par le chagrin, ouvre une armoire et en tire une foule de polichinelles, de soldats de bois, de petits ménages, de cocottes et autres articles du commerce de Nuremberg. Tout cela est fort mystérieux sans doute; mais ce qui l'est davantage encore, c'est une grande fille qui entre les yeux ouverts et fixes, et va s'asseoir dans le fauteuil, s'accoude sur la table, et respire le parfum des fleurs. Est-elle folle? est-elle somnambule? Mais elle parle très-sensément et fait la conversation avec son père, qui s'est hâté, à son arrivée, de serrer les polichinelles et les boîtes.

Voici la triste vérité : Cette belle fille est aveugle, et son père, marchand de jouets, est un ancien négociant des plus riches de Londres, que des revers de fortune ont réduit à l'humble état où nous le voyons. Sa fille avait perdu la vue deux mois avant son désastre, de sorte qu'il a entrepris de le lui cacher et s'est donné, pour supposer des richesses absentes, toute la peine que Caleb déploie pour cacher la misère de son maître. La jeune fille, qui ne sent sous ses mains que des objets conformes au luxe où elle a été élevée, ignore que son père a vendu des tableaux, des meubles, des bronzes précieux, et n'est plus que le locataire de la maison qu'il habite. Pendant que ce dernier mange du pain sec, elle se nourrit de volaille, boit du vin de Bordeaux; elle a des robes de velours, un piano d'Érard, et ne rêve que mariage. « Je suis aveugle, se dit-elle, mais mon père est si riche! »

Cependant un jeune homme se présente à Plummer, le marchand de jouets. Il vient lui proposer de le commanditer dans son commerce. Plummer ne comprend pas qu'un cavalier si accompli veuille participer à un commerce de joujoux; mais le public le comprend aisément, lui. Le jeune homme dit s'appeler Albert, et s'introduit ainsi dans la famille. Peu à peu, il se fait connaître de l'aimable aveugle, qui le prend pour un artiste, et les choses vont au mieux jusque-là. Mais un brutal de créancier vient déranger toutes les combinaisons paternelles de Plummer. C'est le propriétaire de la maison, auquel ce dernier doit trois termes, et qui parle haut devant la jeune fille. Elle comprend de ce moment le pénible sacrifice de son père, elle maudit l'illusion qui l'environne et trouve sous sa main de malheureux joujoux, objet d'un commerce peu lucratif. Heureusement, le jeune homme, qui a les poches cousues d'or, se hâte d'acheter des meubles de luxe, des bronzes et des tableaux, fait disparaître les polichinelles, et l'on essaye tous les moyens pour persuader à la jeune aveugle qu'elle a fait seulement un mauvais rêve. Le propriétaire lui-même, payé cette fois, vient déclarer que, dans un accès de fièvre chaude, il a dit des mots insensés ; il se donne, au contraire, pour le locataire de Plummer. Enfin, le calme rentre dans l'esprit de la jeune fille ; le père a été forcé d'accepter les dons de l'amant, et ne peut plus refuser de le prendre pour gendre, surtout quand il apprend que ce n'est rien de moins qu'un baronnet millionnaire. Ce baronnet, en outre, a pour ami un célèbre médecin qui répond de la guérison de la jeune aveugle.

Mademoiselle Rose Chéri a fait tout le succès de cette pièce, qui rentre dans le cadre le plus ordinaire du vaudeville. Numa est fort touchant dans son rôle de père.

XV

MAI 1848. — Porte-Saint-Martin : reprise de *Robert Macaire* et de *Ruy Blas*. — La comédie aristophanique. — Frédérick Lemaître. — Hippodrome : *les Phrygiennes*. — La question du maillot. — Gymnase : *Horace et Caroline*, par MM. Bayard et de Biéville. — Une thèse sociale. — Bressan, Landrol, mesdemoiselles Melcy et Marthe. — Théâtres forains des Champs-Élysées. — Le cirque Loyal. — Le doyen des acrobates. — Tableaux peu vivants. — Madame de Saint-Léon. — Le phoque qui parle français. — Les marionnettes. — Théâtre-Historique : *la Marâtre*, drame de M. Honoré de Balzac. — Une liberté qui manque encore au théâtre. — Du drame intime. — La pièce de M. de Balzac. — Les acteurs.

1er mai.

PORTE-SAINT-MARTIN. Reprise de *Robert Macaire* et de *Ruy Blas*. — Nous étions curieux de revoir *Robert Macaire*, ce grand triomphe de l'art révolutionnaire, qui succéda à la révolution de juillet. C'était pour nous l'œuvre capitale de cette littérature de hasard, éclose des instincts du peuple et de l'impitoyable raillerie gauloise, où se mouvait comme un germe confus de la comédie future. En relevant et renouvelant tous les genres littéraires, aucun de nos poètes n'avait touché à la comédie sociale des temps modernes. La littérature ne nous annonçait rien qui se rattachât réellement à la tradition de Molière, de Lesage et de Beaumarchais.

Il y a quelque chose de particulier à cette comédie : c'est l'audace, c'est l'attaque désespérée contre l'ordre social ou contre les hommes. On ne connaît pas une seule grande comédie qui ne soit une protestation. Molière attaque les dévots, les marquis, les faux savants, les bourgeois orgueilleux ; Lesage, les financiers, les procureurs, les industriels effrontés ; Beaumarchais traîne sur la claie du ridicule tout ce qu'on révérait encore de son temps ; il a l'ironie de Voltaire et la passion de Rousseau.

Voilà ce que la comédie a toujours été parmi nous. Ne dirait-on pas que c'est là un élément bien contraire à la tranquillité d'une société régulière, et que tout est perdu si l'on accorde les mêmes droits aux écrivains actuels. Cependant nous ne voyons pas que la censure, exercée depuis quinze ans sur toute tentative analogue, et la prohibition, particulièrement, de *Robert Macaire* ait sauvé la société de Juillet plus qu'aucune autre. Du jour où *Robert Macaire* ne donnait plus à rire sur la scène des boulevards, le public se retournait vers la scène du monde et l'y retrouvait, odieux cette fois, ne prêtant plus qu'à la haine et au mépris.

Laissez au peuple le droit de rire de ceux qui l'oppriment ou qui le grugent ; qu'il chante et rie pour son argent, c'est bien le moins. Depuis Patelin, sans remonter plus haut, toutes les fois qu'on ne l'a pas vu rire, il s'est montré sombre et terrible. La Régence n'a été qu'un long éclat de rire, c'est ce qui a sauvé les grands de cette époque corrompue. On riait encore sous Louis XV, avec Voltaire ; et qui sait de combien d'années ce grand comique a reculé la Révolution ! Beaumarchais tient tête encore quelque temps aux gens sérieux qui s'avancent, puis l'on cesse de rire, et tout est perdu. Le Directoire a laissé rire un peu le peuple à ses dépens. Aussi sa chute n'a-t-elle été ni sanglante ni terrible. Rien n'est pire en France que la raillerie refoulée au cœur.

Nous espérons que la République va nous restituer au moins la liberté dramatique d'Aristophane, et il suffirait déjà de jouer les chefs-d'œuvre de cet écrivain pour obtenir de beaux succès d'allusion. — En attendant que la comédie du présent soit faite, rions de la comédie du passé, et, d'ailleurs, *Robert Macaire* a peut-être encore plus d'actualité qu'on n'affecte de le croire. Frédérick Lemaître déploie dans ce rôle ressuscité un talent si prodigieux, qu'on ne peut se rassasier de l'entendre et de l'applaudir. — Il a créé pour ce personnage un genre de comique tout à fait shakspearien, gaieté terrible, éclat de rire sinistre, dérision amère, raillerie impitoyable, sarcasme qui laisse bien loin en arrière la froide méchanceté de Méphistophélès, et, par-dessus tout cela, une élégance, une souplesse, une grâce étonnantes, qui sont comme l'aristocratie du vice et du crime. Quelle étrange et profonde satire que celle-là, où la critique de la société est faite par un brigand, dualité bizarre où Oreste et Pylade se trouvent travestis à la mode du bagne, et dans laquelle se continue cette antithèse de l'esprit et du corps, de l'idéal et du positif, traduite en argot par Robert Macaire et Bertrand, ce don Quichotte et ce Sancho Pança du crime !

On craignait autrefois que Frédérick Lemaître ne pût se dépouiller de ce rôle terrible, qui s'attachait à sa peau comme cette tunique imprégnée de poison envoyée par Déjanire à Hercule. Eh bien, ce tissu brûlant, il le revêt et le quitte à volonté : dans la même soirée, il prend la livrée de Ruy Blas et les guenilles de Robert Macaire ; il déclare son amour à la reine d'Espagne et fascine la jeune Éloa de sa prestigieuse éloquence ; il tonne dans le conseil des ministres et dans l'assemblée des actionnaires ; il suffit, dans un seul spectacle, à ces deux créations immenses, ses plus beaux titres de gloire !

Mais aussi quelle œuvre que *Ruy Blas*, et bien digne d'un tel acteur ! Jamais la hardiesse n'a été plus loin. Un laquais aimant une reine et s'en faisant aimer ! Cette aspiration insensée rendue possible, vraisemblable, intéressante, légitime ; l'étoile touchée par la passion du ver de terre ! Il y a sous cette intrigue romanesque un sens profond qui se dégage encore plus visiblement aujourd'hui. Ruy Blas, n'est-ce pas l'humanité souffrante qui aspire à de plus nobles destinées, et, à force d'amour, de génie et de dévouement, parvient aux sphères lumineuses pour lesquelles elle était faite et d'où la précipite le froid démon de l'ironie, de la corruption et de l'intrigue ?

Chaque soir, *Ruy Blas* et *Robert Macaire* attirent une foule qui, tant que dure le drame sublime et la mordante comédie, ne pensent aucunement aux difficultés de la situation politique.

15 mai.

HIPPODROME DE LA RÉPUBLIQUE. — L'Hippodrome *fait de l'argent*, et, si ses chevaux pouvaient supporter cette fatigue, il donnerait une représentation tous les jours. — Les exercices des *Phrygiennes* obtiennent un succès de vogue, à ce point que, le premier jour, elles ont causé une espèce de tumulte. Leurs exercices se font à grandes allures, et le public, à qui cette rapidité ne permettait pas d'apprécier à son aise la beauté des écuyères, s'est mis à former un chœur syllabique sur ces paroles :

> Au pas !
> Au pas !
> Au pas !

Fort effarouchées, et ne comprenant point d'abord ce que le public exigeait d'elles, les Phrygiennes s'enfuirent en désordre jusqu'à ce que le vœu général leur ait été traduit d'une manière plus intelligible ; alors elles firent le tour de l'hippodrome de façon à laisser aux yeux et aux lorgnettes le temps de se satisfaire, et à la strophe du chœur succéda l'antistrophe suivante, d'après les strictes lois de l'évolution grecque :

> Pas de maillot !
> Pas de maillot !
> Pas de maillot !

Ce chant se psalmodiait sur l'air bien connu des *Lampions*.

Pour l'épode, nous n'avons pu en saisir les paroles, et nous le regrettons.

Puisque nous venons de prononcer le mot de maillot et que cette question de costume a été débattue à ciel ouvert par dix mille spectateurs, à la manière d'Athéniens discutant sur la longueur des tuniques que doivent porter aux fêtes d'Éleusis les jeunes canéphores, disons que nous partageons l'avis du public : les jambes ne sont pas plus indécentes que les bras. Les femmes du monde les plus vertueuses, les actrices les plus pudiques, ne se font aucun scrupule de paraître les bras nus, — si elles les ont beaux ; — l'idée de les recouvrir de manches de filoselle ou de soie n'est venue à personne. Il n'est pas plus nécessaire de mettre des pantalons que des manches.

Lorsque l'on campe une jeune femme demi-nue, à cheval sur une peau de panthère, c'est pour faire naître une sensation de beauté et de hardiesse : un être frêle et joli domptant une bête fougueuse d'une manière toute virile, est un spectacle intéressant par lui-même ; et, si à cela vous joignez une jambe d'une belle ligne, une belle cheville, un genou poli, vous ajoutez à l'amusement de l'exercice une valeur plastique et sculpturale. Un tricot d'un rose plus ou moins vif trahit l'art sans servir la morale ; pour notre part, nous aimerions mieux des tuniques plus opaques — la gaze était peu connue des amazones — et... *pas de maillot.* Tout doit être vrai sous une République ; d'ailleurs, la chair, esclave et sacrifiée depuis dix-huit cents ans par l'esprit, ce dominateur aristocrate, a bien le droit, enfin, de se montrer à la pure lumière du jour.

Revenons aux Phrygiennes : coiffées de leurs bonnets étoilés, entourées de légères écharpes qui volent au vent, elles exécutent, avec une rapidité et une précision merveilleuses, une foule d'évolutions, de marches, de contre-marches où l'œil a peine à les suivre. Leurs pelotons se mêlent, se séparent, se réunissent, se poursuivent, se ramassent, se prolongent, se traversent, se nouent et se dénouent comme des écharpes, au commandement de leur chef Henri Franconi, qui les dirige, calme sur son cheval qui piaffe : c'est un spectacle fort gracieux.

22 mai.

GYMNASE. *Horace et Caroline.* — Ce vaudeville soulève une foule de questions sociales de la plus haute gravité. Une salle de spectacle n'est pas une assemblée nationale, et pourtant elle juge souverainement, comme représentant toutes les classes dans une proportion analogue à celle que l'on voit dans la société. Le sort des écrivains et des artistes ne repose pas seulement entre ses mains ; ses applaudissements ou sa censure deviennent des manifestations importantes du sentiment public. A ce point de vue, les auteurs dramatiques pourraient acquérir une grande influence si toute liberté leur était laissée. MM. Bayard et de Biéville ne sont pas de ceux qui pourraient en abuser.

Cependant, ils viennent de traiter un des sujets les plus graves du moment. La noblesse, la bourgeoisie et le peuple se rencontrent face à face avec leurs intérêts, leurs passions, leurs griefs dans un innocent vaudeville qui, primitivement peut-être, n'avait pas ces prétentions. Mais on n'échappe pas à la pression du dehors, M. Bayard est de l'école de M. Scribe, qui a toujours mis les grelots de Momus au service de la politique. M. Scribe est le poëte de la bourgeoisie ; M. Bayard doit à son nom d'être celui de la noblesse : un parfum d'aristocratie et de Restauration s'échappe de son œuvre nouvelle, et l'ancien théâtre de Madame en a tressailli de bonheur.

Aujourd'hui finit le rôle brillant que la bourgeoisie a joué au théâtre depuis quelques années. Un banquier de M. Scribe, un agent de change même, c'était là l'idéal de la vertu, de l'esprit, de l'élégance ; le rêve des jeunes héritières découragées des passions à la Werther. *Le Mariage de raison*, *Être aimé ou mourir*, *les Malheurs d'un amant heureux*, et tant d'autres petits chefs-d'œuvre attaquaient l'exaltation, l'enthousiasme, les folles ardeurs de la jeunesse au profit de ce que les grands parents appellent le *solide*.

C'est ainsi que le théâtre vit de paradoxes; la thèse aujourd'hui change de face, voilà tout.

Nous sommes dans l'arrière-boutique d'une maison de mercerie. Deux jeunes filles, dont l'une va se marier, paraissent en robe de noce. On en attend une troisième, qui est leur amie de pension, et dont la position sociale est plus élevée : c'est la riche héritière d'un banquier nommé Durand.

Cette personne arrive bientôt, apportant à la mariée des billets de mille francs enfermés dans un portefeuille ; on ne peut mieux se présenter.

Le marié a, de son côté, un ami beaucoup moins précieux, au premier abord, que l'amie de sa femme, et qui se présente à la société en paletot noisette, avec les manières séduisantes d'un pilier d'estaminet. Cependant ses talents ne sont pas sans mérite un jour de noces : il joue du violon et prépare le punch admirablement.

Les trois jeunes filles s'apprivoisent bientôt avec lui, et mademoiselle Caroline Durand, l'héritière, ne le regarde pas d'un œil trop impérieux. Tout en faisant le punch qui doit servir pour la soirée, ce jeune homme nous apprend qu'il s'appelle Horace de Prony, et il avoue aux trois jeunes personnes qu'il n'a, pour soutenir ce beau nom, que sa gaieté, ses vingt-cinq ans et l'espérance. En tirant son mouchoir, il a même l'imprudence de faire tomber de sa poche des reconnaissances du mont-de-piété, des procès-verbaux de saisie et autres bucoliques de la bohème parisienne.

Est-ce le désordre, est-ce la poésie, qui ont réduit cet intéressant jeune homme à une position si embarrassée? Rien de tout cela. Destiné par sa naissance à une grande fortune, il a vu tous les biens de son père s'engloutir dans les mains d'un affreux banquier nommé Durand, qui, mort depuis, a laissé sa fille héritière de plusieurs millions.

A ces paroles, on le conçoit, mademoiselle Durand se trouble ; ses amies, qui comprennent la situation, se hâtent de changer la nature de l'entretien, et la gaieté renaît à l'arrivée des invités de la noce. Parmi eux se trouve un lion fort ridicule et fort riche, dont les manières font contraste avec la tenue noble et simple et l'indigence honorable d'Horace.

Pourtant c'est ce membre éreinté du Jockey-Club, ce représentant de la jeunesse ci-devant dorée, qui a des prétentions officielles à la main de mademoiselle Durand.

Mais celle-ci commence à réfléchir aux aveux qu'a faits Horace. Les millions de sa dot seraient-ils du bien mal acquis? Il lui coûte de supposer son père coupable, et pourtant Horace paraît si franc et si honnête ! Dans le doute, elle envoie en secret dix mille francs au domicile du jeune homme pour arrêter la saisie indiquée sur le papier tombé de sa poche. Son messager revient, peu de temps après, lui apprendre que l'argent a été reçu avec reconnaissance par une jeune fille nommée Ursule.

« Qu'est-ce que cette Ursule? dit mademoiselle Durand. — C'est *sa femme*, lui répond-on. — La femme d'Horace? Il est donc marié ! » s'écrie tristement la jeune fille.

O naïveté ! ceci est bien candide pour la fille d'un banquier qui a volé des millions. Mais n'admirez-vous pas combien le Gymnase a fait du chemin en peu de temps! Aurait-il osé, avant Février, nous parler de cette Ursule, qui vit chez M. Horace, — quand il est bien clair que ce dernier, au dénoûment, épousera mademoiselle Durand? — Où s'en vont les mœurs dramatiques, bon Dieu! Et cette héritière enrichie des produits de l'usure! est-il convenable d'admettre de pareilles suppositions devant le public du Gymnase? S'il fallait rechercher la source des grandes fortunes, qui donc, dans un certain monde, pourrait en user sans scrupule ?

La thèse sociale continue au second acte, sans qu'on puisse en prévoir la solution. Horace ignore, jusque-là, que la jeune fille qu'il a rencontrée dans la société de deux mercières, est la fille du banquier Durand. Les mille francs reçus en son absence par Ursule, et qui ont servi à désintéresser les huissiers qui le poursuivaient, lui paraissent une sorte d'aumône injurieuse ; il hait cordialement cette femme inconnue, et s'est mis dans le commerce afin de pouvoir rendre cet argent. Le descendant des Prony est devenu commis d'un armateur au Havre. C'est chez ce dernier que tous les personnages se rencontrent de nouveau.

L'héritière, croyant Horace marié, a promis sa main au lion essoufflé qui la persécutait. Mais voici qu'elle rencontre de nouveau Horace ; ses amies, qui savent le secret, continuent à donner le change à l'amoureux. Toujours épris de l'inconnue, Horace entend parler de son talent sur l'aquarelle. On lui montre une vue de château qu'elle a dessinée. « C'est le château de son père. — Mais non, dit Horace, c'est celui du mien. Voilà bien les murs où j'ai reçu le jour, la campagne où j'ai passé ma jeunesse !... »

Pendant cette situation, l'orchestre joue en sourdine la romance de Chateaubriand :

> Combien j'ai douce souvenance
> Du joli lieu de ma naissance...

Les yeux d'Horace se mouillent : la scène tourne aux idées légitimistes et dévoile toute la pensée de M. Bayard. Voilà les deux aristocraties en présence, celle de noblesse et celle d'argent. « Quoi ! mon père aurait ruiné celui de ce pauvre jeune homme et subtilisé son château ! » se dit l'héritière ; et elle veut rendre cette fortune. Mais Horace apprend à son tour que sa supposition était fausse. Ce n'est pas le banquier Durand, c'est un vil usurier, un homme d'affaires quelconque qui a dépouillé la famille Prony. L'honneur des banquiers du Gymnase reprend ici tout son lustre ; l'héritière n'a plus rien à réparer. Cependant elle épouse généreusement le jeune Horace et lui rendra le château de ses pères, que son père à elle avait bien et dûment payé de son argent.

Bressan a joué d'une manière remarquable le rôle d'Horace. Sa bonne humeur au premier acte, sa dignité mélangée de tristesse et de rêverie, au second, font de cette création un ensemble très-remarquable. Mesdemoiselles Melcy et Marthe ont été surtout jolies, et Landrol a fort bien rendu le rôle du ci-devant *lion*, attaqué d'une gastrite et défrisé par la Révolution.

THÉATRES FORAINS DES CHAMPS-ÉLYSÉES. — Nous n'avons pas attendu la République pour nous occuper de ces modestes spectacles dont s'amuse la naïveté du peuple. Nous avons toujours analysé les pantomimes des Funambules avec le sérieux qui convient; et Polichinelle, animé par Guignol, n'a pas eu d'habitué plus assidu que nous; ne rions pas de ces pauvres saltimbanques : ce sont les cousins germains de Thespis, et leurs tréteaux valent bien son char.

Depuis la révolution de février, un campement de bohèmes est établi dans le carré Marigny. Toute la journée, cet endroit, autrefois vague et désert, présente un coup d'œil d'une vie turbulente, triviale même, mais qui amuse. Les baraques se découpent heureusement sur le vert foncé du feuillage avec leurs grandes pancartes bariolées, leurs musiciens en habit rouge et leurs paillasses vêtus de toile à matelas. Karel Dujardin trouverait là, s'il revenait au monde, de charmants sujets de tableaux.

Le soir, l'animation redouble; le carré s'étoile de lumières : lampions, chandelles, lanternes de papier, lances à feu qui scintillent dans la verdure comme des vers luisants. Les orchestres redoublent de furie; le flageolet piaule; la clarinette nasille; le cornet à piston glapit; les cymbales bruissent; les tambours roulent; la grosse caisse tonne; l'aigre voix du *pître* profite des rares intervalles de silence pour débiter le *boniment*. Les tableaux retentissent sous les coups de baguette. Les détonations se succèdent et les roues de fortune emportent dans les airs les jupons et les éclats de rire des jeunes filles.

Au fond du carré, s'élève le cirque de la famille Loyal. C'est presque un théâtre, une concurrence au Cirque d'été. Au dehors, l'orchestre est nombreux ; au dedans, tourne ce cheval blanc éternel, le même sans doute dont il est parlé dans l'Apocalypse et qui ne s'arrêtera que le jour du jugement dernier. Cet établissement est aux autres baraques dans la proportion des Italiens ou de l'Opéra aux petits théâtres du boulevard.

Entrons plutôt dans cette tente rapiécée, dont le tableau délayé par les pluies ne présente plus que des vestiges de figures incompréhensibles. Une créature en jupe et en maillot de danseuse, tout à fait conforme au signalement de la Liberté, donné après Juillet par Auguste Barbier, affirmait, entre deux bouts de suif, que les exercices de l'intérieur seraient conformes aux peintures de la porte.

Un spectacle grotesque et lamentable nous attendait dans ce théâtre à ciel ouvert. A la lueur douteuse de lampions fumeux, se démenait sombrement, sur une corde tendue par des chevalets, le fantôme d'un danseur vêtu du classique costume espagnol, tel qu'il se portait aux plus pures époques du troubadourisme. Par la tête, cette apparition bizarre baignait dans les rayons bleuâtres de la lune ; par les pieds, dans les reflets rouges des lampions. Le rayon argenté sculptait un nez crochu séparant des yeux caves et des joues creusées par de grandes rides perpendiculaires. Le rayon sanglant accusait, sous le maillot de coton, une jambe maigre et sillonnée de muscles pareils à des ficelles.

Nous avions devant les yeux le Mathusalem de l'acrobatisme, le patriarche des funambules, le Nestor de la danse de corde, l'ancien des foires, qui a vécu les jours de trois générations de saltimbanques ! Jamais tant de lustres ensemble ne se sont promenés sur le chanvre tordu. A l'âge où les vieillards catarrheux et paralytiques se courbent sur la canne à bec de corbin ou se traînent avec des béquilles, ce glorieux acrobate a pour bâton de vieillesse un balancier, pour petite Provence la corde roide ou la corde lâche.

Il faisait ses exercices d'un pas un peu tremblant, mais sûr néanmoins, et l'art et l'habitude venaient au secours de la nature défaillante. Il avançait et reculait en mesure ; il battait des entrechats et voltigeait tantôt sur une cuisse, tantôt sur l'autre ; enfin, pour terminer, selon la loi de progression qui veut qu'on aille « toujours de plus fort en plus fort, » comme chez Nicolet, par un exercice d'une difficulté supérieure, il s'enleva à la force du poignet, et se tint quelques secondes le corps nageant dans l'air et parallèle à la corde. Avant de risquer ce tour, il avait ravivé l'attention de l'assistance par un petit *speech* ainsi conçu : « Mesdames et messieurs, je vais m'enlever à la force du poignet, exercice difficile pour un homme de mon âge, car j'aurai soixante et douze ans *aux prunes*. »

Ce vénérable saltimbanque ne se doutait pas qu'il parlait dans le carré Marigny comme un chef sur les bords du Meschacébé. Ce style figuré, ces dates empruntées à la nature rappellent la rhétorique muskohge et mohicane, et M. de Chateaubriand n'eût pas fait parler autrement le grand-père de Chactas.

Pauvre vieux funambule ! tu ferais rire, si tu ne donnais envie de pleurer. Et voilà pourtant comme nous serons tous, artistes et bohèmes. Après avoir bien gambadé sur la phrase, comme lui sur son fil, il nous faudra dire au public le *speech* consacré, pour attirer un peu l'attention sur notre dernier tour...

Il y avait là aussi un gaillard qui faisait les exercices d'Auriol presque aussi bien qu'Auriol lui-même.

Tout cela ne coûte qu'un sou et l'on ne paye qu'en sortant, si l'on est satisfait ; — mais on est toujours satisfait.

Dans une autre baraque, un jeune homme, pendu à une corde, se démenait avec une agilité incroyable. Un caniche d'âge mûr faisait des équilibres sur les pieds de derrière d'une chaise renversée.

Plus loin, pour la modique somme de trois sous, on voyait des tableaux vivants, où certes la concupiscence des yeux dont parlent les livres ascétiques n'eût pas trouvé prétexte à s'exercer. Dans cette pauvre cahute de toile usée, vit la tradition catholique. Les frères de la Passion et les entrepreneurs des mystères du moyen âge ne désavoueraient pas cette manière d'entendre l'art.

Quand le rideau s'écarta au son de deux clarinettes asthmatiques, notre âme rajeunit tout à coup de trois cents ans. Sur un terrain blanc s'élevait un arbre blanc, grêle et sobre à ravir Overbeek, et à côté de l'arbre, se tenait debout une petite Ève cousue dans un maillot blanc, la figure couverte d'un masque blanc, de grands cheveux blancs lui tombant par lanières sur les reins, et si mince, si fluette, d'une si chaste maigreur, qu'on l'eût prise pour un dessin d'Albert Durer exécuté en relief : d'après les conseils du serpent représenté par un bourrelet, elle prenait le fruit défendu avec un geste naïvement anguleux, comme on en voit dans les bas-reliefs aux porches des cathédrales. Adam acceptait la pomme dans une pose d'une gaucherie toute gothique.

Le Meurtre d'Abel par Caïn suivit ce tableau, auquel succédèrent différentes scènes bibliques jusqu'à la passion du Christ sur le Golgotha. A voir tourner sur ce fond sombre tous ces pâles fantômes aux cheveux de plâtre avec leurs formes émaciées, le vertige commençait à nous prendre, et une secrète terreur s'emparait de nous; il nous semblait reconnaître là des figures et des attitudes qui nous avaient déjà effrayé dans cet horrible caveau des morts à la tour Saint-Michel de Bordeaux. La poitrine à jour et les bras osseux de l'enfant qui s'est retourné dans sa bière se dessinaient vaguement sous les maillots; toutes ces sculptures étranges à la physionomie morte, aux poses suppliantes et pleines d'angoisse, aux apparences phantasmatiques, aux vêtements plissés en suaire, que le catholicisme a mis à la gêne avec une cruauté si ingénieuse dans les bizarres compartiments de son architecture à stalactites, semblaient s'être donné rendez-vous dans cette baraque, où la lune luisait à travers les déchirures de la toile.

Ces fantômes décolorés paraissaient implorer les couleurs de la vie et s'effrayer eux-mêmes de leur pâleur; et dans ces tristes tableaux se reproduit une image de la terreur secrète qui serra si longtemps le cœur du moyen âge. C'est la Mort qui a disposé elle-même ces groupes blafards tout prêts pour la danse macabre, et qu'on retrouverait dans la grande farandole de la fresque de Bâle.

Quand la représentation fut finie et que nous retrouvâmes dehors, parmi les promeneurs, la lumière et le tumulte, il nous sembla que nous renaissions à la vie.

Dans un autre établissement, un couple de disloqués anglais, le mari et la femme, se tordent de cent manières plus impossibles les unes que les autres. La femme finit par entrer dans une boîte de quinze pouces où elle se tient

Comme un lièvre sans os, qui rêve en un pâté.

Une femme, qualifiée de « la fameuse madame de Saint-Léon, somnambule, dont M. Alexandre Dumas a parlé dans *le Constitutionnel*, » termine le spectacle par les exercices de seconde vue de Robert Houdin.

Citons, pour finir, le phoque qui dit *papa, maman*, et dont il faut changer l'eau salée quinze fois par jour pour le conserver vivant ; — la femme barbue, qui nous paraît être un sapeur sans ouvrage ; — le spectacle de *Barbe-Bleue* et de *Geneviève de Brabant*, pièces féeriques et légendaires, jouées par ces marionnettes dont raffolait Gœthe, et qui tiennent une si grande place dans *Wilhem Meister*, et nous aurons indiqué aux esprits blasés et aux esprits naïfs, plusieurs façons de se divertir à bon marché.

29 mai.

THÉATRE-HISTORIQUE. *La Marâtre*. — Le Théâtre-Historique, en dépit des circonstances et de la chaleur, vient d'obtenir un succès dont nous sommes heureux, car il va encourager un homme de génie à consacrer au drame et à la comédie les rares qualités dont il a fait preuve dans le roman. Les faiseurs ont souvent puisé au riche trésor de M. de Balzac, et toujours avec bonheur : pourquoi cet illustre écrivain, l'homme qui a trouvé le plus de types depuis Molière, n'a-t-il pas exploité lui-même la mine féconde qu'il possède ? Et par là nous n'entendons pas regretter qu'il n'ait pas mis ses contes en pièces, mais qu'il se soit abstenu d'user, au profit du théâtre, de la profonde connaissance du cœur humain, de la merveilleuse seconde vue d'observation et de l'esprit impitoyablement sagace qui font de lui un phénomène littéraire aussi étonnant pour les physiologistes que pour les poëtes.

C'est, il faut le dire, que le théâtre en France manque complétement de liberté ; la censure, supprimée de fait aujourd'hui, n'était que le moindre empêchement ; nous voulons parler des difficultés intérieures, des piéges cachés, des dégoûts secrets, des impossibilités élevées à plaisir, des obstacles de toutes sortes qui séparent la conception de l'œuvre de sa réalisation devant la rampe. La nullité patiente, qui a tout son temps à elle, et ne connaît pas les brusques fiertés du génie, excelle à surmonter ou plutôt à tourner ces barricades; ce qu'il faut subir d'observations oiseuses, de conseils ridicules, de demandes absurdes est vraiment inimaginable. La pensée unique du directeur, du régisseur, du sous-régisseur, des acteurs grands et petits, mâles et femelles, des comparses parlants et muets, des machinistes, du décorateur, du lampiste, c'est de vous imposer un autre drame que le vôtre.

On vous propose comme la chose du monde la plus simple, des changements qui bouleversent l'ordonnance de votre œuvre et en dénaturent le sens d'un bout à l'autre ; on exige de vous la coupure des passages les plus nécessaires et les plus significatifs ; on vous fait récrire vingt fois la même scène pour revenir enfin à la version première. Le caprice d'un premier sujet, à qui déplaît un costume, fait promener le lieu de l'action d'un pays à un autre, sans le moindre souci de la couleur locale laborieusement appliquée. Si vous vous refusez à toutes ces manipulations, on vous accuse d'un entêtement inouï, d'un orgueil féroce ; vous dédaignez l'expérience des hommes vieillis dans la chose : les charpentiers et les carcassiers vous prédisent la chute de votre édifice ; vous cédez, et l'on siffle sous votre nom toutes ces sottises combinées.

M. de Balzac, qui a fait une théorie de la volonté et qui sait en tirer l'application, a été sur le point de renoncer à la scène après deux ou trois essais plus ou moins chanceux, où il n'avait pu glisser son originalité qu'à des doses bien restreintes, grâce aux ménagements, aux coupures et à la préoccupation de cette prétendue habitude des planches que possèdent seuls, dit-on, certains vaudevillistes et mélodramaturges émérites. Cette fois, au moins, il combat sans avoir les mains liées, et, s'il n'est pas encore revêtu de toute son armure, il en a, du moins, les pièces les plus importantes. Quand il sera armé de pied en cap, il ne craindra pas les plus rudes champions.

La Marâtre de M. de Balzac se rattache à cette école du drame vrai, inaugurée brillamment, le siècle dernier, par Diderot, Mercier et Beaumarchais. C'est là, en effet, la conception la plus logique de la tragédie intime et bourgeoise : l'imitation exacte de la nature ne peut tromper, et l'art en ceci consiste à sacrifier le moins possible la vérité aux exigences de l'optique théâtrale, exigences qu'on a beaucoup amplifiées.

Quelque temps après 1830, Alexandre Dumas continua cette tradition, interrompue par les froids tragédistes de l'Empire, dans les beaux drames d'*Antony*, d'*Angèle* et de *Teresa*, pris au cœur même des mœurs modernes et d'une haute vérité sociale, malgré la violence de la forme et la fougue de l'exécution, où semble palpiter plus d'ardeur que n'en comportent nos habitudes paisibles et nos passions revêtues du frac noir. Puis il se détourna vers d'autres œuvres, et la réaction conventionnelle l'emporta encore.

M. de Balzac était plus capable que personne de reprendre en sous-œuvre l'édifice ébauché par ces grands hommes amoureux de l'art sincère, et qui voulaient, une fois pour toutes, en finir avec les pâles fantômes de convention, que les faibles imitateurs de Racine présentaient à la place de personnages de chair et d'os : cet amour de la vérité fait leur gloire ; ils mirent des larmes dans les yeux, des soupirs dans la poitrine, ils entr'ouvrirent les lèvres de marbre du masque de Melpomène pour donner passage au souffle tiède de la vie et à des phrases plus humaines où respiraient les sentiments bourgeois de la famille et de l'amour, comme on le conçoit dans les civilisations modernes. En quittant le haut cothurne tragique pour le simple soulier plat à boucle d'argent, ils démocratisèrent le théâtre, qui, jusque-là, ne s'était attendri qu'aux infortunes aristocratiques des princes *déplorables*. Ils firent entrer dans les régions sérieuses de l'art l'élément réel, qui n'avait encore été admis que sous le côté comique. Géronte se changea en *père de famille*, et, de ridicule, se fit pathétique, solennel, éloquent, plein d'autorité. On s'intéressa aux amours, aux douleurs de gens d'extraction ordinaire, et, dès ce jour, la tragédie, bien que continuée par une sorte de gageure archaïque, n'exista plus qu'à l'état de curiosité littéraire ou comme thème aux variations d'un artiste en vogue.

La nouvelle pièce de M. de Balzac offre un de ces tableaux cruellement vrais comme il les sait faire dans ses romans. Les détails sont étudiés sur le vif et d'une réalité poignante. Une action terrible se déroule, une lutte furieuse se continue à travers les minutieuses banalités de la vie, sous les apparences les plus calmes et dans un intérieur qu'on croirait aisément patriarcal.

Ne voilà-t-il une famille unie, heureuse, honorable, sans mystères honteux : ce vieux général de l'Empire a, sous sa crinière de lion blanchi, la mine la plus honnête et la plus débonnaire du monde ; sa jeune femme paraît l'aimer tendrement et vivre en bonne intelligence avec la fille qu'il a eue d'un premier mariage. Il y a bien un jeune homme qui dirige la fabrique du général, devenu industriel, et dont la position paraît un peu moins claire ; sans doute, les beaux yeux de Pauline sont pour quelque chose dans l'ardeur que Fernand déploie pour la prospérité de l'usine. Cependant Pauline, qui a déjà refusé un prétendant, refuse également le jeune contre-maître. Il n'y a donc pas d'amourette en jeu. Du moins, on peut le croire. Godard, le prétendant repoussé, espèce de sot curieux et rusé, à cheval sur quarante mille livres de rente et une imperturbable satisfaction de lui-même, se met en tête de pénétrer le secret de ces existences tranquilles au dehors, et, au moyen d'une souricière qu'il tend avec l'aide innocente d'un enfant terrible, produit équivoque du second mariage de M. de Grandchamp, parvient à saisir le premier fil du drame invisible qui se joue dans cette maison d'un aspect placide et dormant, où les plus grands événements semblent être les péripéties de la partie de whist sacramentelle.

L'enfant entre et crie de sa petite voix grêle et fausse que M. Fernand est tombé et s'est cassé la jambe.

Pauline pâlit. Une souris s'est prise au piége ! « Elle aime Fernand, » en conclut Godard. Mais quelle n'est pas la surprise de ce dernier, quand il voit madame de Grandchamp changer de couleur, et, malgré ses efforts pour se contraindre, s'appuyer toute tremblante au dos d'un fauteuil. Une seconde souris a donné dans le panneau. « Eh quoi ! se dit Godard stupéfait, celle-là aussi aime Fernand !... Charmant intérieur ! Ma maxime : « Il faut toujours » chercher, parce qu'on trouve, » est encore plus juste que je ne l'imaginais. »

Pauline et madame de Grandchamp ont soupçonné leur rivalité dans leur pâleur. Un éclair de haine, aussitôt voilé, a lui dans leurs yeux, et, lorsque le méchant garçon est convenu de sa mauvaise plaisanterie, les choses semblent reprendre leur cours habituel. Les hommes s'assoient à la table de jeu ; les femmes se mettent sur une causeuse et travaillent chacune de leur côté au même morceau de tapisserie. Quel groupe d'une grâce intime et familière ! Venez contempler ce tableau et parlez après cela des marâtres. La belle-mère est presque aussi jeune que sa belle-fille, aussi fraîche, à coup sûr ; ne dirait-on pas deux sœurs récemment sorties de pension ?

Que leurs manières sont douces, onctueuses ! comme elles ont l'air de s'aimer ! Un bout de canevas les sépare, mais leurs jupes se touchent, leurs doigts s'effleurent en tirant la laine. Quelle bonne position pour observer : les yeux plongent dans les yeux ; la plus légère rougeur, la plus imperceptible contraction du visage s'apercevraient aussitôt ; à cette distance, on entendrait le cœur battre : aussi comme elles se tiennent sur leurs gardes, tout en s'épiant ! De vieux chefs mohicans ne se font pas des masques plus impassibles, lorsqu'ils veulent dérober à leurs ennemis le secret de leurs émotions ou de leurs tortures ; elles se questionnent avec des airs indifférents à tromper des juges sexagénaires. Ce sont des feintes toujours parées, des surprises reconnues à temps, des ripostes aussi promptes que l'attaque, une diabolique escrime dialoguée, étincelante d'esprit et d'un machiavélisme superlatif. Fausse bonhomie, naïveté perfide, caresses de chat, griffe et velours, larmes d'hyène, rires de crocodile, tout est employé par les deux adversaires avec une rage paisible et un calme forcené qui font de cette scène, conduite avec un art infini, un drame tout entier du plus poignant intérêt. Cette terrible lutte a duré le temps d'une partie de cartes, et les rivales quittent le canapé sans avoir pu s'extirper leur secret réciproque. La candeur scélérate de Pauline a tenu tête à la rouerie consommée de madame de Grandchamp. Elles ne se sont pas trahies, mais elles sont sûres, à leur haine, qu'elles aiment toutes deux le même homme.

Et pourtant, lorsque Fernand, encouragé par M. de Grandchamp, se jette aux pieds de Pauline en lui avouant qu'il l'aime, elle prend la mine la plus hautaine et la plus dédaigneuse et s'indigne de l'expression d'un amour qu'elle n'a pas encouragé et qu'elle ne doit pas subir. Fernand, désolé, veut partir pour l'Amérique. Quelle femme ne serait rassurée par des preuves si formelles d'indifférence ? Mais madame de Grandchamp, plus sceptique qu'Hamlet, qui doutait seulement de l'homme et de la femme, doute encore de la jeune fille, et parvient à savoir que Pauline, fidèle imitatrice de Juliette, reçoit chaque nuit un Roméo. Ce Roméo n'est autre que Fernand. Les choses se passent en tout bien tout honneur, cela va sans dire.

Il est bon de noter ici que Fernand, qui se cache sous un nom supposé, a pour père un général à qui le vieux Grandchamp, impérialiste enragé, ne pardonnera jamais d'avoir trahi, en faveur de Louis XVIII, la cause de Napoléon. Ces vieux de la vieille ont, en fait de délicatesse, des entêtements inouïs, et ils croient à la réversibilité du parjure ; parler du général B... au général de Grandchamp, c'est parler de Montaigu à Capulet, et c'est là la raison du refus apparent de la jeune fille, qui connaît les haines aveugles de son père.

Pauline serait à la merci de sa belle-mère si Fernand ne lui donnait pour armes des lettres à lui adressées par la femme du général, et qui prouvent que des relations intimes ont existé entre ce dernier et madame de Granchamp.

La guerre est déclarée, guerre furieuse, acharnée, féroce, guerre de sauvages—ou de femmes, ce qui est pis ; madame de Grandchamp, qui sent braqué sur elle ce pistolet des lettres livrées par son ancien amant à sa rivale, cherche à découvrir dans quelle cachette Pauline a pu les serrer ; et, pendant une scène de fausse réconciliation, au milieu de feintes caresses, elle palpe adroitement le corsage de la jeune fille et sent craquer des papiers sous l'étoffe. Ce sont les lettres. Pauline les porte toujours sur elle. Madame de Grandchamp, qui a dans son secrétaire une petite pharmacopée de Locuste assez compliquée, jette dans le thé de Pauline un nombre suffisant de gouttes d'opium pour pouvoir dérober les lettres fatales pendant le sommeil pesant qui s'empare de la jeune fille ; elle ne s'y prend pas cependant avec assez d'adresse pour détourner les soupçons de Vernon, vieux médecin, ami du général, et qui reconnaît dans Pauline des symptômes passagers d'intoxication. Pauline, désarmée néanmoins, se trouve à la merci de la marâtre, et, pour sauver Fernand des fureurs de M. de Grandchamp, consent à épouser Godard. Elle écrit même de sa main cette résolution à son mari ; mais, si elle se prête à cet odieux arrangement, c'est qu'elle va mourir : elle a pris dans le tiroir de madame de Grandchamp un paquet de cet arsenic que certaines femmes tiennent en réserve pour les rats et les maris incommodes.

Les soupçons qu'avait éveillés la scène de l'assoupissement par l'opium prennent une consistance terrible, lorsque les indices d'un empoisonnement arsénical se révèlent chez Pauline. La justice arrive, et madame de Grandchamp va être arrêtée ; mais la jeune fille apparaît, pâle et mourante, dans ses blanches draperies, et déclare, pour se réconcilier avec Dieu, que sa marâtre est innocente de ce crime ; puis elle retombe dans les bras de son amant, à qui un prêtre vient de l'unir. La noce s'achèvera dans le cercueil, car Fernand, lui aussi, a pris du poison. Le vieux Grandchamp s'affaisse sur ses genoux, foudroyé par la douleur, et, lorsqu'on lui demande ce qu'il fait là, il répond avec un sanglot : « Je cherche des prières pour ma fille. »

Cette analyse, où nous avons tâché de garder les grandes lignes du drame et de bien faire sentir la dualité de la marâtre et de la belle-fille se rencontrant dans le même amour, a dû nécessairement laisser en route beaucoup de détails intéressants et caractéristiques. Balzac, même après avoir subi l'ébranchement obligé du théâtre, a une manière compliquée, multiple, touffue pour ainsi dire, qui rend le récit abrégé de ses œuvres fort difficile. Une foule de mots sentis, de traits spirituels, d'observations fines, donnent de la valeur à des scènes qu'une simple énonciation ne peut faire comprendre ; mais, selon nous, ce qu'il y a de plus neuf, de plus original et de plus hardiment vrai dans la pièce, c'est le caractère de la jeune fille : il y a loin de là à ces jeunes premières de convention, race imbécile et moutonnière toute frappée au même type.

C'est bien la jeune fille que la présence d'une ennemie dans la maison a forcée, dès l'âge le plus tendre, à vivre sur le qui-vive, à ne se fier qu'à elle-même, à lutter d'impassibilité froide contre les suggestions perfides de gens intéressés à la perdre. Il y en a beaucoup plus qu'on ne croit, de ces Machiavels en robe de mousseline, de ces Talleyrands en mitaines de filet, qui ont la rouerie de la vertu, et, sûres de la légitimité du but qu'elles se proposent, y marchent avec une audace pudique, un aplomb innocent à déconcerter les plus madrées. La virginité met à leur service des forces contenues et une singulière lucidité de perception. Tout cela est observé et rendu à merveille par M. de Balzac dans le personnage de Pauline.

Et quel charmant contraste entre cette attitude armée et toujours au guet, en présence de la marâtre, et l'abandon délicieux, l'adorable naïveté, la confiance enfantine qu'elle témoigne à Fernand lorsqu'elle se trouve seule avec lui ! comme elle jette avec bonheur ce dur corselet de dissimulation, et croit tout, elle qui tout à l'heure ne croyait rien !

Le rôle de la marâtre avait d'abord été créé pour madame Dorval, que des deuils de famille ont obligée à ne pas paraître sur la scène. Madame Lacressonnière a montré dans ce personnage des qualités remarquables ; sans doute, aux scènes suprêmes, elle n'a pas trouvé ces élans imprévus, ces illuminations subites, ces cris du cœur où excelle madame Dorval ; mais elle a très-bien rendu les scènes de câlinerie douçereuse et perfide et fait ressortir avec art tout ce côté du caractère. Mademoiselle Maillet a joué le rôle long et difficile de Pauline avec une tenue et une intelligence rares. Matis est une excellente ganache impériale, et Lacressonnière ne se tire pas mal du personnage embarrassant d'un homme entre deux femmes.

XVI

JUIN 1848. — Théâtre de la République : *la Rue Quincampoix*, drame de M. Ancelot. — *Le Comte de Horn*. — Delaunay. — Vaudeville : *le Club des maris et le Club des femmes*, par MM. Clairville et Jules Cordier. — M. Clairville fournisseur d'à-propos. — Les bénéfices du coiffeur. — Théâtre-Montansier : *le Club champenois*. — La réaction politique dans les théâtres. — Hyacinthe, Alcide Tousez. — Théâtre de la Nation : *l'Apparition*, paroles de M. Germain Delavigne, musique de M. Benoît. — Les contes fantastiques de Charles Nodier. — Théâtre de la République : *les Frais de la guerre*, comédie de M. Léon Guillard. — De la comédie d'analyse. — Regnier, madame Allan.

5 juin.

THÉÂTRE DE LA RÉPUBLIQUE. *La Rue Quincampoix*. — M. Ancelot, admis au nombre des quarante avant la révolution de juillet, à cause du succès de sa tragédie de *Louis IX*, — en France, une tragédie mène à tout, — a été en son temps une espèce de novateur académique. *Olga*, *Élisabeth d'Angleterre*, *Marie de Brabant*, sous une phraséologie pompeuse, contenaient de ces hardiesses prudentes, qui passaient alors pour le comble de l'habileté; M. Ancelot, comme la chauve-souris de la fable, pouvait dire aux classiques :

> *Je suis souris, vivent les rats!*
> *Jupiter confonde les chats!*

et aux romantiques :

> *Je suis oiseau : voyez mes ailes !*

Il est vrai que ses ailes étaient d'assez laides membranes dont le vol ne le devait pas emporter bien loin; mais, en ce temps de crépuscule littéraire, on n'y regardait pas de si près. L'ennui causé par les tragédies imitées de Voltaire et de Campistron était déjà si intense et si somnolent, que le public acceptait avec enthousiasme les moindres tentatives faites pour animer un peu ces pâles et froides déclamations en cinq actes : une *scène de peuple*, qui jetait du mouvement dans ce monde pétrifié, causait des transports de reconnaissance, et l'on se disait, un sanglot dans la gorge, une larme au coin de l'œil : « Quel homme! il aurait pu faire là un récit de Théramène, et il nous a épargnés! »

Après 1830, M. Ancelot déborda en toutes sortes de vaudevilles qui occupèrent la scène assez et trop longtemps, avec des chances diverses de chute et de réussite, où le nombre des succès l'emporte sur celui des revers; et maintenant voici que, combinant sa versification d'académicien et ses ficelles de vaudevilliste émérite, il nous donne *la Rue Quincampoix*, une œuvre qui, franchement, n'aurait pas dû paraître sur le théâtre de la République. *La Rue Quincampoix* n'est, d'ailleurs, autre chose qu'un mélodrame du même M. Ancelot, joué autrefois à l'Ambigu-Comique, sous le titre du *Comte de Horn*. La question est de savoir si les rimes ont été ajoutées après coup au mélodrame en vue de la scène française, ou si, primitivement, elles avaient été retranchées à la tragédie en vue du boulevard. Mais, en somme, ce n'est pas une question aussi importante que la question d'Hamlet ou la question d'Orient, et nous ne perdrons pas notre temps à la débattre.

L'aventure du comte de Horn, qui, en société d'un misérable nommé de Mille, assassina un homme dans une maison de débauche et le vola, puis fut roué en place de Grève, malgré sa haute naissance et sa parenté avec le régent, aurait besoin, pour inspirer quelque intérêt, que le caractère du comte fût tracé avec une énergie, une profondeur et une compréhension qui manquent complétement à M. Ancelot : il eût fallu un grand poëte, Shakspeare ou Schiller, pour descendre dans cette âme sombre et violente, travaillée par des passions folles, tentée par les âpres démons du jeu, de la débauche et de la prodigalité, emportée dans la mauvaise route par l'indomptable orgueil du sang, de cette audace désespérée qui ne recule devant rien, pas même devant le crime ; une telle nature n'a rien que de répréhensible ; mais elle peut présenter encore une certaine grandeur sauvage, une force impétueuse, une puissance dans le mal, qui offrent un spectacle psychologique digne qu'on s'en occupe. Malheureusement, M. Ancelot, au lieu d'esquisser une figure dans le goût de Charles Moor, baignée d'ombres profondes et sillonnée çà et là de traits lumineux, a fait de son comte de Horn un jeune premier tout confit en douceur, un gentil petit jeune homme qui se livre à des folies de vaudeville, fait des dettes, et n'arrive à jouer du couteau qu'avec toute sorte de scrupules de conscience.

Quant à la versification, elle a cette facilité terrible que donnent quinze ou vingt mille alexandrins, commis sans circonstances atténuantes, sous plusieurs régimes plus ou moins constitutionnels. Rien n'est plus désagréable que cette dextérité dans le médiocre, que ces lignes rimées et césurées convenablement, qui ont l'apparence de vers sans contenir un atome de poésie, que ce faux talent qu'on ne peut ni applaudir ni siffler, que ce style plat et soigné où percent quelques vieux restes de culture littéraire. Oh ! plutôt que cette fade eau tiède qui coule avec un bruit monotone, versez-nous un breuvage qui ait un goût quelconque, fût-ce du vin blanc et du rack ; jouez des pièces sans orthographe et sans grammaire ; mais, pour Dieu ! plus de vers de vaudevillistes, académiciens ou non.

M. Delaunay, qui débutait dans le comte de Horn, est arrivé au théâtre de la République avec une réputation d'outre-Seine. En effet, M. Delaunay a conquis sur la rive gauche une célébrité dont s'est émue la rive droite. Il avait produit, dans la charmante pièce de M. de Belloy, *Damon et Pythias*, un effet de jeunesse, de fraîcheur et de grâce qu'on n'a pas oublié : le comte de Horn l'a servi beaucoup moins heureusement. Nous voudrions voir M. Delaunay dans le rôle de Clinias de *la Ciguë*, qui semble fait tout exprès pour lui.

13 juin.

VAUDEVILLE. *Le Club des maris et le Club des femmes.*—M. Clairville règne sans contestation sur notre scène républicaine ; c'est lui qui alimente tous les théâtres de nouveautés patriotiques, marchant aussi vite que les circonstances et les devançant au besoin ! heureux homme que rien n'étonne, et qui entonnerait le couplet de facture sur les débris de l'univers !

Dans la pièce du Vaudeville, la toile se lève sur une salle ornée au fond d'une tribune et d'un siége de président. Cela se passe dans un de ces établissements qui fournissent des locaux aux bals par souscription, aux séances d'athénées et de sociétés de secours mutuels, aux réceptions maçonniques, aux réunions de la société des auteurs, aux concerts,—et maintenant aux clubs issus de nos institutions nouvelles. Quelques citoyens d'un âge mûr se sont réunis pour fonder un club des maris qui réclament le divorce.

C'est ce club qui a couvert les murs de Paris d'affiches jaunes en forme de suppliques à l'Assemblée nationale. On leur indique une salle vacante ; ils y passent et se livrent à la discussion. Un instant après, nous voyons entrer un certain nombre de femmes jeunes et jolies (du moins dans l'intention des auteurs) qui ont résolu de fonder un club féminin. Celui-ci est d'une teinte plus foncée que l'autre. On y réclame l'abolition du mariage, le partage des hommes, et toute espèce de communauté. Pour commencer, ces dames se sont légèrement compromises chacune avec un élégant du quartier ; il n'est question que des billets doux qui circulent signés de leurs belles mains.

Où sont les heureux possesseurs de ces autographes ?... O surprise ! il n'y en a qu'un seul ;—un trop aimable coiffeur nommé Perroquet a fait tous ces ravages, — et ce qu'il y a de plus triste à dire, c'est qu'il est lui-même marié. Quel avantage un coiffeur possède sur tout autre amoureux, auprès des jolies commerçantes! Introduit sans défiance dans les cabinets de toilette aux heures d'abandon et de fantaisie, promenant sa main sur le cou et la plongeant dans les cheveux, complaisant par état, flatteur par intérêt, bavard par caractère, que de moyens pour tourner les têtes! Et l'on parle de l'influence du médecin et du prêtre; mais ceux-là ne viennent qu'aux heures tristes, leur vue seule éveille des idées sombres, — et le coiffeur, lui, ne fait penser qu'à l'élégance et au plaisir.

Voilà ce qui explique les succès de cet homme unique, dans tout un quartier. Cependant, en qualité de mari, Perroquet fait lui-même partie du club des hommes. Il s'agit de nommer le plus *infortuné* de la réunion; il concourt à la nomination du citoyen Bonnivet, comme il a concouru à son malheur. Tant d'immoralité ne sera pas impunie. En sortant du club des maris, il tombe dans celui des femmes, et reçoit ce qu'en style de coiffeur on appellerait une *peignée*. Un jeune homme inconnu a révélé sa conduite et prononcé un discours fort applaudi.

Cependant il se fait tant de bruit dans les deux clubs, séparés par une simple cloison, que des réclamations s'échangent; on est près d'en venir aux mains; tout à coup, les maris reconnaissent leurs femmes, et les femmes leurs maris. Les griefs, déjà éclaircis par la discussion, retombent entièrement sur le galant coiffeur. Mais, alors, le jeune homme déjà cité intervient entre les deux partis, et déclare aux maris furieux qu'il est le seul coupable, qu'à lui seul se rapportent les billets doux inculpés. Les femmes s'empressent d'accepter cette rectification, — attendu qu'elles savent déjà que ce jeune homme n'est autre que l'épouse du coiffeur, ce qui ne tarde pas à être démontré aux maris. L'adresse et la générosité de madame Perroquet amène donc une réconciliation générale, et les deux clubs sont dissous d'un commun accord.

Cette donnée, assez légère, est égayée d'une foule de traits comiques qui ont soutenu la pièce, jouée d'ailleurs avec ensemble. La moralité de la chose est sans doute qu'avec de la tolérance et de l'indulgence dans les ménages, on peut se passer du divorce et même de la communauté. C'est moral si l'on veut, comme toute moralité de vaudeville..

THÉATRE-MONTANSIER. *Le Club champenois.*—Il est à remarquer que la réaction fait de grands progrès dans les théâtres; nous en aurons une preuve au Théâtre-Montansier; les idées sociales et humanitaires y ont été fort attaquées. Il ne faudrait pas, cependant, que cela nous menât trop loin. L'esprit des théâtres fut le même au commencement de l'ancienne révolution. Ne risque-t-on pas, d'ailleurs, d'envelopper dans le même ridicule les bonnes et les mauvaises idées?

Le club champenois se tient dans une salle de mairie. Le maire, chargé par le commissaire du département de former un club, et désespérant de réunir des auditeurs, profite de l'arrivée d'une noce pour forcer les invités à lui faire un public. On ferme les portes, et la séance a lieu. Levassor paraît sous trois costumes, dont le plus remarqué est celui d'un socialiste farouche à l'habit râpé, au gilet à pointes, qui développe les théories les plus monstrueusement comiques sur la famille et la propriété. La noce finit par se fatiguer d'écouter ces balivernes, et le club se transforme en salle de danse. Cela finit à peu près comme *le Jugement du Fandango.* — Hyacinthe et Alcide Tousez sont fort amusants dans des rôles épisodiques de Champenois.

19 juin.

THÉATRE DE LA NATION. *L'Apparition.* — Le sujet de cet opéra, tiré d'une délicieuse nouvelle de Charles Nodier, *Inès de las Sierras*, eût prêté à la musique entre des mains moins habiles que celles de M. Germain Delavigne. Nous disons moins habiles, malgré l'espèce de contradiction apparente de notre phrase, car le plus inexpérimenté et le plus maladroit des *poëtes* eût produit de grands effets avec cette donnée, que le *faiseur* a si mal mise en œuvre.

Le récit de Nodier, d'une réalité fantastique saisissante, d'une gradation de nuances admirable, vous conduit, par un crescendo merveilleusement soutenu, de la curiosité incrédule à la terreur la plus intense, du haussement d'épaules du doute au frisson de l'épouvante; à travers ce noir récit, sur cette sombre aventure, il a fait circuler et voltiger, comme une flamme sur un tombeau, un amour de l'autre monde, une volupté morte, un délire glacial, toute une poésie sinistre et charmante qui effraye et qui ravit ; Nodier était passé maître en ces sortes de contes. *Smarra*, cet étrange poëme où les cauchemars thessaliens sont traduits en style attique, montre quelle était sa puissance dans ce genre ; Nodier rêvait beaucoup et il avait une mémoire nocturne singulièrement fidèle. *Inès de las Sierras* est un de ses rêves transcrits au réveil.

Les faiseurs, ficelliers, charpentiers, carcassiers, directeurs de théâtre, régisseurs, metteurs en scène et autres gens d'expérience, capables d'établir carrément un ouvrage, ne viendront jamais à bout d'une pièce fantastique : il y a là quelque chose qui leur échappe. Ce quelque chose, c'est tout bonnement la poésie. Ces messieurs, voltairiens pour la plupart, trouvent, au fond, le fantastique absurde, et veulent tout expliquer par des moyens physiques : ils penseraient faire outrage à des citoyens de bon sens, en leur présentant des choses que la raison réprouve. Ils s'imaginent être très-forts en agissant ainsi ; mais ils méconnaissent tout simplement les plus hauts instincts de l'humanité. Le monde idéal est fermé pour eux ; comme saint Thomas, ils demandent toujours à fourrer le doigt dans la plaie, car ils ne savent pas que le corps n'est rien sans l'esprit.

Pourquoi les histoires de revenants, d'apparitions, produisent-elles un effet si profond ? C'est qu'elles sont basées sur le désir que l'âme a d'être immortelle, désir qui est la preuve la plus certaine de son immortalité. Malgré l'effroi qu'une ombre inspire, elle console et rassure en montrant que la terre ne nous engloutit pas tout entiers. La croyance aux apparitions n'est donc qu'un corollaire de l'immortalité de l'âme et une vague aperception du monde aromal qui nous entoure, et que nous ne pouvons découvrir sans être dans des conditions de vision particulière.

Il ne faut pas, si l'on veut produire de l'effet avec une donnée fantastique, procéder en incrédule : soyez convaincu, le public vous croira sans peine, il est plus qu'à demi persuadé. Vous touchez à des fibres trop tendues pour qu'elles ne résonnent pas aussitôt.

M. Germain Delavigne a pensé faire une préparation adroite en nous montrant, dès les premières scènes de son livret, Inès, qu'il appelle Clara, machinant avec une gitana, diseuse de bonne aventure et sorcière éclairée, une comédie phantasmatique, dont le but est de faire égorger un officier français, amant infidèle, par un certain Alvar, Oreste de cette Hermione espagnole. Pour jouer sa comédie d'ombre, Clara a été obligée de jouer préalablement une comédie de morte et de se faire enterrer publiquement sous la forme d'une bûche dans un cercueil : deuxième préparation non moins habile que la première. Avec toute cette cuisine explicative, quel effet voulez-vous que fasse la scène de l'apparition? Comment le public peut-il frémir avec l'officier et les hôtes du château délabré?

Ce n'est pas ainsi que Nodier avait arrangé son histoire. — Des officiers français voyageant avec un arriero, en compagnie d'un pauvre diable d'entrepreneur dramatique, sont surpris en route par une pluie fine, qui dégénère bientôt en averse torrentielle. Arrivés à la ville, ils trouvent toutes les auberges occupées, à cause de la foire prochaine ; ils sont donc forcés de se réfugier dans un vieux château abandonné, dont on voit flamboyer les vitres, dit la légende, à un certain anniversaire sinistre qui tombe précisément ce jour-là.

Jusqu'ici, rien que de parfaitement naturel. Les officiers français n'ajoutent pas grande foi au récit qu'on leur fait, et expliquent les lueurs des fenêtres par des voyageurs obligés comme eux de chercher refuge dans les ruines. Ils sont jeunes, braves, et s'imaginent qu'avec de bons pistolets, on a raison de toutes les ombres.

Les voilà donc partis, avec un panier de vin et de provisions, accompagnés du muletier et de l'impresario tremblant. Ici, Nodier, avec un art d'Anne Radcliffe et de Piranèse, commence la description du château maudit.

Les officiers, tout vaillants qu'ils sont, ne peuvent se défendre d'un certain frisson en pénétrant sous ce porche noir, humide, où soupire un vent chargé de pluie. La cour obscure, à moitié comblée de décombres et d'enchevêtrements de poutres tombées, a, sous la rouge lueur de la torche de résine, quelque chose de désolé et de sinistre. La première touche de terreur est donnée ; il n'y a rien encore, mais l'on est déjà attentif, inquiet. On traverse des salles aux planchers à demi effondrés, une galerie dont les vitres brisées craquent sous les pieds, et que la lune, enfin débarrassée des nuages, éclaire par intervalles de lueurs blafardes, faisant sur les murs l'effet d'une procession de fantômes blancs ; de temps en temps, une chauve-souris aveuglée secoue la poussière de ses ailes ; l'orfraie alarmée piaule ; un de ces mille insectes des ruines, troublé dans sa besogne ou ses amours, se réfugie derrière la boiserie avec un craquement singulier.

De l'appréhension, on est passé au malaise, et ce n'est pas trop de quelques bouteilles de bon vin pour rétablir la gaieté, lorsque, arrivés au bout de leur course, les officiers se sont installés dans la salle la moins délabrée du château, à côté d'un bon feu bien flambant, alimenté par des pans de boiserie démantelée. Cependant, les lambeaux de tapisserie s'agitent d'une manière inquiétante ; les portraits, noircis par le temps, semblent se raviver et regarder avec des yeux fixes ; un reflet s'arrête comme à dessein sur cette figure de jeune femme dont la poitrine blanche est rayée d'un rouge coup de poignard. Les yeux qui voudraient s'en détourner y reviennent invinciblement ; la rafale s'engouffre dans la cheminée et pousse des sanglots presque humains. Autour de ce petit groupe de militaires attablés et concentrés dans un cercle lumineux, on sent nager et flotter le monde invisible ; des formes sinistres s'ébauchent aux angles obscurs, et, lorsqu'au toast porté à la maîtresse assassinée du féroce châtelain une voix répond dans le lointain : « Me voilà ! » personne ne doute de la réalité de l'apparition.

Avec quel art Nodier a-t-il peint ce pâle fantôme s'avançant du fond de l'ombre vers l'endroit éclairé, d'un pas muet, d'une démarche immobile et prenant silencieusement entre les convives la place laissée vide à son intention ! Quelle grâce alarmante, quelle beauté fatale et surnaturelle il donne à cette Inès de las Sierras, si pareille à celle du portrait, et qui montre, en ouvrant son corsage de sa main blanche et glacée, que rien ne manque à la ressemblance, pas même la cicatrice du coup de poignard ! Comme elle chante et comme elle danse ! Qu'elle est belle, passionnée, enivrante sous sa froideur de marbre, et que l'on comprend bien, lorsqu'elle se retire aux premières lueurs du jour, la folie du jeune et romanesque Sergy, qui veut suivre dans la tombe cette ombre préférable à tous les corps de de la terre !

Cette nuit fantastique achevée, le lieutenant incrédule se fait moine; convaincu d'avoir vu une âme du purgatoire, l'officier romanesque cherche la mort dans une bataille pour retrouver l'ombre adorée. Le sceptique, persuadé, quoique Français, de la vertu du proverbe espagnol « De toutes les choses sûres, la plus sûre est douter, » attend, sans la désirer, des années et des circonstances, l'explication de ce prodige.

Le fantôme était la Pedrina, comédienne admirable et fantasque, descendant, en effet, d'Inès de las Sierras, et qui, rendue folle par un désespoir d'amour, avait cherché un refuge dans les ruines du château de ses aïeux. Un de ses accès avait coïncidé avec la venue des officiers français, et ses talents de théâtre avaient contribué à l'illusion.

Après l'analyse de la nouvelle de Nodier, nous ne ferons pas celle de l'opéra : ôtez du conte le naturel, l'intérêt, la grâce, la terreur, l'amour et surtout le style, et vous aurez le livret de M. Germain Delavigne. On nous répondra qu'un livret n'a pas besoin de toutes ces superfluités. Il s'agit là, non pas de poëme ni de vers, mais d'un programme et de paroles. *Words, words, words* (des mots, des mots, des mots)! comme dit Shakspeare, voilà ce que demande la musique. Nous ne sommes pas de cet avis. Les plus grands poëtes de ce temps-ci, Lamartine, Victor Hugo, Alfred de Musset, de Vigny devraient, selon nous, travailler pour l'Opéra, leur lieu et centre naturel : eux seuls sont lyriques. L'opéra bien entendu, c'est la tragédie grecque avec les chœurs, les récitatifs, les mélopées, les hymnes et tout son développement harmonique. On ne saurait trouver d'assez beaux vers pour cela.

Il faut espérer que toutes ces platitudes émaillées de fautes grammaticales et prosodiques, qu'on appelle des livrets, ont fait leur temps. A une époque où Marquis enveloppe ses bonbons au chocolat avec les meilleurs passages des *Harmonies*, des *Orientales*, des *Consolations*, des *Contes d'Espagne et d'Italie*, du *Pinto*; où les mirlitons eux-mêmes, se piquant de suivre le progrès, se guirlandent de distiques rimés à trois lettres, il est impossible que l'Opéra, grand théâtre d'art, de luxe et de poésie, subventionné si richement par l'État, continue à offrir de pareilles pauvretés au premier public du monde. Que diriez-vous si l'on habillait les danseuses de toile à torchon, si l'on tachait les décorations d'huile, et si l'on remplaçait les instruments de l'orchestre par cinquante orgues de Barbarie jouant un air différent? Ce ne serait cependant pas plus barbare que les vers dont l'Opéra nous afflige.

Ces scandaleuses nullités ne doivent pas être supportées plus longtemps. — Si la France manquait de poëtes ou même de versificateurs, il faudrait bien se résigner aux livrets tels qu'on nous les chante; mais jamais le vers n'a été si bien tourné qu'aujourd'hui, et Paris compte plus de trois cents jeunes gens qui savent tous les secrets de la rime, du rhythme et de la prosodie. Personne, maintenant, ne pourrait écrire, le voulût-il, des lignes aussi mauvaises que celles de M. Scribe ou de M. Germain Delavigne.

Que pouvait faire M. Benoît contre ces paroles estropiées, boiteuses, essoufflées, sans idée, sans passion et sans rhythme? De la musique savante. Le chant a passé du théâtre dans l'orchestre; car quelles notes peuvent s'envoler, ayant à la patte de si lourdes syllabes! De temps à autre, un pauvre petit motif ouvre l'aile, prend l'essor, voltige quelques secondes et retombe, secouant le vers auquel il est attaché : la chanson à boire commence bien et finirait de même si le rhythme des paroles la soutenait. Il est fâcheux pour M. Benoît, artiste instruit et laborieux, d'avoir eu à partager pour son début la mauvaise fortune d'un semblable ouvrage.

Les décorations de la ville espagnole et du château ruiné font honneur aux brosses exercées de MM. Séchan, Diéterle et Despléchin.

THÉATRE DE LA RÉPUBLIQUE. *Les Frais de la guerre.* — *Les Frais de la guerre* appartiennent, — ou, pour parler plus régulièrement, la pièce qui porte ce titre appartient à une certaine école dramatique qu'il n'est pas aisé de définir. Les gens superficiels se hâtent de dire : « C'est du *marivaudage!* » et ce mot, qui fut une injure autrefois, est devenu un éloge aujourd'hui qu'on apprécie plus justement Marivaux. Ce serait même un éloge beaucoup trop grand que de l'appliquer à la pièce nouvelle. Marivaux est le Watteau du théâtre, et n'est pas Watteau qui veut. Aux yeux de ces vains bourgeois, M. Winterhalter fait du Watteau, et M. Guillard fait du Marivaux. Cela prouve que très-peu de gens ont lu cet écrivain. Malheureusement, la finesse et la grâce du style, la distinction des idées et des sentiments, sont les qualités qui s'effacent le plus à l'optique du théâtre. Les pièces, aujourd'hui, sont faites à la brosse comme les décorations. Est-il vrai, comme on le dit, que ce soit une des conditions de l'art dramatique? Ce sont les médiocrités qui font courir ces bruits-là.

Les théâtres de vaudeville et de drame ne font appel qu'à la curiosité et à la surprise; c'est leur droit. — Mais nos théâtres du premier ordre ont toujours dû se préoccuper du mérite absolu des pièces, de la durée probable des succès. Autrefois, ce n'était pas sur une seule représentation qu'on jugeait les ouvrages. — Les pièces mêmes de Marivaux n'ont eu que peu de succès dans leur nouveauté. — Le public revenait assidûment aux pièces signalées par les connaisseurs, jusqu'à ce qu'il eût compris et saisi toutes les beautés. Une comédie bien faite et bien écrite n'est pas plus facile à juger sur une seule audition qu'un opéra.

C'est le propre des gens peu instruits de créer des assimilations sur un simple rapport de genre. Ainsi, n'entendons-nous pas dire tous les jours que les charmantes comédies d'Afred de Musset, auxquelles le théâtre de la République doit les seuls succès littéraires qu'il ait obtenus depuis longtemps, sont aussi des imitations de Marivaux? Il est clair, au contraire, pour quiconque se préoccupe de l'histoire littéraire, que le théâtre de M. de Musset procède directement de la comédie italienne du XVIe siècle. L'Arioste, Bibbiena, Machiavel, créèrent les premiers la comédie d'analyse, fondée sur l'observation des mœurs et des sentiments modernes.

On peut leur reprocher d'avoir peine à se dégager encore du moule conventionnel de la comédie latine. Mais, importé en France, ce genre s'assouplit et gagna beaucoup comme naturel et comme observation. Il y rencontra un public tout à fait propre au sentiment raffiné de la galanterie, épris d'un platonisme effréné, qui mettait le cœur au-dessus de tout et substituait le roman à la vie, bon gré, mal gré. Dernier refuge des mœurs chevaleresques, cette société était comme un reflet des cours d'amour du moyen âge; la dialectique amoureuse y triomphait selon les lois d'Aristote, le sentimentalisme d'Abeilard y jetait encore son rayon stérile. De là les romans langoureux, les comédies héroïques et toute cette poésie maniérée à laquelle le génie lui-même ne put toujours se soustraire. Corneille et surtout Rotrou commencèrent par des comédies romanesques.

Les mœurs du temps y apparaissent déjà avec une certaine réalité, à travers les longues dissertations d'analyse amoureuse; du moins, le lieu de la scène est fixé, le costume se devine, les choses du moment ont leur importance. On se promène à la place Royale, on parle çà et là de l'édit sur les duels, du cardinal; on discute sur la forme d'une fraise, sur la couleur des rubans à la mode; ou bien l'intrigue se noue dans la galerie du palais, où les dames de la cour vont faire leurs emplettes; les petites boutiques des marchands sont sur la scène; les femmes passent de l'une à l'autre en choisissant, en marchandant, en disant leur avis sur tout; par exemple, s'il est question de fichus :

> Ceux-ci sont assez beaux, mais de mauvais service ;
> En moins de trois savons, on ne les connaît plus!

C'est pourtant le grand Corneille qui s'amuse à versifier ce caquetage de femmes. — Cependant, le galant n'est pas loin; il ouvre un livre dans la boutique voisine de celle où s'est arrêtée la Florinde ou la Céliane. Le marchand lui vante un sonnet que contient le livre.

> Il n'est que mal traduit du cavalier Marin!

répond le Clitandre en rendant le volume. — Et il s'élance sur les pas de la belle, qui sort en ce moment de l'autre boutique ; il se félicite de l'heureux hasard de cette rencontre... Et voilà la conversation entamée; voilà le phébus du dialogue amoureux qui reparaît bien vite après les plus prosaïques incidents. Bizarre contraste de sentiments héroïques et de réalité vulgaire!

Ceci constitue un genre dramatique beaucoup plus étrange que la comédie sérieuse ou la pastorale telle qu'on la voit dans Molière. — Là, nous marchons en pleine convention d'un bout à l'autre de la pièce; ce sont des princes ou ce sont des bergers. Rien n'est vrai, rien n'est possible; cela se passe dans un monde non moins idéal que les plafonds de Versailles; les détails sont enjolivés et contournés capricieusement comme des arabesques de trumeau ; — telle n'est pas la comédie dont nous voulons ici définir les signes particuliers. C'est chez Rotrou principalement qu'on en trouverait les premières épreuves réussies. Dans les comédies de Corneille, il existe un côté d'action matérielle qui se rattache au genre des comédies de cape et d'épée espagnoles.

Plus tard, nous voyons se former une école de comédie à l'italienne, dont Autreau et Marivaux sont les principaux représentants. Les noms mêmes des personnages, les Sylvia, les Mario, les Lélia, indiquent l'origine étrangère du genre. Les valets sont Arlequin ou Pierrot; les personnages comiques sont, d'ordinaire, un financier ridicule et une baronne coquette à la figure couperosée par l'abus du sillery. C'est dans ce cadre grimaçant que se déroulent les raffinements de la plus exquise galanterie. Avant Marivaux, ce n'est encore que du jargon ; chez lui, on commence à sentir le véritable cœur humain.

A travers mille fanfreluches coquettes, on découvre quelque chose de bien nouveau pour le temps, l'analyse sérieuse de l'amour. Molière, qui excellait dans la peinture des caractères en toute autre chose, n'avait fait vibrer qu'une seule fois cette corde-là, dans *le Misanthrope;* autrement, ses amoureux sont de simples jeunes premiers, n'émettant que des sentiments traditionnels et se ressemblant tous. Ce sont les Pamphile et les Chéréas de la comédie latine, — des amoureux si l'on veut, des gens qui aiment, jamais.

Le Théâtre-Français ne joue pas les meilleures pièces de Marivaux; la plus remarquable est intitulée *la Surprise de l'Amour.* C'est celle où il a poussé le plus loin le système qui consiste à tirer des sentiments seuls toutes les péripéties qui ordinairement sont le produit des circonstances extérieures. On prétend que cela n'est pas dramatique; il faudrait voir de bons acteurs dans une pareille pièce, comme nous en avons vu dans *un Caprice*, d'Alfred de Musset, qu'on jugeait impossible au théâtre avant que les étrangers nous eussent donné l'exemple de l'applaudir.

La comédie d'analyse a depuis été tentée par Sedaine et par Hoffmann. C'est à ces faibles modèles que se rattache la dernière pièce de M. Guillard.

On comprend que ce genre est, de tous, le plus facilement ennuyeux.

Il ne supporte donc pas la médiocrité, mais surtout il ne peut se passer de style. Le papotage des conversations du monde, si habilement rendu par Alfred de Musset, donnait un relief singulier, une réalité positive à ses deux proverbes. M. Guillard rentre dans le dialogue vague et d'une banale élégance de M. Scribe ou de M. Bayard; les tirades sentencieuses qui caractérisent le genre ont toute la finesse d'aperçus, toute la profondeur d'analyse du style de madame Ancelot. Cela joue l'observation, cela chatoie un instant aux lumières; mais ne vous arrêtez pas à ces ornements, c'est du faux. Quant à l'action, elle est plus nulle que l'exécution, qui révèle du moins une habileté vulgaire.

Reconnaissons, du reste, que la pièce est jouée avec ensemble et avec talent, surtout par Regnier et madame Allan.

XVII

AOUT 1848. — Théâtre de la République : *Il ne faut jurer de rien*, comédie-proverbe de M. Alfred de Musset. — Mademoiselle Luther, Got, Provost, mademoiselle Mante. — Porte-Saint-Martin : *Tragaldabas*, pièce bouffonne, de M. Auguste Vacquerie. — Du bon goût et des hardiesses au théâtre. — Le porc aux choux. — Frédérick Lemaître. — Théâtre-Historique : *le Chandelier*, comédie de M. Alfred de Musset. — La pièce et les acteurs. — Variétés : *un Petit de la Mobile*, nouvel à-propos de MM. Clairville et Jules Cordier. — Leclère, Charles Pérey. — Gaieté : *Marceau, ou les Enfants de la République*, drame de MM. Anicet Bourgeois et Michel Masson.

14 août.

THÉATRE DE LA RÉPUPLIQUE. *Il ne faut jurer de rien.* — Pendant les deux mois qui viennent de s'écouler, les théâtres avaient fermé leurs portes, qu'ils n'ont rouvertes qu'après le vote des cinq cent mille francs de subvention que leur a alloués l'Assemblée nationale. Joué la veille de l'insurrection de juin, avec un succès qui avait triomphé de la préoccupation du public, pris de cette inquiétude électrique qui précède les grands événements, le délicieux proverbe *Il ne faut jurer de rien* a reparu plus vif, plus gai et plus charmant que jamais.

Chose singulière, ces ravissantes pièces du *Spectacle dans un fauteuil*, que l'auteur lui-même semblait juger impossibles, et qu'il avait destinées à cette représentation idéale que se donne à lui-même le lecteur, les pieds sur les chenets, à la lueur de la lampe solitaire, soutiennent parfaitement le jour de la rampe, et font même de l'argent, comme on dit en style de caissier. Nous sommes glorieux d'avoir, depuis longues années, prophétisé ce succès et dit qu'Alfred de Musset était un des génies les plus naturellement dramatiques de ce temps-ci.

Tout le monde a lu ce petit chef-d'œuvre intitulé *Il ne faut jurer de rien*. Il est un peu plus compliqué que les deux comédies du même auteur représentées déjà avec tant de succès au théâtre de la République, et qui avaient l'avantage de se passer dans un salon. Le théâtre de la rue Richelieu a, comme on sait, l'horreur des mutations de scènes. Sa pudeur, aussi susceptible que celle de cet empereur de Chine qui proscrivait les bateaux à vapeur comme indécents, se trouve choquée par les changements à vue, et l'a forcé à couper en trois petits actes le proverbe, assez ambulatoire cette fois, d'Alfred de Musset. — Pourquoi ne pas changer franchement de décoration ? quel est ce respect superstitieux d'un sot usage ? Le théâtre de la République devrait bien se montrer un peu plus révolutionnaire.

Un oncle veut marier son neveu ; celui-ci, se souvenant de certains gants verts mis péniblement par un mari malheureux dans une situation ridicule, ne se soucie pas de se marier, de peur d'être ganté de gants pareils. Il refuse donc, ou n'accepte que sous bénéfice d'inventaire. Pour éprouver la vertu de sa future, qui ne le connaît pas, il se fait verser devant la porte du château, et commence, bien servi par cette introduction romanesque, à battre en brèche le cœur de la petite. Il lui écrit une lettre, en obtient un rendez-vous sous les grands arbres du parc, où l'ingénue roue le Lovelace à force de candeur, de droiture, de franchise et d'amour, au grand contentement de l'oncle Van Buck, très-embarrassé d'avoir pour neveu un scélérat si redoutable.

Quel charme, lorsque l'on est condamné comme nous au vaudeville et au mélodrame à perpétuité, d'entendre un ouvrage en langue humaine, en pur dialecte français et d'être débarrassé, une fois pour toutes, de cet horrible patois vulgaire qu'on parle et surtout qu'on écrit aujourd'hui ! Comme cette phrase est nette, vive, alerte ! comme l'esprit petille au choc du dialogue ! quelle malice et en même temps quelle tendresse ! la bouche sourit et l'œil brille, lustré par l'émotion. La scène d'amour sous les arbres est d'une fraîcheur, d'une passion honnête et pure qui ravissent.

Maintenant que le public a montré, par l'accueil qu'il fait à ces proverbes, écrits seulement pour la lecture, combien sont injustes les préventions des directeurs contre toute œuvre d'art composée en dehors des recettes de MM. les carcassiers, il faudrait monter sans y changer un mot, les pièces purement poétiques d'Alfred de Musset : *Fantasio, André del Sarte, les Caprices de Marianne, On ne badine pas avec l'amour, A quoi rêvent les jeunes filles*, et surtout *Lorenzaccio*, chef-d'œuvre de premier ordre et qui rappelle la profonde analyse de Shakspeare.

Ces comédies, exécutées dans la première manière de l'auteur, avec tout le feu, la hardiesse et la bonne foi de la jeunesse, sont supérieures à celles de la seconde manière, où le poëte, faisant la critique de lui-même, a réprimé ses élans et s'est renfermé dans un cadre plus vulgairement possible. — Il faut qu'Alfred de Musset réussisse au théâtre, non par les côtés où il a eu l'humble fatuité de vouloir rivaliser avec Théodore Leclercq, mais par les côtés où il touche d'une aile à Byron et de l'autre à Shakspeare.

Mademoiselle Amédine Luther a créé le rôle de Cécile avec un naturel charmant et une ingénuité résolue et pudique tout à fait remarquables : c'est, depuis mademoiselle Doze, qu'elle rappelle par l'or moiré de ses cheveux, la blancheur de sa peau et la pureté de ses traits, la plus gentille Agnès qui se soit produite au théâtre de la République. Brindeau — et cela fait son éloge — est toujours meilleur dans les pièces d'Alfred de Musset que dans ses autres rôles : il est charmant quand il se dispute avec son oncle.

Provost a joué Van Buck sur un ton un peu trop uniformément furieux. Van Buck, gourmandant son neveu, n'est pas Géronte criant après Scapin. Mademoiselle Mante est excellente dans la baronne ridicule, et Got, admirablement grimé, a fait, du personnage tout à fait épisodique de l'abbé, une silhouette animée et vivante, pleine de bêtise fine et de bonhomie cafarde, sans la moindre caricature.

Porte-Saint-Martin. *Tragaldabas.* — *Tragaldabas!* quel nom formidablement hétéroclite ! Ce gaillard doit être pour le moins cousin ou frère de lait de Goulatromba, ami de cœur de don César de Bazan. *Tragaldabas!* voilà qui est franc et qui prévient le spectateur ami des berquinades et des drames sentimentaux de ne pas entrer. La pièce de M. Auguste Vacquerie appartient, en effet, au genre choquant.

Il existe en art une certaine médiocrité toujours sûre du succès d'estime, de l'applaudissement modéré, et qui, jointe à une modestie hypocrite, à une opiniâtreté insinuante, finit par conduire son homme au fauteuil académique : les Philistins chérissent, bien qu'elle les ennuie profondément, cette littérature douceâtre où les lieux communs se couvrent de fleurs de rhétorique : des œuvres de cette nature ne troublent pas les quiétudes de la somnolence digestive et ne demandent pas plus d'attention de la part de l'auditoire que le *felicita* des finales italiens, et ce que le spectateur français aime dans une pièce de théâtre, c'est de la comprendre sans l'écouter. Pour cela, il faut des situations connues d'avance et des phrases stéréotypées.

Le goût est le mérite et aussi le défaut de notre littérature ; nous l'entendons souvent comme cet évêque de Bruges qui fit gratter soixante pieds de sculpture et d'arabesques sur la façade de la cathédrale, sous prétexte qu'ainsi rabotée elle serait plus régulière et plus sobre. Les planches vernies ont plus de chances chez nous que les bas-reliefs, dont les saillies écorchent et dont les creux se remplissent de poussière.

Il est donc nécessaire que, de temps à autre, des artistes aventureux risquent des œuvres dont aucun angle n'a été abattu, qui conservent la franchise de leurs arêtes, au risque d'égratigner et de blesser le public. Ces horripilations du parterre en face d'un mot baroque ou d'une scène étrange sont nécessaires ; un peu de barbarie ne nuit pas dans notre civilisation effacée. Ne vous alarmez pas de quelques bizarreries plus apparentes que réelles ; nous serons toujours bien assez raisonnables. Le danger n'est pas dans les folies, il est dans la banalité. En art, l'extravagant vaut mieux que le plat. Tous les poëtes de haute renommée ont commencé par heurter le goût contemporain. C'est une beauté choquante qui a été le tranchant du coin par lequel ils sont entrés dans la masse compacte des esprits : Molière a eu sa *tarte à la crème;* Chateaubriand, *le nez du père Aubry;* Victor Hugo, son *vieillard stupide;* de Musset, son *point sur l'i;* M. Auguste Vacquerie a le *porc aux choux.* Ce porc et ces choux lui serviront plus que deux volumes d'odes et d'élégies.

Cet étonnant Tragaldabas a eu le glorieux triomphe d'exciter des vacarmes, des vociférations, des trépignements et des sifflets à tout rompre. Les cabales opposées ont été sur le point d'en venir aux mains. Il y avait longtemps que les théâtres n'avaient vu de pareilles fureurs. Ce spectacle nous a réjoui : c'est dans les parterres que nous aimons la guerre civile. Après les barricades véritables, la Porte-Saint-Martin a manqué d'avoir ses barricades littéraires. Il est beau pour un pays, au sortir d'une si terrible crise, de se passionner ainsi pour les choses de l'intelligence. La passion, éclairée ou aveugle, est toujours un élément de vitalité ; dans le cas d'erreur, on peut dire au spectateur comme à Jupiter : « Tu te fâches; donc, tu as tort. »

La pièce de M. Auguste Vacquerie, que l'on a, en général, jugée au point de vue d'une tragédie de l'école du bon sens, est volontairement bouffonne ; elle procède de Shakspeare et de Scarron : le capitaine Paroles y donne la main à don Japhet d'Arménie. Nous n'avons pas, quant à nous, de répugnance pour ces deux honnêtes personnages, bien que leur moralité soit douteuse et leur goût suspect. Au point de vue théâtral, Scapin et Falstaff ont toute la vertu qu'il faut. Ce qui, d'ailleurs, a éveillé le plus les susceptibilités, dans *Tragaldabas,* ce sont les plaisanteries un peu grosses et les étrangetés de détail.

Tragaldabas est une canaille achevée et complète. Il n'a pas le courage féroce du coupe-jarrets, l'insouciance poétique du bohème, la verve railleuse de l'aigrefin, la facilité aimable du débauché ; il est gourmand, fripon et lâche, sans une bonne qualité, comme le Panurge de Rabelais, et, malgré tout cela, il n'est pas foncièrement méchant : il rachète ses défauts par la naïveté de son cynisme, et en quelque sorte par la bonhomie de ses vices ; il est si naturellement vorace, ivrogne et joueur, qu'il semble ne pouvoir exister autrement. Son intelligence, obscurcie et fermée aux choses supérieures, s'ouvre dès qu'il s'agit de cuisine, de dés ou de filouterie. Stupide tout à l'heure, il devient soudain plein d'esprit.

Sur quel pied, dans le monde, peut être situé un drôle semblable ? Il ne peut être employé comme spadassin, puisque la vue d'un pistolet lui donne des convulsions, et que l'éclat d'une épée le fait évanouir comme Jacques II ; il n'a pas même l'aplomb de soutenir dans les tripots les *douze* imperturbables qu'amènent ses dés pipés, car une jambe noire, jaillissant d'une porte, vient de le lancer hors de la taverne ; il n'a pas la ressource d'être employé comme sauvage par les saltimbanques ; la salade lui fait mal : comment absorberait-il des poulets vivants et des pierres meulières ? Nous ne pensons pas qu'il ait des immeubles au soleil et des rentes sur l'État. Qui peut donc subvenir à ses goinfreries et à sa paresse ?

Voyez-vous cette charmante femme masquée, dont les yeux rient à travers le velours noir du loup, aux madrigaux et aux gongorismes de ce beau cavalier, qui lui chuchote à l'oreille son amour avec des exagérations de comédie romanesque ? Tragaldabas a la fonction de passer pour son mari, et l'affreux coquin ne cherche pas à profiter de sa position, tellement il a l'âme enfouie dans les pots. Cette femme, appelée Caprina, sans doute pour justifier par ce nom de chèvre les caprices de son esprit, n'est pas une franche aventurière, comme on pourrait le croire d'abord. C'est un esprit sceptique, qui doute de l'amour et ne veut donner son cœur qu'en toute connaissance de cause. Elle a remarqué que la plupart des amants seraient extrêmement fâchés de posséder sans partage et à tout jamais l'objet de leur flamme. Elle a vu que les hommages s'adressaient plutôt aux femmes mariées qu'aux jeunes filles, le mari étant un obstacle impossible à supprimer, et donnant une latitude sans péril aux protestations de dévouement. Pour amorcer les galants, elle a donc supposé un époux rassurant, et se promet d'étudier à fond celui qu'elle choisira.

Don Eliseo, le neveu du ministre, est fort épris de Caprina, et il se promènerait volontiers avec elle dans les parcs pleins de roses trémières et d'arbustes chargés de sonnets de la comédie impossible, à condition, toutefois, que l'allée fleurie n'aboutisse pas au temple de l'hymen. Il fera d'aussi fréquentes pauses qu'on voudra au clair de lune, sous les feuillages bleuâtres, devant la blanche statue de Cupidon ; mais aller s'agenouiller devant le dieu maussade, oh ! que non pas ! — Lorsque Caprina lui demande s'il la voudrait épouser en cas de veuvage, il se retranche derrière la bonne santé de Tragaldabas, et s'excuse galamment de ne le pouvoir massacrer, ce cher mari.

Loin de le massacrer, il protége, au contraire, la vie du misérable avec un soin tout particulier. Au sortir du tripot, Tragaldabas a donné comme un oison dans un nid de conspirateurs qui le forcent à tirer un coup de pistolet, signal d'une émeute. Don Eliseo arrache Tragaldabas aux mains des alguazils qui l'ont saisi. A la suite d'un déjeuner avec ses amis, Grif et Minotoro, Tragaldabas s'engage dans une sotte querelle, non pas à propos de bottes, mais à propos de « porc aux choux. » Eliseo, qui passait par là, et qu'on appelle pour témoin, voyant la lâcheté du drôle qui recule et propose en vain des « excuses dans les journaux » à son adversaire furieux, se bat à la place du plat coquin ; car il veut à toute force conserver un époux à Caprina.

Tragaldabas est surpris de ce dévouement chevaleresque de don Eliseo à sa personne ; mais, en le voyant quelques minutes après baiser la main de Caprina au détour d'une allée, il devine tout et comprend qu'il n'est pas aimé pour lui-même, ainsi qu'il s'en flattait.

A dater de là, Tragaldabas, concevant toute la beauté de sa situation, exploite Eliseo de son mieux. Il feint des mélancolies et des penchants au suicide ; il a reconnu le néant de la vie. Vivre, qu'est-ce que cela ? S'habiller et se déshabiller ! Quand il aura mis encore vingt ans ses jarretières, en sera-t-il plus avancé ? Ne vaut-il pas mieux en finir tout de suite ? Il souffre, il est malheureux; son âme, sa belle âme est méconnue; il a des dettes et des cors aux pieds, et don Eliseo le trouve une fiole au poing. Effrayé et apercevant dans le lointain Caprina sous le crêpe d'un veuvage futur, Eliseo paye les dettes de Tragaldabas, qui se montent à trente ducats, et l'engage à confier ses chagrins à un pédicure.

Ce tour fait, Tragaldabas s'imagine d'aller, sous un déguisement de lansquenet allemand, couvert, en guise d'armure, d'une batterie de cuisine formidable, faire de fausses révélations au ministre sur des complots imaginaires, dans le but d'extirper quelque argent, et, entassant bêtise sur bêtise, il se fourre dans un pétrin inextricable et se trouve en danger d'être pendu. Eliseo, usant de son crédit, le décroche fort à propos de la potence, au grand dépit de Caprina.

Quelques autres algarades de Tragaldabas, qui se fie un peu trop au courage intéressé d'Eliseo, le forcent à quitter sa patrie et à prendre, dans la troupe du senor Belerofonte, montreur d'animaux, la modeste place d'âne savant, dont l'emploi est vacant par la mort du sujet qui la remplissait. Il monte sur le char des comédiens ambulants revêtu de la peau grise et coiffé, nouveau Bottomi, de la tête aux oreilles velues que caresse si amoureusement Titania dans *le Songe d'une nuit d'été*.

A force de doux regards, de sourires emperlés et de concetti, Caprina décide don Eliseo à l'épouser, bien qu'il n'en ait guère envie. Tragaldabas, tu seras regretté. Caprina avait bien jugé les hommes.

Tragaldabas est joué par Frédérick Lemaître, c'est tout dire. Son entrée a été la plus prodigieuse du monde : la porte crève, et le drôle est vomi par le tripot au milieu de la place publique ; alors il se met à raconter en vers charmants cette admirable partie de dés où tout le monde amenait *douze* à chaque coup ; il faut voir les gradations d'étonnement qui passent sur la physionomie de l'acteur à mesure qu'il avance dans son récit et que de nouveaux *douze* y éclatent ! Son costume aussi est des plus comiques : râpé et prétentieux à la fois, soigné et dépenaillé, on y voit la lutte de son besoin de représentation avec ses habitudes crapuleuses. Le pilier de cabaret y combat le mari au mois. Dans la scène d'ivresse et de poltronnerie, à travers ces intonations bizarres, fantastiques, qui surprennent et forcent le rire, il a trouvé des accents de l'observation la plus juste et d'un naturel parfait ; dans la scène de mélancolie, le monologue sur le vide de l'existence a été dit par lui avec un air d'Hamlet en carnaval, le plus grotesque et le plus bouffon qu'on puisse imaginer ; le baragouin du lansquenet était si fidèlement imité de l'allemand, qu'on eût cru entendre parler le baron de Nucingen dans un livre de M. de Balzac.

L'idée sur laquelle repose *Tragaldabas*, comme presque toutes celles qui forment le fond des bouffonneries, est assez morose; c'est-à-dire que l'homme craint ce qu'il désire, et que le plus triste présent que le sort puisse faire à un amoureux, c'est sa maîtresse. Mais assez de traits spirituels, de vers gracieux et coquets, de plaisanteries hyperboliques, de grosses farces, de rimes rares et d'accouplements de mots singuliers, voilent ce que pourraient avoir de mélancolique cette fille défiante et ce jeune homme prudent.

Tel qu'il est, *Tragaldabas*, applaudi et sifflé, loué et déchiré, a cette qualité suprême qui efface tant de défauts aux yeux des artistes, il n'est pas commun. Les parties mauvaises ou détestables (il y en a) viennent d'un esprit sérieux, savant et cultivé, et nous étonnerions bien des gens en leur disant que *Tragaldabas*, qui n'aura peut-être pas vingt représentations, vaut mieux que telle pièce de M. Dennery qui en a eu trois cents.

15 août.

Théâtre-Historique. *Le Chandelier.* — Encore une perle tirée de cet écrin précieux qui est resté dix ans ouvert sans que les directeurs aient eu l'idée et l'intelligence d'y puiser ! Et l'on se plaignait de la disette de comédies, tandis que l'on avait sous la main des volumes de pièces adorables, où la finesse de Marivaux s'allie au caprice de Shakspeare ! Nous sommes heureux de retrouver au Théâtre-Historique le charmant poëte que nous venons de laisser au théâtre de la République. La scène est différente, mais le succès est le même.

La donnée du *Chandelier* est des plus simples. La femme d'un notaire de province a pour amant un officier de la garnison. Le mari, bien que débonnaire et peu taillé en Othello, a des soupçons sur la fidélité de Jacqueline. Un de ses clercs a vu escalader nocturnement le balcon de madame, et le notaire fait dans la chambre conjugale une irruption indue pour chanter pouilles à la traîtresse. Il faut voir comme la jolie dormeuse accueille les doléances et les reproches de l'époux malencontreux; comme elle bâille le plus gentiment du monde, étend les bras et renverse sa petite tête, en apparence accablée par le sommeil! Maître André, vaincu par ce manége, s'en va très-humblement après avoir baisé les mains distraites de sa femme.

Ce digne homme n'est pas plus tôt sorti, que Jacqueline, si endormie tout à l'heure, saute à bas du lit avec la prestesse d'une chatte, court à une armoire dont elle tire le capitaine Clavaroche, ployé en plusieurs angles fort aigus. Clavaroche, dans sa cachette, a eu beaucoup d'inquiétude pour son uniforme, qui a pris un mauvais pli, et, pour éviter désormais un accident si désagréable, il conseille à Jacqueline de prendre ce qu'en termes de garnison il nomme *un chandelier*, c'est à dire un petit jeune homme bien candide, bien niais, qui fasse publiquement l'office de cavalier servant, porte le châle, tienne les bouquets et jouisse de toutes ces prérogatives insignifiantes qui ont le don d'attirer la jalousie aveugle des maris.

Avec de tels galants, c'est un plaisir que d'être soupçonnée, espionnée, interrogée; car, où il n'y a rien, on ne peut rien trouver. La vérité a au moins cela de bon. Jacqueline ne se prête qu'avec répugnance à ce moyen, qui lui paraît peu délicat; mais Clavaroche est un gaillard qui va droit au but et ne donne pas dans les subtilités. Le choix de Jacqueline tombe sur Fortunio, l'un des clercs de son mari. Sous prétexte qu'elle a besoin d'un messager sûr pour des emplettes de coquetterie, que les femmes ne veulent pas porter sur le budget ostensible de leur dépense, elle noue avec le chérubin de l'étude une liaison frivole d'un côté, sérieuse de l'autre, car Fortunio a de l'esprit et du cœur, et il est digne de quelque chose de mieux que les grisettes de la grande rue.

Ce garçon est fort propre de sa personne, peigne soigneusement ses beaux cheveux blonds, rêve le dimanche à sa fenêtre au lieu de courir les guinguettes et les jeux de boules ; il s'occupe de poésie et tourne joliment les vers, et Jacqueline ne tarde pas à s'apercevoir qu'il vaut infiniment mieux que le capitaine Clavaroche, dont la galanterie brutale et les grâces automatiques commencent à lui peser.

Fortunio, admis dans l'intimité de la maison, s'acquitte d'abord fort bien de son rôle de chandelier : il est amoureux, il soupire, il lance des œillades, non pas toutefois si gauchement que le souhaiterait Clavaroche. Pressé à table de dire une chanson, Fortunio chante des couplets de sa façon, où, sous une forme ingénue, respire la passion la plus pure et la plus ardente. Maître André plaisante agréablement sur les yeux humides et l'air attendri du petit bonhomme, à qui Jacqueline demande la chanson écrite.

Clavaroche fait chorus et pousse tant qu'il peut à la jalousie le défiant et crédule époux, qui tend dans son jardin des piéges à loup où il attrape des chats.

Tout bête qu'il est, maître André s'obstine pourtant à soupçonner l'officier, et, pour en finir avec tous ces soupçons, ce dernier force Jacqueline à donner, à minuit, un rendez-vous au petit Fortunio, qu'on aura soin de faire surprendre et reconduire à l'étude par le bout de l'oreille, comme un enfant qui a voulu voler des confitures. Ce Clavaroche est vraiment féroce ! Pour se procurer ses aises et ne plus risquer de compromettre dans une armoire la fraîcheur de ses aiguillettes, il ferait un massacre des innocents. Fortunio, caché derrière un rideau, entend ce beau projet ; son bon petit cœur est prêt à se briser ; il contient pourtant ses sanglots, et se dit qu'il ira à ce perfide rendez-vous. Peu lui importe de se perdre, pourvu qu'il sauve Jacqueline.

Hélas ! sa fausseté l'empêche-t-elle d'avoir ce charme invincible, ces yeux pleins de feu et de langueur, cette taille si ronde et si souple ? d'ailleurs, n'a-t-il pas dans sa chanson juré qu'il mourrait pour elle ? Mais Jacqueline, prise de remords pour avoir écrit sous la dictée de Clavaroche le billet qui doit compromettre Fortunio, fait venir le pauvret dans sa chambre, où a lieu une scène d'explication pleine de grâce et de sensibilité, qui finit par une explosion passionnée et jette Jacqueline au cou de Fortunio. Le stratagème de l'officier n'a pas réussi, et, quand maître André vient inviter les convives à se mettre à table, Fortunio, dont le rôle de chandelier est fini, peut dire au soudard : « Chantez donc, monsieur Clavaroche! »

Cette charmante pièce, que les faiseurs flétriraient du nom de littéraire, a réussi comme un gros mélodrame. A part des entr'actes un peu longs, elle est fort bien mise en scène. M. Hostein, que l'on ne saurait trop louer en cela, a franchement admis les changements à vue.

Mademoiselle Maillet a joué le rôle charmant et difficile de Jacqueline avec une supériorité marquée. Dans une position si délicate et si risquée, elle n'a pas été un seul instant odieuse ou avilie; elle a su, aidée en cela merveilleusement par l'auteur, faire rester honnête une femme qui trompe son mari et son amant. Maître André est si carrément ennuyeux et ridicule, qu'il fait comprendre Clavaroche; Clavaroche est si occupé des basques de son habit, de ses éperons et de ses moustaches, il est si roide dans ses grâces de parades, qu'il rend Fortunio légitime. Bien que l'exacte morale puisse en souffrir un peu, Fortunio n'est-il pas le vrai époux de Jacqueline? Les convenances de jeunesse, de beauté, d'esprit et de cœur, ne sont-elles pas réunies dans ce couple charmant? Mademoiselle Maillet a rendu ces nuances admirablement. Comme, dès la première scène, à la nonchalance et à la mutinerie de sa défense, lorsqu'il la presse trop, on sent qu'elle enverrait maître André au diable, si Clavaroche en valait la peine, tant le mensonge répugne à ce caractère honnête et franc! comme il a fallu que l'ennui de la petite ville et la tendresse de Géronte d'un mari grotesque pesassent sur cette jeune âme pour la réduire à ces galanteries de régiment, et comme on voit, dans tous ses rapports avec le capitaine, qu'elle s'est laissé prendre et qu'elle ne s'est pas donnée! Elle obéit machinalement à l'habitude et cède à ce dur militaire qui commande l'amour comme la manœuvre, et, même dans la chambre de sa maîtresse, se croit toujours à l'école de peloton. Mais, dès qu'elle s'est trouvée en contact avec l'être sympathique, comme elle change de ton, comme, à travers le manége coquet et supérieur, perce vite la note attendrie! qu'elle tendresse et quelle effusion lorsque, implorant son pardon de Fortunio, elle se relève et se jette au cou de l'enfant éperdu, livrant son âme dans un seul mot et rachetant la perfidie de l'intrigue par la noble franchise de l'aveu.

Matis donne assez exactement à maître André le caractère faible et violent si bien indiqué par l'auteur. Fortunio, qui, à cause de son extrême jeunesse, a dû emprunter les traits d'une femme, a été joué par madame Debrou avec intelligence et sensibilité; nous aurions préféré que le personnage fût représenté par un jeune homme, car il y a dans ces tirades de passion dites en voix de soprano, quelque chose qui contrarie l'esprit, quelque large que soit la part qu'on fasse à l'illusion théâtrale. Colbrun a dessiné d'un trait naïf et vivace la silhouette à peine indiquée du petit clerc Guillaume. Quant au Clavaroche, il n'est pas joué : le débutant Peupin n'a rien de ce qu'il faut pour rendre le sec et brillant officier, si rude sous sa politesse exacte, si brutal dans son ironie tranquille.

Variétés. *Un Petit de la Mobile.* — Rien n'est plus simple que le sujet de cette pièce, qui a pourtant beaucoup réussi. Mais le mobile triomphe de tout, même de M. Clairville, et ce n'est pas sa plus médiocre victoire.

Un petit de la garde mobile, qui sait aussi bien jouer au bouchon que prendre une barricade, heureux mélange de gamin et de héros, gagne la décoration à la grande bataille de juin. Le brevet arrive à la maison pendant l'absence du petit, dont le grand-père, invalide républicain, prend la croix pour lui, comme récompense de sa conduite aux Pyramides, du haut desquelles il a eu l'honneur d'être contemplé par quarante siècles, ne s'imaginant pas que l'étoile de l'honneur puisse être accordée à des moutards très-peu moustachus, et, dans son idée, bons tout au plus à être fifres.

Il se promène donc fièrement la croix sur la poitrine, et ce n'est que par degrés qu'on peut lui faire connaître la vérité. Le bonheur d'avoir un petit-fils décoré à l'âge où l'on joue encore aux billes console le vieux de ne pas l'être lui-même, malgré l'éternelle pétition qu'il adresse aux différents ministres de la guerre qui se sont succédé depuis la bataille des Pyramides. Le tout est entremêlé d'une petite intrigue amoureuse entre la sœur du mobile et un ouvrier qui se laisse aller aux suggestions des insurgés, puis revient à de meilleurs sentiments, vaincu par l'amour pleurnicheur de la sœur et l'éloquence cordiale du frère.

Leclère est plein de bonhomie et très-vrai dans l'invalide. Charles

Pérey, en petit de la mobile, fait illusion. L'acteur disparaît complétement. Il a déployé dans ce rôle une sensibilité communicative, un entrain sans pétulance exagérée, une cordialité héroïque qui ont excité les applaudissements de toute la salle.

Les nombreux *petits* qui étaient dans la salle ont trouvé Pérey charmant et *susceptible de marcher avec*. Ils s'étonnent seulement qu'il préfère un engagement aux Variétés à un engagement dans la mobile.

GAIETÉ. *Marceau, ou les Enfants de la République.* — Voilà une pièce qui reflète encore les préoccupations du moment. Pourtant, elle n'a, au point de vue de l'art, rien de révolutionnaire : elle est jetée dans le vieux moule des mélodrames du boulevard, et n'avait pas besoin, pour être possible, de la chute d'une monarchie. On y retrouve les préparatifs aristotéliques, l'unité d'intérêt, les péripéties calculées, l'amoureux, le traître, le comique et la jeune première éplorée; les haines des blancs et des bleus qui constituent le fond politique du tableau sont développées à l'imitation de celles des Capulets et des Montaigus. La forme *biographique* que ce drame affecte n'a jamais cependant exclu la touche du génie; *Richard III*, *Vallenstein*, *Gœtz de Berlichingen* ont été produits dans de pareilles conditions.

Cela prouve une fois de plus la nécessité que de tels sujets ne soient traités que dans des théâtres fondés et soutenus par l'État. Si bonnes que puissent être les intentions des auteurs, n'est-il pas triste de voir traiter faiblement, ridiculement peut-être, des sujets nationaux d'une époque si rapprochée?

Manquons-nous aujourd'hui de poëtes capables d'accepter une semblable tâche? Ce n'est pas à eux assurément qu'un directeur ira s'adresser. Peu lui importe le mérite intrinsèque et la durée des succès de l'œuvre! peu lui importe d'enseigner la foule et de lui élever l'âme par de grandes idées et de beaux exemples! Il ne veut atteindre que la vogue du moment : ce sont des figures de cire animées qu'il lui faut, et son exhibition n'a pas plus de valeur que celle du salon de Curtius.

Voilà le rideau qui se lève, voilà de pauvres diables bizarrement costumés qui causent et boivent au Champ de Mars, sous la tente d'un cantinier. Savez-vous quels personnages réunit cette exposition toute simple? Il y a là Marceau, ce héros si pur de la République, auquel Byron a consacré des vers sublimes ; puis Marie-Joseph Chénier, qui en a fait de si beaux lui-même ; puis Talma, puis Kléber, qui entre un instant après ; puis Napoléon Bonaparte, rien que cela, — un bout de rôle dans la pièce ; — le génie puissant de MM. Anicet Bourgeois et Michel Masson n'a pas osé moins faire que d'évoquer ces cinq grands noms pour le début! ils ont animé ces figures grandioses, ils leur ont prêté leurs sentiments et leur style : c'est un beau spectacle, n'est-ce pas?

Pour ajouter à la grandeur de ces oppositions de caractères, ils ont mis en scène un vertueux prêtre, qui aurait pu être l'abbé Grégoire et qu'ils se sont contentés d'inventer sous le nom de l'abbé Pascal. Une autre de leurs créations, c'est le personnage d'un jeune apprenti imprimeur, qui, traversant le Champ de Mars, a perdu six écus qu'on lui avait confiés. Il pleure, il veut se détruire ; l'abbé Pascal dit alors aux assistants : « Il y a un moyen de consoler ce jeune homme, c'est de mettre chacun un écu à la masse. » Cette idée est adoptée avec enthousiasme, chacun se fouille ; Bonaparte n'a pas d'argent sur lui ; alors Talma lui dit : « C'est bon, je mettrai un écu pour toi ; tu me rendras cela plus tard. »

Voilà les inventions de nos Corneilles du boulevard. Il fallait bien ensuite que Marceau fût amoureux. Il a sauvé autrefois d'un incendie la fille d'un noble vendéen ; c'est elle qu'il aime. Il se trouve que l'abbé Pascal a aimé aussi la même personne ; seulement, désespérant de l'obtenir, il s'est résigné à faire des vœux.

Le second acte nous transporte chez l'ouvrier imprimeur sauvé par les six écus des héros du premier acte. Bonaparte vient corriger les épreuves de sa première brochure, intitulée, comme on sait, *le Souper de Beaucaire*. Quant à M. l'abbé Pascal, il est poursuivi et se cache chez le jeune ouvrier. Marceau, Talma, Chénier, Kléber, arrivent, et tous s'emploient à sauver l'abbé ; Talma lui procure un habit de théâtre, les autres des passe-ports et de l'argent. Nous assistons ensuite au banquet de la fraternité ; les tables sont dressées le long des rues : autre page d'histoire qui va faire place au roman des amours de Marceau.

Ce général est désigné pour l'expédition de Vendée; il arrive près du château qu'habite celle qu'il aime. Le vieux noble apprend l'intérêt que sa fille porte au chef républicain; il l'oblige à lui donner un rendez-vous. Marceau échappe à ce guet-apens, grâce à l'abbé Pascal.

Cependant la jeune fille et son père sont mis en prison. Un traître, qui veut se venger de Marceau et qui est devenu le substitut de Carrier, fait arrêter le général au moment où il vient visiter sa prison. L'abbé Pascal marie les deux amants en passant lui-même dans une galerie pour se rendre à l'échafaud. Kléber vient sauver son ami, mais il ne peut faire délivrer la jeune fille.

C'est chez Robespierre, dans la maison du menuisier Duplay, que nous transportent les auteurs. Marceau et Kléber supplient le dictateur et finissent par obtenir la grâce de la Vendéenne; mais, comme dans toutes les situations analogues, il est trop tard.

Marceau n'a plus qu'à se faire tuer au service de la République, et les scènes suivantes nous représentent au naturel le tableau de Bouchot; puis viennent les funérailles, l'apothéose et les feux de Bengale obligés.

Ce drame, tiré d'une charmante nouvelle d'Alexandre Dumas, *la Rose rouge*, a été joué avec beaucoup d'ensemble, et présente en somme un spectacle intéressant.

XVIII

SEPTEMBRE 1848. — Théâtre de la République : *les Jeux de l'Amour et du Hasard*. — Début de mademoiselle Judith. — Les héroïnes de Marivaux. — Le rôle de Sylvia. — Comment le jouait mademoiselle Mars. — Ambigu : *Joséphine et Napoléon*, drame en vers, de M. Dallière. — De la difficulté de mettre au théâtre les personnages historiques modernes. — Titus et Bérénice. — Napoléon élégiaque. — Mesdames Guyon et Naptal, Montdidier. — Variétés : *Candide*, imité du roman de Voltaire, par MM. Clairville, Chollet et Saint-Yves. — Nouvelle audace de M. Clairville. — Mademoiselle Delorme, Charles Pércy, Leclère, Rébard.

4 septembre.

THÉATRE DE LA RÉPUBLIQUE. *Les Jeux de l'Amour et du Hasard.* — *Début de mademoiselle Judith.* — Il ne manquera pas, certes, de vieux et même de jeunes amateurs qui crieront à la profanation, en apprenant que mademoiselle Judith s'est risquée dans cette entreprise d'essayer, après mademoiselle Mars, *les Jeux de l'Amour et du Hasard*. Nous avons admiré mademoiselle Mars, comme il convient, un peu sur la foi des souvenirs. Mais ce n'est pas une raison, parce qu'une illustre comédienne a été admirable dans un rôle charmant, pour que l'on soit à jamais privé de ce rôle. C'est bien assez de porter le deuil de mademoiselle Mars sans porter encore celui de Sylvia. Jetons des fleurs sur sa tombe, mais n'y enfermons pas Marivaux.

Mademoiselle Mars jouait *les Jeux de l'Amour et du Hasard* et tout le répertoire de Marivaux avec cette netteté étincelante, cette grâce mesurée et juste, ce goût toujours sûr de lui-même et cette verve railleuse qui n'appartenaient qu'à elle. Mais, s'il est permis à la critique de trouver un défaut à une comédienne si parfaite, saluée par les bravos de plusieurs générations, il nous a semblé qu'elle manquait dans ces rôles, à la fois si maniérés et si vrais, de l'élément aventureux et romanesque encore plutôt que poétique, qui leur donne une couleur à part.

Les héroïnes de Marivaux ont une secrète parenté avec les femmes des comédies de Shakspeare ; elles sont cousines des Rosalinde, des Hermia, des Perdita, des Béatrix, bien qu'inférieures, car elles manquent, ainsi que tous les personnages des tragédies et des comédies françaises, de cet admirable sentiment des choses de la nature, du ciel clair ou troublé, de l'eau qui court, du vent qui murmure, du feuillage qui pousse, de la fleur qui s'épanouit, dont sont doués leurs illustres prototypes. Chaque être créé par le divin poëte anglais porte avec lui son paysage et marche entouré de son atmosphère ; les personnages de notre répertoire se meuvent dans un milieu abstrait comme « ces chimères qui bombicinent dans le vide, » suivant l'expression de Rabelais.

Ce côté fantasque, presque rêveur, souvent sensible et passionné, n'a pas été suffisamment rendu, selon nous, par mademoiselle Mars, plus occupée d'acérer et de décocher les traits spirituels, de marquer les intentions moqueuses, de déployer ses manières de grande dame et d'établir sur toute la pièce son écrasante supériorité. Il n'était pas dans sa nature de le développer, et, d'ailleurs, de son temps, on ne comprenait pas Marivaux de cette façon.

Les chefs-d'œuvre sont des urnes ciselées où chaque génération verse son esprit. Le vase est toujours le même, mais la liqueur change : c'est un spectacle éminemment philosophique et curieux de suivre ces interprétations diverses d'une seule pensée. A travers l'œuvre ancienne, le caractère de l'époque moderne où on la représente se fait jour malgré tout. Des parties s'illuminent, d'autres rentrent dans l'ombre, l'admiration se déplace. Comme ces airs que le rhythme, ralenti ou pressé, rend mélancoliques ou joyeux, et qui excitent à volonté les larmes ou le rire, les tirades ont un sens tout différent, suivant l'acteur qui les débite ; là où nos pères riaient, nous nous attendrissons ; là où ils ne voyaient que de l'esprit, nous découvrons de l'âme ; ce qui leur semblait charmant nous semble poétique.

Pour nous, cette pièce des *Jeux de l'Amour et du Hasard* est presque sérieuse. L'idée que Bourguignon pût être amoureux de

Sylvia n'est pas venue à nos aïeux. — Mettez le cœur de Jean-Jacques Rousseau sous la livrée que Bourguignon échange contre l'habit à paillettes de son maître, quel jeu terrible et cruel !

Mademoiselle Judith a très-bien fait ressortir la partie fantasque, romanesque et rêveuse du rôle. Si elle n'est pas aussi preste à ce jeu de raquettes du dialogue que son illustre devancière, elle a une certaine grâce chaste, un débit intelligent, un ton de sensibilité vraie, et, de plus, comme beauté et comme jeunesse, elle satisfait à toutes les conditions de l'idéalité de Sylvia. Sans vouloir faire du théâtre une exposition plastique, et en mettant toujours le talent au-dessus de tout, il est nuisible pour l'illusion de voir des Agnès quinquagénaires et des Célimènes qui ont eu soixante ans devant elles pour s'exercer au jeu de la prunelle et au manége de l'éventail. En pareil cas, un peu moins de perfection et un peu plus de jeunesse nous semblent préférables, dût-on nous accuser de subordonner la matière à l'esprit et d'écouter avec nos yeux.

12 septembre.

Ambigu. *Joséphine et Napoléon.* — Cette pièce, après bien des chances diverses, est venue aboutir à l'Ambigu-Comique. Elle avait été reçue aux Français à l'unanimité, et jugée digne d'un tour de faveur ; — ce qui fait qu'on ne l'a pas jouée, et qu'on a préféré payer quinze cents francs plutôt que de la représenter!

Nous ne savons jusqu'à quel point l'optique théâtrale peut admettre des personnages si rapprochés de nous et contemporains pour un grand nombre de spectateurs. Cela nous trouble et nous inquiète; mais le public, beaucoup moins timoré que nous, n'y prend pas garde, et, d'ailleurs, un Napoléon de plus ou de moins ne fait rien à la chose.

Le Cirque nous a montré l'empereur sous le côté épique, avec ses batailles géantes, sa fanfare éternelle, ses roulements de tambours et ses canons toujours grondants. M. Dallière nous le présente sous le côté intime ; plus d'infanterie ni de cavalerie, pas le plus petit grain de poudre brûlé! A peine çà et là quelque factionnaire, quelque habit brodé de général ou de courtisan. Le spectacle semble plutôt évité que cherché. M. Dallière a fait de Joséphine une espèce de Bérénice du temps de l'Empire, et de Napoléon un Titus en habit vert, à parements blancs. *Invitus invitam dimisit*, c'est là toute la pièce. Le dénoûment est prévu dès le premier mot, et, cependant, l'intérêt ne manque pas malgré la stérilité d'une situation toujours la même : le divorce de Joséphine et de Napoléon n'a rien qui ne soit parfaitement connu de tout le monde, et M. Dallière s'est borné à suivre fidèlement l'histoire.

Il faut, pour idéaliser les sujets historiques, une grande force de concentration et une haute portée philosophique ; la fantaisie des détails, l'analyse des passions, l'observation des caractères doivent remplacer l'intérêt de curiosité absent : les faits en eux-mêmes ne signifient rien, si l'on n'en tire pas les déductions générales, et si on ne les rattache à l'humanité par l'investigation sagace des causes qui les produisent et des effets qui en résultent. — Qu'un poëte voie dans Napoléon et Joséphine deux types lumineux destinés à débattre cette thèse tant agitée du divorce, et les fasse les interlocuteurs de ces plaidoiries philosophiques sur les grandes résolutions humaines, qui sont le fond de tous les drames de quelque portée, cela se conçoit facilement ; mais la reproduction exacte du fait, au point de vue dramatique, ne nous paraît pas suffisante.

M. Dallière a bien montré les douleurs de Joséphine, mais plutôt dans le sens élégiaque et sans aucun de ces cris profonds que le drame tire de ses entrailles, et qui font vibrer l'humanité comme une corde consonnante ; il nous a fait voir Napoléon malheureux, contrarié, mouillé de ces larmes auxquelles il n'y a rien à répondre ; seulement, il aurait fallu sur tout cela un grand style, une grande poésie, un peu de cette vie idéale que Shakspeare donne aux figures de ses drames chroniques. La pièce de M. Dallière ne remplit pas ces conditions sans doute ; n'est pas Shakspeare ou Gœthe qui veut ; mais elle est faite avec soin, honnêteté, et versifiée sans trop d'ampoule ni de chevilles, et son succès n'a pas été douteux un instant.

Madame Émilie Guyon est fort belle dans le personnage de Joséphine ; elle a été tour à tour gracieuse, tendre, suppliante, pathétique, digne et noble, et a su éviter l'écueil du rôle, la pleurnicherie.

Napoléon a eu dans Montdidier un interprète intelligent et très-adroitement grimé; seulement, sa mèche impériale n'était pas assez effilée. Montdidier abuse aussi peut-être un peu de la démarche historiquement saccadée de l'empereur; mais il dit fort bien ses tirades héroïques et politiques, et cache ses émotions sous une brusquerie sensible et bien jouée. Madame Naptal est charmante dans le rôle de la reine Hortense; elle ne perd pas une de ses grâces avec les robes à taille courte et autres affreuses modes qui ont amené la chute de l'Empire.

Variétés. *Candide.* — Voilà un nom formidable à écrire sur le frontispice d'un vaudeville, et même d'un vaudeville en cinq actes. L'ouvrage fût-il étincelant de tout l'esprit de Voltaire, on le trouverait nécessairement inférieur, et, si nous n'étions pas accoutumé aux audaces de M. Clairville, celle-là nous surprendrait. Eh quoi! le baron de Thunder-ten-Tronck, mademoiselle Cunégonde, Candide le docteur Pangloss et Pâquette, vont se démener au feu de la rampe, sur les planches des Variétés, en chair et en os, et parler — au lieu de cette prose si française, si claire, si vive, la première prose du monde, à coup sûr, — l'idiome en usage aujourd'hui!

Comme tout cela n'ôte pas une page au roman de Voltaire, que chacun est bien libre de relire, s'il ne le sait par cœur, laissons là cette indignation factice, et trouvons, comme Pangloss l'optimiste, que tout est pour le mieux dans le meilleur des vaudevilles possibles.

Vous pensez bien que le roman a dû être assez profondément modifié, car

> La vieille liberté, par Voltaire laissée,
> Était bonne autrefois pour les petits esprits.

Or, depuis ce temps, on a perdu bien du terrain. On ne pourrait pas supporter maintenant cette franchise d'expression, ce cynisme philosophique et cette licence d'un esprit supérieur : cette vive clarté blesserait les prunelles des oiseaux de nuit qui commencent à secouer leurs ailes poudreuses dans l'ombre dont nous sommes envahis de nouveau. Nous tournons au *cant* anglais, et le temps n'est pas loin où l'on cessera de jouer Molière, comme trop inconvenant et trop grossier. Le côté satirique et profond a été adouci et supprimé, et les choses se passent le plus convenablement du monde.

Mademoiselle Delorme porte avec esprit et grâce les cinq costumes de Cunégonde. Pérey saisit bien l'ingénuité honnête de Candide, et Pangloss n'est pas mal représenté par Leclère. Rébard, en baron de Thunder-ten-Tronck, arrive à réaliser, avec sa maigre personne, les dessins les plus extravagants des caricaturistes. Il est décharné, sec, long, diaphane, anguleux, ridé, momifié. Ses habits semblent accrochés à un portemanteau, ses culottes plissent sur le vide, son gilet boutonne le néant. A chaque mouvement qu'il fait, ses articulations craquent comme celles du roi don Pèdre. Spécialité macabre, Rébard semble voué à l'emploi de squelette; s'il engraissait, il n'aurait plus de talent. Rébard obèse! vous figurez-vous cela?

FIN DU CINQUIÈME VOLUME

TABLE DES MATIÈRES

I

JANVIER 1847. — Opéra : *Robert Bruce*, paroles de MM. Alphonse Royer et Gustave Vaëz, musique de Rossini. — Pièce nouvelle, partition d'emprunt. — Une incartade de madame Stoltz. — Rossini plus muet que jamais. — Vaudeville : reprise de *Pierre le Rouge*. — Rentrée de mademoiselle Suzanne Brohan. — Engagement de mademoiselle Darcier. — Théâtre-Français : *l'Ombre de Molière*, par M. Jules Barbier? — A-propos inopportun. — Reprise du *Don Juan* de Molière. — Le fantastique sur la scène française. — Le type de don Juan aux mains des poëtes. — Les pièces de Molière et leurs intermèdes. — Comment devrait être jouée la tragédie. — Opéra-Comique : *Ne touchez pas à la reine !* paroles de MM. Scribe et Gustave Vaëz, musique de M. Boisselot. — La pièce, la partition et l'exécution. — Gymnase : *Maître Jean, ou la Comédie à la cour*, par MM. Scribe et Dupin. — Théâtre des Funambules : *Pierrot pendu*, par M. Champfleury. — Décadence et régénération de la pantomime. — Contre-sens admis sous l'autorité de Deburau. — Arlequin et Polichinelle. — Recherches sur les origines de Pierrot. — La pièce de M. Champfleury. — Querelle à propos de poissons rouges 5

II

FÉVRIER 1847. — Vaudeville : *Trois Rois, trois Dames*, par M. Léon Gozlan. — Réhabilitation de l'esprit. — Pièce à l'appui. — Félix, Bardou, mesdames Figeac et Doche. — Opéra-Comique : *le Sultan Saladin*, paroles de M. Dupin, musique de M. Bordèse. — L'ex-*Fou de Péronne*. — Théâtre-Historique : ouverture. — *La Reine Margot*, drame de MM. Alexandre Dumas et Auguste Maquet. — Précaution oratoire. — Architecture et décoration du nouveau théâtre. — Coupe nouvelle de la salle. — Le plafond de MM. Séchan, Diéterle et Despléchin. — Neuf heures de spectacle. — Cours populaire d'histoire de France. — Les acteurs. 35

III

MARS 1847. — Théâtre-Français : reprise du *Mariage d'argent*, de M. Scribe. — Mérites et défauts de cette comédie. — La salle du Théâtre-Français. — Urgence d'une restauration. — Avantages des petites salles de spectacle. — Le confort que réclame le temps présent. — Vaudeville : *les Collaborateurs*, comédie en vers, de M. Jousserandot.—Les prétendus martyrs de la collaboration. — D'où vient la nécessité des œuvres collectives. — La pièce de M. Jousserandot. — La versification. — Les acteurs. — Odéon : l'*Alceste* d'Euripide, arrangé par M. Hippolyte Lucas. — L'œuvre du poëte grec. — Son but religieux. — L'hospitalité antique. — De la peur de la mort chez les anciens. — La traduction de M. Hippolyte Lucas. — Les chœurs de M. Elwart. — Théâtre-Français : *Notre fille est princesse*, comédie de M. Léon Gozlan. — Nécrologie : mademoiselle Mars, Grandville. 48

IV

AVRIL 1847. — Théâtre-Français : reprise d'*Athalie*. — Beautés de la mise en scène. — Les soldats de Dieu et les joueurs de théorbe. — Mademoiselle Rachel. — Ligier. — La petite Dinah dans le rôle d'Éliacin. — La pépinière Félix. — Un professeur expert pour le Conservatoire. — Odéon : *le Paquebot*, comédie de M. Méry. — Mauzin, Delaunay, mesdames Delvil et Blonval. — Porte-Saint-Martin : *Palma, ou la Nuit du vendredi saint*, drame de MM. Octave Feuillet et Paul Bocage. — Théâtre-Français : *le Poëte*, drame en vers, de M. Jules Barbier. — Clémence de la saison théâtrale. — Succès géminés. — La pièce et le style de M. Barbier. — Mademoiselle Judith, Geffroy 66

V

MAI 1847. — Variétés : *Léonard*, par MM. Dumanoir et Clairville. — Bouffé. — Vaudeville : *Ce que femme veut, Dieu le veut*, par MM. Duvert et Lauzanne. — Arnal, mademoiselle Nathalie. — Gymnase : *une Femme qui se jette par la fenêtre*, par MM. Scribe et Gustave Lemoine. — Odéon : *la Course à l'héritage*, comédie en vers, de M. Viennet. — Reprise des *Templiers*, de M. Raynouard. — La tragédie au point de vue de l'économie domestique. — Palais-Royal : *Père et Portier*, par MM. Bayard et Varner. — Une situation poignante. — Porte-Saint-Martin : *le Chiffonnier de Paris*, drame de M. Félix Pyat. — Frédérick Lemaître. — Italiens : représentation extraordinaire. — Mademoiselle Rachel dans *Britannicus*. — Opéra-Comique : *le Malheur d'être jolie*, paroles de M. Charles Desnoyers, musique de M. François Bazin. — Théâtre-Historique : *l'École des Familles*, drame en vers, de M. Adolphe Dumas. — Paris équestre. — Le

Jockey-Club. — Palais-Royal : *le Trottin de la modiste*, par M. Clairville. — Odéon : *Damon et Pythias*, comédie en vers, de M. le marquis de Belloy. — Théâtre-Français : *Scaramouche et Pascariel*, comédie en vers, de M. Michel Carré 75

VI

JUIN 1847. — Opéra : *la Bouquetière*, paroles de M. Hippolyte Lucas, musique de M. Adolphe Adam. — Les levers de rideau. — Le jour et la nuit à Paris. — Les vers à écho. — La partition de M. Adam. — Mademoiselle Nau, Ponchard fils. — Variétés : *les Trois Portiers*. — Vernet. — L'aristocratie du cordon. — Odéon : *Spartacus*, tragédie de M. Hippolyte Magen. — Les travaux du comité de l'Odéon, pour faire suite aux travaux d'Hercule. — Persistance de l'épidémie tragique. — Théâtre-Historique : *Intrigue et Amour*, étude d'après Schiller, par M. Alexandre Dumas. — Mélingue, mademoiselle Person. — Palais-Royal : *un Père d'occasion*, par M. Paul de Kock 103

VII

JUILLET 1847. — Opéra : changement de direction. — M. Nestor Roqueplan. — Les directeurs habiles et les directeurs heureux. — Projets de restauration. — Gymnase : *Charlotte Corday*, par MM. Dumanoir et Clairville. — Un manifeste directorial. — Os à ronger pour les dogues de la critique. — Ne touchez pas à la reine ! — Charlotte Corday et Adam Lux. — Simple réflexion à l'adresse des claqueurs du Gymnase. — Relâche général. — Paris désert 115

VIII

AOUT 1847. — Le Château des Fleurs : inauguration. — Théâtre-Historique : *le Chevalier de Maison-Rouge*, drame de MM. Alexandre Dumas et Auguste Maquet. — La pièce, l'exécution et la mise en scène. — Palais-Royal : *les Chiffonniers*, par MM. Bayard, Sauvage et Frédéric de Courcy. — La misère peut-elle être un élément comique ? — Cirque-Olympique : boxe, bâton et savate. — Les frères Lecourt. — Thomas Kay et Charles Latois. — Variétés : *les Foyers d'acteurs*, par MM. Clairville, Grangé et Dennery. — L'envers du rideau. — Les comédiens d'aujourd'hui. — Physionomie réelle des foyers de théâtre. — Le pas des miroirs. — Ambigu : *le Fils du Diable*, drame de MM. Paul Féval et Saint-Yves 124

IX

SEPTEMBRE et OCTOBRE 1847. — Palais-Royal : *Jocrisse maître et Jocrisse valet*, parade de Dorvigny, retouchée par M. Varin. — Hyacinthe et Alcide Tousez. — Théâtre des Funambules : *Pierrot marquis*, par

M. Champfleury. — Avénement de la pantomime réaliste. — M. Paul. — Opéra : la salle restaurée. — *La Fille de marbre*, ballet de M. Saint-Léon. — Début de mademoiselle Fanny Cerrito. — La femme et la danseuse. — Théâtre-Français : réouverture. — Autre restauration. — *Les Femmes savantes*. — *Le Malade imaginaire*. — Provost. — Mesdemoiselles Judith et Augustine Brohan 148

X

NOVEMBRE 1847. — Théâtre-Français : *les Aristocraties*, comédie en vers de M. Étienne Arago. — De la complication du nœud dans les pièces modernes. — Le dialogue économique. — La comédie de M. Arago. — Son but philosophique. — La versification — Les acteurs. — Opéra-Comique : *le Braconnier*, paroles de MM. de Leuven et Brunswick, musique de M. Gustave Héquet. — Théâtre-Français : *Mithridate*. — Analogie de l'action avec celle de *l'Avare*. — Beauvallet. — Vaudeville : *Elle ou la mort !* par M. Blum. — De la solidarité entre les acteurs et les auteurs. — Théâtre-Français : *Cléopâtre*, tragédie de madame Émile de Girardin. — Le type de Cléopâtre. — La pièce. — Mademoiselle Rachel. — Opéra-National : ouverture. — Les adieux de M. Gallois à sa garde. — *Les Premiers Pas, ou les Deux Génies*, paroles de MM. Alphonse Royer et Gustave Vaëz, musique de MM. Auber, Halévy, Carafa et Adam. — *Gastibelza, ou le Fou de Tolède*, paroles de MM. Dennery et Cormon, musique de M. Maillard. — La *guitare* de Victor Hugo. — Opéra : *Jérusalem*, paroles de MM. Alphonse Royer et Gustave Vaëz, musique de M. Verdi. — — Théâtre-Français : *un Caprice*, comédie-proverbe de M. Alfred de Musset. — Le poëte et le public. — Une mine à exploiter pour la Comédie-Française. — Brindeau, mesdames Allan et Judith 157

XI

DÉCEMBRE 1847. — Variétés : *une Dernière Conquête*, par M. Rosier. — Lafont, mademoiselle Marquet. — Théâtre-Historique : *Hamlet*, traduit en vers par MM. Alexandre Dumas et Paul Meurice. — Shakspeare commenté par Gœthe. — Rouvière. — Italiens : *la Cenerentola*. — Débuts de madame Alboni. — Sa personne et son talent. — Ce qui constitue le chant dramatique. — Lablache, Ronconi. — Théâtre-Français : *le Château de cartes*, comédie en vers, de M. Bayard. — La pièce et le style. — Reprise de *Don Juan d'Autriche*, de Casimir Delavigne. — Mademoiselle Judith, Brindeau. 196

XII

JANVIER et FÉVRIER 1848. — Théâtre-Français : *le Puff, ou Mensonge et Vérité*, comédie de M. Scribe. — La véritable comédie du *puff*. — Le dieu Capital. — Caractères de la pièce de M. Scribe. — Théâtre-Historique : *Monte-Cristo*, drame *en deux soirées*, par MM. Alexandre Dumas et Auguste Maquet. — Les spectateurs devenus habitants du théâtre. — Les personnages légendaires. — Mise en scène et décorations. — Mélingue, Boutin, mesdames Lacressonnière et Person. — Théâtre-Français : *Thersite*, comédie en vers, de M. Roland de Villarceaux. — Les Grecs et les Romains en robe de chambre. — Le Thersite d'Homère et celui de M. de Villarceaux. — Les acteurs. — Le poëte. — Opéra-Comique : *la Nuit de Noël*, paroles de M. Scribe, musique de M. Henri Reber. — Le fantastique à la façon de M. Scribe. — M. Reber. — Théâtre-Français : reprise des *Fausses Confidences*, de Marivaux. — Madame Allan dans le rôle d'Araminte. — Les rôles du vieux répertoire et les interprètes nouveaux. 212

XIII

MARS 1848.—Opéra-Comique : *Gilles le Ravisseur*, paroles de M. Sauvage, musique de M. Albert Grisar. — Porte-Saint-Martin : *Guillaume Tell, ou le Réveil du Peuple*, drame imité de Schiller, par M. Virgile Boileau. — Théâtre de la Nation (Opéra) : *la Muette de Portici*. — L'art et la Révolution. — Théâtre de la République (Français) : rentrée de mademoiselle Rachel. — *La Marseillaise*. — Odéon : *la Fille d'Eschyle*, étude antique par M. Autran. — Théâtre de la République : *l'Aventurière*, comédie en vers, de M. Émile Augier. — La *Lucrèce* de M. Ponsard. — Mademoiselle Rachel dans le rôle créé par madame Dorval. — Le public et les vers à allusion 257

XIV

AVRIL 1848. — Théâtre de la République : représentation nationale. — *Le Roi attend*, comédie de madame George Sand. — *Les Horaces*. — *Le Malade imaginaire.*—Théâtre-Montansier (Palais-Royal) : *Vestris Ier, ou le Dieu de la danse*, par MM. Mélesville et Gustave Lemoine. — Levassor. — Théâtre de la République : *Il faut qu'une porte soit ouverte ou fermée*, comédie-proverbe de M. Alfred de Musset. — Madame Allan, Brindeau. — Gymnase : *le Marchand de jouets d'enfant*, par MM. Mélesville et Léon Guillard. — Charles Dickens et ses romans. — Mademoiselle Rose Chéri, Numa 282

XV

MAI 1848. — Porte-Saint-Martin : reprise de *Robert Macaire* et de *Ruy Blas*. — La comédie aristophanique. — Frédérick Lemaître. — Hippodrome : *les Phrygiennes*. — La question du maillot. — Gymnase : *Horace et Caroline*, par MM. Bayard et de Biéville. — Une thèse sociale. — Bressan, Landrol, mesdemoiselles Melcy et Marthe. — Théâtres forains des Champs-Élysées. — Le cirque Loyal. — Le doyen des acrobates. — Tableaux peu vivants. — Madame de Saint-Léon. — Le phoque qui parle français. — Les marionnettes.—Théâtre-Historique : *la Marâtre*, drame de M. Honoré de Balzac. — Une liberté qui manque encore au théâtre. — Du drame intime. — La pièce M. de Balzac. — Les acteurs. 260

XVI

JUIN 1848. — Théâtre de la République : *la Rue Quincampoix*, drame de M. Ancelot. — *Le Comte de Horn*. — Delaunay. — Vaudeville : *le Club des maris et le Club des femmes*, par MM. Clairville et Jules Cordier. — M. Clairville fournisseur d'à-propos. — Les bénéfices du coiffeur. — Théâtre-Montansier : *le Club champenois*. — La réaction politique dans les théâtres. — Hyacinthe, Alcide Tousez. — Théâtre de la Nation : *l'Apparition*, paroles de M. Germain Delavigne, musique de M. Benoît. — Les contes fantastiques de Charles Nodier. — Théâtre de la République : *les Frais de la guerre*, comédie de M. Léon Guillard. — De la comédie d'analyse. — Regnier, madame Allan. 279

XVII

AOUT 1848. — Théâtre de la République : *Il ne faut jurer de rien*, comédie-proverbe de M. Alfred de Musset. — Mademoiselle Luther, Got Provost, mademoiselle Mante. — Porte-Saint-Martin : *Tragaldabas*, pièce bouffonne, de M. Auguste Vacquerie. — Du bon goût et des hardiesses au théâtre. — Le porc aux choux. — Frédérick Lemaître. — Théâtre-Historique : *le Chandelier*, comédie de M. Alfred de Musset. — La pièce et les acteurs. — Variétés : *un Petit de la Mobile*, nouvel à-propos de MM. Clairville et Jules Cordier. — Leclère, Charles Pérey. — Gaieté : *Marceau, ou les Enfants de la République*, drame de MM. Anicet Bourgeois et Michel Masson. 295

XVIII

SEPTEMBRE 1848. — Théâtre de la République : *les Jeux de l'Amour et du Hasard*. — Début de mademoiselle Judith. — Les héroïnes de Marivaux. — Le rôle de Sylvia. — Comment le jouait mademoiselle Mars. — Ambigu : *Joséphine et Napoléon*, drame en vers, de M. Dallière. — De la difficulté de mettre au théâtre les personnages historiques modernes. — Titus et Bérénice. — Napoléon élégiaque. — Mesdames Guyon et Naptal, Montdidier. — Variétés : *Candide*, imité du roman de Voltaire, par MM. Clairville, Chollet et Saint-Yves. — Nouvelle audace de Clairville. Mademoiselle Delorme, Charles Pérey, Leclère, Rébard 309

FIN DE LA TABLE DES MATIÈRES

TABLE

DES AUTEURS, ACTEURS, ETC., ET DES PIÈCES CITÉS DANS CE VOLUME

A

Abeilard, 291.
Adam (Adolphe), 103, 105, 106, 157, 178, 179, 181.
Agnès de Méranie, 23.
Alboni (Mme), 196, 205, 206, 207, 208, 221.
Alceste, 48, 55.
Alizard, 190.
Allan (Mme), 157, 190, 195, 212, 218, 255, 252, 257, 279, 293.
Allard-Blin (Mme), 127.
Amphitryon, 14.
Ancelot, 279, 280, 281, 293.
André del Sarte, 194, 295.
Andrieux, 13, 149.
Angèle, 112, 274.
Antony, 112, 274.
Apparition (l'), 279, 284.

A quoi rêvent les jeunes filles, 295.
Arago (Étienne), 157, 159, 163.
Arbogaste, 111.
Arioste, 290.
Aristocraties (les), 157.
Aristophane, 44, 52, 213, 247, 261.
Aristote, 290.
Arnal, 75, 77, 78, 166, 167.
Arnheim, 253.
Athalie, 66, 95.
Auber, 157, 178, 179, 234.
Aubert (Anaïs), 254.
Audran, 21.
Augier (Émile), 227, 257, 247, 248.
Auguste, 64.
Auriol, 270.
Autran, 257, 244, 245.
Autreau, 292.
Avare (l'), 157, 165.
Aventurière (l'), 257, 247.

B

Balzac (Honoré de), 13, 24, 260, 272, 273, 274, 278, 301.
Barbe-Bleue, 272.
Barbier (Auguste), 13, 269.
Barbier (Jules), 5, 13, 14, 66, 73.
Bardou, 35, 40, 54.
Bathylle, 64.
Bayard, 75, 81, 124, 138, 191, 196, 208, 209, 210, 260, 264, 265, 267, 293.
Bazin (François), 75, 93, 94.
Béatrix (Mlle), 34.
Beauchêne (Atala), 138.
Beaumarchais, 254, 260, 261, 273.
Beauvallet, 92, 157, 166, 175, 177.
Bellini, 221.
Belloy (de), 75, 101, 102, 282.
Belzunce (de), 120.
Benoit, 279, 289.
Béranger, 13, 85.
Berquin, 95.
Bertrand et Raton, 217.
Bianca et Faliero, 6.
Bibbiena, 290.
Biéville (de), 260.
Bignon, 47, 157.
Blum, 157, 166.
Bocage (Paul), 66, 71, 72.
Bochart, 28.
Bœuf (le) enragé, 152.
Boileau (Virgile), 237, 258, 239.
Boisselot, 5, 19, 21.
Bonhomé, 205.
Bonval (Mlle), 66, 70.
Bordèse, 35, 40.
Bouchardy, 55.
Bouffé, 75, 76.
Bouilly, 93.
Bouquetière (la), 103.
Bourgeois (Anicet), 293, 307.
Bousquet (Georges), 17.
Boutin, 137, 212, 226.
Braconnier (le), 157, 164.
Bréguet, 41.
Brentano (Clément), 233.
Bressan, 260, 268.
Breughel de Velours, 126.
Brididi, 128.
Brindeau, 157, 190, 195, 196, 212, 218, 252, 252, 257, 295.
Britannicus, 75, 91.
Brohan (Augustine), 103, 148, 156, 164, 254.
Brohan (Suzanne), 5, 11, 12, 13, 14, 17.
Brunswick, 157.
Burgraves (les), 109.
Byron, 15, 247, 295.

C

Cachardy, 145.
Calderon, 159, 193.
Caligula, 111.
Callot, 65, 145.
Camaraderie (la), 217.
Cambon, 105, 152, 188.
Campistron, 280.
Candide, 309, 313.
Caprice (un), 157, 190, 218, 255, 292.
Caprices (les) de Marianne, 194, 257, 295.
Carafa, 157, 178, 179.
Carré (Michel), 75, 102.
Cazotte, 233.
Cenerentola (la), 196, 205.
Ce que femme veut, Dieu le veut, 75, 77.
Cerrito (Fanny), 148, 153, 154, 156.
Cervantès, 44.
Chaîne (une), 217.
Champfleury, 5, 23, 24, 25, 28, 34, 85, 148, 149, 150.
Champmeslé (Mlle), 256.
Champollion, 28.
Chandelier (le), 194, 257, 295, 301.
Chardin, 77, 235.
Charlotte Corday, 115, 118.
Chartier (Alain), 20.
Chateaubriand, 15, 267, 270, 297.
Château (le) de cartes, 196, 208.
Chénier (André), 119.
Chevalier (le) de Maison-Rouge, 124, 128, 198.
Chiffonnier (le) de Paris, 75, 83.
Chiffonniers (les), 124, 138.
Chollet, 309.
Christine à Fontainebleau, 58.
Cicéri, 77, 155.
Cid (le), 15.
Ciguë (la), 95, 227, 248, 282.
Cimarosa, 258.
Clairville, 75, 100, 115, 118, 119, 120, 121, 123, 142, 144, 145, 147, 279, 282, 295, 305, 309, 315.
Clarisse Harlowe, 118.
Clément, 152.

Cléopâtre, 157, 167.
Club (le) champenois, 279, 284.
Club (le) des maris et le Club des femmes, 279, 282.
Cluverius, 28.
Colbrun, 226, 305.
Collaborateurs (les), 48, 51.
Comte (le) de Horn, 279, 280.
Comte (le) Ory, 184.
Constance (Mlle), 77, 145.
Contat (Mlle), 119.
Corday (Charlotte), 115.
Cordier (Jules), 279, 293.
Cormon, 157.
Corneille (Pierre), 12, 13, 43, 44, 45, 119, 149, 165, 193, 244, 254, 292.
Corneille (Thomas), 12, 13.
Cossard, 34.
Couperin, 235.
Courcy (Frédéric de), 124, 158.
Course (la) à l'héritage, 75, 78.
Curtius, 306.

D

Dallière, 309, 311, 313.
Damon et Pythias, 75, 96, 282.
Damoreau-Cinti (Mme), 6, 221.
Daniele Giuseppe, 127.
Darcier (Mlle), 5, 12.
Daumier, 66.
David (Félicien), 23, 184, 233.
Debrou (Mme), 305.
Deburau, 5, 25.
Déjazet (Virginie), 77.
Delacroix (Eugène), 194, 205.
Delaunay, 66, 70, 279, 281, 282.
Delavigne (Casimir), 196, 211.
Delavigne (Germain), 279, 284, 285, 288, 289.
Delorme (Mlle), 145, 309, 314.
Delvil (Mme), 66, 70.
Dennery, 100, 124, 142, 144, 145, 147, 157, 179, 180, 301.
Dernière (une) Conquête, 196.
Deschamps, 23.
Désert (le), 23, 184.
Desnoyers (Charles), 75.
Desplechin, 35, 45, 50, 185, 189, 225, 289.
Diable (le) amoureux, 253.
Dickens (Charles), 252, 257.
Diderot, 273.
Diéterle, 35, 45, 50, 185, 189, 225, 289.

Dinah Félix, 66, 68, 93, 254.
Diogène, 227.
Doche (Mme), 35, 40.
Don Garcie de Navarre, 18.
Donizetti, 181.
Don Juan, de Molière, 5, 12, 15.
Don Juan, de Mozart, 17, 182.
Don Juan d'Autriche, 196, 208.
Donna (la) del Lago, 5, 6, 93.
Dorval (Mme), 18, 237, 251, 279.
Dorvigny, 148.
Dreux (de), 42.
Duc (le) d'Olonne, 179.
Dujardin (Karel), 268.
Dumanoir, 75, 115, 118, 119, 120, 121.
Dumas (Adolphe), 75, 94, 95.
Dumas (Alexandre), 15, 35, 41, 46, 47, 54, 58, 92, 103, 111, 124, 128, 130, 136, 196, 198, 205, 212, 219, 220, 222, 272, 274, 308.
Dumilâtre (Adèle), 50.
Durer (Albert), 271.
Duni, 234.
Dupin, 5, 23, 35.
Dupont (Pierre), 254.
Duprez, 50, 188, 190.
Dussert, 110.
Duvert, 75, 78.

E

Eau (l') merveilleuse, 238.
Echec et Mat, 71.
Ecole (l') des Familles, 75, 94.
Eisen, 77.
Elisabeth d'Angleterre, 280.
Elle ou la mort, 157, 166.
Elliot (lord), 212.
Elssler (Fanny), 50, 153.
Elwart, 48, 59.
Eschyle, 44, 111, 193, 245, 247, 253.
Espagnolet (l'), 158.
Etre aimé ou mourir, 265.
Eunuque (l'), 102.
Euripide, 44, 48, 55, 57, 58, 253.
Expiation (l'), 72.

F

Fâcheux (les), 18.
Falcon (Cornélie), 50.
Fantasio, 194, 257, 295.
Fausses (les) Confidences, 212, 235.

Féline, 248.
Félix, 66, 68.
Félix, du Vaudeville, 12, 35, 40, 54.
Femme (une) qui se jette par la fenêtre, 75, 78.
Femmes (les) savantes, 148, 155, 213.
Fête (une) de Néron, 111.
Feuillet (Octave), 66, 72.
Féval (Paul), 124, 147, 148.
Fiancée (la) de Messine, 113.
Fichet, 86.
Figeac (Mlle), 35, 40.
Fille (la) de marbre, 148, 152.
Fille (la) d'Eschyle, 237, 244.
Fils (le) du Diable, 124, 147.
Florange (Mlle), 127.
Flore (Mlle), 145.
Fou (le) de Péronne, 35, 40.
Foyers (les) d'acteurs, 124, 141.
Frais (les) de la guerre, 279, 289.
Frank, 28.
Franquelin (de), 120.
Frédérick Lemaitre, 63, 75, 83, 84, 86, 90, 213, 260, 261, 262, 293, 300.
Frisette, 128.

G

Gallois, 157, 177.
Garcia (Pauline), 254.
Gardoni, 50, 206.
Garrick, 90.
Gastibelza, ou le Fou de Tolède, 157, 177.
Gavarni, 64, 66.
Geffroy, 16, 66, 74, 163, 232.
Gelder (Mme Julian Van), 190.
Geneviève de Brabant, 272.
Georges (Mlle), 119.
Georges Dandin, 59.
Gilbert, 54.
Gilles le Ravisseur, 237.
Girardin (Mme Emile de) 157, 169.
Gladiateur (le), 111.
Gluck, 44, 234.
Gœthe, 44, 151, 165, 193, 196, 198, 200, 247, 312.
Gœtz de Berlichingen, 306.
Gosse, 155.
Got, 60, 232, 293, 296.
Goya, 65.
Gozlan (Léon), 35, 40, 48, 59, 62.
Gozzi (Carlo), 152, 233.
Grandville, 48, 64, 65, 66.

Grangé (Edouard), 124, 142, 144, 145, 147.
Gravelot, 77.
Grétry, 44, 234.
Grisar (Albert), 237, 238.
Grisi (Carlotta), 50, 153.
Grisi (Ernesta), 93.
Grisi (Giulia), 127.
Guichard, 42, 44.
Guide (le), 45.
Guilbert de Pixérécourt, 145.
Guillard (Léon), 252, 257, 279, 289, 292, 293.
Guillaume Tell, de Rossini, 184.
Guillaume Tell, de Schiller, 258.
Guillaume Tell, ou le Réveil du Peuple, 237, 238.
Guillemin (Mme), 54.
Guimard (Mlle), 146.
Guyon (Mme), 309, 312.

H

Hændel, 164.
Halévy (Léon), 127, 157, 178, 179.
Hamlet, 196, 198.
Haydn, 164, 234.
Henri IV, 46.
Henri V, 46.
Henri VI, 46.
Henri VIII, 46.
Héquet (Gustave), 157, 164, 165.
Hermann-Léon, 21.
Hernani, 182.
Hetzel, 62.
Hoffmann, 15, 233, 257, 292.
Hoffmann (André), 145.
Homère, 41, 63, 149, 227, 228, 231.
Horace, 158.
Horace et Caroline, 260, 264.
Horaces (les), 241, 252, 254.
Hugo (Victor), 13, 21, 83, 92, 106, 157, 179, 181, 182, 219, 244, 288, 297.
Huret, 86.
Hyacinthe, 93, 96, 148, 149, 279, 284.

I

Il faut qu'une porte soit ouverte ou fermée, 252, 255.
Il ne faut jurer de rien, 194, 293.
Impromptu (l') de Versailles, 18, 255.
Indiana et Charlemagne, 95.
Intrigue et Amour, 103, 112.

J

Jacques II, 298.
Janin (Jules), 84.
Jazet, 178.
Jérusalem, 157, 182.
Jeux (les) de l'Amour et du Hasard, 309.
Jocrisse maître et Jocrisse valet, 148.
Jordano (Luca), 152.
Joséphine et Napoléon, 309, 311.
Jousserandot, 48, 52, 54.
Jouve (Hortense), 158.
Judith (Mlle), 66, 74, 148, 156, 157, 163, 190, 195, 196, 211, 218, 252, 308, 309, 311.

K

Kabale und Liebe, 112.
Kaulbach, 152.
Kay (Thomas), 124, 159, 140, 141.
Kean, 90.
Kemble, 205.
Kircher (le Père), 28.
Klagmann, 42, 43.
Kock (Paul de), 103, 113.
Kreutzer, 150.

L

Lablache, 196, 206, 207.
Lacressonnière, 47, 137, 226, 279.
Lacressonnière (Mme), 47, 212, 226, 279.
Laferrière, 157.
Lafont, 196, 197.
Lamartine, 13, 119, 288.
Lamothe-Fouqué, 233.
Lamour, 125.
Landrol, 260, 268.
Latois (Charles), 124, 159, 141.
Latour (de Saint-Ybars), 251.
Lauzanne, 75.
Lavoye (Mlle), 21.
Lebrun, 152.
Leclercq (Théodore), 295.
Leclère, 293, 305, 309, 314.
Lecourt, 124, 159, 140, 141.
Lefranc de Pompignan, 224.
Lehmann, 205.
Lekain, 144.
Leménil, 115.

Lemercier, 239.
Lemercier (Mlle), 21, 165.
Lemoine (Gustave), 75, 252.
Léonard, 75.
Léon X, 64.
Lepaute, 41.
Le Roi attend, 252.
Leroux, 165.
Lesage, 260.
Lesueur, 19.
Leuven (de), 157.
Levassor, 95, 252, 255, 284.
Lewis, 233.
Ligier, 17, 66, 67.
Lockroy, 243.
Lombardi (i), 182.
Lope de Vega, 43, 44, 159.
Lorenzaccio, 194, 295.
Louise la Plastique, 128.
Louis IX, 280.
Loyal, 260, 268.
Lucas (Hippolyte), 48, 58, 59, 103, 105.
Lucie (Mlle), 158.
Lucrèce, 23, 237, 247, 251.
Lucrèce Borgia, 182.
Luguet (René), 115.
Lumley, 154.
Luther (Mlle), 293, 295.
Lux (Adam), 115, 120.

M

Macready, 205.
Machiavel, 290.
Magen (Hippolyte), 103, 111, 112.
Maillart, 157, 179, 181, 218.
Maillet (Mlle), 279, 304.
Maître Jean, ou la Comédie à la cour, 5, 21.
Malade (le) imaginaire, 148, 154, 155, 252, 254.
Malfilâtre, 54.
Malheur (le) d'être jolie, 75, 93.
Malheurs (les) d'un amant heureux, 265.
Malibran (Marie), 63.
Ma Mère l'Oie, 152.
Mante (Mlle), 293, 296.
Maometto Segundo, 184.
Maquet (Auguste), 55, 46, 124, 128, 212, 219, 220.
Marâtre (la), 260, 272.
Marceau, ou les Enfants de la République, 293, 306.

Marchand (le) de jouets d'enfant, 252, 257.
Mariage (le) d'argent, 48.
Mariage (le) de raison, 265.
Marie de Brabant, 280.
Marilhat, 185.
Mario, 50, 65, 127.
Marivaux, 44, 156, 190, 212, 236, 289, 290, 292, 301, 308, 309, 310.
Marquet (Delphine), 76, 196, 197.
Marquis, 288.
Mars (Mlle), 44, 48, 62, 64, 92, 119, 235, 236, 309, 310.
Marthe (Mlle), 260, 268.
Masson (Michel), 293, 307.
Matis, 279, 305.
Maturin, 233.
Maubant, 17, 176.
Mauzin (Alexandre), 66, 70.
Méandre, 44.
Méhul, 44.
Meissonnier, 235.
Melcy (Mlle), 25, 260, 268.
Mélesville, 252, 257.
Mélicerte, 18.
Mélingue, 47, 103, 113, 130, 137, 212, 225.
Mercier, 275.
Mérimée, 182.
Méry, 66, 68, 70.
Meurice (Paul), 196, 205.
Meyerbeer (Giacomo), 234.
Micheau, 103.
Michel-Ange, 149, 165.
Mirecourt, 165.
Mirecourt (Mme), 176.
Mithridate, 157, 165.
Moïse, 23, 184.
Molière, 5, 12, 13, 15, 16, 18, 43, 44, 45, 52, 102, 114, 156, 165, 193, 215, 244, 248, 254, 260, 272, 291, 292, 297, 315.
Molina (Tirso de), 16.
Monpou (Hippolyte), 21, 179.
Monsigny, 234.
Montalant, 40, 54.
Montdidier, 309, 312, 313.
Monte-Cristo, 128, 212, 218.
Montigny, 118.
Montini, 127.
Montpensier (le duc de), 46.
Moreau, 77.
Moreau (Hégésippe), 54.
Mosè, 184.
Mozart, 15, 44, 182, 234.
Muette (la) de Portici, 257, 259.

Muller, 72.
Munié, 54.
Musset (Alfred de), 13, 15, 21, 63, 92, 157, 182, 191, 193, 194, 212, 244, 252, 255, 256, 288, 290, 292, 293, 294, 295, 297.

N

Nabucco, 183.
Nathalie (Mlle), 75, 78.
Nau (Mlle), 6, 8, 103, 108.
Ne touchez pas à la reine, 5, 18.
Nicolet, 269.
Nicolo, 234.
Nodier (Charles), 34, 279, 284, 285, 286, 287, 288.
Notre fille est princesse, 48, 59.
Nourrit, 44.
Nuit (la) de Noël, 212, 252.
Nuit (la) vénitienne, 194.
Numa, 23, 252, 259.

O

O'Kelly, 127.
Olga, 280.
Olozaga, 21.
Ombre (l') de Molière, 5, 12.
On ne badine pas avec l'amour, 194, 257, 295.
Oreste, d'Eschyle, 247.
Ostade, 138.
Overbeek, 270.
Ozy (Alice), 96.

P

Palma, ou la Nuit du vendredi saint, 66, 70.
Paquebot (le), 66, 68.
Paul, 53, 148, 151.
Pedorlini, 127.
Père (le) de la débutante, 108.
Père (un) d'occasion, 103, 113.
Père et Portier, 75, 81.
Pérey (Charles), 145, 293, 305, 306, 309, 314.
Périclès, 64.
Perier (Mme). V. Mme Lacressonnière.
Person (Mlle), 47, 103, 113, 212, 226.
Pertinax, 111.
Petit (un) de la Mobile, 293, 305.

Peupin, 305.
Phèdre, de Pradon, 18.
Phidias, 64.
Pic de la Mirandole, 110.
Pierre le Rouge, 5, 11.
Pierrot marquis, 148, 149.
Pierrot pendu, 5, 23.
Pierrot, valet de la Mort, 23, 34.
Pillet (Léon), 115.
Pinto, 239.
Piranèse, 286.
Planat, 13, 149.
Planat-Naptal (Mlle), 309, 313.
Platon, 108.
Plaute, 44, 52, 193.
Plunkett (Adeline), 50.
Plutarque, 120.
Poëte (un), 66, 72.
Ponchard, 95.
Ponchard fils, 103, 108.
Ponsard, 23, 92, 257, 251.
Pradier, 15.
Pradon, 18.
Précieuses (les) ridicules, 166.
Premiers (les) Pas, ou les Deux Génies, 157, 178.
Préville, 144.
Princesse (la) d'Elide, 18.
Pritchard, 128.
Prométhée enchaîné, 247.
Provost, 15, 148, 156, 163, 218, 254, 293, 296.
Puff (le) ou Mensonge et Vérité, 212.
Puget, 155.
Pyat (Félix), 75, 138, 227.

Q

Quenouille (la) de Barberine, 194.

R

Rabelais, 65, 298, 309.
Rachel (Mlle), 13, 14, 63, 66, 67, 75, 91, 92, 119, 157, 164, 172, 175, 176, 236, 237, 241, 242, 243, 247, 251, 252, 253, 254.
Racine, 43, 44, 66, 165, 236.
Radcliffe (Anne), 286.
Rameau, 254.
Raphaël, 53, 64, 165, 192.
Raphaël Félix, 68, 93.
Raucourt (Mlle), 67.
Raynouard, 75, 80.
Rébard, 309, 314.

Rébecca Félix, 68, 93.
Reber (Henri), 212, 233, 234, 235.
Regnard, 44, 102.
Regnier, 162, 218, 279, 293.
Reine (la) Margot, 35, 41, 128, 198.
Rembrandt, 138.
Rey (Mme), 47.
Richard II, 46.
Richard III, 46, 306.
Ricquier, 21.
Robert Bruce, 5.
Robert Macaire, 213, 260.
Robin des Bois, 182.
Roger, 254.
Roi (le) Jean, 46.
Roland de Villarceaux, 212, 227, 228, 252.
Ronconi, 196, 206, 207, 208.
Roqueplan (Nestor), 77, 115, 117.
Roscius, 64.
Rose Chéri, 118, 119, 121, 252, 259.
Rosier, 196, 197.
Rossini, 5, 8, 10, 11, 184, 206, 234, 238.
Rotrou, 292.
Rouget de l'Isle, 242.
Rousseau (Jean-Jacques), 261, 311.
Rouvière, 47, 196, 205.
Royer (Alphonse), 5, 7, 11, 157, 178.
Rubens, 53.
Rubini, 127, 207.
Rue (la) Quincampoix, 279.
Ruy Blas, 138, 166, 260.

S

Saint-Léon, 148, 153, 155.
Saint-Léon (Mme de), 260, 272.
Saint-Pierre (l'abbé de), 178.
Saint-Yves, 124, 147, 148, 309.
Sainville, 81.
Saltimbanques (les), 145, 147.
Samson, 17, 103, 254.
Sand (George), 13, 84, 252, 253, 254.
Sauvage, 124, 138, 237, 238.
Sauvage (Eugénie), 23.
Scaramouche et Pascariel, 75, 102.
Scarron, 297.
Schiller, 43, 44, 103, 112, 113, 151, 193, 238, 247, 281.
Scribe, 5, 19, 21, 23, 48, 49, 54, 75, 158, 191, 212, 213, 216, 217, 218, 232, 265, 289, 293.
Scriwaneck (Mlle), 93.
Séchan, 35, 42, 45, 50, 185, 189, 225, 289.

Second (Jean), 158.
Sedaine, 292.
Sénèque, 44.
Shakspeare, 43, 44, 46, 101, 113, 169, 193, 198, 199, 200, 203, 204, 205, 241, 247, 253, 281, 288, 293, 297, 301, 310, 312.
Sicilien (le), ou l'Amour peintre, 18.
Siége (le) de Corinthe, 184.
Solié (Mlle), 176.
Songe (le) d'une nuit d'été, 300.
Sophocle, 44, 246, 247, 253.
Soulié (Frédéric), 148.
Soumet (Alexandre), 111.
Spartacus, 105, 110.
Sterne, 34.
Stoltz (Rosine), 5, 9.
Strepponi (Mme), 190.
Sultan (le) Saladin, 35, 40
Surprise (la) de l'amour, 292.
Sylvestre, 143.

T

Talma, 44, 63, 92, 144.
Taglioni (Marie), 50, 133.
Templiers (les), 75, 78.
Teniers, 158.
Térence, 44, 102.
Teresa, 112, 274.
Thénard, 103.
Théocrite, 17.
Thersite, 212, 227.
Thierry, 6, 105, 188.
Timon, 77, 110.
Tisserant, 23.
Titien, 55.
Torwaldo et Dorliska, 6.
Tousez (Alcide), 148, 149, 279, 284.
Tragaldabas, 295, 296.
Trois (les) Portiers, 103, 108.
Trois Rois, trois Dames, 35.
Tronchon, 126.
Trottin (le) de la modiste, 75, 95.
Turandot, 152.

V

Vacquerie (Auguste), 293, 296, 297.
Vaëz (Gustave), 5, 7, 11, 19, 21, 157, 178.
Valbrun, 152.
Varin, 148, 149.
Varner, 75.
Vauthier, 34.
Velasquez, 180.
Verdi, 157, 181, 182, 183, 184, 189, 190.
Verdier, 139.
Vernet, 103, 108, 110.
Vernet (Horace), 177.
Vestris Ier, ou le Dieu de la danse, 232, 235.
Viennet, 75, 78, 79, 80.
Vigny (de), 92, 288.
Vingt-Quatre (le) février, 72.
Virgile, 17, 63, 149, 192.
Virginie, 251.
Vizentini, 80.
Volnys (Mme), 211.
Voltaire, 44, 113, 200, 253, 254, 261, 280, 309, 313.

W

Wallenstein, 113, 306.
Walter Scott, 214.
Watteau, 77, 289.
Weber, 182.
Werner (Zacharias), 72.
Wetter, 102.
Winterhalter, 289.
Worms (Mlle), 103.

Z

Zanetta, 179.
Zara, 152.
Zelmira, 6, 8.

FIN DE LA TABLE DES NOMS